· 社会治理现代化丛书

机动车拥有权管制
理论与实践

冯苏苇　著

Theory and Practice
of Motor Vehicle Ownership Control

上海财经大学出版社
SHANGHAI UNIVERSITY OF FINANCE & ECONOMICS PRESS

图书在版编目(CIP)数据

机动车拥有权管制理论与实践/冯苏苇著. —上海:上海财经大学出
版社,2024.4
(社会治理现代化丛书)
ISBN 978-7-5642-4311-1/F·4311

Ⅰ.①机… Ⅱ.①冯… Ⅲ.①机动车-交通运输管理-研究-中国
Ⅳ.①D631.5

中国国家版本馆 CIP 数据核字(2024)第 015223 号

本书由国家自然科学基金面上项目"一体化交通需求管理组合策略
作用机制研究"(71871131)资助出版

□ 责任编辑　季羽洁
□ 封面设计　张克瑶

机动车拥有权管制理论与实践

冯苏苇　著

上海财经大学出版社出版发行
(上海市中山北一路 369 号　邮编 200083)
网　　址:http://www.sufep.com
电子邮箱:webmaster@sufep.com
全国新华书店经销
上海叶大印务发展有限公司印刷装订
2024 年 4 月第 1 版　2024 年 4 月第 1 次印刷

787mm×1092mm　1/16　19 印张(插页:2)　350 千字
定价:86.00 元

前　言

在日常生活中，"管制"一词似乎并不受欢迎，这归因于人类有热爱自由的天性，任何限制个人权利的管理决策或多或少会受到抵制。 在学术界，"管制"也是一个内涵模糊的术语，被法学、政治学、行政学、经济学乃至整个社会科学领域视为最富争议也最容易被误解的概念之一。[①] 尽管"管制"这一概念有被"污名化"的倾向，但作为一种政府行政活动，"管制"行为又是一种天然而古老的存在，它的历史甚至可以追溯到古罗马时期为公共产品定价。

交通是人和物的空间移动，它作为人类的基本需要而普遍存在。 企业运输服务和个人出行行为是政府管制渗透最为广泛的两个领域。 一个多世纪以来，小汽车的发明推动了现代工业经济的发展，改变了城市的空间结构，扩大了人的活动范围，小汽车的快捷、舒适、私密、门到门等优势远胜于其他交通工具。 小汽车的普及提升了个人出行的自由度和幸福感，与此同时，机动化进程却造成了严重的外部效应，让全社会陷入"私人富足和公共污秽"（Private Affluence and Public Squalor）的二元命题。[②] 私人机动化带来的市场失灵和社会失灵成为政府干预机动车拥有和使用的合适理由。

2010 年，受潘海啸教授邀请，笔者与同事马祖琦副教授参加了由法国动态城市基金会、中国城市规划学会及同济大学等高校共同举办的第一届"机动性，让生活更美好——城市交通出行创新实践竞赛"。 当时我们提交的作品是《牌照拍卖，生还是死》，旨在评价上海车牌额度拍卖政策变迁过程中的是非曲直。 后来这篇论文有幸成为最早一批中国专业学位教学案例中心入库案例。 当时，中国大都市饱受交通拥堵的困扰，各种治堵措施有捉襟见肘之势，不得不转向民间寻找解药。 其时，上海车牌拍卖的做法早就引起了日本名古屋大学林良嗣、美国佛罗里达大学彭仲仁、美国麻省

[①] 马英娟. 监管的概念：国际视野与中国话语[J]. 浙江学刊，2018(4)：49－62.

[②] ［美］加尔布雷斯. 富裕社会[M]. 赵勇，周定瑛，舒小昀，译. 南京：江苏人民出版社，2009：2.

理工学院赵锦华、美国加利福尼亚大学洛杉矶分校王锐等国际学者的关注，但是中外学术界对机动车拥有权管制的研究，尤其对中国高密度城市限购政策的研究缺乏足够的重视，成果寥寥。2012—2014 年，严重的雾霾天气侵袭中国多个地区，广州、天津、杭州、深圳等城市适时出台了多项机动车限购和限行措施。限购方式也由最早的上海拍卖和北京摇号两种方式，演变为广州的混合模式，后者被更多的城市所采用。近年来，学者们对中国城市汽车限购政策愈发关注，在国内外期刊上发表了很多高质量的学术成果。汽车限购作为一种管理创新模式，为全世界高密度城市的机动化管理提供了"中国经验"。

管制是政府对经济和社会的干预。在交通领域，政府通过制定规则来对人们拥有机动车的行为进行限制，即是机动车拥有权管制。在我国，这样的政府干预始于20 世纪初对第一辆汽车牌照的管理。1901 年，匈牙利人李恩时（Leinz）将两辆美国进口的奥兹莫尔比牌汽车运到上海，成为我国最早出现的汽车。1902 年 1 月，上海公共租界工部局决定向李恩时的汽车颁发临时牌照，并准许上街行驶。同年，工部局增设汽车执照专项，制定了车主应遵守的规则，这也是我国第一次对机动车和驾驶人进行规范管理。[①] 给汽车颁发牌照、制定车辆行驶规则、维持交通秩序等政府干预市场的管理活动就是我国城市最早实施的车辆管制措施，涉及机动车拥有权管制和使用权管制。1931 年 5 月 31 日，由张学良主持生产的我国第一辆国产汽车——民生牌75 型载货汽车在沈阳诞生，成为我国汽车工业史的开端。1939 年，国民政府"行政院"核准公布了《汽车管理规则》和《汽车驾驶人管理规则》，统一了全国车辆管理法规。国民政府交通部设立了汽车监理机构，主管全国车辆管理的指导工作，统一汽车牌照的制作。由此，行业政策、质量标准、牌照许可、规范使用等监管行为一直伴随着汽车的生产和消费过程。1949 年新中国成立后，随着我国汽车工业的发展，国家对机动车的规范管理已涵盖机动车生产、销售、登记、使用等方面，对机动车驾驶人的规范管理已涵盖驾驶许可、违章处理等方面，并逐步以法律法规、生产标准、政策文件等形式确立了车辆与驾驶人的管理制度。这些对机动车生产、消费（购买、拥有、使用和转让）、回收环节以及驾驶人行为规范的限制性行政活动构成了政府干预汽车市场的基本内容。

虽然管制活动已经渗透到经济社会的各个方面，但是我国学术界对政府管制的理论探讨起步较晚。从严格意义上看，管制理论是"舶来品"，最早由浙江财经大学王俊豪教授及其团队在 20 世纪 90 年代引入国内[②]，并在经济学界掀起管制理论研究的第一个热潮。2013 年 11 月，党的十八届三中全会在《中共中央关于全面深化改革

---

① 龚鹏飞，杨世伟.车辆与驾驶人管理[M].北京:中国人民公安大学出版社,2022:3.
② 王俊豪.管制经济学原理[M].2 版.北京:高等教育出版社,2014:14.

若干重大问题的决定》中指出"要着力解决市场体系不完善、政府干预过多和监管不到位问题"。 在深化改革过程中,一方面要缩小政府行政审批的范围,另一方面要加强市场经济体制所必需的政府监管(管制)职能。 这在客观上要求加强政府管制理论的研究,结合中国城市管理实际,创新管制理论,以适应政府管制实践的需要。 随着管制现象愈加普遍以及实践不断丰富,来自法学、政治学、行政管理等领域的学者不断加入,使管制理论研究逐渐成为新的学术高地。

　　笔者所在的上海财经大学公共经济与管理学院在财政税收理论研究方面享有盛誉,也是国内较早进入政府管制研究的教学研究单位之一。 刘小兵教授撰写的专著《政府管制的经济分析》(2004)、《公共管制学》(2009)从规范研究角度探讨了政府监管的必要性,揭示了管制活动中行政、立法、听证、评估等一般性规律,将管制研究从传统的经济学视角转向行政管理、公共政策等领域。 笔者的不少同事也将研究选题聚焦于城市规划、人口管理、社会保障、环境保护、灾害管理等社会性管制热点,营造了管制理论研究的良好学术氛围。

　　我国城市机动车拥有权管制的实践探索为管制理论创新提供了沃土。 本书聚焦我国城市在小汽车购买环节的管制性政策,利用公共管制学、公共经济学、行政管理学、公共政策学原理,对管制必要性、合法性以及可行性进行分析,并结合国内外城市汽车限购政策实践,尝试对管制效果进行评估。 管制理论研究涉及经济学、法学、公共行政、公共政策、政治学、社会学等多个学科领域,作为一个新兴的研究领域,许多问题需要进一步探讨,书中也难免存在许多不足,敬请读者批评指正。

冯苏苇

2022 年 9 月 22 日

于上海半出斋

目　录

第一章　绪　论/1

　　第一节　进入管制视域的交通问题/4

　　第二节　公共管制的基本概念/8

　　第三节　交通需求管理与管制措施/11

　　第四节　机动车拥有权管制/23

　　第五节　机动车使用权管制/34

　　第六节　外部成本内部化/39

第二章　公共管制理论/43

　　第一节　政府干预的理由/45

　　第二节　交通领域管制的理由/54

　　第三节　社会成本收益分析/58

　　第四节　管制政策更新的原因/62

第三章　交通政策分析与评价/65

　　第一节　公共政策分析的一般框架/67

　　第二节　利益相关者分析/73

　　第三节　交通政策影响评价/79

　　第四节　政策效应计量分析方法/85

第四章　机动车拥有权管制规范分析/93

　　第一节　管制必要性分析/95

　　第二节　政策演化的动力-阻力机制/97

　　第三节　政策效应分析/107

第四节　政策合法性的探讨/114

第五节　额度配置方式的比较/123

第五章　机动车拥有权管制效果分析/135

第一节　"事件-机制-效应"分析/137

第二节　政策比较分析/144

第三节　微观拍卖市场分析/156

第四节　中观政策博弈分析/167

第五节　宏观政策效果分析/176

第六章　机动车拥有权管制的实践/191

第一节　上海市:额度拍卖/193

第二节　北京市:额度摇号/203

第三节　广州市:混合方式/212

第四节　天津市的实践/218

第五节　杭州市的实践/228

第六节　深圳市的实践/235

第七节　海南省的实践/244

第八节　其他省市的实践/250

第七章　国际借鉴:新加坡/257

第八章　结语:后疫情时代的机动车拥有权管制/271

参考文献/284

绪　论

　　管制是一种无处不在的政府活动,大到经济领域和公共事务,小到企业决策和个人行为,到处都能找到政府干预的痕迹。以汽车产业为例,自20世纪90年代中期起,我国汽车产业开始加速发展,轿车进入千家万户,给老百姓的出行和生活带来了便利。然而,快速机动化进程也产生了许多负面影响,如交通拥堵、事故伤害、空气污染和空间占用等。与汽车拥有和使用相关的溢出效应扩大到更多领域,带来全球暖化、能源危机和社会不公平等问题,并产生持久的影响。我国政府及相关部门通过制定法律、规则和标准等手段来干预企业和居民拥有和使用机动车。这种限制性政策包括机动车拥有和使用环节的征税收费,以及一些城市采用的汽车限购和限行措施,它们都被广泛运用到交通管理实践之中。

　　管制在经济社会生活中的普遍性使其成为市场经济体制一项重要的政府职能。[①] 2013年通过的《中共中央关于全面深化改革若干重大问题的决定》在强调深化改革的同时,高度重视市场监管问题,指出"要着力解决市场体系不完善、政府干预过多和监管不到位问题""加强地方政府公共服务、市场监管、社会管理、环境保护等职责"。作为研究政府干预一般性规律的学科领域,公共管制理论聚焦政府如何有效地干预经济与社会,研究议题包括政府、市场和社会之间的互动关系,政府如何承担社会责任、提供公共产品、处理公共事务以及促进多元主体参与合作治理等。这些议题在交通领域也有广泛的应用场景,随着机动化进程不断深入,一些地方政府开始采取限购、限行等干预措施,遏制交通外部性带来的负面影响。这些限制性措施在影响居民生活的同时引起媒体舆论的关注,政府、市场和社会如何协作治理交通外部性成为公共管制理论研究的热点议题。

　　综观一个多世纪以来交通方式的演变,从马车时代的同心圆城市到机动化的特大城市,任何一种占据主导地位的交通方式在给居民出行带来便利的同时,也会带来交通拥挤、环境污染等社会问题。19世纪末,伦敦和纽约的街道饱受马车拥堵和清运马粪的困扰。[②] 人们在享受快捷便利的交通方式的同时,也不得不承受它对公共秩序、空间和权利的侵蚀。当外部效应对城市发展的影响变得不可忽视时,公权力是否要介入相关私人领域? 政府该如何制定公共政策,从而对人们的出行决策进行引导和干预? 一项管制措施的出台打破了原有的利益均衡状态,出现了受益方和受损方,那么如何制定政策对失去利益的群体进行补偿,实现社会公平? 在快速机动化背景下,公共管制理论被广泛运用到交通领域后,这些问题都有待思考和回答。

① 王俊豪.管制经济学原理[M].2版.北京:高等教育出版社,2014:6.
② Morris E. From Horse Power to Horsepower[J]. *Access*,2007,30:2—9.

放眼当今的美国城市,个体机动化对居民生活高度渗透,是否拥有机动车成为影响人们生活质量的关键因素。作为一种具有强大竞争力、不可替代的交通工具,汽车对美国城市蔓延、空气污染、能源依赖等症候产生了直接的影响。考虑到我国城市人多地少、资源稀缺、空间约束等现实条件,政府部门对干预个体机动化所采取的态度以及所做出的决定,将关系到城市和产业的规划建设、公共政策的价值取向以及居民的生活质量,并且最终影响城市未来的经济、社会和可持续发展。

在快速城市化和机动化、有限道路资源和潜在能源危机等多重挑战下,我国中央和地方政府应该如何有效地干预机动化进程,即在多大程度上干预?以何种方式干预?干预效果如何?对于这些问题的讨论将成为公共管制理论与交通管理实践的结合点。有的城市经过多年的探索与实践,已形成一些有特色、见成效的交通需求管理办法,包括限购、限行等管制性措施。这些实践经验亟待总结和提升,形成适合国情和市情的管理模式,并形成可复制、可推广的新干预模式,为高密度城市未来机动化管理提供有价值的理论和政策参考。

本书聚焦我国城市在小汽车购买环节的管制性政策,利用公共管制学、公共经济学、行政管理学、公共政策学原理,对管制必要性、合法性以及可行性进行分析,并结合国内外城市汽车限购政策实践,尝试对管制效果进行评估。本章绪论将从公共管制的概念出发,关注我国城市快速机动化所引发的交通问题,介绍全书所涉及的一些基本概念,如公共管制、交通需求管理与管制措施、机动车拥有权管制、使用权管制以及外部成本内部化等,为后续的理论探讨做出铺垫。

第一节 进入管制视域的交通问题

近三十年来,在世界范围内几乎没有一个国家像中国这样,在城市化和机动化方面同时经历快速发展和深刻变化。随着社会经济活动日渐频繁,交通供需矛盾日益突出,环境资源约束更加显著。交通系统长期积累的外部性问题如交通拥堵、环境污染、能源依赖、职住失衡、社会隔离等,在人口高密度聚集和流动过程中不断加剧和恶化,成为削弱城市活力和制约城市可持续发展的瓶颈。

综观全球,城市交通机动化进程的重要标志是机动车保有量(Ownership)和使用量(Usage)持续增长。1994年,我国确立发展汽车产业的经济战略方针,扶持汽车产业成为国家支柱型产业。2001年,我国加入世界贸易组织,汽车工业发展迅猛,汽车产量从 2000 年的 200 万辆增加至 2016 年的 2 800 万辆,进入汽车制造工业大国行列。①

2000 年之后,轿车逐步进入千家万户,城市交通结构随之发生深刻变化。机动车拥有规模进入快速膨胀期,私人机动化呈现"井喷"状态。以北京为例,在 2011 年实施摇号限购之前,2010 年末北京机动车保有量仍以平均每日 2 000 辆以上的速度递增,城市机动车总量从 300 万辆增长到 400 万辆仅用了两年六个月,而同样的进程日本东京却整整用了十二年时间。② 由于汽车拥有与使用行为之间存在密切的关联,随着拥有率持续上升,汽车使用频率随之增加,这在很大程度上改变了城市交通结构,私人机动化出行逐渐占据优势地位。

汽车的兴起是我国经济持续增长以及产业政策作用的结果。2015 年,我国汽车产销量均超过 2 450 万辆,创全球历史新高,并连续七年蝉联全球第一③,这一年生产的汽车比之前十几年的保有量还要多。据公安部交通管理局统计,2020 年全国机动车保有量达 3.72 亿辆,其中汽车 2.81 亿辆;机动车驾驶人达 4.56 亿人,其中汽车驾驶人达 4.18 亿人。④ 随着轿车的逐步普及,城市居民通勤出行的模式发生明显变化,由公共交通和慢行交通向个体机动化方式如私家车和出租车(含网约车)等转移。

机动化提高了人们的出行效率,随着私人机动车普及,更多人享受到开车出行的方便、快捷、自由、安全和私密性。但是,快速机动化在地方、国家和全球三个层次上已引发一系列综合问题,产生了多种负面影响。快速机动化的直接影响包括交通拥挤、事故伤亡、尾气污染、空间占用、地方债务、耕地流失、能源安全和温室气体排放等,间接影响则表现为生产力下降、都市蔓延、职住失衡、居住隔离、公平扭曲等。

在地方层次上,快速机动化导致的城市问题主要表现为交通拥挤、事故伤亡、尾气污染和空间占用等。其中,交通拥挤产生的负面影响可划分为直接损失和间接损失。第一种直接损失是燃油消耗,交通拥挤使得车辆频繁的制动和加油,车辆行进速度缓慢,严重时出现"时停时走"(Stop and Go)现象,导致过多的能源消耗。

---

① 新华网.2016 年我国汽车产销双超 2800 万辆 同比增 14.46% 和 13.65%[EB/OL].[2017-01-12]. http://news.xinhuanet.com/auto/2017-01/12/c_1120298259.htm.

② 北京日报.关于北京市缓解交通拥堵综合措施的问答[EB/OL].[2010-12-24].http://www.gov.cn/gzdt/2010-12/24/content_1771998.htm.

③ 中国新闻网.2015 年中国汽车产销量创全球历史新高[EB/OL].[2016-01-12].http://www.chinanews.com/auto/2016/01-12/7713329.shtml.

④ 人民资讯.2020 年全国机动车保有量达 3.72 亿辆 机动车驾驶人达 4.56 亿人[EB/OL].[2021-01-07].https://baijiahao.baidu.com/s?id=1688235827975293968&wfr=spider&for=pc.

第二种直接损失是时间损耗以及由此产生的机会成本,经济学家通常采用货币化方式衡量这些损失。此外,交通拥挤还会导致一些间接损失,诸如心情烦躁和焦虑、身体损害等。当拥堵发生时,开车人和慢行方式出行者暴露在污染环境中,这会给身体带来慢性损害。据测算,深圳市每年每辆小汽车出行产生的交通拥挤外部成本高达 24 460 元,每行驶一公里约产生 2.1 元的拥挤外部成本。① 事实上,许多城市每年交通拥挤导致的损失已占到 GDP 总量的 5%~8%。②

除了交通拥挤,交通事故是汽车饱受诟病的另一大原因。常言道,车祸猛于虎也。世界卫生组织公布的资料显示,交通事故导致全世界每年有 120 万~130 万人死亡,另有 2 000 万~5 000 万人受伤,且通常造成不菲的经济损失。车祸是 15~19 岁年轻人的头号杀手,死亡人数远远高于艾滋病。被车祸夺去生命的年轻人中,有 90%生活在低收入和中等收入国家,大部分居住在非洲和亚洲。③ 在发达国家中,英国 2020—2021 年有 24 530 人因车祸致死或重伤,每年因交通事故造成的损失约 450 亿美元;美国交通事故及其连锁反应造成每年近 1 万亿美元的损失,2000—2017 年有超过 62.4 万人死于车祸。④

21 世纪初期,随着机动化进程加速,我国交通事故呈现快速上升态势。2005 年,全国发生道路交通事故 450 254 起,造成 98 738 人死亡、469 911 人受伤,直接损失 18.8 亿元。⑤ 经过多年的综合治理,我国交通事故数量大幅下降。2020 年,全国交通事故发生数量 244 674 起,道路交通事故万车死亡人数 1.66 人,交通事故直接财产损失金额为 131 360 万元。⑥ 这些损失的减少归功于道路和交通系统的整体改进,同时也是老百姓安全意识逐渐提高、医疗应急系统水平提升的结果。

除了交通拥挤和事故等外部性问题,尾气污染也是近年城市治理关注的热点议题。交通所导致的污染呈现一定的区域性和渐进性特点。⑦ 区域性表现为交通

---

① 邵源,林培群,郑健,等. 交通拥挤负外部成本量化模型及应用研究[J]. 交通运输系统工程与信息,2021,21(2):1—6.

② 新浪网. 建设部副部长仇保兴披露堵车让 GDP 受损 5%到 8%[EB/OL]. [2007-08-08]. http://finance. sina. com. cn/g/20070808/06203861725. shtml? from=wap.

③ 凤凰网. 世卫组织称全球每年有 120 万人死于车祸[EB/OL]. [2007-04-24]. https://news. ifeng. com/c/7fYgSlI6mfi.

④ 光明网. 英媒:"汽车为王"的时代已经结束,让我们趁早接受[EB/OL]. [2022-09-03]. https://m. gmw. cn/baijia/2022-09/03/1303123215. html.

⑤ 搜狐新闻. 2005 年全国道路交通事故 450 254 起[EB/OL]. [2006-01-13]. http://news. sohu. com/20060113/n241419131. shtml.

⑥ 腾讯网. 2021 年中国道路交通事故情况分析[EB/OL]. [2022-04-12]. https://xw. qq. com/amphtml/20220412A01OM100.

⑦ 何玉宏. 挑战、冲突与代价:中国走向汽车社会的忧思[J]. 中国软科学,2005(12):67—75.

污染的影响主要集中于城市社区。城市社区尤其是大城市公路交通较发达,各种机动车辆较多,因而排放的尾气严重超标,扬起的尘埃颗粒密度较大,造成城市空气污染。其次是在交通线路附近,主要为噪声污染,尤其是汽车站、火车站和机场附近居民深受其害。交通污染影响的渐进性表现为它给人类带来的种种危害,不像交通事故一样具有瞬即特征,而是一个缓慢、渐进的过程。

汽车 95% 的时间都处于停放状态,占用宝贵的土地资源。美国是车轮上的国度,为了方便汽车的停放,规划师在制定分区规划法规时要求每个场所或建筑自行提供足够大的停车场,以满足免费停车的高峰需求。如今,美国大部分商业建筑均被要求提供大于自身面积的停车场。例如,一个餐馆要求的停车位占地通常比自身面积还大 3 倍。分区规划法规为每类场所和建筑制定了路外停车位下限标准,实际上是在鼓励人们开车出行,而且人们在抵达目的地后通常会享受免费停车,这就造成了恶性循环的局面。2001 年全美家庭出行调查发现,在小于 50 英里的出行中,87% 是由个人机动车完成,仅 1.5% 由公共交通完成,并且机动车出行中免费停车高达 99%。[①] 为此,美国付出了高昂的代价:机动车消耗占全球产油总量的 1/8;消耗的石油中 50% 依靠进口,并且随之带来了交通拥堵、空气污染、交通事故等一系列社会问题。

研究发现,上海每辆私人小汽车在一年内会产生 10 784 元的外部成本,其中空间占用成本 5 496 元、拥挤成本 2 400 元、污染成本 2 768 元以及碳排放成本 120 元。[②] 也就是说,上海的车主除了已经支付的燃油、设施使用费、税费、保险费及车辆维护等内部成本之外,每年还需缴纳 1 万多元的税或费,以弥补自身使用私人小汽车所产生的外部成本。

私人机动化还会引发一些社会公平问题。一方面,各个阶层的出行方式存在差异性,在居民收入增长的过程中,收入差距逐渐拉大,富裕阶层比贫困阶层可以选择更好的住房和更多的出行方式,因此享有更好的可达性,从而产生不同阶层出行选择的纵向公平性问题。另一方面,传统上认为道路是一种公共资源,可以免费使用,这样不恰当的公共产品定价导致道路被过多地使用。有车就可以免费上路,路权的分配明显向小汽车出行倾斜。不断增加的机动车总量使得道路更为拥挤,出行时间加长,公交出行者不得不付出更多的时间成本,慢行交通(步行、自行车等)使用者暴露在污染更大、安全性更差的出行环境中。道路上私人小汽车的增加

---

① Shoup D. *The High Cost of Free Parking* [M]. Washington DC: American Planning Association Planners Press, 2005: 68.

② 张小宁,王梅. 私人小汽车使用外部成本计算[J]. 交通与港航,2014,1(3):30—33.

引发了私家车与公交车之间路权分配的横向公平性问题。因此,路权公平的失衡也是城市交通问题的一种表现,它是快速机动化的间接结果。

总之,随着汽车产业化推进和私家车普及,由机动化诱发的多种外部性问题逐渐恶化,并渗透到经济、社会、环境的各个方面,甚至对城市可持续发展产生阻碍作用。这种状况促使中央和地方政府采取行政、经济和社会等多种手段,对机动车拥有和使用环节进行干预。在分析政府干预的必要性和有效性之前,需要厘清公共管制的基本概念并论述交通领域实施干预的具体理由。

第二节　公共管制的基本概念

公共管制是一种政府干预,尤其是指政府干预经济和社会的行政活动。在日常生活中,这样的干预无处不在。例如,居民的日常生活离不开水、电和煤气,它们的计价方式和价格在较长时间内都会保持不变,不会像猪肉、蔬菜价格那样经常波动。这是因为政府对公用事业产品实施价格管制,确保其价格不会随着原材料或物价上涨而快速变化。这样的管制使得公用事业产品维持相对稳定、低廉的价格,保证几乎所有人都用得起水电气。一旦这些产品的价格或计价方式需要变动,管理部门就会通过专家咨询、听证等方式,公开征询市民的意见和看法,形成各方可接受的方案,并且这些决议会通过媒体公开发布出来,尽可能让每个人知晓价格变化的依据,从而保障居民使用水电气等公用事业产品的基本权利。再如,新鲜牛奶不易保存,生产流通环节比较多,为了保证牛奶质量,管理部门先后出台了十几种标准。遗憾的是,尽管有多重监管,2008 年还是发生了"三聚氰胺"事件,鲜牛奶变成了"毒"牛奶,有的喝了劣质奶粉的婴儿长成了"大头娃娃"。这说明"标准多"并不意味着"质量好",如何通过制定标准和规范来管理好一个产业,保证消费者买到放心的产品,维持好市场秩序,让经济持续发展、社会和谐有序,是公共管制面临的永恒主题。

一、公共管制的定义

上面提到的水电气价格和牛奶质量是生活中常见的两种管制类别:价格管制和质量管制。那么,什么是公共管制呢? 公共管制(Public Regulation)也称为政府管制(Government Regulation)、监管、规制,是政府通过一系列法令、规则和标准,对经济和社会进行干预的过程。市场或者社会存在多种主体如企业、社会组织或个人等,当他们做出生产和消费决策时,政府会通过设置规则、标准、办法等来限制或影响他们的决策,改变他们的行为。简单地说,管制就是一种干预。经济和社会有其自身的运作规律,正常情况下并不需要政府的干涉,然而管制者为了实现一定的管理目标,会通过立法、行政和市场手段来限制企业和个人的决策或行为,引导他们最终达成经济和社会发展的宏观愿景。

这里需要考虑的是,既然市场和社会有其内在的运行规律,那么当出现什么情况时确实需要政府来干预,即管制发生需要哪些基本条件? 进一步需要思考的问题是,政府管制会不会破坏市场自身的运行规律,甚至带来破坏性的结果,导致市场的扭曲? 政府行使管制职能的过程会产生直接或间接的成本,那么总体上某种管制措施带来的收益是否能与管制的成本相抵?

按照古典自由主义的观点,市场像"看不见的手",人们追求的是个人利益最大化,通过市场规则的自发调节,最终使整个社会福利有所提高,达到帕累托改进,因此,政府只能作为有限责任的"守夜人"而存在,不该对市场和社会做过多的干预。但是,市场的帕累托改进存在许多基本条件,比如充分竞争、信息对称、不存在自然垄断和外部性等,当这些条件不能满足时,可能会出现市场失灵现象。现实生活中的市场和社会总是不完美的,政府干预的动机往往是希望通过法令、规则和标准等这些"看得见的手"来纠正市场和社会的种种失灵现象。

管制最初针对的是具有自然垄断性质的公用事业和产业,目的在于解决自然垄断所产生的市场失灵问题,以维护消费者利益。因此,监管对象最初限定在铁路、电力、通信等公用事业领域,后来才慢慢扩大到所有可能出现市场失灵的经济活动。《新帕尔格雷夫经济学大辞典》指出:"管制,尤其在美国,指的是政府为控制企业的价格、销售和生产决策而采取的各种行动。政府公开宣布这些行动是要努力制止不充分重视'公共利益'的私人决策。"[①]

按照史普博的观点,管制是由行政机构制定并执行的直接干预市场配置机制或间接改变企业和消费者的供需决策的一般规则或特殊行为。[②]史普博的管制概念指明了两点:首先,管制系指政府制定的、约束市场行为的一般规则或者行政行

---

① [英]约翰·伊特韦尔,[美]默里·米尔盖特,[美]彼德·纽曼. 新帕尔格雷夫经济学大辞典:第四卷[M].陈岱孙,等,译.北京:经济科学出版社,1992:129.
② [美]丹尼尔·F.史普博.管制与市场[M].余晖,等,译.上海:格致出版社,上海三联书店,上海人民出版社,1999:45.

为;其次,管制的目的是改变企业和消费者的供需决策,从而实现政府预设的经济和社会目标。

对于政府管制,另一个普遍被接受的定义为:"管制本质上是政府相关机构对经济社会进行干预的一种手段,它通过一定的法令、规则、标准对各种组织(主要为企业)的供需决策进行影响和控制,以达到某种特定目的(通常为社会福利的最大化)的干预和控制行为。"[①]从这个定义来看,管制的出发点是社会福利的最大化,管制的手段是一系列的法令、规则和标准,管制的作用对象是市场中的参与主体(生产者和消费者),管制实施的效果主要看对政策目标的实现程度,也就是说,政策实施后可以多大程度地改变市场主体的行为和决策,并实现宏观政策目标。

管制过程的本质是政府、企业与消费者三方的互动过程,其中包含企业与消费者、政府与企业、政府与消费者之间的两两互动关系。这三对关系并不是完全对等的关系,有的是强连接(如政府和企业),有的是弱连接(如政府和消费者),从而在管制政策制定过程中演化出动态不均衡的博弈格局。第一,由于自然垄断行业竞争不足,少数企业独占市场,可能存在操控产品数量、制定垄断价格、损害消费者权益的企图,这就导致企业在市场中有制定规则的主动权,而消费者处于相对弱势地位。这种不对等地位也为政府管制提供了存在的空间和理由。政府因此运用公权力对企业行为和决策进行监管和限制,作为对垄断权力的回应,以维护消费者权益。第二,由于消费者数量庞大,即使有消费者协会等非政府组织在维权方面发挥作用,政府也开拓渠道主动听取民意,但是消费者与政府之间的沟通机制往往单向而有限,消费者利益受损时缺少表达诉求的机会。第三,对于特定的行业,当监管者与被监管者长时间共存时,他们在博弈过程中也可能形成共同的利益,因此,政府与企业之间的互动纽带要比政府与消费者之间更强,从而形成政府、企业与消费者三方的不对等关系。在管制政策制定过程中,企业比消费者更容易影响公共政策的议题和进程。

二、经济性管制与社会性管制

早期的政府管制活动发生在经济领域,政府通过立法和行政手段规范企业行为,保护消费者权益,维护市场公平。20 世纪 60—70 年代,伴随市场主体的经济活动,在环境、食品和药品质量、工作场所安全等领域出现了很多社会问题,社会性管制开始成为管制理论与实践关注的新领域。

---

① 王俊豪. 管制经济学原理[M]. 2 版. 北京:高等教育出版社,2014:4.

一般而言,政府管制分为经济性管制和社会性管制。经济性管制是指为防止发生资源配置低效和确保资源的公平利用,政府机关运用法律权限,对企业的进入和退出、价格、产品和服务的数量和质量、投资、财务会计等有关行为进行干预。社会性管制是以保障劳动者和消费者的安全、健康、卫生以及环境保护、防止灾害为目的,对产品和服务的质量、企业和社会组织的决策、生产和社会活动等制定一定标准,并禁止、限制特定行为的监管过程。[①] 简单而言,经济性管制是对某一行业的企业的价格、产量、进入和退出进行控制,目的是在市场失灵的时候,维护产品和服务的竞争性市场,避免对消费者和其他方面造成损害;而社会性管制解决的是经济活动对健康、福利或公众的幸福感产生的影响,目的是限制直接危害公共健康、安全、福利的行为。与经济性管制集中于某个特定产业不同,社会性管制不以特定产业为研究对象,通常是跨产业的,因而其范围比经济管制宽得多,围绕如何达到一定的社会目标,实行跨产业、全方位的管制。

如前所述,市场失灵是政府干预的理由。市场失灵主要表现为自然垄断、外部性、内部性、公共产品、信息不对称和偏好不合理等多种形式。由于市场和社会有其内在的运行规律,并不总是需要政府干预,有时政府"不当"的干预以及管制的缺位和越位,反倒会引发一些负面效应,因此,当进行管制决策时,管理者需要仔细权衡利弊,通过政策的"有无对比"分析,做好政策效果的预判,并在政策实施过程中不断进行监控和调整。也就是说,从经济学的观点来看,只有确定管制带来的社会收益大于其社会成本时,政府才有必要进行干预。

第三节　交通需求管理与管制措施

城市交通管理先后经历造路、系统管理和需求管理三个阶段,与机动车普及有很大的关联性。机动车塑造了现代生活方式和城市形态,也给城市管理制造了很多难题,交通拥堵是这些难题中最容易为人所感知的。人们逐渐认识到一些传统的缓解拥堵的手段,如通过增加道路供给来提升道路容量、完善系统管理以提高路网服务水平等,可以缓解局部的拥堵状况,但是很难从根本上解决交通外部性问题。尤其当一个地区的机动车数量接近或超过临界值时,造路和系统改善无法满足日益增长的出行需求,相反会诱发更多的人使用机动车,导致"面多了加水,水多

[①] ［日］植草益. 微观规制经济学［M］. 朱绍文,胡欣欣,等,译. 北京:中国发展出版社,1992:22,27.

了加面"的恶性循环局面。

马丁·瓦克斯(Martin Wachs)认为,移动性是一种被低估了的人权,你永远不会对它感到满足。[①] 这种永不满足的需求意味着改善的办法来自人类自身。从 20世纪 80 年代开始,当人们认识到造路和系统管理的有限性之后,交通管理便转向对人类自身出行需求的引导和限制,通过政策干预来控制不断增长的机动车需求。随着理念更新、技术创新以及政策传播,交通需求管理(Transportation Demand Management,简称 TDM)逐渐发展成一个综合性概念[②],涵盖现有的交通管理措施和手段。交通需求管理中存在大量的干预性手段,这些手段可以是市场的,如定价和收税,也可以是立法和行政的,如制定交通发展战略、限购和限行等,还可以是宣传教育等"助推"式手段,引导人们从"小汽车依赖"转向绿色环保的出行方式。

一、交通需求管理

交通需求管理的设想最早出现在第二次世界大战期间的美国,当时小汽车泛滥,导致交通拥挤、能源匮乏、环境污染等一系列社会问题加剧。人们逐渐认识到,一个时期内道路网络的供给和服务水平总是有限的,过度的交通需求必然造成干道拥挤,新增的设施和道路会诱发更多人来使用,导致相邻区域的拥堵。因此,缓解交通拥挤不能光靠扩建交通设施、增加道路供给,还需要对无休止的交通需求进行干预、引导、控制与管理,使交通增长限制在城市路网和经济社会发展可承受的范围之内。此后,美国联邦公路管理局(Federal Highway Administration,简称FHWA)将交通需求管理作为系统管理的一部分,并进行实践探索,产生了很多新的措施和手段,比如为了节省汽油,建议驾驶员采取合乘方式出行等。

交通需求管理作为一种提高交通系统运行效率、改善交通拥堵状况、实现交通可持续发展的政策措施,越来越受到城市管理者、规划部门和理论工作者的关注,相关措施在国内外许多地区得到应用和普及。近年来,交通需求管理的着眼点逐渐转向通过一系列宏观社会政策和微观管制手段,从需求侧角度影响人们的交通选择,改变人们的出行决策,从而降低或转移出行需求总量,达到缓解交通外部性的目标。

交通需求管理的定义十分宽泛,有多种理解。一个普遍被接受的定义为:交通

---

① Gibbs W W. Transportation's Perennial Problems[J]. *Scientific American*,1997(4):32—35.
② 交通需求管理的其他英文提法包括"Traffic Demand Management""Travel Demand Management"等。在欧洲,与交通需求管理对应的交通策略被称为"移动性管理"(Mobility Management)。

需求管理"旨在影响人们出行行为的任何政策措施或一系列政策措施,以提供替代性的出行选择和(或)减少拥堵"①。

美国联邦公路管理局和公共交通管理局(Urban Mass Transportation Administration,简称 UMTA)将交通需求管理定义为:通过提高车道车辆使用的占有率或者通过影响出行的时间和需求,使运输系统运送旅客的能力达到最大。美国交通工程专家埃里克·弗格森认为,交通需求管理是改善交通行为的技术,它的实施可以避免投入巨资扩展交通运输系统。②

C. O. 肯尼思认为,交通需求管理是指"通过影响人们的出行行为来达到减少旅行需求或在时间和空间上重新分配旅行需求"。交通需求管理面临的并不是一个单独的行为,而是一组行为或者策略,其目标是鼓励出行者使用可以替代单独驾车出行的方式,特别是在一天中最为拥挤的时段。

加拿大维多利亚运输政策研究所(Victoria Transport Policy Institute)交通需求管理在线百科全书对交通需求管理是这样定义的:交通需求管理是一系列有助于有效使用运输资源的策略的统称。③

交通需求管理的目标在于采用行政、经济和社会等多种干预手段,改变人们对小汽车出行的依赖,通过激励策略影响人们的出行行为,缓解交通供需矛盾,减缓和补偿机动化的负外部性影响。具体而言,交通需求管理是指通过交通政策的导向作用,运用一定的行政干预、管理策略和技术手段,通过速度、服务、费用等因素,影响交通参与者对运输方式、运输时间、运输地点、运输线路等的选择行为。它可以减少交通需求,或在时间、空间上实现交通需求的均衡化,从而在运输供给和运输需求之间保持一种有效的平衡,使交通运输结构日趋合理。

在美国,单人单驾是一种常见的驾驶习惯,但它会造成道路资源的严重浪费,尤其在交通拥堵时段,新加入的小汽车对拥堵的边际贡献率远远大于非拥堵时段,因此,早期的交通需求管理政策目标在于改善单人单驾,鼓励合乘。从狭义上说,交通需求管理是指为削减高峰期间单人单车的小汽车通勤交通量而采取的综合性交通政策。随后,交通需求管理的适用对象和范围逐步扩大,从广义上说,它是指通过行政、经济、社会等多元政策的导向作用,促进交通参与者变更出行选择行为,以减少机动车出行量,减轻或消除交通拥堵。交通需求管理的最终目的,是在满足

① Meyer M. Demand Management as an Element of Transportation Policy:Using Carrots and Sticks to Influence Travel Behavior[J]. *Transportation Research Part A:Policy and Practice*,1999,33(7-8):575-599.

② 晏克非. 交通需求管理理论与方法[M].上海:同济大学出版社,2012:1.

③ 加拿大维多利亚运输政策研究所交通需求管理在线百科全书网址:http://www.vtpi.org/tdm。

资源和环境容量限制的条件下,使得交通需求与交通供给达到平衡,促使城市的可持续发展。

在早期,这种平衡主要是通过增加交通设施供给来满足的。但政策制定者为应对需求增长而一味扩大供给,导致小汽车依赖、城市蔓延等长期难以治愈的社会后果。而现在,交通需求管理限制性策略的出现改变了这种被动的不稳定平衡关系。交通需求管理综合考虑经济、社会、环境等因素,在保障人们基本出行需求的前提下,适当地限制交通需求,与此同时,积极灵活地运用行政干预、财政税收、社会动员等手段,适当地限制供给,以确保两者平衡。

交通需求管理会带来诸多社会经济效益,比如改善交通环境与居住环境、增加公平性、实现可持续的交通系统结构,又比如减少外部费用、降低交通成本、减少投资浪费、促进区域经济的健康增长等。交通需求管理的原则包括公平合理、经济与环境可持续发展、优先发展公共交通、道路时空资源均衡使用、多方结合协调发展、坚持因地制宜和经济适用以及社会可接受原则等。[1]

二、交通需求管理措施的分类

交通需求管理措施可以按照政策目标分为不同的种类[2],如推力策略和拉力策略、硬策略和软策略、强制性策略和非强制性(自愿性)策略等。

推力策略(Push Strategies)和拉力策略(Pull Strategies):小汽车具有灵活、快速、高效、舒适、门对门以及隐私保护等优点,当出行者在公共交通与小汽车之间做选择时,公交往往不具备竞争优势,因此,交通需求管理会通过一些措施限制小汽车的优势,增加公交的吸引力。那些弱化小汽车使用优势,降低小汽车吸引力的措施被称为拉力策略,包括增加燃油税、提高停车费、减少停车位、区域和尾号限行以及征收交通拥堵费等。推力策略是提高公交及其他慢行交通方式的可选择性,例如改善公共交通设施和服务、增加公交可达性、发放公交补贴、推行换乘优惠以及建设自行车专用道等。[3] 除了上述二分法,有的学者还将心理策略(Psychological Strategies)与推拉策略并列,心理策略包括教育和认识计划以及提供交通信息等。

---

① 郭继孚,毛保华,刘迁,等. 交通需求管理——一体化的交通政策及实践研究[M]. 北京:科学出版社,2008:13.

② Litman T. The Online TDM Encyclopedia:Mobility Management Information Gateway[J]. *Transport Policy*,2008,10(3):245—249.

③ Steg L,Vlek C. The Role of Problem Awareness in Willingness-to-Change Car Use and in Evaluating Relevant Policy Measures[J]. *Traffic & Transport Psychology Theory & Application*,1997,1:465—475.

硬策略(Hard Strategies)和软策略(Soft Strategies):人们对可持续发展和绿色低碳的认识会影响他们对出行方式的选择,交通需求管理注重通过多种方式改变人们的态度、意识、偏好乃至行为。硬策略通过制定价格和规则等方式,旨在改变人们的态度以及偏好,例如使汽车更贵,或使其他交通方式更便宜。软策略旨在影响人们的问题意识,比如信息以及教育,增加人们关于可持续发展的知识。[1]

强制性策略(Forced Strategies)和非强制性策略(Non-Enforced Strategies):强制性策略是指通过法律或限制性手段迫使人们减少小汽车使用的策略。非强制性策略是通过激励性措施让人们自愿放弃小汽车出行,或者使其他可选择的出行方式得到改善。[2] 类似的分类还有强制性策略和自愿性策略。[3] 强制性策略具有不同程度的强制力,包括征收拥堵税(费)、推行可交易电子路票、停车管理、尾号限行、车辆配额制度(Vehicle Quota System,简称 VQS)等。强制力相对较弱的措施是采用价格工具,而更具强制力的措施则是直接限制汽车的使用和购置。自愿性策略包括用地规划,适当平衡就业、商业和住宅发展,从而在很大程度上避免长距离出行[4],例如以公共交通为导向的开发(Transit-Oriented Development,简称 TOD,又称公交导向发展)。另外,更广泛的自愿性策略旨在鼓励出行者自愿从开车转向更可持续的出行方式,例如公共交通系统、步行、骑行、电动滑板车和拼车。这可以通过加强替代模式来实现,包括提高服务水平和降低成本,以及"提醒"出行者他们选择的后果。

交通需求管理还可以做更多的细分,比如分为法规(Regulator)、经济(Economy)、物理改变(Physical Changes)以及信息教育(Information Education)。法规方面包括禁止车辆驶入市中心、停车控制、降低限速等。经济方面包括对汽车燃料征税、按拥堵收费、降低公共交通成本、按里程收费等。物理改变方面包括改善公共交通、行人道和自行车道基础设施,鼓励短途出行的土地使用规划,推广汽车节能技术等。信息教育方面包括公共信息的宣传、个性化营销等。

---

[1] Steg L. *Factors Influencing the Acceptability and Effectiveness of Transport Pricing* [C]. Acceptability of Transport Pricing Strategies, Schacle S and Schlag B (ed.). MC_ICAM Conference, Dresden, Germany, 2003: 187−202.

[2] Loukopoulos P. Future Urban Sustainable Mobility—Implementing and Understanding the Impacts of Policies Designed to Reduce Private Automobile Usage[D]. Department of Psychology Göteborg University, 2005: 57−66.

[3] 一览众山小——可持续城市与交通. 中国交通需求管理的实践经验[EB/OL]. [2020-01-07]. https://mp.weixin.qq.com/s/_UwlTIZY07DKTeim11ir-Q.

[4] Gärling T, Schuitema G. Travel Demand Management Targeting Reduced Private Car Use: Effectiveness, Public Acceptability and Political Feasibility[J]. *Journal of Social Issues*, 2010, 63(1): 139−153.

总之,上述分类是围绕交通需求管理的根本目标,即限制小汽车和激励公共交通而设定的。随着时间的推移,交通需求管理具有涵盖所有交通管理措施的趋势,从设施建设到限制性政策均有涉及。

三、交通需求管理代表性措施

交通需求管理的具体形式可以表现为国家和城市层面的战略、规划和政策,也可以表现为对消费行为(如购买、持有或租用、使用机动车)的干预和限制措施。这些政策或措施按照持续时间可以分为一次性管理措施或常态化管理措施(如限行),有的措施还与购买或使用的数量有关(如燃油税)。

在我国,一些基于市场手段的交通需求管理措施已经实施并初见成效,如停车收费和车牌额度拍卖,有的还在酝酿之中(如拥挤收费)。另一些非市场手段如国家层面的公交优先战略、公交都市建设、智能交通系统等,也是近年来城市交通管理的重点,下面对这些重点政策和措施做一简要介绍。

(一)公交优先

发展公共交通是缓解交通拥堵、体现社会公平的普惠性措施。如何在小汽车快速增长阶段实施公交优先战略,对于我国城市交通发展具有重大现实意义。2005 年,国务院和建设部等六部委发布《关于优先发展城市公共交通的意见》,明确公交优先发展的重要性和紧迫性,要求建立以公交为导向的城市交通发展模式。

广义上的公交优先(Public Transport Priority)指向所有有利于公交优先发展的政策和措施,而狭义的公交优先是指在交通控制管理范畴内公交车辆在道路上优先通行的各类措施。具体措施包括加大公交政策支持,加大公交财政投入,提高公交设施承载能力,推进公交系统整合,提高公交信息化、智能化水平等。

(二)公交都市

"公交都市"(Transit Metropolis)一词最先由美国著名交通专家罗伯特·瑟夫洛(Robert Cervero)提出。[①] 公交都市是指一个公共交通服务与城市形态和谐发展的区域,倡导城市公共交通主动引导城市发展,强调城市公共交通与城市人居环境、结构功能、空间布局的默契协调、共存共促。公交都市具有较高的公共交通分担比例、紧凑的空间布局、多元化的公共交通服务网络、以人为本的公共交通优先政策以及高效的交通综合管理手段。

---

① [美]罗伯特·瑟夫洛. 公交都市[M]. 宇恒可持续交通研究中心,译. 北京:中国建筑工业出版社,2007:4.

公交都市是为应对小汽车高速增长和交通拥堵所采取的一项城市交通战略，已成为全球大都市的发展方向，东京、巴黎、伦敦、新加坡、香港、首尔、斯德哥尔摩、哥本哈根是世界闻名的八大公交都市。2011年，我国交通运输部在《交通运输"十二五"发展规划》中提出在"十二五"期间开展"公交都市"建设示范工程，选择30个城市实施公交都市建设示范工程。

（三）拥挤收费

路网中的新增用户必然引起路网系统总成本（时间和燃油费用等）的增加，这是因为用户的出行将给系统中其他用户增加一个额外的成本，并以交通拥挤、事故、噪声和污染等形式体现。拥挤收费是从时间和空间上疏散交通量，在减少交通负荷的同时，促使交通量向公交系统转移。拥挤收费可以为城市基础设施建设提供稳定的资金来源，它需要先进的政策体系和现代化的收费技术与设备作为支撑。拥挤收费的种类包括区域拥挤收费、局部（路段、交通走廊、高速公路、桥梁、隧道等）拥挤收费、高峰时间拥挤收费、高占用率车道（High-Occupancy Vehicle Lane，简称HOV）收费等。

在实践中，实施局部拥挤收费较为容易，相关案例也比较普遍。全世界仅有少数城市如新加坡、伦敦、斯德哥尔摩以及米兰等实行区域拥挤收费（Cordon Charge Scheme）。

（四）停车收费

停车收费是一种广泛实施的交通需求管理政策，以静制动地实现对小汽车使用的限制，达到补偿交通拥挤的外部成本、削减交通量、缓解交通拥挤的目标。通常采用经济手段对进入停车区域的车辆收取停车费用，以增加车主的出行成本，达到调节交通需求和缓解交通拥挤的目的。很多城市实施区域差别化的停车供给、收费和管理政策，通过提高部分地区（特别是中心城区）的停车费达到调控城市交通流分布的目的，对缓解道路拥挤、优化小汽车管理、促进动态交通与静态交通协调发展有重要作用。相对于拥挤收费，停车收费具有可实施性强的特点。在交通需求管理中，停车收费在终点进行控制，属于静态需求管理的重要方式之一。

（五）汽车限购（机动车拥有权管制）

汽车限购是一种交通需求源头管理手段。为了放缓机动车增长速度，政府制定相关政策对消费者购买汽车的行为和决策进行限制，以实现交通和社会发展目标。新加坡于1990年开始实施强制性的车辆配额系统（Vehicle Quota System，简称VQS），即车主在注册新车之前必须竞标车辆拥有证（Certificate of Entitlement，简称COE），以此管理车辆数量的增长。新加坡政府每个月根据道路交通状况以及退出道路系统的报废车辆数来决定发放"拥车证"数量,实质上是通过计划车辆注册指标干预购买行为。这个方法能有效地使新加坡小汽车的增长率维持在较低水平,实现严格控制汽车总量的管理目标。

(六)汽车限行(机动车使用权管制)

汽车限行是指为了缓解城市交通压力,在一定的空间和时间内限制某些类型的车辆行驶;有时也指因举办大型活动而实施局部区域的交通管制措施。《中华人民共和国道路交通安全法》第三十九条规定,公安机关交通管理部门根据道路和交通流量的具体情况,可以对机动车、非机动车、行人采取疏导、限制通行、禁止通行等措施。

汽车限行的种类包括:①交通临时限行,主要是指某些专用车辆需要到达某些目的地,交管部门会采取相应的管制,让特有车辆先行,而其他车辆需要避让。②机动车尾号限行,主要目的是缓解高峰时段所产生的拥堵现象,按照尾号限制(或允许)车辆使用特定道路。③外地车辆限行(简称限外),是指在规定的时间内禁止外地牌照车辆进入城市内部行驶,或者禁止使用特定区域或道路。④大型活动或体育比赛限行,是指交管部门对大型活动或体育比赛场地周边采取交通管制措施,让经过此地的车辆绕行,以免造成更大的拥堵。

(七)智能交通系统

智能交通系统(Intelligent Transportation System,简称ITS)是将先进的科学技术,如信息技术、计算机技术、数据通信技术、传感器技术、电子控制技术、自动控制理论、运筹学、人工智能等,有效地综合运用于交通运输、服务控制和车辆制造中,加强车辆、道路、使用者三者之间的联系,从而形成一种保障安全、提高效率、改善环境、节约能源的综合运输系统。2007年,北京举办第十四届智能交通世界大会,向世界展示我国多年来各部门、各地区在智能交通系统领域所取得的成就,此举促进了我国在智能交通系统领域的对外交流。

(八)交通税费

广义的交通税费是指与企业和个人交通活动相关的所有征税和收费,狭义上是指国家和地方管理部门(有时专指税务机关)对运输企业的经营活动以及消费者个人购买和持有机动车的行为征收的税和费。在我国,交通运输税是指国家对运输企业运营业务收入征收的税目,是营业税的一种。对个人的交通税费按照车辆种类、排放量、使用里程等指标征收。在机动车购买阶段的税费包括关税、车辆购置税、消费税、新车检验费和新车牌证费等,在持有阶段包括车船税、燃油税、年度检验费和交强险等。

四、交通需求管理中的管制措施

从广义上看,交通需求管理是各种提高交通运输系统效率的策略总称,目前有涵盖各种管理措施的趋势,范围涉及交通规划与政策、土地利用、系统管理、智能交通系统等。从狭义上看,它是通过立法、行政、市场和社会手段,对出行者的决策要素进行引导、干预和控制。由于人们的出行行为存在一定灵活性,出行时间、出行方式和出行地点等均有可替代、可变通的选项,而影响人们出行选择的因素包括舒适度、安全性、出行费用、用地特征等,因此交通需求管理就是利用多种手段改变这些因素来干预人们的出行行为。

(一)交通管制措施

从狭义的交通需求管理概念来看,管制措施在其中占有一定的比重,并且它们的作用机制遵循相似的规律。完善的管制体系的一项核心管理能力,就是选择出效率最高、效果最好的政策工具,无论这种工具是否具有法规强制力。[1] 在众多的交通管制工具中做出选择,首先需要了解近半个世纪以来政府管制改革中激励性管制以及放松管制的变化趋势。

在社会性管制领域内,以往为实现管制目的,经常采用的工具如禁止企业或消费者特定行为、对企业营业活动进行限制、资格制度、检查制度和基准、认证制度等都属于"命令-控制"型的管制工具。[2] 自 20 世纪 80 年代起,人们逐渐认识到传统的"命令-控制"型管制工具存在很多弊端,开始改革并采用新的管制方式。激励性社会管制工具是放弃强迫企业或消费者服从的传统方式,转而利用市场机制,为被管制者提供选择和行动的机会,引导、激励被管制者主动服从管制要求,从而实现管制目标,如引入市场导向型的管制方式、广泛利用绩效标准、自愿管制、信息披露和教育等。[3] 由于激励性管制工具克服了传统"命令-控制"型工具的众多缺陷,因此在管制体制的设计中得以倡导并广泛使用。然而在实践中,并不是所有的激励性管制工具都能达到预期的效果。例如,尽管市场管制工具以及基于绩效标准的管制改革拥有许多优点而被人们寄予厚望,但这些优点并不像它们的提倡者所说的那样突出,抑或是私人利益的影响以及其他政治因素阻碍了它们的采用,有时还

---

① 王林生,张汉林.发达国家规制改革与绩效[M].上海:上海财经大学出版社,2006:166.

② 曾国安,李明.发达国家社会性管制的发展新趋势[J].经济纵横,2007(9):74—76.

③ 苏晓红.社会性管制改革的国际经验与我国的路径选择[J].经济纵横,2008(12):110—112.

存在着来自利益集团和公众的抵制。[①] 相反,在众多的替代方式中,自愿管制、信息披露和教育等柔性手段得到越来越多的应用。

按照管制的市场化改革趋势,交通需求管理中管制措施大致可分为基于市场的管制工具(Market-Based Regulatory Tools)和非市场的管制手段(Non-Market-Based Regulatory Tools)。

第一类是基于市场的管制工具,如定价、收费、征税等,通过对车辆所有权和使用权进行限制,提高出行者对私车的拥有成本和使用成本,引导人们重新做出出行方式和出行时间的选择,将私人汽车出行模式转换为外部性更小的公共交通工具,从而实现缓解交通拥挤、降低事故率和减少机动车排放的政策目标。这类管制性工具包括车辆拥有和使用环节征税、收费及配额管制,如燃油税、停车收费、拥挤收费、牌照控制等。

第二类是非市场的管制手段,大致分为三种。一是行政管制手段,政府通过制定一定的规则对企业和私人决策空间进行限制,比如弹性和错时上下班、单双号限行等,这类手段带有较大的强制性。二是利用智能交通系统(ITS)向出行者提供道路交通信息,弥补由于信息不充分和不对称造成的决策失误,引导道路资源的优化配置。三是利用战略规划工具制定公共交通优先政策,如提高公交服务水平、开辟公交专用道、实行票价优惠和补贴等,吸引人们采用集约化、对社会负担更小的出行方式。

(二)管制措施的可接受性

面对人、车、路愈演愈烈的冲突和矛盾,亟待科学合理地评估交通需求管理政策实施的风险、障碍、损益乃至效果,以提升管理经验,吸取可能的教训。然而,公共政策并不是对所有人都是公平的,往往会对一部分人有利,而使另一部分人的利益受损。研究发现,当实施征税或收费政策时,来自公众的反对(如道路收费)或行业反对(如飞机燃油税)才是政策真正的实施障碍(Sorensen et al.,2014)。在美国,燃油税上涨就涉及政治问题,因为几乎所有的居民都开车出行,增加燃油税会损害大部分人的利益,所以民选官员会担心失去选民的支持而回避税费上涨的提案。

类似地,交通需求管理策略中包含不少限制性政策,它们对市场主体的行为决策进行约束或干预,因此并不是所有的交通需求管理政策都会受到公众欢迎。在众多交通需求管理政策中,不乏一些遭到强烈反对的措施,如限购、限行、拥挤收费等。相对公共交通类措施,这些限制性政策的争议更大,可接受性较低。在欧洲的

---

① 杨美芬.国外关于社会性管制研究状况述评[J].法制与社会,2017(1):186-187.

一项研究中,对公共交通或停车换乘相关设施的改进措施得到超过 90% 汽车用户的支持,而只有不到 10% 的人赞成减少停车位(Schlag and Schade,2000)。2013年,当一些城市酝酿对购买小汽车实施额度管理时,中国汽车工业协会曾发表公开声明,强烈反对限购政策。[①]

在交通需求管理研究中,公众可接受性(也称可接受度)的定义为"可能在未来实施的交通需求管理政策措施的正面或负面评价程度"(Schlag and Schade,2002)。值得一提的是,"可接受性"(Acceptability)与"接受"(Acceptance)是不同的概念(Schlag and Schade,2000)。"可接受性"指的是对某特定对象的接纳或是肯定的程度,它是一个度的概念,而不仅仅归于"是"与"否"的关系。这种度的体现并不能被直接观测到,但是可以从观察到的反应中推断出来,判断人们对某一事物的倾向程度。而"接受"更多的是与行为有关,是人们对某个对象的一种行动或反应。公共政策的可接受性在传统上被视为单一维度概念,通过一个(或多个)变量探测某种整体性评估,从而考虑某种政策实施的可能性程度。对于已经实施的政策,也可以做相应的可接受性研究,以试图找到隐含的影响可接受性的因素,从而采取相应措施来提高某一政策的可接受性(Jain et al.,2021)。

适度的可接受性是管制政策成功实施的前提,对交通需求管理政策能否有效地改变出行行为至关重要,尤其当人们认为这些措施具有强制性时。如果没有公众支持,那么政策执行者可能会犹豫是否要执行该项政策,若公众反对意见较为强烈,政策就会失去民意基础而无法开展(Steg et al.,2005;Gaunt et al.,2007)。不仅如此,低可接受性还会增加政策的实施难度,并削弱政策的长期有效性。为提高政策的可接受性,政策制定者会将可接受性高和可接受性低的政策相互组合(Kallbekken et al.,2013;Givoni et al.,2014),以此保证政策组合得以有效实施。

五、交通需求管理的组合措施

当代公共政策问题具有多面性和复杂性,单一的政策往往不能解决多面的问题,政策制定者由此提出一系列政策组合以实现预期目标。[②] 许多城市的交通需求管理政策经验表明,单一政策的效果十分有限(Wang et al.,2022),因此,一个城市

---

① 凤凰网. 中汽协发表公开声明:强烈反对限购政策[EB/OL]. [2013-07-10]. https://auto.ifeng.com/roll/20130710/868800.shtml.

② Organization for Economic Cooperation and Development. Instrument Mixes for Environmental Policy [R]. Paris:OECD Publishing,2007.

往往会实施多个交通需求管理政策以获得综合效果。例如,北京采取限行加摇号、错峰出行、停车收费等多项措施,上海实施的政策包括拍牌加限外、停车收费等。这些政策之间可以是互补关系,也可以是削弱关系,政策总体实施效果会因政策之间的相互作用而与预期目标产生差异,因此,评估一个政策组合而非单项政策的效果更具有实际意义。

政策组合也称为政策包(Policy Package)或一体化策略(Integrated Strategies)。Rizwanul(1980)最早提出政策包的概念,在研究孟加拉国粮食政策时,他发现粮食采购、投入补贴与分配系统这三个政策之间相互联系,但同时为了实现同一目标,它们之间也可以相互替代,这种因为同一目标相互关联又具有替代性的多个政策形成了政策包。政策包旨在解决一个或多个政策目标的政策措施组合,它不仅能提高个别政策措施的有效性,并在实施的过程中最大限度地减少可能的意外影响,还能促进干预措施的合法性和可行性,从而提高效率。①

多项政策同时实施使得政策之间产生相互作用。政策之间的关系可分为三种类型,分别为先决条件关系、协同或促进关系以及矛盾关系(Taeihagh et al.,2013)。不同的政策组合,所得结果也不尽相同,作用结果可能互补,也可能适得其反(Habibian and Kermanshah,2011)。若只关注政策的直接影响,则会导致实际效果与预期效果大相径庭,这之间的偏差与政策实施所产生的意外效应有关(Justen et al.,2014)。因此,政策制定者更应该关注净效果或附带效果(Givoni et al.,2014),不可忽视政策的相互作用,重视政策组合的最终作用结果。

在政策组合选取依据的研究中,吉沃尼等(Givoni et al.,2014)认为按照政策目标,应该将政策组合内的政策分为主要措施和辅助措施,但不同于一般的政策组合,其中的主要措施用以增加政策组合的有效性,辅助措施用以增加政策组合的可实施性。贾斯滕(Justen et al.,2014)参照吉沃尼的范式,以欧洲交通白皮书为例,将白皮书中的政策划分为主要措施和次要措施,以"将传统燃料汽车在城市交通中的使用减半"为政策目标,将"引入城市道路收费和准入限制方案"等政策作为主要措施,"按新能源车辆能效等级错开补贴"则作为辅助措施。安妮娜等(Annina et al.,2021)提出,政策组合应包含破坏性的措施和有较高可实施性的措施,并强调政策组合中有一个可接受性高的政策非常有必要。

在影响效果方面,有学者研究了政策组合在减少小汽车使用上的影响。哈比宾和克尔曼沙赫(Habibian and Kermanshah,2011)从宏观和微观角度研究政策之间

① Givoni M,Banister D. *Moving towards Low Carbon Mobility*[M]. Cheltenham:Edward Elgar Publishing,2013:209—230.

的相互作用关系,并从微观上验证增加停车费和增加燃油税可以较好地减少小汽车的使用。Nunes 等(2019)评估了包括拥堵费和公路汽油税在内的政策组合对于小汽车使用的影响,结果表明,这些政策可以有效地将乘用车使用率减少 2.0%~5.4%。

在交通需求管理政策的执行过程中,难以避免多项政策同时施行,各项政策之间的相互作用使得政策组合的整体效果并不是单一政策效果的简单叠加。因此,在政策效果评估中,需要从政策组合的角度厘清政策工具与效果之间的因果关系以及主要政策对整体效果的贡献。

第四节　机动车拥有权管制

近年来,随着机动车保有量持续增长,交通拥挤和空气污染等问题日趋严重,我国部分城市先后采取多种限制性交通需求管理措施,代表性策略包括通过限购措施控制机动车总量的增速以及通过限行措施减少道路上行驶的车辆数等,在提升交通系统效率方面发挥了积极的作用,为其他城市机动化管理提供了有价值的经验借鉴。机动车管制是政府及其相关部门采取立法、行政和市场等手段,对市场主体(个人和企业)拥有和使用机动车的决策和行为进行干预的过程。这些限制性手段可以按照机动车拥有和使用环节分为拥有权管制和使用权管制两类。

广义的机动车拥有权管制是指中央和地方政府为实现交通发展战略目标,对个人、家庭、企业或社会组织等主体购买机动车的决策行为采取行政或市场干预措施的总称。干预的方式包括国家层面在机动车拥有环节进行征税或收费,也包括地方(城市)层面对新增的机动车进行配额管理。狭义的机动车拥有权管制是指城市层面实施的机动车配额管理,俗称"限购"措施。它是指地方政府根据城市交通战略或发展规划、交通运行状况以及社会、经济、环境等客观条件,确定年度和月度的新增机动车额度投放量,设立专门行政机构或委托相关企事业单位,组织和实施额度分配的管理过程。从我国部分城市的实践来看,目前车辆额度配置办法包括拍卖、摇号、混合等方式,以实现减缓机动车增长速度、合理分配空间资源的政策目标。除非特殊说明,本书主要围绕机动车拥有权管制的狭义概念展开论述。

1978 年改革开放以来,我国先后有上海、温州、北京、贵阳、广州、天津、深圳、杭州和海南等省市对新增的机动车实施配额管理。其中,上海于 1986 年采用非营业性客车额度拍卖方式控制机动车增长速度以来,已取得先行示范效果。[①] 近年来,由于私车额度需求增长、拍卖价格上涨、外地车牌竞争等问题,管理部门采取设置警示价、增加额度投放量、对外牌车辆加强监管等措施维持现行政策的有效性。2011 年,北京首次采用摇号方式配置机动车额度,以遏制机动车数量快速上涨的势头,而尾号限行措施直接减少了道路上运行的车辆数和车流量,管制的短期效果较为显著。长期来看,摇号和限行等限制性措施均会对机动车拥有和使用行为产生诱发效应,从而削弱这些措施的实施效果。2012 年,广州在总结上海和北京经验的基础上,采用拍卖加摇号的混合方式配置机动车额度,使政策设计更加贴近需求和民意。后续多个实施机动车拥有权管制政策的城市,如天津、杭州和深圳等均采用这种混合方式。这些城市的实践为公共管制理论创新提供了土壤。面对城市居民对于机动化需求的持续增长,地方政府亟待提高管理机动车拥有权的能力,针对管制的必要性、可行性和有效性展开系统评估,并做出改进。

政府干预市场的理由在于各种市场失灵现象的存在。市场失灵表现为自然垄断、外部性、内部性、信息不对称、公共产品和不合理偏好等不完美现象。在交通运输行业,中央和地方政府对市场多元主体(如企业和出行者等)进行管制是相当普遍的做法,究其原因,管制的普遍性首先来源于行业的特殊属性。大多数运输服务提供的是公共产品或准公共产品,传统意义上公共产品的提供者是政府。即使在委托代理关系下企业或非营利部门可以成为实际的产品供给者,政府仍有责任对公共产品的数量、质量和价格等要素进行指导和调控,以确保所有消费者有公平的机会获得产品和服务。此外,运输服务离不开道路、场站等基础设施网络,它们投资巨大、沉没成本高,具有唯一性和独占性,过度使用可能产生拥挤效应。这些特征使得交通运输行业存在竞争不足,甚至某些特定的领域具有自然垄断属性。当竞争不足时,企业可能产生操纵市场价格、攫取消费者利益的动机,而管制则是政府运用公权力,对占市场优势地位的企业所进行的回应和制衡,以维护消费者的权益。

交通运输行业管制普遍存在的原因还在于机动车拥有和使用的外部性。人们一旦买车,就习惯于频繁驾驶,甚至对汽车产生依赖[②]。交通拥堵导致城市运输效率下降,而机动车出行还会产生尾气排放、噪声等环境外部性问题,妨碍经济和社会的正常运行。此外,我国城市人口稠密,具有高密度形态,面临土地资源约束,近年来遭遇快速机动化的挑战,这些也是地方政府出台管制性措施,干预机动车拥有和

① 刘德吉.上海车牌拍卖的政策效应分析[J].产业与科技论坛,2008,7(1):130－133.
② 王慧.小汽车依恋,是病得治[EB/OL].[2015-02-01].https://www.thepaper.cn/newsDetail_forward_1299814_1.

使用行为的原因。正如美国学者 E. 博登海默所言:"在一个复杂的社会中,有许多相互冲突的利益需要调整,公共福利也必须加以保护,以使其免受反社会的破坏性行为的侵损,因此由政府直接采取行动进行管理也就成了势在必行之事。"①因此,在一些城市的机动化管理中,机动车拥有权管制被视为综合交通需求管理的内生变量,并与使用权管制(限行)联动,发挥出调节机动车增速、遏制交通外部性的功能。

对于机动车拥有权管制及其所产生的影响,公共管制理论的探讨主要从管制规范性、政策演化机制、额度配置方式与机制设计、管制效果评估以及管制的实践案例等方面展开。

一、有关管制规范性的探讨

相关理论探讨围绕限购措施出台的理由、条件等规范性问题展开,包括管制必要性、可行性、合法性和合规性等。一些城市很早就认识到"有序发展小汽车,优先发展公共交通"是国际大都市普遍采取的管理理念,因此,保持和加强私人机动车牌照发放管理,控制城市内部车辆数是实现道路车辆协调发展的有效手段(朱洪,2002)。Wang(2010)通过回顾中国城市机动化管理的独特做法,探讨空间和制度因素如何影响西方发达国家的机动化政策,并总结其管理经验对中国城市的可移植性。

影响一个城市是否采取限购措施的因素有很多,短期因素包括交通拥堵和空气污染的加剧、确保交通畅通的管理压力等,长期因素包括城市和交通发展规划、城市化和机动化进程、高密度和紧凑发展模式、城市空间生长约束、城市管理历史或传统(如早期利用市场化手段配置公共资源的实践)、政策在地方政府之间的传播和推广等。

上海早年的车牌额度拍卖政策与 2004 年开始实施的上位法《中华人民共和国道路交通安全法》②存在冲突,由此管制措施的合法性在 2005 年前后引起法学家的

---

① [美]E. 博登海默. 法理学:法律哲学与法律方法[M]. 邓正来,译. 北京:中国政法大学出版社,1999:369.

② 《中华人民共和国道路交通安全法》(简称《道路交通安全法》)于 2003 年 10 月 28 日第十届全国人民代表大会常务委员会第五次会议通过,2004 年 5 月 1 日正式实施。2007 年 12 月 29 日,第十届全国人民代表大会常务委员会第三十一次会议通过《关于修改〈中华人民共和国道路交通安全法〉的决定》,对《道路交通安全法》进行第一次修正。2011 年 4 月 22 日,第十一届全国人民代表大会常务委员会第二十次会议通过《关于修改〈中华人民共和国道路交通安全法〉的决定》,对《道路交通安全法》进行第二次修正。2021 年 4 月 29 日,第十三届全国人民代表大会常务委员会第二十八次会议通过《关于修改〈中华人民共和国道路交通安全法〉等八部法律的决定》,对《道路交通安全法》进行第三次修正。

关注。① 从 2011 年北京以摇号方式配置车牌额度、2012 年广州采取混合模式,到 2014 年前后陆续有多个城市加入汽车限购行列,学术界(特别是法学界)对管制合法性的讨论持续多年。② 直到 2016 年《中华人民共和国大气污染防治法》(修订版)③生效之后,地方政府才被赋予权力,依法控制燃油机动车保有量的增长。

二、有关政策演化机制的探讨

一个城市是否选择限购政策既有偶然性,也有必然性,分析管制政策演化过程中的动力和阻力机制,有助于揭示政策制定和发展过程的内在规律。"动力-阻力机制理论"认为,交通需求管理中的管制措施往往是"逆需求"而行,在制定和实施相关政策过程中难免会遇到各种政治和社会障碍,因此政策演化过程中动力和阻力因素并存,相互碰撞,形成了新的公共利益格局。推动城市机动化水平以及政策演化的动力因素包括城市化、汽车保有量和经济增长等,阻力因素包括城市人口密度和空间约束、拥有和使用汽车的成本以及监管工具等。此外,管制政策的更新演化还来源于公共价值观念的变化、大型事件(或突发事件)以及城市管理者的知识和经验。④ 一些关键事件的发生也是推动管制政策演化的重要触发点,比如 2012 年前后,雾霾对我国多个地区产生严重影响,随后一些城市启动限购措施,以应对机动车排放的长期影响。"动力-阻力机制理论"揭示了系统内部和外部可能存在的诱发政策变迁的多种作用力,这些作用力通过政策事件来识别,而可观察的系统状态是动力和阻力两种力量作用的均衡结果。例如,通过城市居民人均汽车保有量与人均 GDP 的弹性分析,揭示政策演化过程中动力与阻力的相互作用机制,阐释政策出台和变迁的影响因素。⑤

政策扩散理论试图从学习、竞争、模仿和行政指令四种机制维度阐释机动车拥

---

① 请参阅:岳海鹰,樊俊芬.上海市私车牌照拍卖的行政法学思考[J].宁夏党校学报,2005,7(6):95−97;章志远.私车牌照的拍卖、管制与行政法的革新[J].法学,2008(6):58−66;杨阳,章志远.上海私车牌照拍卖的行政法学解读[J].中共长春市委党校学报,2008,113(6):80−83;胡昌银.上海市政府车辆牌照拍卖依据的法理评析[J].法学,2011(5):3−7;王克稳.上海市拍卖机动车号牌合法性质疑[J].上海政法学院学报(法治论丛),2011,26(6):67−71.

② 请参阅:杨解君,公共决策的效应与法律遵从度——以"汽车限购"为例的实证分析[J].行政法学研究,2013(3):63−69;范良聪.限牌政策及其替代方案的法经济学分析[J].广东财经大学学报,2015,140(3):106−113;陈晓枫,余超.论中国式汽车限购的合法化治理[J].江苏行政学院学报,2015,83(5):113−119.

③ 《中华人民共和国大气污染防治法》(2016 年 1 月 1 日修订)第三节第五十条指出,国家倡导低碳、环保出行,根据城市规划合理控制燃油机动车保有量,大力发展城市公共交通,提高公共交通出行比例.

④ 冯苏苇.共享移动性创新、规制变革及其社会障碍[J].上海城市规划,2018,139(2):25−28.

⑤ 冯苏苇,朱文杰.沪深小汽车增量调控政策比较研究[J].交通与港航,2018,5(3):38−47.

有权管制政策由单个城市推广到多个城市的演化过程。^① 美国学者约翰·W. 金登(John W. Kingdon)提出的"多源流理论"将政策变迁的触发机制分解为问题源流、政策源流和政治源流三种力量的汇合以及机会之窗的打开。^② 在政策发展的不同阶段,三种源流有时表现为动力,有时表现为阻力。"多源流理论"从问题源流、政策源流和政治源流等多种机制出发,揭示政策到底因何而变以及如何而变,弥补了"动力-阻力机制理论"在内涵阐释方面的不足。

一个城市往往会实施多项政策以达到预期的综合效果,机动车拥有权管制也不例外。在一体化政策框架下,各项政策之间的联动耦合作用使得政策组合的整体效果并不是单一政策效果的简单叠加。有时政策设计者也会将可接受性较差的政策(如限制性交通需求管理政策)与激励性政策(如公交优惠政策)组合,以降低政策组合的社会障碍和政治风险。因此,在政策演化机制的探讨中,既需要识别政策工具与效果之间的因果关系以及主要政策对整体效果的贡献,也需要比较不同政策组合的替代效果和联动效果。现有研究讨论了一些政策组合的相互影响机制,比如从机动车拥有权限制转向使用税的福利改善^③、限购政策与拥挤收费的组合对开车人行为的影响^④等。

三、有关额度配置方式与机制设计的探讨

上海是我国第一个以拍卖方式实施机动车拥有权管制的城市,私车额度拍卖始于 1986 年,早年的政策目标多元、分散,并没有着眼于控制机动车增长,直到 2000 年出台"国产生活用小客车上牌额度无底价竞购"政策之后,车牌拍卖才回归初衷,转向限制机动车所有权。继上海之后,2011 年北京采取摇号方式在新增汽车用户中分配额度。2012 年,广州宣布实行摇号和拍卖相结合的机制,以控制新登记汽车的总数。混合方式给予消费者选择权,满足了不同利益相关者对额度的需求,因此,2014 年之后,一些城市实施限购政策时都采用了该种方式。

一些新的理论和分析框架相继出现,用于讨论管制政策工具的适用性及其组

---

① 王浦劬,赖先进. 中国公共政策扩散的模式与机制分析[J]. 北京大学学报(哲学社会科学版),2013,50(6):14—23.

② [美]约翰·W. 金登. 议程、备选方案与公共政策[M]. 2 版. 丁煌,方兴,译. 北京:中国人民大学出版社,2017:155.

③ Muthukrishnan S. Vehicle Ownership and Usage Charges[J]. *Transport Policy*,2010,17:398—408.

④ 冯苏苇. 私车牌照拍卖与拥挤收费的政策联动效果研究[J]. 交通运输系统工程与信息,2012,12(3):6—11.

合的效率。Hepburn(2006)认为,选择适当的政策工具是成功监管的重要组成部分,决策者可以运用诸如"命令和控制"的行政手段和(或)经济手段,在价格(如拍卖)和数量(如摇号)之间做出选择,他还比较了价格、数量和混合工具的相对优势。Zhu 等人提出了一个理论框架,用于分析和比较交通需求管理政策,包括家庭车辆拥有和使用联合决策的数学模型以及基于补偿变化和消费者剩余的福利分析方法(Zhu et al.,2013)。Xiao 等人质疑机动车拥有权管制本身的有效性(Xiao et al.,2013)。Li 等人建立了摇号、拍卖和混合这三种汽车拥有权配给方式的分析模型,以确定每种方式的最佳配额以及混合方式中摇号与拍卖的最佳分配比例(Li et al.,2019)。

限购政策的目标在于控制交通拥堵和污染,同时通过配套措施促进公共交通发展。在政策设计中,三种额度分配方式各有优劣,折射出公共价值判断的优先次序有很大的不同。北京政策更注重公平,而上海政策似乎更注重效率。广州政策结合了北京政策和上海政策各自的优缺点,并对所有车牌额度设置有效期,增添了本地特色。多样化的政策设计和实践经验表明机动车拥有权管制具有可行性,从而为其他城市的机动化管理提供了借鉴和参考。

在现实中,通过配给(摇号)和拍卖分配稀缺资源有很长的历史,比如无线电频谱、器官移植、学区分配等。如何选择资源配置方式并在效率和公平之间权衡是一个经久不衰的经济学话题。Wang(2017)认为,限购政策主要的理论争论是拍卖所代表的效率和摇号所代表的公平之间的权衡,他构建了一个三层框架来评估摇号分配方案的公平性。由于公平是一个非常宽泛的概念,摇号只在狭义上符合平等规则(它的公平是表面上的),这有利于形成积极的公众意见。一些学者研究发现,摇号在城市资源分配中具有一定的优势[1],拍卖可能并不总是比摇号占优(Weitzman,1977;Gueserie et al.,1984;Sah,1987;Che et al.,2013)。虽然拍卖可以使额度流向效用更高者,增加社会福利,但是从解决交通拥堵的目的来讲,摇号政策更能够达到既定目的(Hepburn,2006)。然而一些研究发现,与拍卖系统相比,北京摇号系统的效率大幅下降[2],而拍卖比摇号造成的净福利损失更少。[3]

管制政策会产生跟随成本,从而决定参与者的行为响应。Lew 等人运用行为经济学分析新加坡交通需求管理的创新经验,认为额度配置政策如果没有参与成

---

① 孙荣. 困境与出路:"摇号"政策应对城市公共资源分配难题[J]. 行政论坛,2014,125(5):56—60.

② Li S J. Better Lucky Than Rich? Welfare Analysis of Automobile License Allocations in Beijing and Shanghai[J]. *Review of Economic Studies*,2018,85(4):2389—2428.

③ 叶刘刚. 中国车牌限额政策的经济分析[J]. 交通与运输,2013(12):133—136.

本,就会严重扭曲参与者的行为,出现摇到号不购车或无购车需求也参与摇号的情形,如果增加摇号的参与成本,则摇号需求将会减少很多(Lew et al.,2009)。侯幸(2013)①运用持续时间模型计算不同中签率下北京上牌摇号的平均等待时间,估算参与成本,并与上海车牌拍卖的成本进行比较。Wang(2017)以广州为案例,分析人们如何在摇号、拍卖和不参与之间进行选择,特别是收入对选择的边际影响,发现人们对摇号和拍卖的参与人数和中奖率的波动反应强烈,人们在摇号和拍卖中投机,而不是根据自己的需求或经济状况做出决定。稀缺公共资源配置的机制设计在经济学、公共管理、政治学、城市管理等领域的前沿讨论中都占有一席之地,对机动车拥有权管制理论的讨论延拓了这些学科领域的边界。

还有一些研究侧重于额度配置的市场机制,即如何通过拍卖方式提高资源的配置效率。多名学者对新加坡车辆配额系统(VQS)的机制设计方面有很多探讨,揭示了管制规则与市场行为(投标行为、汽车销售行业)的互动关系(Koh and Lee,1993;Koh,2003;Koh,2004;Chu,2014)。此外,有的研究对车牌额度拍卖市场各要素之间的互动关系进行理论建构,包括多物品同时拍卖模型②、序贯拍卖-摇号混合机制③等理论,拍卖竞价博弈机制④和拍卖价格均衡分析⑤,对现行机制与歧视价格拍卖的效率进行比较(侯幸,2013),分析限制车牌二手市场对拍卖市场的影响⑥,等等。

四、有关管制效果的评估

公共管制理论认为,市场失灵能给予政府干预市场的理由,管理者依据政策目标选择合理的干预策略,引发市场状态变化,因此可根据观察的市场状态变化,合理运用统计分析方法和计量分析工具对管制效果进行综合评估。⑦ 管制效果的评估有利于形成反馈机制,帮助政策制定者优化和完善现有方案;良好的法治生态环

① 侯幸,胡又欣,张彤. 车牌拍卖的实验研究[J].财经科学,2013,309(12):82−91.
② 王平平,孙绍荣. 车辆牌照拍卖模型[J].运筹与管理,2005(2):75−78.
③ 荣健欣,孙宁. 汽车牌照配置的混合机制设计——对我国车牌配置机制改进的探讨[J].财经研究,2015,41(12):62−71.
④ 江红. 上海市私家车牌照拍卖的博弈分析[J].金融经济,2013(12):170−172.
⑤ 李松有,唐平秋,兰秋蓬. 基于垄断的车牌市场价格均衡分析与设计[J].成都行政学院学报,2013(4):57−62.
⑥ 郝亮,巫景飞,白小煌. 限制车牌二手市场对拍卖市场的影响——基于上海车牌拍卖市场的理论分析和实证检验[J].中央财经大学学报,2020(5):80−94.
⑦ 冯苏苇. 从事件历史研究上海私车额度拍卖政策绩效[J].力学与实践,2015,37(3):452−456.

境、上级部门的有效监督以及积极的公众参与是形成政策评估制度的关键因素（蔡芸芸，2015）。

　　管制效果评估的相关研究围绕机动车拥有权管制政策所产生的宏观影响以及微观市场（拍卖、摇号及混合）影响展开。在微观拍卖市场方面，现有研究聚焦的议题包括车牌额度拍卖供求关系分析[①]、市场价格趋势预测[②]、规则变更对拍卖市场的影响[③]、拍卖规则与价格的关系[④]、拍卖价格与宏观经济指标的关联性[⑤]、政策参与人的支付意愿[⑥]、拍卖市场关键变量的相互影响[⑦]以及最低成交价格的仿真验证[⑧]等。

　　在宏观政策影响方面，现有研究包括分析政策的宏观效应[⑨]、对购车需求的影响[⑩]、广义的社会成本和收益[⑪]、积极和消极的政策效果[⑫]、制度的成效与缺陷[⑬]、利益相关人行为模式的变化[⑭]、公众对限制性政策的接受程度[⑮]、政策效应计量分析[⑯]、社会福利影响分析[⑰]、非沪牌私车对上海拍卖政策的影响[⑱]以及对区域经济的溢出效应[⑲]等。

[①]　吕迪.上海机动车牌照额度拍卖政策经济学分析[J].城市公共事业,2009,23(6):11—14.

[②]　Song F T,Zhou W X. Analyzing the Prices of the Most Expensive Sheet Iron All Over the World:Modeling,Prediction and Regime Change[J]. *Physica A:Statistical Mechanics and Its Applications*,2010,389(17):3538—3845.

[③]　王金桃,罗维.汽车牌照额度拍卖规则调整的理论分析与实证研究 [J].系统管理学报,2010,19(6):610—617.

[④]　孙丽丽,刘佳佳,吴楠.上海私车牌照拍卖的机制设计分析[J].商业经济,2010,341(1):26—27.

[⑤]　陈蕾,石倩.政府调控、市场配置与车牌管制政策:沪市例证[J].改革,2014(2):148—157.

[⑥]　侯幸,彭时平,马烨.北京上牌摇号与上海车牌拍卖政策下消费者成本比较[J].中国软科学,2013(11):58—65.

[⑦]　左可阳,李正明.上海市车牌拍卖的 VAR 模型分析[J].中国商贸,2014(15):211—212.

[⑧]　屈绍建,张星.上海市车牌拍卖最低成交价格建模研究[J].中国管理科学,2016,24:658—664.

[⑨]　刘德吉.上海车牌拍卖的政策效应分析[J].产业与科技论坛,2008,7(1):130—133.

[⑩]　吕梁,方茜.上海市私车牌照拍卖制度的影响分析[J].科技资讯,2010,27:253—254.

[⑪]　冯苏苇,马祖琦,余凯.上海私车牌照拍卖政策效果分析[J].综合运输,2011,353(1):36—41.

[⑫]　包焱.上海私车牌照额度拍卖机制的实施效果分析[J].辽宁经济职业技术学院学报,2014(1):13—14.

[⑬]　张宏斌.关于上海私车牌照拍卖制度的思考[J].价格理论与实践,2014,357(3):114—116.

[⑭]　姚彬.基于利益相关者模式的上海车牌拍卖政策分析[J].吉首大学学报(社会科学版),2014,35(6):99—103.

[⑮]　Chen X J,Zhao J H. Bidding to Drive:Car License Auction Policy in Shanghai and Its Public Acceptance[J]. *Transport Policy*,2013,27:39—52.

[⑯]　S W Feng,Q Li. Evaluating the Car Ownership Control Policy in Shanghai:A Structural Vector Auto-Regression Approach[J]. *Transportation*,2018,45(1):205—232.

[⑰]　汪锋,李善军.机动车限牌的社会福利影响和最优配额研究[J].管理科学学报,2016,19(12),1—13.

[⑱]　徐飞跃,等.非沪牌私车对上海私车拍卖政策及交通影响[J].现代商贸工业,2015,36(13):178—179.

[⑲]　张宏伟.区域经济政策有效性实证研究——评上海市私家车牌照拍卖政策[J].社会科学家,2005(5):241—242.

从较长的时间维度来看,机动车拥有权管制还会对城市空间结构、基础设施建设、空气污染、汽车产业结构、可持续发展等领域产生持续的影响,相关评估涉及以下几个方面:

(1)空间错配(Spatial Mismatch)和公交导向发展(TOD)。20世纪60年代"空间错配"假说提出后,城市弱势群体职住关系受到广泛关注。对发达国家居民通勤行为的研究表明,拥有汽车可以显著改善可达性,扩大通勤范围,增加就业机会,而没有汽车则会增加通勤成本并限制就业机会。Yang等人结合家庭成员是否中签的信息和出行日记,发现北京摇号政策虽然使汽车保有量减少20%,汽车出行距离减少10%,但并未显著地增加总出行距离和通勤时间(Yang et al.,2016,2020)。从长远来看,对汽车拥有的限制将放缓机动车拥有率增速,影响居民对就业和住房选择,进而影响城市结构。Qi等人调查了北京长达十年的空间错配变化,以了解弱势群体在汽车拥有歧视方面的处境是否改善(Qi et al.,2018)。Zhao等人从出行行为和生活过程研究了北京居民搬迁后汽车使用的变化(Zhao et al.,2018)。北京和深圳采取了不同的机动车拥有权管制政策,这甚至影响了城市可持续性公交导向发展(Xie,2017)。

限购后的北京居民仍然可以在邻近城市购买和注册汽车。Zheng等人利用CEIC数据库评估了这种溢出效应,发现与未实施政策相比,2011—2013年北京500公里以内邻近城市额外销售了44.3万辆汽车,政策规定的汽车减少量的35%~40%只是蔓延到了邻近城市,这种显著的政策漏洞需要北京将城市交通置于更广阔的背景下,并开展区域合作(Zheng et al.,2021)。

(2)交通基础设施投资、燃油消耗和空气污染。一些研究侧重于机动车拥有权管制政策的长期溢出效应,如空气污染和基础设施(Ling,2014;Sun et al.,2018;Ahlers and Shen,2018;Song et al.,2021),并进行国际比较(Costa et al.,2018)。上海和北京是两个首批实施限制机动车拥有和使用的中国城市,Hao等人估计了不同限购政策对汽车燃料消耗的影响,发现北京的摇号政策带来有限但直接的燃料消耗减少,而上海的拍卖政策在较长时期内提供了巨大的燃料节约潜力(Hao et al.,2011)。Yang等人分析了北京摇号政策对能源消耗的短期影响,发现新车登记量的增长已大幅缩减,然而该政策可能不会像预期的那样减少燃油消耗(Yang et al.,2014)。He等人使用城市一级PM10日浓度数据作为空气污染的主要指标,研究了中国6个限购城市车辆排放的环境影响,发现政策显著减缓了这些城市每日PM10浓度的增长,这些环境改善是政策诱导居民减少使用私家车以及改用替代燃料汽车的结果(He et al.,2021)。由于汽车尾气只是空气污染来源的一部分,各种工业排放控制措施使得空气污染没有继续恶化,因此,空气质量改善只是受到机动车拥有权管制政策的间接影响。

(3)新能源汽车和电动汽车。一些实施限购的城市已对新能源汽车和电动汽车的牌照给予优惠政策,在很大程度上改变了消费者在传统汽车和电动汽车之间的消费选择(Wu et al.,2016)。这也带来了汽车产业结构的调整(Di,2017)。Zhu等人提出一个两级斯塔克尔伯格博弈,用来描述车辆购买人和政府之间的互动,以量化北京市低碳政策下电动汽车牌照的最佳数量(Zhe et al.,2022)。Zhuge等人采用基于 Agent 的空间综合城市模型“SelfSim-EV”来研究北京摇号政策如何影响2016—2020 年的电动汽车市场扩张,发现额度配置方式和数量都可能严重影响电动汽车的使用,并进一步影响车辆排放、能源消费和城市基础设施(Zhuge et al.,2020)。

(4)移动性创新和可持续交通。限制汽车拥有被视为鼓励机动化创新的一部分(Salodini,2014),甚至被视为一种可持续的城市发展模式(Li et al.,2018)。额度拍卖作为一种以市场为导向的手段来分配稀缺资源,也给停车位定价方式带来了启示(Shoup et al.,2017)。

五、有关配额管制的实践案例

中国先后有上海、温州、北京、贵阳、广州、天津、深圳、杭州和海南等省市实施过机动车拥有权管制政策。随着时间的推移,个别城市由于经济和社会条件的变化取消了限购政策,但上述大部分城市仍然继续实施机动车拥有权管制政策。

为了实现机动车年增长 3%～5% 的控制目标,中国香港实施“车辆首次登记税”和“牌照费”措施。[①] 1973 年香港首次拍卖机动车牌照,1974 年、1982 年、1983年多次提高登记税和牌照费。香港新车的首次登记税保持在车价的 35%～100%,实行累进税制。香港获得一个牌照的起步价是 1 000 港元,上不封顶,最贵车牌拍卖至上万港元。[②]

Liu 等人分析了北京、天津、上海和广州的限购政策对当地私人乘用车库存的影响,发现政策使这些城市的千人汽车保有量保持在相对稳定的水平,并认为我国机动车市场的发展忽视了限购政策的重要性,建议地方政府应该从每年发放的车牌数量、新能源汽车的优惠以及居民的出行需求等方面考虑政策内容(Liu et al.,

---

① 苏跃江,周芦芦,孟娟. 国内外机动车增量控制方法的经验与启示[J]. 现代城市研究,2015(3):16—22.
② 王梅. 上海机动车拍牌制度的过去、现在与未来[J]. 城市公用事业,2013,27(5):5—12.

2020)。上海现行拍卖采用有底价、不公开报价、出价高者中标的方式,类似于"一级价格密封拍卖",赵晓雷(2013)针对现行方式的弊端,提出关于二级价格密封拍卖和单一价格拍卖的改进方案。袁开福等(2014)比较分析了贵阳车牌摇号与上海车牌拍卖方式的成效和问题。Yang 等人利用北京摇号政策产生的随机性以评估该政策对出行行为的影响:它使北京汽车总量减少了 14%,还使车辆行驶距离以及早晚高峰时间的驾驶行为大幅减少(Yang et al.,2020)。Lai 等人以广州为例,提出一种多级嵌套 logit 方法,对限购政策下考虑不确定性的顺序选择行为建模,应用前景理论揭示居民在不确定性和不同风险下的态度和偏好(Lai et al.,2018)。

国外著名的配额管制案例可参考新加坡和东京。新加坡在 1990 年推出了车辆配额系统,即注册新车必须竞拍车辆拥有证(简称拥车证)。拥车证分为五类,有效期为 10 年,每月拍卖两次,为抑制投机不允许转让。拥车证配额根据道路网容量、车辆年增长率、过去半年报废车辆数量以及已发出的拥车证来综合计算。车辆配额系统使车辆平均年增长率控制目标由 1991 年前的 7% 降至 2008 年的 3%,并进一步降低至 2013 年的 0.5%。Phang 等人对 20 世纪 90 年代新加坡的交通政策(特别是车辆配额系统政策)进行了全面详细的介绍和分析,认为额度管理对机动车总量控制发挥了关键作用,将机动车数量增速限制在一定范围之内;但也产生了一些预期不到的市场行为,如公众对额度管理"不愉快"的适应过程、系统设计存在漏洞、机动车市场价格不稳定带来的投机或寻租行为、车辆配额系统给汽车销售商带来的负面影响等,因此政策需要进行必要的调整(Phang et al.,1993,1996,1997,2004)。Olszewski(2007)通过研究新加坡的案例,认为汽车限购政策可以明显地限制机动车的拥有与使用。

东京采用自备停车位政策限制机动车增长。1962 年,日本出台《机动车停车场所之确保法实施法令》(简称《车库法》),决定在路外的适当场所落实"自备停车位",鼓励建设路外停车场,目的是使私人和公司用车不长时间占用道路停放,促进民间投资兴建路外停车场。《车库法》在东京试行,尽管其初衷是为了缓解停车难问题,但是"购车必须先买车位"的做法也间接控制了机动车的快速增长。①

总体而言,近年来机动车拥有权管制的理论和实证研究已取得一定进展。但由于我国机动车拥有权管制政策实践走在理论前面,因此相关理论研究成果仍相当缺乏,有待结合实践成果进一步推陈出新,夯实公共管制理论基础。

---

① 苏跃江,周芦芦,孟娟. 国内外机动车增量控制方法的经验与启示[J]. 现代城市研究,2015(3):16—22.

第五节　机动车使用权管制

消费者一旦购买机动车,就会使用它,相关研究发现,机动车的使用行为与购买行为存在高度的相关性,拥有私人机动车的家庭,其出行方式会更加倾向于开车,而不是采用步行、自行车和公共交通等对环境更加友好的方式。在机动车出行中,由于个人所感知的出行成本小于实际的社会成本,导致机动车被过度使用,带来交通拥堵和事故、尾气污染、空间占用、不可再生资源消耗等外部性问题。为了缓解这些外部性问题,政府采取市场(如定价和收费)、行政(如错时上下班、限行和限外)和社会(如宣传和惩戒)等多种手段干预人们对机动化出行方式的选择。这些手段一定程度上影响了人们对出行权的自由选择,被称为机动车使用权管制。

常见的机动车使用权管制方式包括对机动车使用行为进行定价或收费(如拥挤收费)、对特定车种(如摩托车和货车)限行、按车辆排放量或尾号限行以及特定区域限行或禁行等。机动车拥有权管制是一种源头控制,直接放缓了机动车总量的增长速度,但是对汽车产业乃至政府税收产生了负面影响。与之相比,机动车使用权管制则可以直接减少道路上的车辆总数,或者通过提高使用成本降低消费者的开车意愿,被认为是干预机动化更直接、更有效的手段。通常在政策环境允许的条件下,两种管制方式推荐一起使用,以达到预期的政策效果。

在我国,最早的机动车使用权管制可以追溯到 20 世纪 80 年代的上海,当时由于中心城区道路供给不足而产生严重的交通拥堵,不得不对所有进入市中心的机动车采取单双号限行措施。近年来,由于空气污染和雾霾天气增多等原因,实施机动车限行措施的城市不断增加。据不完全统计,实施接近"常态化"机动车限行政策的省市已有十余个,包括北京、上海、广州、山东、河北、河南、浙江、江苏、安徽、湖南、湖北、陕西、山西、甘肃、海南等。[①]

由于国外一些城市的机动化进程早于我国,因此比国内更早采用限行措施来缓解交通拥堵和尾气污染。20 世纪 70 年代,阿根廷布宜诺斯艾利斯开始实施限行政策,目的在于控制道路车辆行驶数量,并尽可能减少对市民出行的影响。20 世纪 80 年代,法国曾采用过类似的限行政策。1985 年,希腊雅典在高峰时段实行机动

---

① 搜狐网.重磅! 15 省 100 余城市限行机动车,新能源车不受限[EB/OL].[2019-04-19]. https://www.sohu.com/a/309071015_558557.

车单双号限行。1989 年,墨西哥城开始实行按尾号限行,每天限两个尾号数字。1995 年,巴西首府圣保罗开始实行限行,并在次年将该政策写入法律。1998 年,哥伦比亚首都波哥大开始在高峰时段实行按尾号限行,每天限制四个尾号数字。2005 年,哥伦比亚第二大城市麦德林也开始实行类似政策。2016 年,印度首都新德里因堵车严重,于当年 1 月 1 日至 15 日试运行单双号限行政策。经过这些城市对限行政策的实践,限行改善空气污染和交通拥堵的效果得到普遍肯定。然而,对机动车使用权的限制会产生很多意想不到的行为,比如出行者对限行区域的绕行转移了交通拥堵,人们开始购买和使用第二辆甚至更多车辆,其中二手车的使用又导致更严重的空气污染。此外,限行政策会降低低收入有车家庭的就业可达性等。因此,限行政策的时效性和对社会公平的影响遭到质疑和诟病。

对于机动车使用权管制及其所产生的影响,相关研究从限行措施的分类、管制规范性、管制效果评估以及限行的实践案例等方面展开了探讨。

一、有关限行具体措施与种类的探讨

限行是一种常见的交通管理方式,机动车限行的种类包括尾号限行、限外、禁摩、禁货、环保限行等。限行措施干预了消费者驾驶机动车出行的决策,需结合城市规模、机动化水平、汽车保有量、拥堵程度、环境容量、气候条件、建成区面积、人口、经济、产业特征等综合考虑。根据国内城市的限行实践,大致可归纳为以下类别:

(1)按排放标准的车辆限行。限行的目的之一是降低尾气排放和空气污染,因此排放标准不达标或标准较低的车辆成为限行的对象。在我国,随着黄标车的全面淘汰,机动车污染来源已转变为国Ⅲ及以下的汽油车和国Ⅲ柴油车。经综合测算,同等行驶里程条件下,一辆"国Ⅰ"轻型汽油车的排放量相当于六辆以上"国Ⅴ"标准轻型汽油车。[①] 多地陆续出台对国Ⅲ柴油车和国Ⅰ、国Ⅱ轻型汽油车的限行政策。

(2)应对重污染天气的车辆限行。机动车限行政策是重污染天气应急措施的一项重要举措,《大气污染防治行动计划》将重污染天气纳入地方政府突发事件应

---

① 朱敏,肖凯,黄忆琦,等.各地机动车污染治理及限行政策对武汉市的借鉴[J].环境科学,2019,26:134-135.

急管理,根据污染等级及时采取重污染企业限产限排、机动车限行等措施。[①]

(3)应对重大活动的车辆限行。城市举办重大活动时,空气质量状况关乎国家和城市形象,而机动车限行在短期内可以改善交通拥堵与空气质量,为应对重大活动,限行成为临时性应急措施。此外,重大活动的选址通常处于繁华地带,造成新增车流与背景流量的叠加,加剧交通拥堵,一些城市会采取限行措施保障重大活动的顺利举行。为了迎接 2008 年奥运会,北京从 2007 年 8 月开始实施机动车尾号限行措施,成为国内第一个通过尾号限行来治理空气污染和交通拥堵的城市。

(4)控制机动车总量的限行政策。这种限行具体方式多样,适用场景较为普遍,与各地机动车数量、车型占比、城市规模与发展规划、经济结构有密切关系。比如高峰时段的限行可以缓解道路拥堵,改善交通秩序;重点区域的限行针对城市主城区和重点路段,可以局部性地缓解空气污染和交通拥堵;外埠车辆的限行(限外)则针对外埠车辆占比较大的区域,可以缓解本地空气污染和交通状况,有时与本地车牌的限购政策配套使用。

二、有关管制规范性的探讨

对于限行管制的规范性讨论属于社会性管制的理论范畴,内容包括限行管制出台的理由、条件以及管制合法性、合规性、必要性和可行性等。机动车使用属于一种消费活动,具有较强的负外部性,限制机动车使用的理由包括缓解负外部性、弥补信息不对称引起的市场失灵、降低交通事故风险、维护社会公平等。[②] 限行措施并非是对私人财产权的任意限制,而是一定时期内政府为实现特定领域内的公共利益而实行的限制措施,具有一定的合理性;同时,这种措施的常态化需要协调好与其他公共领域的关系,保证公民最基本的出行需求。[③]

一些法学专家认为,现代城市管理中经常涉及专业化与复杂利益的冲突,常态化的机动车限行背后的核心问题是如何对这些有冲突的行政立法进行法律约束,然而我国现有的行政立法制度无法提供有效机制来协调各种利益冲突,行政立法

---

① 《大气污染防治行动计划》由国务院于 2013 年 9 月 10 日印发并实施。具体目标:到 2017 年,全国地级及以上城市可吸入颗粒物浓度比 2012 年下降 10% 以上,优良天数逐年提高;京津冀、长三角、珠三角等区域细颗粒物浓度分别下降 25%、20%、15% 左右,其中北京市细颗粒物年均浓度控制在 60 微克/立方米左右。

② 丁芝华,李燕霞.社会性规制视角下城市机动车限行的合理性研究[J].交通运输研究,2020,6(4):86—94.

③ 王隆文.对地方政府重大行政决策合法性的解读——基于成都市机动车"尾号限行"政策的个案分析[J].成都理工大学学报(社会科学版),2013,21(5):21—25.

权也缺乏合法性审查机制的约束。[1] 因此,机动车限行在现有法律秩序中尚无明确的法律依据,常态化的单双号限行又过于严厉地限制了财产权而缺乏必要性。[2] 由于限行会给机动车出行者带来不便,是一项具有很强争议性的需求管理措施,实施过程可能会遭遇一定的社会障碍,因此需要评估限行实施的基本条件。[3] 当机动车保有量大、道路拥堵持续、平均车速降低时,限行带来的道路运行状况改善容易被市民接受。限行也会导致一部分开车者转向公共交通,而公共交通发达以及绿色出行理念深入人心也会有利于政策的推行。

三、有关管制效果的评估

作为一种社会性规制措施,机动车限行政策必然会对公民、法人或其他组织的权益带来一定的负面影响,这些负面影响即为社会成本或代价。实施限行的动因在于维护公共利益,减少机动车使用所产生的负外部性和社会不公平问题,控制风险,这就是维护公共利益的外在表现,即限行带来的社会收益。

具体的社会收益包括以下几个方面:第一,限行实施后见效快,短期内能够降低交通流量,缓解交通拥挤的效果明显,执行成本较低,相对其他市政工程更新改造更容易实施、资金相对投入少,即成本效能比低。Grange 等人采用回归模型评估汽车限制政策对智利圣地亚哥的私人和公共交通客流的影响,发现永久性限制对私家车的使用没有影响,而额外的限制使私家车的使用减少了 5.5%(Grange et al.,2011)。第二,通过限制性措施引导居民的出行方式从机动车向公共交通转变,对于公交不发达地区,限行为改善公共交通服务水平提供了缓冲的时间。Yang 等人研究了限行政策在 2009—2014 年对北京交通模式的影响,发现政策显著改善了限制时间内的交通状况,在非限制时间内不会使其恶化,公共汽车和出租车的乘客量也相应增加(Yang et al.,2016)。第三,随着交通流量降低,空气质量得到改善。然而,一些研究也显示了相反的结论。Zhang 等人开发了一个基于车牌尾号的限行措施对空气质量影响的理论模型,将经济模型与空气污染物来源及大气化学的信息相结合,并用哥伦比亚波哥大的限行政策进行验证,发现由于购买第二辆车、使用替代交通方式和(或)大气化学作用,基于车牌尾号的限行措施可能会增加空气污染(Zhang et al.,2017)。第四,限行使得物流畅通,运输效率上升。限行使道路上

① 凌维慈.行政法视野中机动车限行常态化规定的合法性[J].法学,2015(2):26—34.
② 张翔.机动车限行、财产权限制与比例原则[J].法学,2015(2):1—17.
③ 郗雪婷.城市交通限行政策文献综述[J].合作经济与科技,2019(15):82—85.

车辆数目直接下降,车速增加,腾挪出的道路空间有利于合法上路的企业和个人机动化使用。

在社会成本方面,第一,限行的实施效果呈边际递减态势,限制作用随着机动车保有量的继续增加而递减,一旦全面实施,短时间内就很难取消,如北京、杭州、成都等城市。一旦取消限行,城市交通即刻会恢复到严重拥堵状态。第二,限行使车主财产权受限,车主出行不便利,容易诱发购买第二辆车的行为,推动机动车保有量迅速增加,也容易引发伪造涂抹机动车号牌的违法行为,增加执法和管理成本。Guerra 等人对 235 篇论文进行批判性回顾,重点综述了家庭为应对限行而采用的多种合法和非法策略,如第二辆车假说,由于家庭购买具有不同尾号的第二辆汽车,限行政策会适得其反,并导致当地污染加剧(Guerra et al.,2022)。此外,家庭还会采取其他行为反应,如将驾驶行程调整到特定日期,以及在警察较少的地区驾驶,这会削弱尾号限行政策的有效性。因此,不应指望通过禁止 1/5 的车辆上路来减少 20% 的污染或拥堵,提高政策有效性可能需要决策者通过其他机制解决预期和非预期的行为反应。第三,改善空气质量和交通效率的行政规制及其立法要具有合法性,才会被社会所接受①,若前期分析准备不彻底,则容易引发政府和市民之间的对立情绪。此外,对限行持否定态度的观点还认为,采用行政手段分配资源与市场经济相左,容易滋生投机行为,产生地方保护主义,最终损害政府公信力②等。限行政策只在短期内对控制私家车数量和缓解交通拥堵有效,随着人们购买第二辆私家车数量增多、违规人数增加等,其效果将逐渐递减。

四、有关限行管制的实践案例

由于限购措施直接影响汽车产业和政府税收,国内外采用的城市并不是很多。相比而言,限行措施是地方政府更倾向于采用的管理策略,我国部分城市也有较为成熟的实施方案和实际操作。③ 我国实施限行措施的代表性城市包括北京、长春、上海、杭州、宁波、南昌、武汉、成都、贵阳、兰州、乌鲁木齐、天津、石家庄等。实施限行的城市具有多样性,既有沿海发达地区的大型城市,也有中西部地区的中小城市;实施方案有按尾号与星期或日期对应;实施范围既有整个中心城区,也有只针对一些主干路和重点区域节点,还有则是中心城区和外围城区的过渡区域;实施时

---

① 凌维慈.行政法视野中机动车限行常态化规定的合法性[J].法学,2015(2):26—34.
② 张国栋,左停,赵羽.公平与效率:机动车"限购限行"政策分析[J].前沿,2015,376(2):86—90.
③ 朱建安,戴帅.城市交通限行需求管理措施实践评述[J].交通标准化,2014,42(21):33—39.

间针对全时段、白天时段,或针对早晚高峰时段。我国城市丰富的限行实践给高密度地区机动化管理提供了有益的借鉴和参考。

第六节　外部成本内部化

外部性是一个经久不衰的经济学话题,它不仅是新制度经济学的重点研究对象[①],还是新古典经济学进行政府干预的重要理论依据[②]。英国"剑桥学派"创始人、新古典经济学派代表马歇尔在 1890 年出版的《经济学原理》一书中首次提出"外部经济"概念。1920 年,庇古在《福利经济学》一书中提出"外部不经济"概念,将外部性问题的研究从外部因素对企业的影响效果转向企业(或居民)对其他企业(或居民)的影响效果。[③]

按照萨缪尔森和诺德豪斯的定义,外部性是指那些生产或消费对其他团体强征了不可补偿的成本或给予了无需补偿的收益的情形。[④] 兰德尔发现,外部性是用来表示"当一个行动的某些效益或成本不在决策者的考虑范围内的时候所产生的一些低效率现象;也就是某些效益被给予,或某些成本被强加给没有参加这一决策的人"[⑤]。简单地说,外部性是指经济系统内部的行为与活动(生产、流通、交易、消费等)对系统外部造成影响,使得私人(企业或个人)成本与社会成本、私人收益与社会收益之间相偏离的现象。

外部性可分为正外部性(Positive Externalities)与负外部性(Negative Externalities)。正外部性是指一种经济行为给外部造成积极影响,使他人成本减少,收益增加。负外部性是指一种经济行为给外部造成消极影响,使他人成本增加,收益减少。在一个自由竞争的市场里,讨价还价会产生均衡的价格,一旦价格没有反映产品的全部成本时,外部性就产生了。

经济学家给出了很多解决外部性的方案,庇古给出的办法是征税和补贴。庇古认为,在经济活动中,如果某位厂商给其他厂商或整个社会造成损失而没有付出

---

① 沈满洪,何灵巧.外部性的分类及外部性理论的演化[J].浙江大学学报(人文社会科学版),2002,32(1):152—160.

② 徐桂华,杨定华.外部性理论的演变与发展[J].社会科学,2004(3):26—30.

③ [英]A. C.庇古. The Economics of Welfare[M].英文影印版.北京:中国社会科学出版社,1999:7.

④ [美]保罗·萨缪尔森,[美]威廉·诺德豪斯.经济学[M].萧琛,等,译.北京:华夏出版社,1999:263.

⑤ [美]阿兰·兰德尔.资源经济学[M].施以正,译.北京:商务印书馆,1989:155.

代价,外部不经济就会发生,这时厂商的边际私人成本小于边际社会成本。此时,依靠市场的力量是无法自发解决这种损害的,需要政府进行适当的干预。既然在边际私人收益与边际社会收益、边际私人成本与边际社会成本相背离的情况下,依靠自由竞争不可能达到社会福利最大化,那么就应由政府采取适当的经济政策,消除这种背离。政府应对边际私人成本小于边际社会成本的部门实施征税,即存在外部不经济效应时向企业征税;对边际私人收益小于边际社会收益的部门实行奖励和津贴,即存在外部经济效应时给予企业补贴。庇古认为,通过这种征税和补贴,就可以实现外部效应的内部化,这种政策建议后来被称为"庇古税"。

罗纳德·科斯将庇古的理论纳入交易费用理论中,认为要解决外部性问题,就要把外部性问题转变成产权问题,然后讨论什么样的财产权能达到效率。科斯认为,外部性的产生并不是市场制度的必然结果,而是由于产权没有界定清晰,有效的产权可以降低甚至消除外部性。这就是科斯定理,即只要产权是明晰的,私人之间的契约同样可以解决外部性问题,实现资源的最优配置;如果交易费用为零,无论权利如何界定,都可以通过市场交易和自愿协商达到资源的最优配置;如果交易费用不为零,那么制度安排与选择是重要的。这就是说,解决外部性问题可以用市场交易形式,即自愿协商,替代"庇古税"。在交易费用为零的情况下,解决外部性问题不需要"庇古税",在交易费用不为零的情况下,解决外部性问题的手段要根据成本-收益进行比较。随着 20 世纪 70 年代环境问题日益加剧,很多国家开始积极探索实现外部性内部化的具体途径,科斯理论随之被投入实际应用之中,排污权交易制度就是科斯理论的一个具体运用。科斯理论的成功实践表明,"市场失灵"并不是政府干预的充要条件,政府干预并不一定是解决"市场失灵"的唯一方法。

约瑟夫·斯蒂格利茨对科斯的产权解决方案提出了异议[1]:当外部性涉及的人数众多时,他们会自愿组织起来试图建立一系列规则来维护财产权,其相应的组织成本是巨大的,而权利的实现也需要沟通成本,这样反而容易造成低效率。此外,当受损者人数众多时,科斯理论解决不了"搭便车"问题,这时政府干预必不可少。在现实世界中,当交易对象由一对一变成一对多或多对多时,由于信息不对称、搜集信息的成本高昂等原因,原来很小的交易成本累加之后会变得更加高昂,使得交易对象自愿组织内化外部性的行为变得不可能实现。

交通运输造成了许多外部效应。比如在车辆的制造和拥有环节,企业生产新车、个人废弃旧车均会产生污染,停放的车辆占用公共空间并产生机会成本;在车辆的使用环节,除了会有交通拥堵、事故、噪声和震动,汽车的排放还使空气、水和

---

[1] 闻中,陈剑. 网络效应与网络外部性:概念的探讨与分析[J]. 当代经济科学,2000,22(6):13—20.

土壤受到污染,甚至导致气候变化。为车辆所配备的基础设施,它的存在和使用也有外部效应。比如道路穿过生态系统,会破坏脆弱的自然环境;穿城而过的高速公路会产生视觉侵扰,破坏城市景观,造成社区隔离,甚至滋生犯罪等。

经济学家普遍认为,道路空间是一种稀缺的公共资源,这种资源的稀缺性在高峰时段尤为明显。在"经济人"假设下,任何出行者对于出行方式(出发时间、交通方式等)的选择,都有一个合乎理性的判断:当出行收益大于出行成本时,将维持原有的方式出行;否则,将不出行或改变出行方式。一方面,出行者能够感知汽油、轮胎损耗、时间消耗等内部、直接成本,但无法感知给其他出行者带来的拥堵、污染和事故等外部、间接成本。这种只能感知部分成本的决策,会造成过剩的小汽车需求。另一方面,从供给角度来看,作为公共物品的道路等交通基础设施,它的使用往往是无偿或低价的,这无疑刺激了人们的过度消费行为(出行)。图1—1中,S表示仅考虑内部成本的交通供给曲线,S_E为供给产生的外部成本曲线,$S+S_E$为考虑全部成本的供给曲线,显然$Q^*<Q$。由此可见,考虑了全部成本的均衡出行量小于仅考虑内部成本的均衡出行量。这表明当存在负外部性时,市场机制会导致产品被过多生产。如果市场不存在这样的机制,人们出行时就会主动考虑个体机动化对环境和社会的全部成本,如此一来,个体机动化对免费道路的消费必然是过度的。

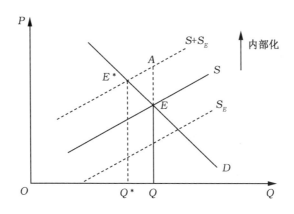

图1—1 交通内部和外部成本及其均衡点

对于机动车过度使用造成的负面影响,经济学家一贯主张将外部成本内部化的方法,即在出行收益不变的情况下,对出行者收取一个惩罚性的费用,增加他们的出行成本,促使他们的出行模式向外部成本较小的方式转换,即图1—1中$S+$ S_E曲线。这个惩罚性费用可以像过路费或交通拥堵费那样,在划定的局部路段或者区域内收取,也可以在燃油税中进行附加。收费或征税不仅可以促使人们更为理性地采用环境负担小的公共交通方式出行,同时还能增加中央或地方的财政收入,为基础设施建设和环境治理提供可持续的财力。图1—2显示了外部成本内部化(如收取拥堵费)的经济学原理,其中 MC 为出行者的边际社会成本,AC 为平均个人成本,仅考虑平均个人成本的均衡点 A 导致过多的交通流量 V_a,而考虑边际社会成本的均衡点 D 对应着较小的流量 V_d,收取拥堵费 DC 可以使流量由 V_a 减少到 V_d。通过让道路使用者付出的经济代价等于额外增加的成本,道路资源可以得到最优效率的使用,这种内部化使出行者承担了交通拥堵带来的负外部性,并带给全社会最大化的消费者剩余价值[①]。

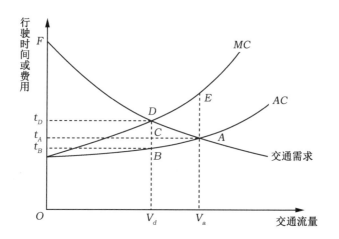

图1—2　交通外部成本的内部化(收取拥堵费)

① [荷]伊瑞克·维尔赫夫,王雅璨,胡雅梅.市场和政府:运输经济理论与应用[M].北京:社会科学文献出版社,2019:96.

第二章

公共管制理论

　　管制作为政府治理国家的一种重要手段,日益受到社会各方的关注。政府凭借行政权力对经济和社会进行干预,不仅会对资源配置产生直接的影响,还会对公民权利和自由产生广泛的影响。20 世纪 80 年代以来,在政府缩小边界、放松管制的世界性浪潮中,人们的民主意识不断加强,政府的行为方式逐渐受到约束和规范,原本许多被认为理所当然的政府管制活动越来越受到质疑,不少政府管制规定甚至已被废除。但是随着许多管制措施的取消,原来管制时存在的一些问题并未彻底消除,它们或是仍然存在,或是演变成另一类问题。有时,政府迫于民意而仓促废除管制的决定,似乎并未取得预期的效果(刘小兵,2009)。由此引发一些思考,如政府到底是否应该干预经济与社会活动,应该在哪些领域实施政府管制,又该如何判别政府管制是否需要加强还是放松等等,对这些问题的回答决定了某个经济或社会领域管制的改革进程以及政策抉择。

第一节　政府干预的理由

　　资源的稀缺性和资源用途的多样性决定了人们在使用资源过程中需要对资源做出恰当的配置,以最大程度地满足人们对效用的追求,促进经济社会的发展。迄今为止,已观察到的资源配置机制可抽象划分为市场机制和计划机制两种(刘小兵,2009)。从历史角度来看,经过长期的实践摸索,人们大多选择了以市场为主、计划为辅的混合模式。这种选择意味着在资源配置中市场应发挥主导作用,政府只是作为市场的一种补充。因此,以经济学的视角分析,政府的职能自然地被界定为利用其优势来弥补市场的缺陷。

一、市场缺陷的表现形式

　　根据经济学的规范分析,市场缺陷就是那些在现实中无法满足的、使资源配置在市场机制下实现帕累托效率状态的假设条件,包括自然垄断(不完全竞争)、外部性、内部性、公共产品、信息失灵(信息不充分与不对称)以及偏好不合理等。而政府弥补这些市场缺陷的手段有多种,政府管制、宏观调控、国有化、普通法与反垄断立法等均是可供选择的手段。显然,针对不同的市场缺陷需要采用不同的手段,才能达到最大程度的效率改进。哪些市场缺陷需要采取管制手段去干预,应具体分析而定。

然而,存在管制的理由并不意味着就一定需要政府管制,有时市场做不好的事情,政府也不一定能够做得好,市场存在缺陷的地方,政府管制介入后不一定能完全解决问题,因为政府自身也存在缺陷,甚至有时市场失灵与政府失灵同时发生。那么,该如何判断在什么情况需要政府管制呢? 下面分别就六种市场缺陷逐一进行分析。

(一)自然垄断

从管制经济学演化的角度来看,对于自然垄断现象先后存在两种理论阐述。第一种理论阐述认为,自然垄断来源于规模经济效应:由于生产技术具有规模经济的特征,平均成本随产量的增加而递减,从而最小有效规模要求只有一个企业生产。第二种理论阐述建立在成本“次可加性”(Subadditivity)基础之上,由于生产成本具有次可加性特征,单一企业生产的总成本小于多个企业分别生产的成本之和,从而形成了自然垄断。

早期经济学对自然垄断的理解基本上是在规模经济层面上的,大致将自然垄断的来源归因于“自然”“技术”和“竞争”三种因素,并分别称之为自然学说、技术学说和竞争学说。对于自然学说,格林沃尔德在《现代经济词典》中认为,自然垄断是一种自然条件,它恰好使市场只能容纳一个有最适度规模的公司。[1] 就好像一个社区仅有一家杂货商店,它的商品完全能够满足社区居民的需求,这个社区不需要第二家杂货店,而这种状况又维持了相当长的时间。对于技术学说,约瑟夫·斯蒂格利茨在《经济学》中认为,在某些情况下,生产一种商品所使用的技术可以导致一个市场上只有一个厂商或只有很少几个厂商。[2] 也就是说,技术垄断产生了排他性,由于没有掌握这种技术,其他企业难以进入这个行业,在较长的时间内这个行业只有一家或几家企业存在。对于竞争学说,克拉克森(Clarkson)和米勒(Miller)认为自然垄断的基本特征是,在一定的产出范围内,生产函数呈规模报酬递增(成本递减)状态,如果规模经济足够大,使得长期平均成本曲线在相应范围内向下倾斜,那么这仅有的一家厂家就能够生存下去。[3] 这个幸存者会把产出扩张到最大,从而最大幅度降低平均总成本,然后采用廉价出售的方法来竞争,最终把对手都挤出该行业。也就是说,竞争和经营优势所形成的垄断就是自然垄断。

---

① [美]D.格林沃尔德.现代经济词典[M].本书编译组,译.北京:商务印书馆,1981:300.

② [美]约瑟夫·E.斯蒂格利茨,[美]卡尔·E.沃尔什.经济学[M].3版.张帆,黄险峰,译.北京:中国人民大学出版社,2005:288.

③ Clarkson K W,Miller R L. *Industrial Organization:Theory,Evidence and Public Policy*[M]. New York:McGrawHill Book Company,1982:119.

概括而言,传统上理解的自然垄断大致包括以下两个方面的基本特征:第一,规模经济性,主要由成本导致或网络效应导致;第二,大量的沉没成本,产生行业的进入和退出壁垒。

现代经济学界对自然垄断的认识来自成本的次可加性。"自然垄断通常是指这样一种生产技术特征:面对一定规模的市场需求,与两家或更多的企业相比,某单个企业能够以更低的成本供应市场。自然垄断起因于规模经济或多样产品生产经济。"[①]这是丹尼尔·史普博在《管制与市场》中给自然垄断的定义。鲍莫尔等(Baumol et al.,1982)进一步用成本的"次可加性"取代规模经济,对自然垄断重新进行了定义。

次可加性也称为劣加性、弱增性,对于 $Q=Q_1+Q_2$,若成本函数满足 $C(Q)<C(Q_1)+C(Q_2)$,则它显示出次可加性,即规模生产的成本总小于分散生产的成本之和。由于产品生产中普遍存在与设施相关的固定成本,如厂房、流水线等,分散生产意味着重复的固定资产投入,分散生产的成本加总一般而言总是大于规模生产的成本,因此次可加性在多个行业是普遍存在的。

综合自然垄断的传统和现代观点,如果一种产品或服务的生产由单个厂商完成且成本最小,就说明该产业是自然垄断产业,它的特点是厂商的长期平均成本下降。不管是哪种理论所描述的自然垄断现象,其结果都一样:自然垄断行业不需要竞争,在这个行业内只要一家企业就行了。具有这种特征的行业就是自然垄断行业,现实中如电力输送、自来水供应、城市固定电话、城市公共交通运输等均属于这种行业。

自然垄断的市场缺陷主要表现在效率上存在矛盾,这种矛盾被称为马歇尔困境(Marshall's Dilemma)——一个关于规模经济与竞争活力的二难选择命题。马歇尔在《经济学原理》中指出了基于规模经济的垄断与竞争的矛盾——企业在追求规模经济的过程中会出现垄断,而垄断反过来抑制竞争,导致经济缺乏原动力。[②]一个社会面临选择,要么舍弃规模经济走自由竞争之路,要么舍弃自由竞争走规模经济之路。后人将这种二难选择称为马歇尔困境。马歇尔困境的政策含义指的是政府在制定自然垄断产业进入管制政策时,面临着规模经济与竞争活力的两难选择,是由一家或极少数几家企业垄断经营,以追求规模经济效率,还是放松进入管制,由多家企业竞争性经营,以较充分地发挥竞争机制的作用,提高经济效率。按

---

① [美]丹尼尔·F.史普博.管制与市场[M].余晖,等,译.上海:格致出版社,上海三联书店,上海人民出版社,2008:4.

② [英]马歇尔.经济学原理:上卷[M].朱志泰,译.北京:商务印书馆,1964:259-328.

照行业自身的经济规律,少数几家企业独占,维持自然垄断特征,可以避免重复、过度的投资和社会资源的浪费,但长期独占(自然垄断)又会导致僵化、低效的行业产出和服务,形成政企利益共同体,损害经济活力。

可见,对于自然垄断的管制,存在着一种矛盾:一方面,规模经济和成本次可加性要求这种行业不能竞争,需要垄断;但另一方面,如果维持垄断,就又会带来垄断的效率损失。如果政府对具有自然垄断特征的行业不干预的话,则要么是任由市场自由竞争从而导致效率损失,要么是经过一个阶段竞争后形成垄断并得以维持,从而在垄断者追求垄断利润的情况下产生垄断的效率损失。因此,如果政府要介入进行管制的话,那么其基本思路必然为:首先通过进入管制,维持垄断,以避免市场竞争带来的效率损失,然后对垄断企业进行价格管制,以避免垄断者为追求垄断利润、实行垄断定价而带来的效率损失(刘小兵,2009)。

(二)外部性

市场的本质是竞争,通过供给和需求、各自的竞争以及买卖双方的讨价还价,商品的价值从成交价格反映出来,价格也同时反映了商品制造和流通的成本。但是有时因缺乏有效的传导机制,价格不能包含所有的外部成本,或者商品生产、制造、流通和消费等环节对市场外部产生了一定影响,也就是出现了所谓外部性问题。例如,市场上钢材的价格不包含生产过程所产生的气态和固态废弃物的处理成本,生产钢材的企业在生产过程中不恰当地排放或处置废弃物造成了当地的环境污染。又如,当人们驾驶汽车出行时,没有考虑可能施加的拥堵、尾气等外部影响。此时,市场的行为或结果影响了市场中除买卖双方以外的人,这种副作用被称为外部性。它的实质是个人或企业不必完全承担其决策成本,或不能充分享有其决策的收益,即成本或收益不能完全被市场内生化,从而产生失灵现象。外部性降低了市场效率,结果是有人因此而遭受损失,社会总福利无法实现最大化。因此,当一个人的行动影响了旁人的福利,又没有因为这种影响给旁人补偿或赔偿时,外部性就产生了。

判断是否存在外部性问题时,首先要明确市场或系统的边界,然后识别哪些行为对哪些主体产生了什么样的影响,如果不只产生一种影响,就需要识别综合的效果是怎么样的。只有市场或系统内部的行为或结果对市场之外或系统外部的主体产生影响时,才能称之为外部性。如果这种对市场之外或系统外部利益相关人的综合影响为正,则称为正外部性,这种后果对承受者来讲是好的,是一种正的效用。如果这种综合影响为负,则被称为负外部性,这种外部性后果是不好的,给承受者带来的是成本而不是效用。

正外部性具有一般需求函数的特性,因此可以用图 2—1 中的 D_E 曲线表示。同样,对于负外部性,可以用 S_E 曲线表示,它表明负外部性随着施与者行为水平的增加而呈递增趋势,具有一般成本函数的特性。

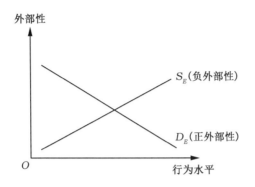

图 2—1　外部性的经济特征

正外部性的市场缺陷体现为正外部性的存在,它会导致市场机制下资源配置的失效,这种失效表现为资源过多地用于私人品的生产而过少地用于公共品的生产,从而无法使社会总效用达到最大化。政府如果要通过管制来校正这种市场缺陷,基本思路是通过强制手段(如征税)将更多的资源用于生产具有正外部性的商品。负外部性的市场缺陷体现为它的存在导致市场机制下资源配置的失效,这种失效表现为资源过多而不是过少地用于会产生负外部性的生产或消费行为,从而使社会总效用无法达到最大化。政府要通过管制手段来解决这种市场缺陷,其基本思路自然是采取诸如制定标准、禁止、收费等强制手段减少那些具有负外部性的生产或消费行为。

(三)内部性

内部性是指交易者所经受的没有在交易条款中说明的交易成本或收益(Spulber,1989)。例如,劣质产品对人身健康的损害、不安全的工作场所带来的危险等。这就是说,在交易过程中交易另一方从中得到的好处(即正内部性)或者损害(即负内部性),并没有事先在交易合同中界定清楚,从而使交易另一方承受了未在交易合同中反映的额外成本或收益。[①] 负内部性也可以指合约一方因另一方毁约而遭受的损失,但这不是本书讨论的重点。

内部性的产生主要有三种来源。一是存在交易成本,尤其是意外性合约(Contingent Contract)的成本。鉴于一些活动或事件的不确定性、个人决策时信息的不

---

① 李光德. 内部性社会性管制机制的替代关系研究[J]. 江淮论坛,2009(4):85—90.

充分和不对称,以及人的有限理性,要对未来的不确定性、意外结果或者需要付出的巨大成本作出合乎理性的预期并写进合约,几乎是不可能的。既然存在未反映在合约中的额外成本或收益,那么,履约时拥有信息优势的一方势必会利用自己的信息优势,过度攫取在合约中没有得到说明的潜在利益,从而给交易的另一方造成额外损失,产生负内部性。例如,在一些危险的工作场所,工人常常处于劣势地位,保护工人的意外性合约的成本很高,企业为了获得低薪的劳动力,也会故意隐藏可能的风险而不签订意外性合约。

二是存在监督成本,即当合约者的行为不能完全观察到时所发生的观察或监督成本。例如,对于特种设备而言,监察部门无法完全观察到被监管的企业是否完全按照监管条例来操作、是否主动申报自己需要监察的特种设备。观察或监督成本之所以产生,是由于信息不对称而形成一方的隐蔽行动和隐藏信息,致使另一方无法进行限制或索赔,由此导致内部性侵权的出现。

三是存在信息成本,即交易者收集他人信息和公开自身所占有的信息时所发生的成本。例如,对于公园里的游戏机而言,游客在游玩之前,收集关于此游戏机安全性的成本十分高昂。交易者收集他人信息和公开自身信息时发生的成本是由事前隐藏信息引起的,签约前交易双方占有的信息是不对称的。收集、观察和甄别信息有时需要支付高昂的成本,市场交易的参与者有可能隐藏信息,隐藏信息导致逆向选择,逆向选择又导致劣质产品驱逐优质产品。可见,逆向选择使交易一方收益、另一方受损,负内部性的产生在所难免。

市场的解决途径依赖于私人的自发解决机制,如依靠声誉机制。政府管制的途径包括针对特定的社会问题设立专门机构进行督查管理,比如职业安全和卫生管制方面有(美国)劳工部职业安全卫生管理局(National Institute of Occupational Safety and Health,简称 OSHA),产品质量安全管制方面有(美国)食品药品监督管理局(Food and Drug Administration,简称 FDA),等等。

(四)公共产品

与私人产品相对应的概念是公共产品(Public Good),它是指具有消费或使用上的非竞争性和受益上的非排他性的产品。非竞争性(Non-Rivalry)是指产品具有联合消费的特点,一些人对这一产品的消费不会影响另一些人对它的消费。非排他性(Non-Excludability)是指某些人对这一产品的利用不会排斥另一些人对它的利用。这意味着一种产品一旦被生产出来,就难以拒绝不付费人的消费,即存在"搭便车"现象,由于参与人数增加,公共产品供给水平会随之降低。因此,不管是个人还是组织,往往缺乏提供公共产品的激励机制。

公共产品供给不足的问题可以通过三种途径来解决。第一种途径是成立公有部门,如国有企业和政府部门(军队、警察、监狱),直接生产公共产品或提供基础设施。第二种途径是公共产品交由私人或市场生产,由政府管制。第三种途径是公共产品由政府提供,但不一定由政府直接生产,而是建立公私合作伙伴(PPP)来生产。

(五)信息失灵

信息失灵包括信息不充分和信息不对称。信息不充分是指市场参与者没有掌握交易环节和经济环境的全部信息。信息不对称是指交易各环节的参与者拥有的信息不尽相同。信息失灵会导致资源配置的低效率。

由于认识能力的限制,人们不可能知道在任何时候、任何地方发生的任何情况,即市场本身不能够生产出足够的信息并有效地配置它们,由此造成信息的不充分。例如,生产者无法充分了解产品的市场需求量和需求种类,以及以最低成本生产和提供这些产品的最佳投入规模、技术水平和组织管理等信息。消费者无法拥有充分的信息以决定在多种多样的产品和价格中选择哪种为好。信息不充分体现的是人与特定市场环境的关系,不涉及人与人之间信息分配的关系。

信息不对称是指交易双方对所交易的对象拥有不对等的信息,交易对象的提供者往往比另一方掌握了更多和更充分的信息。在这种情形下,前者出于追逐利润最大化的目的,往往使得后者处于不利的地位,从而导致资源配置无法达到帕累托最优状态。信息不对称分为事前信息不对称和事后信息不对称,分别会造成逆向选择(Adverse Selection)和道德风险(Moral Hazard)两种后果。逆向选择通常是指在信息不对称的状态下,进行市场交易的一方拥有另一方所不具有的私人信息,并且利用另一方缺乏这些信息的特点而使对方不利,从而使市场交易过程偏离信息缺乏者一方。这种交易如果达成,则对信息优势方有利,使信息劣势方受损,从而导致内部性的市场失灵。道德风险来源于经济活动中一方的信息优势。信息优势分为隐蔽行动(Conceal Act)和隐蔽信息(Conceal Information)。前者指信息优势方有不能为他人准确观察或了解的行动;后者则指从事经济活动的人对事态的发展掌握某些信息,这些信息足以决定他们采取恰当的行动,而别人无法完全察觉。

政府为了矫正信息不对称,可以采取以解决信息成本为目的的管制,比如提供信息公共品,为合同的签订和执行创造良好的环境,以及以解决扰乱信息市场的虚假信息为目的的信息失灵管制。

(六)偏好不合理

市场按所有个人的偏好来配置资源,因此个人偏好的合理性是市场竞争结果合理性的前提条件。在现实市场中,一些人对某些产品在某种程度上的偏好可能不合理,从而违背了完全竞争市场的假定条件。消费者的评价低于合理评价的产品称为优值品(Merit Goods),消费者的评价高于合理评价的产品称为劣值品(Dis-merit Goods)。

不是所有的偏好不合理行为都需要政府干预,然而如果某种偏好不合理的行为造成较大的负面社会影响时,比如成瘾性行为(如吸烟影响他人健康、青少年网瘾影响身心健康等)以及传统习俗(如燃放烟花爆竹导致空气污染等),则政府会采取征税收费、规定禁止、惩戒教育等手段对其进行干预。

二、政府管制的局限性

虽然市场缺陷的存在给予政府干预市场的理由,但是并不代表政府管制是一种弥补市场缺陷的完美手段。在力图弥补市场失灵的过程中,政府干预行为本身的局限性导致了另一种非市场失灵——政府失灵,即政府采取立法、行政及经济等手段干预经济和社会,在实施过程中出现各种事与愿违的问题和结果,如干预不足或干预过度等,最终不可避免地导致经济效率和社会福利的损失。从经济大萧条时期凯恩斯主义盛行,到 20 世纪 70 年代西方社会滞胀现象出现,政府规模过度膨胀、巨额财政赤字、寻租腐败、交易成本增大、社会经济效率低下等问题引发人们对政府管制的反思。

管制为什么没有达成弥补市场缺陷的初衷,究其原因有以下几个方面:

第一,政府的有限能力。从政府人员的组成来看,公务员与普通人没什么区别,在瞬息万变的现代社会中,政府管理者在行政活动中同样会受到信息、知识、经验方面的限制,他们的能力也是有限的。各级政府依据官僚制(或称科层制)运行,严格的权威程序结构干扰了信息的沟通,条块分割和繁文缛节影响了组织的效率。政府自身的组织和运作方式存在效率损失,即使政府全心全意为人民服务,也不可能存在一个万能的政府。

第二,管制的有效性。在有些情况下,政府机构制定的干预政策对经济和社会的调控行为,没有使社会资源配置状况变得更好,或者因相对资源配置状况改善所付出的实际代价过高而造成资源浪费,引起效率和社会福利的损失。政府管制本身是存在成本的,且政府管制也并非总是百分之百有效,由政府管制带来的福利损失和成本可能大于市场失灵的成本。

第三,管制的行政成本。政府管制机构的设立、管制机构人员工资、管制的行政费用等都可能带来高额的成本,这将大大抵消政府管制可能带来的潜在收益。也就是说,政府在遏制市场失灵的时候,自身也可能存在失灵。从成本收益角度来看,只有政府干预收益超过其干预成本时才有干预必要,否则管制是低效的或无效的。任何一项管制政策的制定和实施都需要付出一定的行政成本,都需支出与此项政策相关的运行费用。管制政策作为利益再分配工具,政策作用对象必然会产生跟随成本,使得社会某一阶层或某一部分人为此付出代价。

第四,多重委托代理的失败。在现实政治体制中,不论是直接民主制政府还是代议制政府,民众与政府之间都是一种委托与代理的关系。民众与政府的委托代理中存在道德风险,如同消费者和生产者追求自身利益最大化一样,政府部门及官员也是追求自身利益最大化的"经济人",如获取更大的权力和更高的威望、争取本部门预算和规模的最大化、减轻工作负担、获得更多的报酬、争取更长的任期等。委托代理理论上假定选民以投票的形式参与政治决策过程,表达利益和政治诉求,而现实的情况是公共利益表达在转化为政府立法的过程中,民选代表并不总是代表选民的利益或偏好,选民的"搭便车"行为也会导致公共政策偏离社会利益,最终导致管制无法实现预期目标。

第五,公共部门的 X-非效率。政府干预的垄断性和排他性造成一种原因不明的低效甚至无效,称为 X-非效率。由于政府处于垄断地位,其收益源于企业、居民提供的税收;支出属公共开支,运行的成本和收益是分离的,没有企业那样的硬预算约束,使得政府没有提高效率、降低成本的激励。此外,政府干预活动大多不计成本,倾向于使用过多的资源,即使计算成本,也很难做到精确。在干预收益方面,政府作为垄断组织,提供的服务往往是唯一且无法选择和替代的,而确定评价政府机构的绩效标准又十分困难,一些公共产品的质量和数量难以度量,难以对政府行为进行有效监督。而且当政府活动不成功时,缺乏一种可靠的终止这种活动的机制。因此,政府干预也会产生原因不明的内部低效,无法实现预期的管制目标。

第六,寻租和腐败问题。当政府利用垄断性行政权力和法律手段干预市场时,某些个人、企业和利益集团愿意用较低的贿赂成本获得较高的收益和超额利润,通过游说、寻租、贿赂等手段使管制政策更有利于垄断的在位者。由于行政机关与受管制行业或企业长期共存,存在着利益关系,因而管制机关的中立性受到影响,被管制者更容易对管制政策施加影响,产生管制俘获(Regulatory Capture)。[①] 此外,管制过程缺乏透明度,管制俘获所需的成本很低,社会中其他人群的利益过于分

---

① Stigler G J. The Theory of Economic Regulation[J]. *Bell Journal of Economics*,1971(2):16,23.

散,没有形成有效的组织结构,也很难通过有效方式动员起来,去抗衡组织化利益对管制过程的影响。非生产性的寻租使个人和企业的收益最大化,导致社会资源的浪费、政府官员的行为扭曲,市场秩序受到破坏。

第二节 交通领域管制的理由

管制(或规制、监管)是政府对市场、社会的干预过程。最早的管制可追溯到古罗马时代,政府官员制定法令允许受管制的商业提供基本的产品和服务,并对供水等基本公共服务制定"公平价格"。交通领域最早的管制是与道路等基础设施建设分不开的。世界上大约有 50 条道路以"国王大道"(King's Highway)命名,当时的统治者通过军事力量来完成对土地的控制,并发布修建和维护道路的命令,提供公共产品为所有人服务。在中世纪,臣民必须获得使用这些道路的许可并承担修路的义务。一些公共道路被称为"收费公路"(Turnpike),或设有收费站,按照"收益归于国王"(Proceeds to the Crown)获得建设和运营成本。

美国是最早开始对经济活动中的垄断行为(尤其是自然垄断)进行立法干预的国家,同时也是最早对管制规律展开研究的国家。1880 年,在美国圣路易和亚特兰大之间的铁路因过度竞争曾引发政府对铁路价格的干预。1887 年,联邦制定的《州际商务法》(Interstate Commerce Act)是联邦层次上第一部针对经济性管制的法律。根据该法成立的州际商务委员会(Interstate Commerce Commission)是美国第一个联邦独立管制机构。美国反垄断制度的出现比经济性管制制度稍晚几年,反垄断法又被称为反托拉斯法。当时,以表面上的信托关系掩盖实质上的垄断行为的现象,对市场竞争构成了严重威胁。洛克菲勒标准石油公司是当时这类托拉斯行为的最典型的代表。洛克菲勒标准石油公司成立于 1870 年,但 12 年后它就成为美国第一个托拉斯组织,由此控制了美国石油工业。垄断的形成和发展,对自由市场的竞争和社会整体经济效益构成了巨大威胁。1890 年,美国通过历史上第一部反托拉斯法案《谢尔曼法》,随后又通过了《联邦贸易委员会法》和《克莱顿法》,由此形成了著名的美国反垄断法三部核心法律。

交通运输行业存在大量的市场缺陷情形,不管是基础设施建设、交通服务供给还是出行模式选择等领域,自然垄断、外部性、内部性、公共产品、信息失灵以及偏好不合理等市场不完美现象都是政府干预交通活动的重要理由。在交通运输领域,政府与市场、政府与社会的互动关系一直伴随着管制理论的发展(Stigler,1975;刘小兵,2009;王俊豪,2014)。在经济性管制中,政府根据交通运输行业特征制定标准和规则来调节企业和消费者行为,以维持公平竞争的经济秩序。在社会性管制中,政府为保障基本出行服务、消除外部性、改善可达性而进行财政支出,制定规则干预企业和个人的交通活动。政府干预已经成为交通运输领域的内生变量,对人和物的移动发挥着规划、引导、调节和管理的作用。

一、市场失灵成为管制的理由

很多情况下,交通产品和服务供给市场由于竞争的不完全、不充分而存在一般垄断的情形。在市场竞争中,在一定的产出范围内,某家企业的生产函数呈规模报酬递增(成本递减)状态,如果规模经济足够大,使得长期平均成本曲线在相应范围内向下倾斜,那么,这仅有的一家企业就能够生存下去。这个幸存者会把产出扩张到最大,达到平均总成本的最大下降,并采用廉价出售的策略竞争,最终把对手挤出该行业。因此,马歇尔在《经济学原理》[①]一书中指出,规模经济会产生垄断,而垄断反过来抑制竞争,使经济缺乏原动力;并且规模经济与竞争活力是一个社会的二难选择命题,要么舍弃规模经济走自由竞争之路,要么舍弃自由竞争走规模经济之路。交通是经济的先行成本,运输服务在经济系统中处于重要地位,由于竞争所导致的一般垄断在交通运输行业也相当普遍,因此规范行业的竞争秩序、维护消费者权益成为政府管制的依据。

交通运输行业的一个特点是需要基础设施网络来提供服务,如城市内部的道路、地铁和轻轨以及城市外部的铁路、航空、航运等设施网络。这些设施网络具有自然垄断的特点,初始投入大、建设周期长、沉没成本高,使得依赖其进行经营的企业数量相对较少,或存在行业的准入门槛。因此,这种由设施网络导致的自然垄断属性使得运输企业在产品和服务的数量、质量、准入和退出、定价等方面都会受到政府监管。

除了步行以外,几乎所有的交通方式都需要占用一定的土地和空间,有的方式(如机动车)会产生尾气和噪声,造成交通拥堵和事故,有的方式(如航空业)会施加一定的环境影响,因此交通运输活动存在的外部性成为该领域政府管制主要的理由之一。交通服务提供中的不规范行为也会产生内部性,即产生合同约定以外的风险和损失,比如公交或出租车服务中发生交通事故造成人身伤害。

---

① [英]马歇尔.经济学原理:上卷[M].朱志泰,译.北京:商务印书馆,1964:259－328.

交通服务和设施具有很强的公共品属性。出行活动需要遵守交通规则,讲究交通秩序,规则与秩序都是不具有排他性的公共产品。交通基础设施往往需要公共财政投入资金建设,具有(准)公共品属性。交通领域和其他行业一样,在交易过程中具有信息不充分和不对称的特点,信息失灵会产生效率损失,也需要政府干预。汽车的拥有和使用行为具有很大的相关性,人们买车之后就会使用它,汽车出行的方便快捷使其具有很强的竞争性,人们甚至会依赖汽车出行,产生类似汽车成瘾的不合理偏好,一旦个人对汽车的选择偏好变成集体性行为时,往往就需要政府制定规则来调节开车造成的社会损失。

二、对基本出行权利的保障

除了市场失灵成为交通运输领域政府管制的理由之外,对公民基本出行权利的保障也使得政府的干预行为渗透到人或物品的移动过程中。个人对最低收入、教育、住房、健康和安全的需要被认为是人类发展和尊严的根本,以至于通过宪法形式加以保障。[①] 这意味着,一个健全的社会为保障公民的基本权利就必须达到这些最低标准,必要时可以通过政府的管制活动,无论经济成本有多大。在社会性管制理论中,那些主张加强政府管制的观点通常是以服务于公民的基本权利为基础的,这些基本权利包括人们享受洁净的空气、洁净的水、宽敞的空间以及安全的工作场所等。

作为派生需求,交通与就业、教育、住房、健康和安全的需要直接关联。只要有了道路和桥梁等交通基础设施以及运输服务,就业、住房和医疗等个人基本需要的可达性就能得以改善,获得相关服务的机会将增加而成本也将降低,生活质量由此得到改善。马丁·瓦克斯(M. Wachs)认为,移动性是一种被低估了的人权,你永远不会对它感到满足。[②] 由于交通本身并不是目的,人们的出行目的总是与交通以外的其他事项(就业、购物、访友等)相关,因而移动性和交通对人的基本权利的满足程度要么被忽视,要么总是被低估。

"移动性"(Mobility)和"交通需要"(Transport Needs)有很多种表现形式,现有研究对此进行了详细的分析和分类。[③] Metz(2000)提出五个关键要素来描述移动

---

① 杨美芬. 国外关于社会性管制研究状况述评[J]. 法制与社会,2017(1):186−187.

② Gibbs W W. Transportation's Perennial Problems[J]. *Scientific American*,1997(4):32−35.

③ Luiu C,Tight M,Michael Burrow M. The Unmet Travel Needs of the Older Population:A Review of the Literature[J]. *Transport Reviews*,2017,37(4):488−506.

性与个人需求以及生活质量的关联性:访问想见的人和场所;移动的心理收益;移动(如体育锻炼)对健康的改善;参与社会和社区活动的收益;潜在旅行的益处。Mollenkopf 等人将外出移动(Out-of-Home Mobility)定义为一种基本的人类需求和情感体验,它可以满足社会需求,表达个人自主和自由,转移至外面并处于自然环境中,展现人的生命力,以及享受刺激和娱乐等(Mollenkopf et al.,2011)。多名学者主张将交通需要分为两大类:一是"紧急需要"(Serious Needs),如医疗预约和紧急情况;二是"自由需要"(Discretionary Needs),如自发旅行、探访人员和一般实现快乐的方式(Siren et al.,2005;Davey,2007;Ahern and Hine,2012)。Knight 等人强调交通的重要性,以便个人独立,获得自由,控制自己的生活,获得精神上的刺激,保持良好的社会关系,维持体育锻炼水平,并能够进行喜爱的活动(Knight et al.,2007)。受马斯洛的人类需求层次理论(Maslow et al.,1970)启发,有学者提出了基于自我意识的三级金字塔(Musselwhite and Haddad,2010)式交通需要。[①] 在该层次结构中,"实际需要"(Practical Needs)被视为主要需求,基本上是与日常、功能性和实用性出行相关的需求,如预约会面、商店购物、获得服务和与其他人见面。"社会需要"(Social Needs)被视为次要的,与独立的心理感受、对生活的控制感和与社会保持一致相关。最后,"审美需要"(Aesthetic Needs)被视为第三级需求,与获得愉快体验以及娱乐活动相关,如休闲旅行或参观自然环境。Hjortol 等人延续了 Allardt(1976)提出的幸福感的三种生活条件分类方式:"拥有"(Having)、"爱"(Loving)和"存在"(Being)(Hjortol,2013;Nordbakke and Schwanec,2015)。他们将这一概念用于"移动性":"拥有"与个人领域相关,如通勤、获得医疗服务或购物;"爱"与社会领域有关,如拜访朋友或家人;"存在"与享受和追求休闲活动有关。

交通与人类如此之多的活动和需要相关联,足以证明其重要性;当产生市场失灵或出现社会问题时,有时需要借助市场以外的力量来确保人们拥有移动的权利。市场吸纳了强势群体的习俗和规范,因此对弱者是不利的,需要通过规制的力量重构市场安排,将弱势群体置于平等的地位之中。

---

① Musselwhite C,Haddad H. Mobility, Accessibility and Quality of Later Life[J]. *Quality in Ageing and Older Adults*,2010,11(1):25−37.

第三节　社会成本收益分析

　　市场和社会有其内在的运行规律,并不总是需要政府干预,有时政府的"不当"干预,反而会引发一些扭曲行为和负面效应。因此,当进行管制决策时,管理者需要仔细地权衡利弊,通过"有无对比",做好政策效果的预判。从经济学的观点来看,只有判断管制之后带来的社会收益大于或等于其成本(代价),政府才有必要进行干预。

　　检验市场失灵和政府干预的必要性,通常需要三个步骤:首先,证实市场失灵确已发生,由于制度、技术和信息的约束,最优配置在市场失灵时转化为一种次优配置;其次,确定政府管制能否减少不合理的资源配置,面对相似的制度、技术和信息约束时,能否矫正市场失灵的根源;最后,证明管制政策的潜在收益大于伴随而来的行政成本,为导致无效配置的市场干预开脱"罪责"。

　　具体而言,市场失灵会产生资源配置的扭曲,造成市场低效,对社会和经济发展而言必然是一种损失,但由于政府干预过程本身会产生一定的成本,比如政府支出的行政成本、立法和法规的执行成本、企业和个人对法规的跟随成本等,只有确认干预所产生的收益能与干预的成本大致相抵,至少收益不小于成本时,才能说明干预是必要的。

　　管制的经济学分析遵循社会成本收益分析(Social Cost and Benefit Analysis,简称 SCBA)的思路,当推行一项新的管制措施,或者变更(加强或放松)管制策略时,管理者有必要全面分析和系统评估管制政策所产生的各种收益和成本,这里包括直接和间接、长期和短期、显性和隐性的成本和收益,然后对利弊进行权衡和判断。具体判断的原则包括:(1)除非社会成本收益分析的结果显示管制的社会收益(或潜在的社会收益)与社会成本(或潜在的社会成本)存在合理关系,否则该项管制措施将不予以实施;(2)通过对不同监管领域及相应监管措施的成本与收益进行比较,选择能为社会带来最高净收益的管制目标;(3)通过对不同管制措施的成本与收益进行比较,选择社会净成本最小、净收益最大的方案。

　　社会成本收益分析尽可能遵循社会剩余最大化的原则,它用货币计量一个项目或政策的收益和成本,通过加总收益再减去成本,由此得到该项目或政策产生的社会剩余增量。从本质上看,社会成本收益分析是推行一项政策时对其所做的利弊权衡,虽然这种做法并不是制定政策时参考的唯一信息,但也是一项重要依据。社会成本收益分析一般可以用于定性判断,条件满足时也可以采用定量分析。定量分析需要一些基础条件,如数据可得、完备以便于计量分析,分析过程需要经济原理的支撑,从而得到合乎逻辑的判断,并建立数理模型进行预测和评估等。

在美国,由于有立法保障,社会成本收益分析普遍用于评估规制变更的必要性。1902 年,美国国会《河流与港口法》(River and Harbor Act)规定:"工程师委员会应当考虑这些工程的现有商业的数量与性质,或即将受益的合理前景,以及这些工程相关的最终成本,包括建设和维护成本,相关的公共商业利益,以及工程的公共必要性,建设、保持、维护费用的妥当性。"[①]1936 年,美国国会制定《防洪法》(Flood Control Act),要求行政机关在防洪工程中权衡成本与收益,规定"防洪可能获得的收益应当超过估算的成本"[②]。

社会成本收益分析有助于判断公共项目的合理性,在 20 世纪 60 年代有过短暂的流行,然而困扰社会成本收益分析推广应用的不是理论上的问题,而是实践和意识形态上的。这个时期美国出现了严重的监管过度问题,各行业强烈要求放松管制,这就需要一种稳健的方法来衡量哪些管制是必要或必需的,哪些管制是冗余或缺乏效率的。20 世纪 80 年代以前,行政机关并没有系统地依靠社会成本收益分析来评价规制和其他工程。转折点发生在 20 世纪 80 年代至 21 世纪初,在里根总统、克林顿总统和奥巴马总统颁布一系列行政命令后[③],行政机关对社会成本收益分析的运用才越来越普遍,国会也制定了许多法规要求行政机关运用社会成本收益分析[④],并在社会成本收益分析的基础上形成了管制影响进行分析(Regulatory Im-

---

　①　River and Harbor Act of 1902,32 Stat. 331,372(1902).

　②　Flood Control Act of 1936,33 USCS § 701a(1936).

　③　1981 年,里根总统签发了著名的 12291 号行政命令——《联邦规制》(Federal Regulation),要求行政机关对重要规章的制定必须进行成本收益分析,提交重要规章的规制影响分析报告。2011 年 1 月 18 日,奥巴马总统签署 13563 号行政命令《改进规制和规制审查》(Improving Regulation and Regulatory Review);2012 年 5 月 14 日,奥巴马总统签署 13610 号行政命令《识别和减少规制负担》(Identifying and Reducing Regulatory Burdens),强化了成本收益分析在美国立法中的地位与作用。奥巴马总统签署的 13563 号行政命令《改进规制和规制审查》是对 1993 年克林顿签发的 12866 号行政命令所确立的原则、框架、概念等的补充和重申;奥巴马总统签署的 13610 号行政命令《识别和减少规制负担》特别规定,为了减少不正当的规制负担与成本,行政机关应当运用成本收益分析对现存的重要规制进行回顾性审查,以决定"是否需要对这些规制进行修改、精简、扩大或废除"。

　④　刘权.作为规制工具的成本收益分析——以美国的理论与实践为例[J].行政法学研究,2015(1):135-144.

pact Analysis)制度①。以社会成本收益分析为核心的管制影响分析成为衡量管制政策必要性的准则,透过成本收益分析,最终可以达到"理性监管"的效果。

在美国,几乎所有重要的规制,行政机关都必须对其进行社会成本收益分析。必须进行社会成本收益分析的重要规制包括以下四种情形②:

①年度经济影响在 1 亿美元以上,或在实质上对经济、经济部门、生产力、竞争、就业、环境、公众健康或安全,或对州、地方、宗族政府、共同体产生了不利影响。

②造成了严重冲突,或者干预了其他机关已经执行或者计划执行的规制。

③实质改变了资格授予、拨款、使用权费或贷款项目的预算影响或受众的权利义务。

④在法令、总统优先权或本行政命令所确定的原则之外引发了新的法律或政策问题。

完整的社会成本收益分析过程主要包括以下步骤:

①目的确立阶段。在此阶段,政府首先应确立拟实现的目的。

②调查阶段。调查确定各种可替代性手段,包括不采取任何措施的方案。

③识别阶段。由于政府某项措施往往会涉及多方主体,牵涉多方利益,所以政府应当识别不同措施的可能影响主体,判断出哪些主体将受损,哪些主体将受益。

④赋值计算阶段。对各种不同主体的损害、收益依据某种标准进行赋值计算。

⑤汇总阶段。确立各种不同的可替代性手段所产生的各自的总成本和总收益。

⑥敏感性分析阶段。敏感性分析是一种不确定性分析方法,主要是解决成本、收益判断的不确定性问题,通过选取不确定性因素来计算其变动时对成本收益的影响程度。

⑦确定具有最大净收益的手段。对于成本和收益的确定,主要有市场评估法和非市场评估法。对于具有市场价值的要素,可以根据市场的价格对相关收益或损害进行评估。例如,由于造路需要征收农民的土地,对被征收的土地可以依据市场价格评估其权利损害。市场评估法适用于经济性的权利损害,包括生命权和生

---

① 管制影响分析(Regulatory Impact Analysis)是由特定的监管机构对现行或拟议管制措施已经产生或可能产生的积极影响和消极影响进行系统分析与评估的一种程序机制。通过提供有关管制措施成本(或潜在成本)与收益(或潜在收益)的详细信息对监管影响进行分析,有助于监管机构对是否实施监管以及如何实施监管做出理性决策,从整体上提高监管绩效。请参阅:马英娟.美国监管影响分析制度述评[J].法商研究,2008,123(1):98—106.

② William J. Clinton, Executive Order 12866: Regulatory Planning and Review, 3CFR638,3f(1)—(4)(1993).

命价值的评估。同一项措施在不同时期可能存在不同的成本和收益,因此需要通过折现率进行折现比较。当不存在相应的市场交易以评估某种要素的成本和收益时,市场评估法就不起作用了。此时通常采用"支付愿意"(Willingness to Pay,简称 WTP)和"接受愿意"(Willingness to Accept,简称 WTA)等主观评估方法。"支付愿意"是公民为了预防某种风险而愿意支付的最大成本,这种支付成本可以看作是某种商品或劳务的价值。"接受愿意"是公民容忍某种风险而愿意接受的最小成本。非市场价值评估中经常采用陈述性偏好(Stated Preference,简称 SP)测量不存在市场交易的商品(或物品)的潜在价值,这也是基于类似的经济学原理。在评估中,政府某项措施的收益是即将获得的好处或没有失去的损失,政府某项措施的成本是失去的损失或先前的所得。

批评和质疑社会成本收益分析的声音一直都存在。作为社会成本收益分析的执行单位,白宫管理和预算办公室 2011 年针对国会的年度报告表示,许多规章的成本与收益根据现有的信息不能被量化或货币化,总的估算也没有抓住那些非货币化的成本与收益。① 在一些情形中,对不同效果的量化是高度推测性的。在另外一些情形中,特定种类收益(例如生态收益和国家安全收益)的货币化是一个重大挑战。其他的批评包括:青睐强大的产业导致放松管制,忽视代际公平,折现率无视道德考虑,过分依赖市场价值而对不可比较的和无法定价的要素进行评判,缺乏关于偏好聚合的科学方法,以及忽视不可量化的价值等。②

在我国,国务院 2004 年发布的《全面推进依法行政实施纲要》有关社会成本收益分析的表述为:"积极探索对政府立法项目尤其是经济立法项目的成本效益分析制度。政府立法不仅要考虑立法过程成本,还要研究其实施后的执法成本和社会成本。"2010 年,国务院发布的《关于加强法治政府建设的意见》相关条文也规定:"积极探索开展政府立法成本效益分析、社会风险评估、实施情况后评估工作。"此外,我国许多部门规章、地方政府规章、地方规范性文件对社会成本收益分析均有简要的规定。

然而,由于管制机构不独立、行政管理过程缺乏透明度、理论与现实存在差距等问题,运用社会成本收益分析对管制必要性、有效性进行分析和判断可能会遭遇以下难点:

---

① Office of Management and Budget. 2011 Report to Congress on the Benefits and Costs of Federal Regulations and Unfunded Mandates on State, Local, and Tribal Entities[R]. Office of Information and Regulatory Affairs, 2011.

② Zerbe Jr R O. The Legal Foundation of Cost-Benefit Analysis[J]. *Charleston Law Review*, 2007, 2(1):93−184.

首先,管制政策和社会经济状态之间不一定存在必然的相关性和因果性。好的市场状态并不必然是一项或多项管制措施作用的结果;相反,市场的无序也可能与现有的管制措施完全无关。人们主观上期望有了政府的干预,原来不好的状况会发生改变,情况会相应地好转,但是"政府作为"与"状态改善"之间并不存在必然的联系,而且其中两者之间的相关性和因果性需要仔细辨认,并通过设立计量模型和统计检验来确定它们之间的相关性。

其次,收益和成本的识别和计量往往相当困难,尤其是对于收益种类和范围的界定和度量,以及一些隐性成本(公关与寻租等)也难以观察。这些都会影响收益与成本的比较和权衡。此外,与政府行为相关的数据不公开、不透明也是影响评估质量的一个重要原因。

再次,西方普遍采用独立管制机构的行政设置方式,相对而言,管制机构的支出行为容易观察。但我国的公共部门管制和管理职能混合在一起,相应的管制成本很难科学地"切割"出来。此外,立法成本和规制变更的成本也很难确切测算。这增加了对管制成本进行客观判断和精确度量的难度。

最后,与效用、能效相关的参数测算会影响最终结论和判断,在条件允许的情况下,需要做敏感性分析。由于上述这些因素的存在,在结合我国的情况研判管制必要性和有效性时,社会成本收益分析方法的运用与西方会有很大的不同。对中西方一些成功案例的借鉴分析,可以提供有价值、有启发的参考。

第四节　管制政策更新的原因

按照管制经济分析的相关理论,当某种新的管制措施带来的社会收益大于社会成本,又适逢政策窗口打开、具备变革的时机时,这种新措施将取代旧的做法,即发生管制的更新和变革。然而,社会问题的复杂性使得管制变革并不总是遵照教科书上的理论来演进。一项管制措施之所以发生变化,往往是政治、行政、经济、文化等多种因素综合作用的结果,有时也是由重大事件推动所产生的。概括而言,管制更新和变革的原因主要来自三个方面,即特大事件或突发事件推动、公共价值观变化以及管理者对行业管理的经验认识等。

首先,对管制进程影响最为显著的是特大事件或突发事件。例如,2015年"8·12天津滨海新区爆炸事故"造成直接经济损失 68.66 亿元,暴露出危险化学品安全监管体制不顺、机制不完善、危险化学品安全管理法律法规标准不健全等问题①,事故发生后国家提高了危险品运输和储存的标准。又如,2018 年"滴滴顺风车司机杀人案"引发舆论的高度关注,管理部门责成平台企业提高了网约车司机的准入条件。特大事件或突发事件造成重大生命财产损失,暴露出以往监管机制存在的问题,反映出监管不到位所产生的社会危害,它们会引起上级部门的高度重视,成为开启政策窗口的关键推手。

其次,一定时期内公共价值观的变化也会带来规制的变更。21 世纪初,为了促进城市适应机动化发展,一些地方取消了中心城区自行车道,并相应地拓宽了机动车道。2005 年之后,随着公交优先战略的推广实施,"公交都市"理念深入人心,很多城市开辟了公交专用道,有的城市采用快速公交系统(Bus Rapid Transport,简称 BRT),有的城市专门为慢行交通分配道路资源。这些变化反映了以公共交通为基本出行方式的价值理念的回归,也推动了中央和地方政府对公交行业的政策扶持和财政投入。与特大事件或突发事件造成规制的快速更新不同,公共价值观带来规制变更是一种缓慢变化,时间尺度长,不但与执政者所接受的理念有关,还与公众对特定价值观的接受程度有关。

最后,管制的更新还来自管理者对行业管理的认识与经验。由于监管者与企业长期共存,他们能够洞察行业发展的优势和劣势,当变革的机会成熟时,监管者会以创新方式积极推动行业的改革。然而管制更新也需要消耗行政成本,从制度形成和变迁角度考虑,管制供给和更新的成本至少包括规划、设计与组织实施的费用、消除旧制度的费用、消除制度变革阻力的费用、制度变革及其变迁造成的损失、实施成本等。通常情况下,管制一旦形成,就会内化为法律、制度、规定、规范、标准等形式,除非有特定的条件发生,否则它们很难被更替或取消掉,管制机构也缺乏减少管制的激励机制。因此,即使管制者基于对行业的管理经验认识到管制更新的必要性,也需要来自上级部门或外部条件的推动才能促成改革的发生。

在特定情形下,为了确保行业公平竞争,政策制定者也会根据市场变化(如有新的进入者)主动调整监管方向和内容。变更之后的管制政策会对多种利益相关群体产生影响,他们的利益或成本由此发生变化,成为新的受益方或受损方。同时会有新的利益相关人进入政策视域,他们对规制变更的态度和诉求各不相同。从规制主体来看,政府与企业、政府与公众的互动关系推动了规制的不断演进。从变更的动因来看,规制的加强或放松与公共价值观变化、市场催生的社会问题、公共决策过程及其体制环境相关,因此规制的变更一般滞后于市场变化,往往来自外部

① 佚名.天津港爆炸事故的经济余波[J].中国总会计师,2015,145(8):13.

力量的推动,而不是管制者的主动求变。此外,规制的变更过程要接受一般经济学原理的检验,只有综合考虑各利益相关群体的诉求和损益,那些使规制变更所产生的社会收益大于社会成本的措施才能成为使社会净收益最大的政策选项。

交通政策分析与评价

公共管制是政府对经济和社会的干预过程,它表现为政府部门的立法和决策等行政活动。要实现既定的目标,管制过程离不开相关政策的设计、制定、执行和实施等环节,所产生的社会和经济影响需要客观分析和综合评估。本章结合交通需求管理中管制措施的特点,介绍交通政策分析的一般框架、政策影响评价以及常用的政策效应计量方法等内容。

第一节　公共政策分析的一般框架

公共政策是现代社会政治生活中使用得非常广泛的概念之一,但"迄今为止对公共政策也确无一个标准的定义"①。通常所说的公共政策,是指国家(政府)、执政党及其他政治团体在特定时期为实现一定的政治、经济和社会目标所采取的政治行动或所规定的行为准则,它是一系列谋略、法令、措施、办法、方法、条例等的总称。② 公共政策具有导向功能、管制功能、调控功能和分配功能。③ 比如作为规范公众行为的社会准则,公共政策对公众行为具有重要的引导作用,既包括观念的引导,也包括行为的引导。又比如公共政策的管制功能是指为避免影响社会运行的不利因素出现,公共政策需要发挥对目标群体的约束、激励和惩罚作用。这些公共政策的基本功能在交通需求管理中都有所体现,发挥出调控和治理交通外部性的功效。

一、政策系统的要素

公共政策所涉及的社会、经济、政治、环境因素相当复杂,这些因素需要放在政策系统下进行审视和分析。政策系统被界定为由政策目标、主体、客体、工具及其与政策环境相互作用而构成的社会政治系统。它是公共政策运行的载体,是政策过程展开的基础。一般而言,政策系统的各个要素包括以下几个部分:

（一）政策目标

政策目标是政策制定者希望通过政策实施所要达到的社会效果,或者是政策

---

①　[美]弗兰克·费希尔.公共政策评估[M].吴爱明,李平,译.北京:中国人民大学出版社,2003:3.

②　陈振明.公共政策学——政策分析的理论、方法和技术[M].北京:中国人民大学出版社,2003:4.

③　谢明.公共政策导论[M].4 版.北京:中国人民大学出版社,2015:44.

问题的解决,或者是要避免的消极社会影响。明确目标是政策得以有效实施的前提,目标不明确所产生的政策执行失误是实践中经常出现的问题。政策所要解决的公共问题常常是比较复杂的,这就决定了政策目标往往不是单一的,而是多元目标的组合,有些目标甚至是相互冲突的,反映不同的利益诉求。

(二)政策主体

政策主体可以简单界定为直接或间接参与政策制定过程的个人、团体或组织。它的构成因素主要包括立法机构、行政决策机构(政务官系统)、行政执行机构(文官系统)、司法机构、政治党派、利益集团、思想库、大众传媒和公民个人等。[①] 由于各国的社会政治制度、经济发展状况、文化传统等方面的不同,各国的政策过程存在着差别,政策主体的构成因素及其作用方式也有所不同。对于政策分析和评估而言,政策的决策机构和执行机构是相对重要的主体,对政策走向和实施效果起着关键作用。

(三)政策客体

政策客体是指公共政策的作用对象及其影响范围,即公共政策所要处理的社会问题(事)和它的目标群体(人)。公共政策的主导作用在于有效地解决社会所面临的诸多问题,社会问题的客观存在及其主观认定,被普遍认为是政策过程的起点。但不是所有的社会问题都属于政府的政策范围,只有一部分社会问题能够得到政府的真正重视,进入政府议程,这部分社会问题才能由此转化为政策问题。

政策目标总是表现为对一部分人的利益进行分配或调节,对一部分人的行为进行规范或指导。政策能否落实,目标能否实现,与目标群体的态度和响应有着直接的关系。目标群体理解、接受、遵从政策的程度是衡量政策有效性的关键因素。从制度激励角度来看,一项政策如果能够使目标群体获得一定的利益,那么它相对就容易被目标群体所接受;反之,一项政策如果被目标群体视为对其利益的侵害和剥夺,那么它就难以得到目标群体的认可。这也是很多用于调整交通行为的市场化手段(比如拥挤收费和牌照拍卖)在实施过程中遇到阻力的原因。

从宏观上看,影响目标群体接受和服从某一项政策的因素包括政治社会化影响、传统观念和社会惯例、对政策形式合理与实质合理的看法、对成本收益的权衡、对大局或整体的考虑、避免受到惩罚以及环境条件的变化等。[②]

(四)政策工具

政策工具是公共政策执行主体(主要指政府行政部门)为解决社会问题,将实

① 谢明.公共政策分析概论[M].修订版.北京:中国人民大学出版社,2011:41.
② 宋锦洲.公共政策:概念、模型与应用[M].上海:东华大学出版社,2005:17—18.

质目标转化为具体行动的手段、方法、技术、路径和机制的总称。每种政策工具都有其特定的社会功能、适用范围和优劣利弊。公共政策本质上是一种社会价值的分配,而政策工具作为这种价值分配的一个重要机制,在很大程度上起着利益协调和分配的中介作用。

当决策者在选择政策工具时,会受到各种交织在一起的因素的影响和制约,不同的目标群体对于政策有着不同的利益诉求,不可能用单一的政策工具来达到满足多元目标群体的利益。如何在内容庞杂的"工具箱"中筛选出合适的工具并将其进行优化组合,是问题的关键所在。政策工具的优化组合与协调运作可以取长补短,避免单一工具应用的片面性,收到单一工具所难以实现的效果。[①]

(五)政策环境

从系统论角度看,凡是影响政策的存在、发展及其变化的因素都能构成政策环境,包括自然环境和社会环境。其中社会环境对公共政策起着更直接更重要的影响、制约甚至决定性作用,比如社会经济状况、体制或制度条件、政治文化和国际环境等。

二、公共政策分析

在与公共政策相关的一系列政治活动中,从政策形成、采纳、执行、评估到终结,政策分析始终贯穿其中,在政策生命周期中扮演着不可或缺的角色。公共政策关注的是社会和公共问题,那么这些问题是怎样被定义和构建? 如何进入政府政策议程? 政府对此做了些什么或没有做什么? 为什么要这么做或为什么不这么做? 这么做的结果如何? 为什么会有这些结果? 怎样对政策进行评估、反馈和修正? 政策贯彻和执行的效果如何? 这些对于公共政策本质内容、具体原因和实际结果的研究,构筑了当今公共政策分析的核心内容。

威廉·邓恩在《公共政策分析导论》一书中指出:"政策分析必须对公共政策的产生原因、结果及其执行情况展开认真的分析和调查。"[②]他认为,政策分析需要回答下列五个重要问题[③]:

①寻求解决办法是针对什么样的问题?

---

① 张秉福. 论社会性管制政策工具的选用与创新[J]. 华南农业大学学报(社会科学版),2010,9(2):74-80.

② [美]威廉·N. 邓恩. 公共政策分析导论[M]. 2版. 谢明,等,译. 北京:中国人民大学出版社,2002:1.

③ Dunn W N. *Public Policy Analysis:An Introduction*[M]. 4th Edition. New Jersey:Pearson Prentice Hall,2008:6-7.

②选择什么样的行动方案去解决这个问题？

③选择了这个行动方案会有什么样的结果？

④达到这些结果是否有助于解决这个问题？

⑤如果选择了其他的行动方案，那么能够期待出现什么样的结果？

要回答这些问题就需要掌握五类政策信息，即政策问题、偏好政策、政策预期结果、观察到的政策结果和政策绩效。政策问题是指通过采取公共行动能够加以改善的一种价值和机会。偏好政策是指一个问题的潜在解决方案，它的出现源于对预期结果效率和价值的判断。政策预期结果是指备选方案的预期结果。观察到的政策结果是指正在执行的偏好政策产生的结果。政策绩效是指观察到的政策结果对实现需要改善的价值或机会的贡献程度。这些政策信息构成了政策分析必不可少的要件。

三、政策系统的分析框架

在社会系统中，一个问题的出现往往伴随着多种相关因素，这项因素相互交织，使政策问题变得相当复杂。这就意味着对于公共政策的制定者而言，需要全面系统地考虑问题。也就是说，在制定公共政策的时候，应把社会问题的结构看作是一个巨大的系统工程，在多个要素作用下的系统中找到所要解决的根本性问题，进一步运用政策分析方法把复杂的问题进行解构和剖析，从而做出相应政策的建构，对问题加以解决。①

一个复杂的社会问题，其背后总会有多种力量相互牵制，形成某种政策困境。比如对于一座城市的交通管理部门来说，采取何种政策使得既能够合理利用现有交通基础设施资源，并不断建设新设施以满足不断增长的出行需求，又能够确保不超出公共预算的约束？这样的问题可以解释为一种政策困境：一方面，发展城市交通，必然要加大城市交通基础设施建设；但是另一方面，加大交通基础设施建设必然需要大量的资金投入，这就可能超出财政预算限制，从而影响其他方面的发展而带来全局意义上的不平衡。两者之间相互牵制、相互制约。对于城市政策的制定者而言，政策制定就是要在其中找出一种平衡共赢的解决方法，同时注意政策问题的轻重缓急。

另外一种政策困境来自政策目标的多元化以及目标之间的相互制约。就像一句俗语所说："既要马儿跑得快，又要马儿不吃草。"政策在设计之初，就被赋予多个

---

① 米加宁，王启新. 面向对象的公共政策分析方法[J]. 公共管理学报,2009,6(1):13-25.

政策目标,虽然在一定的社会经济发展阶段,目标之间有轻重缓急之分,但在政策实施过程中,政策目标之间可能存在相互冲突,或处于相互制约的状态,最终有损于政策总体绩效的实现。因此,面对这样一种复杂的社会问题,在直接或间接地受到多方力量牵制、政策目标可能存在制约关系的情况下,如何合理地平衡各种力量之间的矛盾,科学地对存在冲突关系的政策目标进行取舍,以达到共赢的解决效果,就需要在政策分析和评估过程中引入系统分析的逻辑框架。

一个关于政策系统的一般分析框架通常包括以下几个基本要素:

(1)问题的理性化。从一个分析者的角色来看,当面对一个复杂的政策问题,政策制定者首先要利用理性,探索如何使研究的问题理性化。一个理性人所产生的理性行为通常是基于以下三种假设:

①事实假设:如果人们的行为都是建立在当前环境的基础之上,那么未来的活动理应也建立在这种环境中,或者变化之后的环境与当前环境具有一定的连续性和关联性。

②可测假设:人们的行为、活动以及环境的状态变化都是可以观察和量测的。

③因果假设:人们所从事的活动彼此之间具有较强的因果关系,环境状态的变化与导致其变化的因素(外力或者政策)之间具有较强的因果关系。

(2)理性化问题的系统分析框架。通过构建一个系统分析的逻辑框架(见图3—1),将复杂的系统关系变得清晰直观、理性化和层次化。

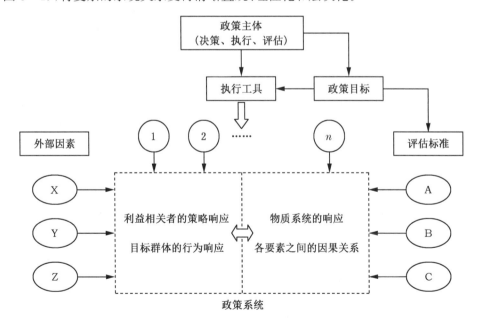

图3—1 公共政策系统分析的逻辑框架

对于政策系统而言,其主要的影响因素可以分为:政策主体(Policy Owner)、政策目标(Objective)、外部因素(External Factors)、评价标准(Criteria)、执行工具(Instruments)、因素间的因果关系(Casual Relationship)以及问题的利益相关者(Stakeholders)。

当面对一个复杂的政策问题时,首先,需要明确要解决的问题所能够达到的目标是什么,以及评判达到这个目标所采取的标准又是什么。然后,在这个标准下,找出与问题有着密切关系的各个要素,把它们归入一个系统中。在这个系统中,既有政策问题所涉及的物质系统,又有政策作用所影响的利益相关者和目标群体(即政策作用对象)。同时还要找出外部政策环境可能存在的各种制约因素。最后可以分析政策主体所采用的工具,判断其将使政策客体由此产生哪些变化。比如在政策作用下,利益相关者(尤其是利益集团)可能制定和采用相应的对策和策略,目标群体可能发生态度、认识和行为的变化,以及物质系统各要素之间发生的因果关系的变化。客观地对这些系统状态的变化进行观察和量测,比对政策目标和评估标准,从而做出政策是否取得绩效、是否达到预期目标的判断。

(3)理性化问题的解决过程。通过理性化问题的系统分析框架,初步了解如何发现一个待解决问题中的各个关键要素以及它们之间可能存在的因果关系。下面将通过六个步骤来建立问题解决的理性化过程,从而找出一种通用的问题解决模式来解决政策分析问题。[①]

①问题的概念化(Conceptualization)。解决问题的第一步,首先需要政策制定者清楚地明白研究问题的目标是什么,以及谁是政策主体和相关利益群体,合理界定政策的边界,并将所要解决的问题进行简明的陈述和运用清晰的语言科学地描述出来。

②问题的具体化和模型化(Specification and Model Construction)。这一步需要收集必要的信息以及建立模型。首先需要明确各主体对政策的响应以及各要素之间的因果关系,然后收集与各主体和要素有关的量化数据,建立它们之间的相关关系和因果关系,进而运用层次化的组织架构将其组合起来,把各种量化信息综合成为一个整体系统,建立有效的系统模型。

③解决方案的形成(Solution Formation)。这一阶段的初期,首先需要运用专家分析、头脑风暴、经验学习等手段来生成可能的解决方案集合。然后在系统分析的逻辑框架下,对方案逐个进行分析、比对和筛选。如果系统中各因素之间的关系比较简单,那么可以直接从具体化和定量化的关系中找出解决方案。但是对于一

---

① 米加宁,王启新. 面向对象的公共政策分析方法[J]. 公共管理学报,2009,6(1):13—25.

个非常复杂的社会系统,这就要求在设计、分析和建模过程中运用更为高级的系统建模和仿真工具,以此发现短期和长期的政策效应,最终对政策工具(甚至政策方案)做出修正和调整,以实现最佳的政策路径和达到预测的政策目标。当然,在模型建立过程中,需要不断地进行假设检验,比如有效性检验、可信度检验等。

④政策制定(Decision Making)。当一种可解决的方案被提出的时候,就意味着一种政策可能被制定。这时要充分考虑采用的政策会给各个利益相关者带来的可能影响。如果存在备择方案,则需要进一步比较两者的收益和成本,综合评价政策的执行效果,做出最后的判断。

⑤政策实施(Implementation)。当政策方案被采纳之后,政策执行者运用各种政策资源,经解释、宣传、执行和服务等行动方式,将政策观念和价值的内容转化为现实效果,如观念的接受、态度的明朗、行为的转变等,从而使既定目标得以实现。这一步骤要注意实施的时机、预算,以及受到制约的外部约束条件。

⑥政策评估(Evaluation)。政策评估是问题解决过程的一个关键步骤,依据一定的价值标准和事实标准,通过一定的程序和步骤,对政策实施中的价值因素和事实因素进行分析,对政策结果和未来走向做出基本的判断。[①] 政策评估需要对目标群体以及其他群体产生的影响、对近期和未来的影响以及直接成本、间接成本和机会成本等因素进行分析。一个好的评估要考虑如何识别用来解决问题的最终过程和这种过程所达到的一种新状态。政策问题的复杂性、政策目标的不确定性、政策影响识别的有限性、政策效应的重叠影响以及政策主体及相关人员的消极抵制态度都可能会使政策评估遭遇障碍。

第二节　利益相关者分析

管制政策在实施过程中会影响不同的利益主体,而利益相关者分析(Stakeholder Analysis)也是评估政策效应的常用方法。政策的实施可能会影响某些人或组织,他们的态度、意向和行动直接影响政策的产出,甚至这些人或组织会作出相应行动来影响政策的推进,利益相关人分析的目的就是找出这些人或组织,制定沟通策略和行动方案,从而使其利于政策的推进。

---

① Dye T R. *Understanding Public Policy*[M]. 12th Edition. New Jersey:Prentice Hall,2008:5.

一、利益相关者的概念

利益相关者(Stakeholder),也称为利害关系人、利益攸关者等,首先它是一个管理学概念,最早出现在 1708 年的《牛津词典》当中,表示人们在某一项活动中下注。利益相关者理论可以追溯到 1759 年亚当·斯密的《道德情操论》,但是很长时间以来没有引起广泛的关注。直到 1963 年,斯坦福研究所首次使用利益相关者这个术语来表示同一个企业有密切关系的所有人。至此,利益相关者的概念先后经历了三个发展阶段。

第一阶段:企业依存观。利益相关者早期的定义来自斯坦福研究所。研究者发现,企业存在的目的并不仅仅是服务于股东,在企业的周围还存在着影响到企业生存的一些利益群体。所以,斯坦福研究所给出的利益相关者定义如下:对企业而言存在着一些这样的群体,如果得不到他们的支持,企业就没有办法生存。从这个定义出发,判断某一个群体是不是利益相关者的标准是这个群体是否对企业的生存有重要影响。显然这个定义过于狭隘。

第二阶段:战略管理观。20 世纪 80 年代,在经济全球化背景下企业竞争日益激烈,美国经济学家弗里曼(Freeman,1984)给出利益相关者更为宽泛的定义:利益相关者是指能够影响到一个组织目标的实现,抑或是被组织实现目标的过程所影响到的人。[①] 从某种程度上说,这个定义刚好符合当时西方国家兴起的企业社会责任观点,因而得到很多学者的认可,后来成为人们界定利益相关者的一个标准模式。

第三阶段:动态演化观。20 世纪 90 年代中期,美国经济学家布莱尔将利益相关者定义为:所有那些向企业贡献了专用性资产,以及作为既成结果已经处于风险投资状况的人或集团。[②] 他在《所有权与控制:面向 21 世纪的公司治理探索》一书中指出,公司应当为全部利益相关者的利益服务,而不应该只是为股东的利益服务,股东仅仅是拥有有限的责任,一部分的剩余风险已经转移给了债权人和其他人,而且股东所承担的风险一般可以通过投资的多样化来分散。由于利益相关者专用性资产的存在,利益相关者相应地凭借资产的多少和所承受的风险来获取企

---

① Freeman R E. *Strategic Management:A Stakeholder Approach*[M]. Cambridge:Cambridge University Press,1984:24—25.

② [美]玛格丽特·M. 布莱尔. 所有权与控制:面向 21 世纪的公司治理探索[M]. 张荣刚,译. 北京:中国社会科学出版社,1999:15.

业对其利益的保护,这样的话他们参与公司治理、分享公司利益也就有了切实的凭据。

在我国,利益相关者分析是从企业理论研究开始的。20 世纪 90 年代,经济学界学者杨瑞龙和周业安(2000)在企业治理结构领域首先引入利益相关者分析。[①]随后利益相关者分析在我国的公司治理结构理论研究中得到大量应用,并产生了很大的影响,逐渐向其他社会科学辐射。

二、公共政策中的利益相关者及其界定

公共政策是对社会价值的权威分配,这个过程会涉及很多人和组织,因此利益相关者的相关理论逐渐从企业管理领域向公共管理领域渗透。在市场化进程中,公共政策制定不仅直接涉及中央政府职责,还关系到地方政府、利益集团与普通民众等的利益。因此,在公共政策制定中全面科学地界定各个利益相关者,探讨其角色、属性特征与管理策略有利于提高政策执行力,完善公共政策制定。

公共政策分析中的利益相关者是指任何与政策有利益关系的个体、群体、社区或组织(机构),他们要么受到政策正面或负面的影响,要么以正面或负面的方式对政策过程产生作用。有的利益相关者如政府部门对政策的成功有至关重要的影响,被称为关键利益相关者;那些最终或直接被政策影响的个体、群体或机构则成为受益者或受损者,被称为主要利益相关者;还有一类次要利益相关者,他们在政策活动中有一定利益关系或起到中间或间接的作用,如非政府组织、地方政府或中央政府。

弗里曼(Freeman,1984)在经典著作《战略管理——利益相关者方法》中认为,要使得利益相关者的分析方法具有实践上的意义,就必须依靠一定的方法和技巧来提高组织的战略管理能力,因此至少需要从三个层面上认识和了解组织。首先,应该可以从理性的角度识别出哪些人是组织中的利益相关者,以及利益相关者觉察到的利益是什么;其次,必须识别出那些用来管理组织和利益相关者关系的方法;最后,必须理解组织和利益相关者的交易或谈判。[②]由此可以看出,要想在实证研究中推广和应用利益相关者理论,关键的步骤是如何对利益相关者进行界定和分类。

---

① 杨瑞龙,周业安. 企业的利益相关者理论及其应用[M]. 北京:经济科学出版社,2000:128.

② Freeman R E. *Strategic Management:A Stakeholder Approach*[M]. Cambridge:Cambridge University Press,1984:24—25.

如果把弗里曼对利益相关者的定义放到公共政策领域来使用,则可能太过宽泛,因为政府所作的决策大部分都是以全体社会大众为考虑对象的。而公共政策与私人企业的生产决策不同,当一项公共政策通过之后,所有的人都必须遵守,因为它具有由国家政权机关所赋予的强制力。如果要将所有的社会大众都看作利益相关者,这样划分的标准就过于模糊,那么从理论上看,到底该将谁的意见纳入考虑范围呢?毕竟在做政策分析时,时间和资源都是有所限制的。因此,布林克霍夫和克罗斯比(Brinkerhoff and Crosby,2002)提出用三个标准来挑选政策利益相关者。①

第一,如果一个组织对于这项政策在民众支持上能够产生重大影响,那么该组织应该被考虑,比如某些社会团体。

第二,如果一个组织能够对政策的合法化或是执行单位的正当性产生积极影响,那么该组织应该被考虑,比如政府机关。

第三,如果一个组织能够影响政策的内涵与方向,那么该组织应该被考虑,比如专业团体。

三、利益相关者分析

进行利益相关者分析时,首先需要识别出政策所涉及的所有利益相关者,分析各利益相关者的利益和需求,评估其对政策过程的重要性或影响力,其中重要性体现为其与政策的利害相关程度,影响力取决于其社会地位以及在政策中的作用,如决策者、执行者、接受者等,并进行损益分析。针对不同的政策行动,如立项、规划、实施、评估等,需给出不同利益相关人参与政策进程的方案,如告知、咨询、合作和控制等。

这里以上海车牌额度拍卖政策为例,说明如何进行利益相关者分析。上海从20世纪80年代中期开始采用拍卖方式配置私人机动车牌照,减缓了机动车增长速度,为公共交通建设赢得了时间和机会。通过对车牌额度拍卖政策涉及的利益相关者进行界定和分类,有利于从特定的视角看清楚拍卖政策的全貌,识别和把握各群体的利益诉求和矛盾,从而规避社会风险,完善车牌额度拍卖政策。

车牌额度拍卖政策的主要利益相关者包括中央和地方政府以及相关管理机构(如交通委员会、运输管理局、公安局以及国拍公司等)、汽车企业和行业协会、汽车

---

① Brinkerhoff D W,Crosby B L. *Managing Policy Reform:Concepts and Tools for Decision-Makers in Developing and Transitioning Countries*[M]. Boulder:Lynne Rienner Publishers,2002:141.

行业的上下游企业、各类消费者(持有本地牌照和外地牌照的汽车消费者以及无车者)、专家团体以及其他利益相关者等。

(1)政府及相关管理部门。由于在政策体系中,政府扮演着制度供给者、政策执行者、利益冲突的仲裁者乃至公益产品提供者等角色,它是车牌额度拍卖政策中最为重要的利益相关者。政府是公共政策的制定者,在宏观调控过程中扮演着重要的角色。政府的执政目标体现在所制定的政策当中。政府同时也是政策效果的间接承担者,比如一项政策可以给政府带来财政收入,也可以使政府财政上有更多的支出。事实上,无论哪一个政府都不可能单独地存在于社会中,它要和各种其他的利益相关者建立密切的联系与合作。

政府实施车牌额度拍卖政策,一定程度上控制了机动车总量,缓解了城市交通拥挤问题,为公共交通建设赢得了宝贵的时间。此外,额度拍卖为上海市政府积累了大量公共资金,财政收入多了一个来源。政府秉承"取之于交通,用之于交通"原则,增加了建设基础设施的资金,用于中环道路和地铁的建设。

然而,政府在实施这项政策过程中也遇到了一些困境。首先是利益协调问题,政府的管理活动是否要综合平衡各个利益相关者的利益诉求? 是追求利益相关者的整体利益,还是某类主体的利益? 从经济学的观点来看,政府应该追求社会整体福利最大化。短期来看,车牌额度拍卖政策损害了汽车产业的发展;长期来看,由于政策减缓了交通外部性,间接改善了交通拥堵,对经济的发展有着积极的作用。如果社会经济发展了,那么各个利益相关者都会不同程度的受益。经济快速发展,政府可以增加财政收入,可以增加转移支付,可以增加对国民经济的控制力度等,这些都会转化为政府的政治收益。

其次,在政策实施的前期,政府对车牌额度拍卖政策未来走向的表态不是很明朗,容易遭到人们的质疑。早在2004年,上海市政府新闻发言人焦扬在回答众多记者提问时就曾表态,上海市并没有取消车牌额度拍卖的意向,不过也强调额度拍卖只是一种阶段性做法。2008年3月19日,上海市城市交通管理局副局长五一在上海市政府新闻发布会上透露,车牌额度拍卖只是过渡性政策,并不会一直延续下去,随着上海市公共交通不断优化完善,在整个交通状况有所缓解后,这种政策将会逐渐淡化淡出。这就意味着,如果是阶段性做法,那么应该会有结束的一天。①在两会上,人大代表也多次积极提议,希望上海市能取消车牌额度拍卖。在回应2010年初两会上人大代表蒋建华书面意见时,上海市发改委、交通港口局等部门明

① 搜狐新闻.上海私车牌照竞拍开始"淡出"　淡出时间未确定[EB/OL].[2008-03-31]. http://news.sohu.com/20080331/n255999193.shtml.

确表示,将适当增加机动车额度投放总量,研究详细的可替代方案,为现行额度拍卖适时退出做好准备。上海交通运输与港口管理局有关领导在一个论坛上明确表示,上海暂缓取消车牌额度拍卖,正是因为十多年来采取的额度拍卖政策减少了120万辆汽车,取得了很大成就。如果没有额度拍卖制度,被压抑的购车需求会很快释放,私车数量将突然间急增,那么缓解上海市交通状况的愿望就无法实现,城市道路交通状况会变得更加拥挤不堪。

(2)汽车企业及上下游产业。车牌额度拍卖政策对汽车产业的影响无疑是不利的。公共管制理论认为,虽然管制者和被管制者(企业或行业)各自的目标不同,但当他们长期共存时,在动态博弈中会各自调整自己的策略,所达成的均衡状态对双方而言都是最优的。此外,被管制者还会利用各种方法游说和影响政府和舆论,使政策制定朝着对企业和产业有利的方向发展,甚至产生管制俘获现象。在车牌额度拍卖政策中,汽车企业团体虽然没有达到同政府议价的程度,但是他们依然可以通过自己的方式来影响这项政策。为了谋求自身的发展,企业竞争客户资源,甚至会为各自的客户代理拍卖牌照。一些汽车经销商通过为购车者代拍车牌,相互间合谋来操纵车牌拍卖,并从中获取暴利,对拍卖政策产生了不利影响。

车牌额度拍卖变相增加了汽车的获得成本,延缓了汽车进入家庭的时间。事实上,高额的牌照费严重影响了上海汽车工业在本地的销售。车牌额度拍卖的价格不断趋高,也影响了上海消费者的购车取向,改变了汽车的消费结构,鼓励了中高档车的消费,并间接导致小排量汽车无法进入上海市场。在高企的车牌价格下,生产与消费的不和谐也日益凸显。根据上海经济信息中心的统计,2007年上海微型轿车的上牌量仅2 358辆,在所有车型中占的比重为1.7%,普及型轿车的上牌量占的比重为17%。站在上海的马路上,很难看到一辆挂着上海车牌的经济型轿车。[①]

(3)消费者。首先不妨对消费者进行细分,比如私人汽车的实际用户、潜在用户以及其他居民等。然后对各个群体的特征进行描述,包括相应的购车行为、牌照意愿、实际的牌照购买行为以及拥有牌照的费用,分析这些群体的增长趋势(见表3—1)。

通过简单的分析可以发现,车牌额度拍卖政策的绩效产生的机制在于政策会使一部分人取消购买私车的意愿,不妨称之为"被打压者";还有一部分人,政策使他们出现购买行为的转移,比如说选择了外地牌照,不妨称之为"转移者"或"流失

① 中国新闻网.上海车牌拍卖价格居高不下 百亿资金流向遭质疑[EB/OL].[2008-05-02].https://www.chinanews.com.cn/cj/kong/news/2008/05-02/1237181.shtml.

者"。如果被打压者的数量大于转移流失的人数,那么此时政策就是有效的,因为出现了购车人数下降的情况;相反,如果被打压者的数量小于转移流失的人数,即政策诱发人们使用外地牌照,那么就会出现道路更加拥堵的情况,政策处于失效状态。

表 3—1　　　　　　　　上海私车牌照拍卖政策的利益相关群体

类　型	群体描述	购车行为	意愿牌照类别	实际牌照类别	牌照花费	增长态势
私人汽车的实际用户	具有汽车支付能力,已经购买汽车	已经发生	上海牌照	上海牌照	昂贵	取决于牌照投放数量
			上海牌照	外地牌照	低廉	取决于牌照投放数量
			外地牌照	外地牌照	低廉	难以确定
私人汽车的潜在用户	具有汽车支付能力,尚未购买汽车	尚未发生	难以确定	难以确定	难以确定	难以确定
其他居民	没有汽车支付能力,不会购买汽车	不会发生	—	—	—	—

可见,对公共政策的利益相关者分析有助于发现政策的影响范围和作用对象,并识别政策系统的边界;对各个利益相关群体的态度、意向、对策和行为进行分析,也有助于找出限制性政策在实施过程中的障碍点和风险点,方便设计配套措施以改善政策的可接受度。利益相关者分析属于定性分析方法,适用于政策规划阶段以及初步评估阶段。

第三节　交通政策影响评价

管制政策在制定和实施过程中会产生多种影响,除了对利益相关者的损益进行分析之外,有时还需要阐述政策发生作用的机制,即弄清楚管制为什么会改变市场主体的行为决策,或者如果管制无法达成预定的目标,就需要探究其失效的原因。因此,开展政策影响评价有助于揭示管制作用发生的一般规律,以便于优化具体的管制策略,或对不同的管制方案进行比选。

一、政策影响的相关概念

政策影响(Policy Impact)是指为了实现一定的管理目标,政策部门采取一项

（或一系列）管理策略，由此政策作用对象（个人、群体或组织等）的行为和决策发生相应变化的过程。这些变化可以用政策效应（Effect）、政策产出（Output）和政策效果（Outcome）等维度的概念来衡量。评估政策影响的目的在于阐明政策作用的机制，即相关政策对于作用对象的微观行为产生什么样的影响，又如何在宏观上表现为政策效果，为评价政策绩效提供理论依据。

政策效应（Effect）是指由利益相关人行为变化所导致的短期、直接的政策响应或影响。政策效果（Outcome）是指宏观层面表现出的长期、直接或间接的政策响应或影响。政策产出（Output）是指在物质层面比较容易进行计算、加总和统计的直接政策响应或影响。有时为了方便管理，政策产出是由政绩导向的。政策影响评价主要关注的是政策效应和政策效果。

这里以地铁安检为例，说明如何识别政策或管理措施在不同层面带来的影响。地铁安检是一项保障地铁运行安全的强制性管理措施，可以从政策投入、管理过程（即政策效应层面）以及政策产出、结果以及影响力等维度分析其影响。

第一，政策投入。在我国部分大中城市，地铁处于常态化大客流状态，为了实现地铁安全运营的总体目标，防范携带违禁物品可能产生的风险和危害，管理部门投入资源，组织实施地铁客流的安全检查工作。在评估地铁安检产生的影响之前，需要了解安检的具体目标、投入要素、管理方式和组织流程等基础性问题。

第二，管理过程。安检过程会给乘客通行造成一定影响，也需要乘客的配合，了解管理过程有助于分析其对乘客施加的影响以及对乘客的行为响应。地铁安检的管理过程包括原则设定、组织架构、财政投入以及安检规则，还包括细则制定和组织实施等。对于安检所涉及的利益相关人，需要调查了解他们对地铁安检持有的态度和行为响应（遵从、违背或规避等）并进行详细分析。

第三，政策产出和结果。从形式上看，政策产出可以是综合检查的方式和频次，包括长效的管理措施、短期的临时抽检，还包括对安检查获的危险物品种类和数量进行统计等。安检降低了地铁运营安全的风险，但是有些种类的风险本身不太容易测量，有的产出结果也较为抽象，比如地铁出行安全性增加、安检服务质量提高、安检冲突减少以及乘客配合度提升等。

第四，就管理目标而言，还有一个更大的效果是地铁安全运营带来的影响力。比如完善地铁运营的长效管理机制、形成地铁安全的良好声誉、提升城市形象等，这些也是比较抽象的社会收益。

二、交通政策影响评价的必要性

交通管理中的管控措施一般具有公共政策的特征,因此可以借助公共政策分析方法来评估管控措施的影响和效果。这样做的理由有三个方面。

(一)引入公共政策作为调节交通外部性的工具

公共政策处理的是进入政府议程的社会问题,从交通问题的紧迫性来看,亟须通过公共政策进行引导和调整,政策实施后产生的影响以及达成的效果需要科学分析和持续评估。在人口密集的背景下,中国城市同时迎接城市化和机动化的双重挑战,所面临的社会问题比其他发达国家更为严峻。[①] 机动化和交通私有化不可避免地带来负外部性,使得人、车、路三方冲突尤其剧烈。这些冲突主要表现在以下几个方面:膨胀的私人交通过度占用公共道路资源,加剧了事故风险、尾气污染和噪声;私人机动车挤压了公共交通的路权,交通拥堵导致公交乘客时间成本增加,道路资源的公平性受到挑战;车辆乱停乱放,导致居住环境和市容变差等。交通是城市的命脉,交通畅通是经济社会发展的前提条件,因此运用公共政策工具治理交通外部性,有助于改善交通系统运行效率,保障经济社会可持续发展,提升人们在出行过程的获得感、幸福感和满意度,提高城市生活品质。

(二)实施效果需要综合评价自然系统和社会系统的变化

交通运输借助工具实现人与物的空间位移。交通系统由运输工具、道路设施和运输对象组成,既有"车辆""道路"和"场站"等自然系统,也有对出行者和运输企业组织管理的社会系统。对交通系统的研究可以从自然科学层面展开,引入数学、物理学、力学、系统科学等方法,对交通系统的状态进行描述和建模,以实现交通规划、系统优化和控制的目的。由于运输工具由交通的主体——人所需要、支配和掌控,道路设施也由人来决策和建设,因此交通系统涉及人的主观态度和行为决策的部分需要在以"人"为主体的社会系统层面展开。这其中就包含交通政策的分析和评价:通过综合考察道路路况的改善和出行行为的改变来分析和评价政策的影响和效果。

然而,在交通系统的研究中,自然系统和社会系统有时处于一种分离和割裂的状态。交通政策关注的是政府有所为和有所不为,以及政府决策给交通系统的市场主体(企业和消费者)带来的影响,因此需要结合自然系统和社会系统展开分析。当下我国城市交通所面临的状况是,一方面,国家对交通基础设施的投入持续增

---

① 仇保兴.推动城市公共交通跨越式发展[J].城市交通,2007,5(1):11-16.

长,私人机动车保有量快速增加;另一方面,交通外部性制约经济、社会和城市可持续发展。如何通过公共政策引导人们出行向绿色、可持续方式转变,优化交通系统,减缓外部效应,保障各收入阶层拥有平等的出行权,实现经济发展和社会公平正义的目标,在未来很长一段时间内将是城市交通管理的工作重点。

(三)采用结果导向与事实分析的评估路线

交通政策影响评价是从结果导向出发,为融合交通工程管理与出行需求管理提供一个全新的视角。它以实现政策目标为导向,通过收集交通路况和出行者行为的状态变量,对比分析政策实施前后的系统变化,为政策调整和创新提供理论支撑和实证依据。以交通政策影响评价为纽带,可以将原来割裂的"人""车""路"研究融合起来,同时以交通系统的状态变化作为政策反馈,增加政策制定的科学性,为交通管理提供政策创新工具。

交通研究中可以观测到"车""路"的状况以及"人"的行为,使得与交通相关的公共政策适合采用事实分析的评估路线。按照波滋曼和马瑟提出的公共政策"可评估性分析"原则[1],采用事实分析路径的理由有三个方面:第一,政府对交通基础设施的财政投入巨大且持续,建设成果直接改变交通系统状况,影响人民生活,政策执行与社会变化存在明显的因果关系。第二,交通政策的直接影响相比间接影响更为主要也更为显著:相关税费政策直接影响和改变人们出行模式和车辆消费方式。从长远来看,汽车产业政策甚至能改变社会价值取向。第三,不论是道路上车辆的运动还是人们的出行行为,这些相关信息资料容易采集,便于展开事实评价。因此,在价值中立的原则上,采用一系列实证与技术结合的方式,如应用统计学、成本收益分析、准实验设计、民意调查等方法,评估交通政策结果与政策目标的对应关系,验证政策的实际效果,符合公共政策评价的范式要求。

交通政策涉及的范围很广,大致可以分为三个方面:第一,与交通基础设施建设相关的融资政策;第二,公共交通政策,如公交优先、专用道、票价优惠和补贴等;第三,与出行行为相关的需求管理政策,如错时上下班、限购限行、停车收费和拥挤收费等。交通需求管理政策的显著特点是通过行政和经济手段改变私车消费和交通出行行为,实现缓解人、车、路三方冲突以及遏制和补偿交通负外部性的政策目标。因此,出行行为改变以及道路路况的改善,应作为交通政策绩效评价重要的观察点。在政策实施前后展开政策效果的对比和评价,有助于及时了解政策影响和明确政策方向;合理界定政策投入和收益,有助于政府科学决策,实现为民办实事和增进公共利益的管理目标。

---

① 高兴武. 公共政策评估:体系与过程[J]. 中国行政管理,2008,272(2):58—62.

三、交通政策影响评价的一般思路

作为公共政策的一个类别,交通政策的决策与实施对社会经济系统产生持续影响,可以改变系统原有的状态,达到推动交通事业发展、增进社会福利的目标。交通政策影响可以围绕"事件-机制-效应"等环节进行评价。

(一)政策事件

交通政策变迁必然会经历一系列复杂的历史事件,包括政策自身演进、上位政策及相关政策的变更、经济和金融危机、自然灾害与社会突发事件等,这些历史事件将对社会经济系统产生多重、持续的影响。社会经济系统对政策变迁的状态响应与一系列历史事件存在一定的相关性或因果性。在数据可得的前提下,可以通过计量和统计分析方法检验两者之间是否存在相关性或因果性,从而评估政策效果。[①]

(二)政策机制

政策机制是指政策体系中各要素之间的结构关系和运行方式,或者协调各个要素之间关系以更好地发挥政策作用的具体运行方式。与政策相关的历史事件对社会经济系统某一特定的宏观状态(如机动车拥有量)以及对政策作用对象(如居民购车和用车决策)的影响,可以表现为推动(动力)、阻碍(阻力)或无影响等。比如汽车产业政策推动了机动化进程,对机动车拥有量表现为动力机制;相反,对车牌额度实施管控(限购和限行),将增加持有和使用机动车的个人成本,减缓机动车总量的增速,由此表现为阻力机制。

(三)政策效应

政策影响有长期和短期、直接和间接、抽象和量化等多种形式,其中政策效应是指受政策影响的个人和组织的行为变化所导致的直接和短期响应。由于政策产出往往与可统计的数量有关,比如接受培训的人数,它确实是政策实施带来的直接变化,但这些数量并不能代表问题有了实质性改善或者政策目标已达成,因此政策产出有时并不是政策评估真正关心的对象。有的政策效果是潜在的和长期的,在政策影响评价的时间范围内难以观察和测量。相比政策效果和影响力等指标,政策效应比较容易识别和统计,因此在政策影响分析中经常采用政策效应的相关变量。

---

① 冯苏苇. 从事件历史研究上海私车额度拍卖政策绩效[J]. 力学与实践,2015,37(3):452-456.

（四）影响评价

我国大部分城市人口高度聚集，可供机动车使用的土地资源十分稀缺，这样的国情决定了私人小汽车发展必须遵循有序、可控的政策基调。根据不同历史发展阶段的社会、经济、城市和机动化发展目标，地方政府出台了一系列具体措施来控制机动车数量。这些措施体现为不同时期的政策事件，对机动车数量的影响表现为动力或阻力效果，即推动或减缓机动车数量的增长。如果将这些政策事件视为政策过程中的"作用力"，那么它们的总体效果直接影响了社会经济系统中的机动车数量及其增速。显然，可以建立机动车数量（或增速）与政策事件、社会经济系统的相关关系，并对其中是否存在因果关系进行统计检验，根据所标定的相关关系或因果关系来对政策效果做出分析、判断与评估。

（五）评估步骤

具体而言，采用"事件-机制-效应"等环节对政策影响进行评估时，可以分为以下四个步骤。

第一，梳理政策变迁中的政策问题及关键事件。不同时期政策问题的演化直接推动政策的变更，并通过特定的政策事件表现出来。初步分析政策问题及事件对社会经济系统的可能影响。

第二，分析政策变迁中的政策作用机制。正确识别政策作用对象有利于刻画政策作用机制，即政策通过什么方式和途径、对"谁"的行为决策产生了推动（动力）或阻碍（阻力）作用，最终改变社会经济系统的宏观状态。在汽车限购或限行政策中，政策作用对象为打算购买或正在使用汽车的居民，政策干预使得他们在拥有和使用机动车过程中行为决策发生了一定的改变，或者放弃购买，或者采用其他方式出行，宏观的变化是一段时间内机动车增速放缓或使用频次下降。这些变化往往是在一定社会经济背景下发生的，因此需要结合多种因素（人口、经济、收入、基础设施、公交服务等）及具体情况来考察。

第三，识别综合政策影响，如政策效应、政策产出、政策效果及影响力等。比如实施限购后，汽车增长速度放缓（政策产出），达到机动车总量可控的效果，以及树立机动化管理新范式、扩大城市影响力等。再比如实施拥挤收费或低排放区政策后，区域内机动车使用行为减少（政策产出），交通拥堵和空气污染缓解（政策效果），形成可复制、可推广经验（影响力）等。可进一步建立政策影响与政策事件、社会经济状况、机动车发展状况的对应关系，对其中可能存在的因果关系进行假设检验。

第四，评估政策效果。针对不同时期政策问题，对比预设的政策目标，选取恰当的指标体系,判断政策是否达到预期目标以及目标实现程度,分析政策事件的综合影响,并提出相关政策建议。

第四节 政策效应计量分析方法

公共政策的制定和执行会对社会经济系统产生一定的影响,通过比较政策实施前后系统状态所发生的变化,以评估政策是否实现既定的目标,即政策执行的有效性。这种比较意味着把"实际上发生了什么"与"如果没有实行该政策会发生什么"进行对比,并且设法排除非政策的影响因素所导致的一些变化。也就是说,要设法发现如果没有实施方案则会发生什么情况,以及将"有政策"和"无政策"两种情况进行比较,并将这两者之间的差别归因于政策方案本身,而不是社会同期内发生的其他变化所导致的结果。

将政策系统所发生的变化归因于政策自身,需要使用政策效应比较分析工具以及相关计量分析方法,本节将介绍一些主要的工具和方法。

一、政策效应比较分析工具

公共政策效应常用的分析方法主要来自统计学和经济学,这些分析工具相对比较完善,如"前-后"对比分析、"投射-实施"对比分析、"有-无"对比分析以及实验性对比分析等。

(一)"前-后"对比分析

"前-后"对比分析是对政策实施前后的状态进行比较,即比较同一情况在前后两个时间点上的不同结果:一种结果是实施方案前的,另一种结果是实施方案后的。通常只是针对目标群体进行检验和比对。

交通中客观存在大量的道路和路网信息,交通管理和控制措施往往以项目形式实施,这些都为"前-后"对比分析提供了便利条件。例如,在对交通管控措施改善效果的评估中选取某一种或几种交通观测值(如行程车速、交通流量、拥堵指数等),在项目实施的前后选取同一路段,采用假设检验,对观测值的均值差别是否显著进行统计检验,从而评估政策或措施实施取得的效果。

这种方法的优点是简单、方便、明了,缺点是不够精确和全面,很难判断所观察到的变化是实施方案直接带来的结果,还是源于同一时期内社会上发生的其他变化(比如偶发事件、社会变动等)。

(二)"投射-实施"对比分析

"投射-实施"对比分析在交通政策评价中相当常见,它将政策执行前的趋势线投射到政策执行后的某一时间点上,代表若无该政策的实施则此点会发生的情况,然后与政策执行后的实际情况进行对比,以确定政策的实际效果。比如地铁项目的开通使沿线的房地产价格上涨,可以考虑无地铁项目时该地区房地产价格可能的变化趋势并进行外推预测,两种情形的房地产价格差异就是预估的地铁建设的影响效果。

这种方法的优点是考虑到了非公共政策的影响,评价的结果更加精确。但该方法需要在政策启动前的一段时间内收集关于目标群体或社会状况的资料和数据,以便绘制出一条趋势发展线。因此,运用这种方法的难点在于如何详尽地收集政策执行前的相关资料和数据,并准确预测如果没有实施政策将会发生什么情况。

(三)"有-无"对比分析

"有-无"对比分析是将参与方案的客体与没有参与方案的客体进行比较,比如将有实施方案与没有实施方案的个体进行比较,或将实施方案的地区与没有实施方案的地区进行比较。

以地铁项目为例,将地铁沿线房地产价格上涨的区域作为研究对象,如果将没有地铁项目的区域作为对照组,并控制可能影响房产价格的因素,那么这两个"有地铁项目"和"无地铁项目"区域的房地产价格的差异,可以看作是修建地铁带来的变化。

这种方法的优点是容易理解和使用方便。但是,由于所考察的个体或客体之间存在着很多的差异,以至于很难将这些差别全部归因于政策方案。

(四)实验性对比分析

实验性对比分析也称为准实验设计,通过从目标人群中随机抽取两个可比较的群体,即一个实验群体与一个控制群体,将实验对象(采用政策)和控制对象(不采用政策)的前后结果进行比较,可以得到政策效果。如果实验群体的绩效明显优于控制群体,就说明政策是有效的。

实验性对比分析是在可控制的实验环境下,通过控制某些条件,观察实验对象和控制对象的行为,分析实验结果,为判断政策效应提供依据。它具有可控制性和可重复性的优点,但对实验条件要求较高、投入大,操作性较低。

二、政策效应计量分析方法

某个政策或事件可能实施或发生于某个国家、地区或城市,当评估其所产生的效应时,较为简单的方法是考察政策实施前后某些变量的时间序列,看所关心的结果如何变化。然而,这个结果还可能受其自身时间趋势的影响和其他政策或事件带来的综合影响,为此,经常采用"反事实框架",即假设该地区如果未受到政策干预将会如何变化。这一方法的困难之处在于"无政策"假设对应的状态是无法观测的。因此,采用适当的计量分析方法,不但可以解释政策系统中各个变量之间的相互联系,而且借助"反事实框架",还能确定政策与系统状态之间的因果关系,从而评价各种不同的措施对政策目标的影响。将政策因素设为虚拟变量,对应于政策发生变化前后或有无实施政策的地区,通过检验政策变量的回归系数,可以分析政策因素对目标的影响。常用的计量经济学方法包括多元回归分析、工具变量法、双重差分法、断点回归法、倾向得分匹配法等,这里限于篇幅,简要介绍本书中所涉及的双重差分法、合成控制法和结构向量自回归模型。

（一）双重差分法

双重差分法也称为倍差法或差中差(Differnce in Difference,简称 DID),最早由阿申菲尔特(Ashenfelter,1978)引入经济学,国内于 2005 年开始推广使用(周黎安和陈烨,2005)。它是政策分析和工程评估中广为使用的一种计量经济方法,采用混合截面数据评价某一事件或政策的影响程度。它具有直观清晰、易于理解、实际操作难度较低、上手简单等特点而被广为应用。

该方法的原理非常简单,它通过对比实验组和控制组之间的反事实状态来分析因果效应,通常包含冲击事件(政策)、实验组、控制组和时期等要素。它要求数据期至少有两期(政策前和政策后),所有的样本分为实验组和控制组两类。其中,实验组在第一期没有受到政策影响,此后政策开始实施,在第二期出现政策实施后的结果;而控制组由于一直没有受政策干预,因此在第一期和第二期都没有出现政策干预的结果。双重差分方法的测算也非常简单,两次差分的效应就是政策效应。

双重差分法基本思路是通过一个反事实框架来评估政策冲击"发生"与"不发生"两种情况下处理结果(因变量)的变化,因果效应是否存在需要通过比较处理组的"接受处理"与"不接受处理"两种状态得出。在现实中,当政策冲击发生后,如果仅能观察到实验组受到冲击后的情况,就无法真正知晓其未受冲击的情况。在双重差分法中,控制组提供了一个可供研究的反事实,即可将未受到处理的控制组在观察时期内的"变化",使其近似于实验组倘若未受到冲击时发生的变化。从实验组前后时期的变化中减去控制组前后时期的变化,即可得到因果效应。

具体做法是通过构造交互项来识别政策冲击对受影响个体(实验组)的平均处理效应。其经典构造可以表示为如下形式:

$$Y_{it}=\alpha+\delta D_i+\lambda T_t+\beta(D_i\times T_t)+\varepsilon_{it} \tag{3-1}$$

式中,Y_{it} 为结果变量(因变量),D_i 为政策分组的虚拟变量,T_t 为政策时期的虚拟变量,$D_i\times T_t$ 为两者交互项,α、λ 和 β 为各项系数,ε_{it} 为随机误差项。

对公式 3-1 取条件期望后,可得到表 3-2 所示的估计效应,其中 β 表示所关注的因果效应。将个体 i 在时期 t 接受处理记为 $D_{it}=1$,未接受处理记为 $D_{it}=0$。将在实验组接受处理前的时期记为 $T=0$,处理后的时期记为 $T=1$。其中,对实验组个体有 $D_{i1}=1$,对控制组个体有 $D_{i0}=0$。双重差分处理效应(即因果效应)可写为:

$$\beta=[E(Y|D=1,T=1)-E(Y|D=1,T=0)]-[E(Y|D=0,T=1)$$
$$-E(Y|D=0,T=0)]$$

第一个中括号内为实验组前后时期的差分效应,第二个中括号内为控制组前后时期的差分效应,两个一次差分再相减后,得到处理效应系数 β。

表 3-2 双重差分法的估计效应

$E(Y|D,T)$	$T=0$	$T=1$	Δ
$D=0$	α	$\alpha+\lambda$	λ
$D=1$	$\alpha+\delta$	$\alpha+\delta+\lambda+\beta$	$\lambda+\beta$
Δ	δ	$\delta+\beta$	β

在实际应用中,双重差分法经常与面板数据联系起来使用,此时多采用双向固定效应模型,因此双重差分法有时可表述为如下形式:

$$Y_{it}=\alpha+\beta(D_i\times T_t)+\mu_i+\gamma_t+\varepsilon_{it} \tag{3-2}$$

式中,μ_i、γ_t 分别为个体固定效应和时间固定效应。如果在回归方程中加入个体虚拟变量和时间虚拟变量,则可以控制个体固定效应和时间固定效应,而此时如果再放入实验组的虚拟变量就会带来多重共线性。$\mu_i+\gamma_t$ 是对个体层面和每期时间的控制,比原本模型中的政策分组虚拟变量 D_i(控制至组别层面)和政策时间虚拟变量 T_t(控制处理期前后的效应)更为精细,包含了更多的信息。此外,改进的方法如交错双重差分法、广义双重差分法、队列双重差分法、模糊双重差分法和三重差分

法等也适用于更复杂的政策情境。^①

　　双重差分法隐含着"准自然实验"思想，并不严格要求实验组与控制组之间满足随机分组条件，而在"随机分组"条件下，结果变量的变动趋势独立于政策冲击，假使实验组与控制组满足随机分组原则，这样就近似于随机对照试验，实验组与控制组的结果对比便是处理效应，无须再使用双重差分法。作为放松随机分组的替代条件，双重差分法要求在没有干预或处理（政策实施之前）情况下实验组和控制组的结果随时间变化的趋势相同，即"平行趋势假设"（Parallel Trend Assumption）或"共同趋势假设"（Common Trend Assumption），这意味着如果实验组的个体未接受干预或冲击，则其结果的变动趋势与控制组相同。也就是说，处理组和对照组在政策实施之前必须具有相同的发展趋势。为了保证双向固定效应为一致估计量（Consist Estimator），双重差分法还要求暂时性冲击与政策虚拟变量不相关，但是允许个体固定效应与政策虚拟变量相关，也允许根据个体特征进行选择，只要此特征不随时间而变。这些假设可以部分缓解因"选择偏差"（Selection Bias）而导致的内生性（Endogeneity）。^②

　　双重差分法应用最多的场景是评估政策效应，对于制度背景的清晰梳理和政策实施情况的观察是政策评价的基础性工作。一项政策可能发布了却没有得到很好的实施，也可能受政策影响的个体采取规避行动而影响政策实施的效果，如果评估者没有很好地厘清这些制度背景和政策实施情况，就不可能准确地评估政策效应，甚至可能得到误导性结论。

　　双重差分法广泛应用于各类公共政策的评估，然而政策有效性并不能通过简单的计量分析来综合判断。也就是说，如果采用双重差分法，通过因果关系的计量识别，判断政策效应符合预期，并不意味着政策达到了初始目标或者政策本身就是有效的。评估政策效应整体上是否符合预期或者政策是否有效，需要从更广泛、更多元的角度，运用社会成本收益分析、利益相关人分析以及政策影响分析等方法从整体上对政策效果进行综合评价。

　　（二）合成控制法

　　由于研究对象无法同时处于"有政策"和"无政策"状态，即反事实无法观测，通常的解决办法是寻找适当的控制组。假设把某些实施限行或限购政策的城市作为

————————

　　① 黄炜,张子尧,刘安然. 从双重差分法到事件研究法[EB/OL]. [2021-12-31]. https://mp. weixin. qq. com/s/SAuGIu5PFTwi4wrmZd-7lQ.

　　② 计量经济学服务中心. 双重差分及三重差分(倍差法)汇总(一)[EB/OL]. [2020-01-13]. https://mp. weixin. qq. com/s/MXd6GPJJULJbn3GBeRG-vw.

处理组,就需要寻找另外一些地区(城市)作为处理组的反事实替身(也称控制组),这些地区(城市)各方面都与受干预地区(城市)相似却未受干预。但依照现实情况找到这种控制组也是相当困难的。

为了解决控制组选择的难题,Abadie 和 Gardeazabal(2003)提出了合成控制法,基本思想可以表述为:当观察单位是少量的总体实体时,未受影响的个体的组合往往比任何单独的未受影响的个体提供了更合适的比较。例如,想要考察北京实施某项政策的效果,可以选择上海、广州、深圳等地作为控制组,即使它们和北京一样实施了同样的政策,但实际上它们与北京也不尽相同。虽然无法找到最佳控制地区,但通常可以对中国若干大城市进行适当的线性拟合,构造一个"合成控制地区",并将真实北京和"合成北京"进行对比。

合成控制法具体的做法如下:尽管控制组中的任何个体与干预组都不相似,但是通过为每个控制组个体赋予一个权重,加权平均后可构造出一个合成的控制组。权重的选择使得合成控制组的行为与干预组政策干预之前的行为非常相似,故合成控制组事后的结果可以作为干预组个体的反事实结果,干预组和合成控制组事后结果的差异就是政策干预的影响。

合成控制法类似于双重差分法,某一时刻起一项政策影响了干预组,但对控制组个体没有产生影响。也就是说,事前两组个体均没有受到政策的影响,而事后只有干预组个体受到政策的影响。双重差分和合成控制法的区别在于合成控制法的干预组只有一个个体。

假设有 $n+1$ 个地区,其中第 1 个地区为受到政策影响的地区,可视为处理组;另外 n 个地区为未受到政策影响的地区,即为潜在控制组。

这里潜在的假设是,政策效应仅影响处理组而不会波及潜在控制组。将潜在控制组的权重设为:

$$\omega = (\omega_2, \cdots, \omega_{n+1})'$$

对潜在控制组可以设置不同的权重来构成"合成控制地区"。从中可以看出,权重的选取是合成控制法中最为重要的一环,只有潜在控制组能够较好地拟合"真实地区"时,该研究方法的结果才具有意义。需要选择权重 ω,使得 $X_0\omega$ 尽可能接近 x_1,并且经过加权后,合成控制地区的经济特征需要尽量接近处理地区。为了度量此距离,可使用二次型(类似欧几里得空间中两点之间的距离)。由于 x_1 中的每个预测变量对于 y 的预测能力大小不同,应在距离函数中赋予不同的权重,故考虑以下有约束最小化问题:

$$\min_{\omega}(x_1 - X_0\omega)'V(x_1 - X_0\omega)$$

$$s.t. \omega_j \geqslant 0, j = 2, \cdots, J+1; \sum_{j=2}^{J+1} \omega_j = 1$$

式中,V 为 $k \times k$ 维对角矩阵,对角线元素均为非负权重,反映了相应的预测变量对于 y 的相对重要性。此最小化问题的目标函数是二次函数,为"二元规划"问题,一般进行数值求解。记此约束最小化问题的最优解为 $\omega^*(V)$。显然,它依赖于对角矩阵 V。最终拟合效果可通过合成趋势图和真实趋势图的对比来观测。[①]

结果的稳健性可以采用安慰剂检验(或证伪检验)。随机从控制组中抽出一个个体作为伪干预组,然后使用同样的合成控制法去评估政策效应,如果发现结果类似于利用真实干预组得到的政策效应,则说明这一效应可能不是政策干预的影响,而是其他因素造成的。

在利用合成控制法进行比较研究中,一般个体数不会太多,为了检验合成控制法得到的参数估计是否显著,原假设设定为政策效应不显著,即假设政策干预对个体没有因果影响,将干预组个体放到控制组个体中,随机抽出一个个体,利用合成控制法估计出相应的政策效应,这样,对应于 n 个控制组个体,就会得到 n 个相应的政策效应估计,从而可以得到政策效应估计的一个具体分布,然后检验估计的干预组个体因果效应在整个分布中所在的位置。如果处于分布的尾部,则可以拒绝没有政策影响的原假设,从而说明估计是显著的;如果发现估计的政策效应参数在整个精确分布的中间位置,则意味着随机抽取一个个体作为干预组就可大概率得到观测的因果效应,无法拒绝原假设,估计的因果效应不显著。

(三)结构向量自回归模型

20 世纪 80 年代,经济学家采用传统的联立方程模型来描述经济系统的变化,这些结构模型包含多个联立方程组,能够很好地反映样本的情况,但是对样本外的数据预测能力很弱,而且需要附加很多约束条件来识别结构方程组。[②] 为了克服这一问题,克里斯托弗·西姆斯(Christopher Sims)在 1980 年提出向量自回归模型(Vector Autoregression,简称 VAR)。[③] VAR 是自回归模型(Autoregression,简称 AR)的推广,并逐渐成为一种常用的计量经济模型,被广泛应用于描述宏观经济结构、宏观经济预测以及为决策者提供建议。

VAR 是一个多方程、多变量系统,其中内生变量设定为其自身滞后值以及其他内生变量滞后值的线性函数。在最简单的形式(称为简化形式 VAR)中,向量 Y_t

---

① 具体过程可参考:https://mp. weixin. qq. com/s/9TmsgLfo6AZMJrGDezGZhg。

② 陈强. 高级计量经济学及 Stata 应用[M]. 北京:高等教育出版社,2014:493.

③ Stock J H,Watson M W. Vector Autoregression[J]. *The Journal of Economic Perspectives*,2001,15(4):101—115.

取决于其 p 阶滞后值：

$$Y_t = \alpha_0 + A_1 Y_{t-1} + A_2 Y_{t-2} + \cdots + A_p Y_{t-p} + \varepsilon_t \qquad (3-3)$$

式中，时间 t 是 k 维的常数向量，A_1 到 A_p 是 $k \times k$ 维的参数矩阵，误差项 ε_t 是 Y_t 中未解释冲击的向量，满足以下条件：$E(\varepsilon_t) = 0$，$E(\varepsilon_t \varepsilon'_t) = \Sigma$，$E(\varepsilon_t \varepsilon'_s) = 0$，对于所有 $s \neq t$。

由于简化形式 VAR 没有明确体现变量间的结构性关系，其脉冲响应函数不是唯一的，也不包含变量之间的当期影响，经济学家试图在 VAR 模型中重新引入"结构"，即反映变量之间的当期影响或即时变化关系，这种改进模型被称为结构向量自回归(Structural VAR，简称 SVAR)模型(Sims，1981，1986)。

结构向量自回归模型是一个线性方程组，可以捕捉系统内各个变量之间即时(Instantaneous)的结构性关系，其中所有的内生变量被设定为自身和其他内生变量滞后值的线性函数，用来估计联合内生变量的动态关系，而不带有任何事先约束条件。而如果仅仅建立一个 VAR 模型，那么这样的结构关联性就会被转移到随机扰动向量的方差-协方差矩阵中了。

SVAR 的形式与公式 3-3 类似，但允许简化式扰动项 ε_t 存在同期相关，经变换后形成服从多维正态分布的结构扰动项。为了估计 SVAR 模型，需要进行带约束条件的最大似然估计，也可借助 SVAR 软件工具包进行求解。一般来说，应从经济理论或对简化形式 VAR 的估计结果出发来设置约束条件。常见的约束条件设置方法包括乔利斯基约束(Cholesky Restrictions)、短期约束(Short-Run Restrictions)和长期约束(Long-Run Restrictions)等。

机动车拥有权管制规范分析

规范,就是描述事物应该是一个什么样的状态,以观察者的观点做评价。规范分析涉及已有的事物现象,是根据公认的价值标准对经济和社会运行中应该具有的规律和结果进行阐述和说明,即一般社会是如何研究和处理这类问题的。它会对事物运行状态做出是非曲直的主观价值判断,力求回答"事物的本质应该是什么"。与之相对应的是实证分析法,实证就是客观描述事物存在的一个状态,而不做任何主观的评价,只给出一个对客观规律的描述过程。本章从管制必要性、政策演化的动力-阻力机制、政策效应分析、政策合法性以及额度配置方式比较等角度对机动车拥有权管制的规律和结果进行阐述。

第一节 管制必要性分析

市场失灵有多种表现,如自然垄断、外部性、内部性、公共产品、信息不对称、偏好不合理等。这些市场失灵的症候为政府干预市场提供了理由。交通运输市场包括多种交通方式,如公路、铁路和航空等,这些行业大多依靠设施网络运营,如公路网、铁路网和机场网络等。设施网络所具有的自然垄断属性导致市场竞争不充分,也成为政府管制交通运输行业的重要理由。公共管制理论包括经济性管制、社会性管制和反垄断等内容,相关理论在交通运输行业的管制实践中有所体现,例如运输服务产品的价格和质量管制、限行与限购、运输行业平台经济反垄断等。大多数时候经济性管制和反垄断处理的是政府与企业(行业)的关系,而社会性管制处理的是政府与个体消费者以及社会组织的关系。在交通运输领域,政府还会对社会活动中的个人和组织的决策和行为进行干预,尤其当这些行为具有负外部效应时,这类干预属于社会性管制的范畴。社会性管制往往具有跨领域的特征,所针对的问题边界宽泛,涉及的主体多元,比如环境污染,不但有政府对企业行为的限制,还包括政府与个人、政府与社会组织的互动关系,因此在分析时会更为复杂。

在交通运输行业,政府及相关管理机构为达到某种特定目的(如缓解交通拥挤、维持运行安全、降低尾气排放、保障路权公平等),通过一定的法令、规则和标准,对市场和社会中的各种组织和个人的交通供给和需求决策进行引导和干预。本质上,这种管制活动是政府部门在经济调节、社会管理、公共服务等职能之外,在交通管理领域行使管制职能的过程。交通运输行业的管制范畴包括交通活动参与者(个人和企业)及运载工具应遵循的准入、价格、服务质量、安全保障等相关的法令、规则和标准等。

交通运输领域的经济性管制关注政府与企业的关系,政府依据市场失灵的状况对企业的生产决策进行干预。在特定种类的出行市场中,规制会根据市场特征以及可能存在的运营风险来制定具体规则。例如,出租车服务具有流动经营、随机服务、点垄断、交易成本高、时空约束、非自由交易、选择受限等特征,使得市场自由竞争机制不能有效发挥作用,存在特殊的市场失灵现象,因此在准入(司机、车辆和企业)、数量、价格、服务质量、安全等方面管理部门会采取相应的管制措施。

交通运输领域也存在社会性管制,核心议题是政府如何干预个人和组织的交通行为决策。机动化产生的市场失灵问题是政府干预个人(或组织)拥有和使用机动车的主要理由。干预的理由可以概括为三个方面:非理性决策(私人成本与社会成本存在差异)、负外部性(交通拥堵、尾气、事故和空间占用等)以及信息不对称(公共信息与私人信息的差异)。具体论述如下:

(1)非理性决策。人们进行消费决策时,如果个人(或企业)成本小于社会成本,则市场机制将导致产品被过多生产和使用。购车决策时人们所感知的个人成本如燃油、车辆折旧、通行费、停车费和时间成本等,与实际的社会成本如空间占用、拥堵、事故、污染、能源依赖和全球暖化等之间存在着差异,这种决策的非理性会导致私人小汽车被过度消费。过度消费所产生的外部影响一般具有成本函数的特性,即随消费水平增加而呈递增趋势。因此,对于机动车拥有环节,个人非理性决策会引发过度消费行为,由此产生机动车使用环节的多种负外部性。

(2)负外部性。市场的本质是竞争,价格反映了商品制造和流通的成本,但有时缺乏有效的传导机制,价格并不能包含所有的外部成本。当商品生产、制造、流通和消费等环节对市场外部产生一定影响时,就会出现外部性问题。当一个人的行动影响或损害了旁人的福利,而又没有对这种影响或损害给予补偿或赔偿时,负外部性就产生了。汽车的使用与拥有是两种密切相关的决策行为,当人们决定购买汽车时,没有考虑可能对环境和社会产生的一系列外部影响。此时,市场的行为或结果影响了市场中除买卖双方以外的人,它的实质是个人(或企业)不必完全承担其决策成本,或不能充分享有其决策收益,即成本或收益不能完全被市场内生化,从而产生了失灵现象。外部性降低了市场效率,结果是有人因此而遭受损失,社会总福利无法实现最大化。

(3)信息不对称。信息失灵在交通领域普遍存在,包括信息不充分和信息不对称。例如:额度拍卖时竞拍者无法了解其他人的投标信息,产生了决策信息的不充分;居民购买汽车之前无法获得社区或周边地区空闲停车位的有效信息,买车后出现停车难问题;由于缺乏相关信息和知识,居民也无法正确估算拥有汽车的全部成本(个人成本和社会成本),以此进行理性决策。此外,汽车的拥有和使用均会占用公共空间,而公共空间的供给和管理传统上由政府主导,城市规划、道路建设、停车场供给等事务缺乏公众参与过程,相关信息相对不公开、不透明,个人要获得这些公共信息必须付出一定的搜寻成本。这就造成在拥有和使用机动车的过程中个人信息与公共信息不对称、不充分的状况,导致资源配置无法达到帕累托最优状态。

公共管制作为行政机构依据法律对市场和社会行为进行监督、管理与规范的一种制度安排,具有较典型的公共产品属性。一方面,市场与社会有其自身运行规律,在不出现偏差的情况下,并不需要政府特别进行干预。另一方面,市场与社会总是或多或少存在失灵现象,使得不同体制环境下政府干预市场与社会成为一种普遍做法,管制成为经济社会系统的一个内生变量,而管制安排的收益也具有非排他性。在此情形下,政府和管理部门通过一定的法令、规则和标准,对市场和社会微观主体的决策行为进行干预,以实现社会福利最大化。管制是政府对市场失灵和社会失灵现象的回应,管制关系反映了政府、市场与社会的互动关系。

第二节　政策演化的动力-阻力机制

规制一旦确立就会以法律、规章和标准等形式存在,虽然市场和社会状况一直在发生变化,但管制者并不总是有意识去调整法律和规则,使之适应变化的外部环境。管制政策需要一些内部和外部因素去促成其更新和变革,因此探索管制更新的动力和阻力机制,分析规制演化的动因和条件,有助于揭示管制政策发生和发展的内在规律。

多源流理论从问题、政策和政治三种要素出发,描述如何通过政策议程将政策问题纳入政治或政策机构实施行动计划的过程中。当问题、政策和政治三种源流交汇时,政策之窗得以开启,规制的更新和变迁由此达成。因此,多源流理论从内涵上丰富了政策发生、发展和演化的内在机制。

如果一种新的规制能实现预期目标,并形成示范效应,那么各地区之间的学习和交流就可以使得这种做法不断传播和扩散。我国城市的机动车拥有权管制最早在上海和北京实施,随后经过广州的创新实践,相关做法和经验被后续实施管制的城市采纳。引入政策扩散理论有助于阐释管制性政策传播、模仿和学习的过程。

得益于我国城市机动车管理的实践和创新,不少城市在限制性交通需求管理政策方面取得了丰硕的成果。如果把这些城市作为研究对象,就可以更好地探索机动车拥有权管制政策发生发展的一般性规律。本节将运用规制演化的动力-阻力机制理论、多源流理论和政策扩散理论来分析机动车拥有权管制的内在演化规律。

一、动力-阻力机制

规制是对市场失灵和社会问题的回应,判断规制加强或放松的依据是公共问题的严重程度及其产生的社会成本。分析机动车拥有权管制的演化规律,离不开对机动化水平及其影响因素的观察和描述。不妨将城市机动化水平作为政策系统的状态变量,以观察管制措施在其中是如何发挥限制性作用的。

随着我国汽车产业的发展,机动化给经济社会带来了一系列深刻的外部影响,改变了交通政策的发展进程。一些城市采取管制措施,在私人机动车的购买和使用环节进行干预,使政府和市场的关系发生了根本性改变,政策系统在这些干预措施下也随之发生了变化。

机动化推进的过程伴随着规制的更迭,政策系统中既包括汽车产业扶持政策,也有对居民出行方式和消费行为的引导性政策。在政策系统中,并不是所有的政策都具有单一的作用方向,有的政策会促进一个城市的机动化发展,有的政策则会放缓机动化的增速。

在机动化发展过程中动力与阻力因素并存,这些因素冲突碰撞之后形成了新的利益格局。影响城市机动化水平发展的动力因素包括城镇化、机动化和经济增长等,阻力因素包括空间约束、成本上升和规制加强等。

(一)动力机制

从机动化发展的动力机制来看,第一,大中城市吸引人口流动和增长,为机动车购买力提供了人口基数。城镇化进程促使流动人口持续向大中城市聚集,伴随流动人口"市民化"过程,与城市人口相关的基本公共服务(住房、教育、医疗、交通等)供给水平随之增加,保障全民基本出行权利的公共交通系统建设不断完善,大中城市的就业与发展机遇吸引人才单向流动,新中产阶级成为汽车主要消费群体。

第二,机动化进程使大中城市汽车拥有量不断攀升,汽车的拥有和使用水平逐年提高,逐渐逼近城市的机动车容量上限。与此同时,私人机动化消耗了大量空间资源,产生了高昂的社会成本,增加了城市管理的复杂度,由此为出台限制性政策提供了机会。2016 年以来,随着平台经济的兴起,网约车改变了个体机动化服务的市场格局,间接推动了私人机动化发展。

第三,经济持续增长使居民生活质量改善,机动化出行带来的便利使居民对汽车需求上升,可支配收入增加使居民购买力增强。在汽车限购的城市,申请额度的市民人数不断增加,车牌拍卖价格持续上涨。在一些城市,由于新能源汽车不限购,申请人数大幅增加,分流了部分购车需求。汽车和车牌需求群体扩大,需求趋于刚性,这部分人群支付意愿高、支付能力强。

(二)阻力机制

从机动化的阻力机制来看,第一,大城市建成区密度高,存在较大的空间约束,设施和道路供给远远跟不上机动化需求增长。公交建设受制于财政预算软约束,公交服务则对市场变化的回应性较弱。信息化、停车设施等技术进步释放了一定空间和容量,但彻底解决城市空间矛盾的根本性技术突破尚未出现。

第二,随着停车难、上路堵现象加剧,机动车拥有和使用的直接和间接成本不断上升,尤其是高密度社区内机动车数量趋于饱和、公共空间局促,汽车在社区内使用和停放过程中容易与慢行方式产生冲突和摩擦,购车成本高而效用降低(比如汽车停放而不使用),动摇了部分市民的购车意愿。

第三,新加坡、日本东京和中国香港等亚洲高密度城市与中国内地有较好的可比性,这些城市机动化管理经验不断传播、扩散,越来越多国内城市认识到,机动化带来的负外部性应尽早规划、尽快治理。随着市民的公共理性提升和认识趋同,一些城市对机动车拥有和使用的规制措施陆续出台并不断加强,形成可复制、可推广的管理经验和地方特色。

二、管制政策出台的动因分析

机动化进程的发展受到诸多动力和阻力因素的影响,在动力和阻力交互作用下,不同城市在资源禀赋条件约束下,机动化进程呈现出迥异的结果。一些城市机动化保有量持续增长,超出城市空间所能承受的水平,机动车发展与空间资源约束之间的矛盾外化为交通拥堵、时间延误、空气污染、增长放缓等症候,交通外部性成为制约城市经济和环境可持续发展的瓶颈。另一些城市从战略规划角度对空间资源的合理利用做出前瞻性布局,较早开始实施小汽车拥有和使用环节的限制性政策,使其交通结构有了优化调整空间,形成以公交为主导的城市交通发展模式。

我国城市对机动车拥有权的管制可以追溯到 20 世纪 80 年代中期,这种对个人或单位车辆购买行为的限制性措施有着特殊的历史原因和特定的社会经济背景,迄今已有多个省市实施限购政策。这里结合多个省市的具体实践,对管制政策出台的背景和动因进行分析。

(一)道路建设逐步放缓与交通需求不断增长之间的供需矛盾突出

一方面,随着汽车产业的发展,轿车进入家庭,道路交通供需矛盾日益突出,优先发展公共交通,合理管控机动化出行需求,成为我国一些城市阶段性管理目标。经济社会转型发展带来交通需求的持续增长,在很多城市,机动化出行率和出行距离不断增加,机动化出行总量快速上升。然而,经过几十年持续大规模的交通基础设施建设,道路面积和长度增速放缓,设施扩容潜力有限。随着土地资源的日益紧缺,交通基础设施建设面临空间资源约束的困境,道路交通发展转向以"存量优化"为主的阶段。

另一方面,拥有和使用小汽车的外部成本持续增长,道路运行、环境排放等面临严峻挑战。以深圳市为例,2014年实施限购政策之前,在交通供给方面,深圳市道路建设持续放缓,2007—2014年年均增速仅为1.5%,人均道路里程维持在6公里/万人左右。在交通需求方面,小汽车出行量持续增长,2007—2014年年均增速为11.2%。在道路运行方面,拥堵和排放问题尤为突出,2011—2014年中心城区拥堵时长由24分钟增至50分钟,早晚高峰部分路段拥堵时长达到2～3小时;2014年日均道路机动车PM2.5排放占本地排放源的41%。不单是深圳市遭遇这些交通问题和挑战,同一时期的其他城市也陷入了机动化发展的僵局。严峻的外部性问题使这些城市开始反思以小汽车为导向的交通发展模式,并在机动车拥有环节上采取限制性措施。

(二)城市交通发展战略将需求调控作为核心战略

经过三十余年的发展,我国很多大中城市初步建成了现代化综合交通系统,为经济社会的快速发展发挥了至关重要的作用。经济社会转型发展、产业价值提高带来了人口结构变化,现代服务业等高端产业领域的从业人口数量进一步增加,常住人口比例持续提高。同时,都市区一体化进程加快,城市空间范围不断扩展,居民日均机动化出行次数大幅增长,客运交通需求向中心区和主要交通走廊进一步集聚,城市交通发展面临新的机遇和挑战。这些以需求调控为核心战略的政策制定,其特征表现在两个方面:

第一,新时期大中城市交通发展的核心战略选择聚焦于加快转变交通发展方式,科学制定交通需求管理措施。随着城市定位的提升,上海、北京、深圳等城市以交通白皮书、交通发展纲要等形式对城市交通发展提出了更高的要求。交通白皮书是地方政府推进交通发展的指导性文件,也是全社会共同营造和谐交通环境的行动指南。

上海是最早发布交通白皮书的中国城市。2002年,《上海市交通发展白皮书》提出采用经济手段在机动车拥有和使用环节进行干预。其中,第9.6条规定:对机动车的各种上牌政策实行并轨,主要采取经济手段,根据道路通行能力和交通结构确定每年上牌额度;第15.27条规定:从提高道路畅通性和促进公共交通发展的目的出发,应当采用经济手段和行政管理相结合的办法,调节车流的区域分布,改善拥挤道路的行车条件,提高道路畅通性。2013年,《上海市交通发展白皮书》(修订版)确立了构筑国际大都市一体化交通,加快建成国际海空枢纽城市的总体目标,提出安全、畅达、高效、绿色和文明等方面的发展指标,重点完善小客车额度拍卖政策与既有政策的衔接、加强新城公共交通体系建设、提升公共交通服务水平、延续限行的摩托车管控政策等市民反馈意见较多的条款。

2005年,《北京交通发展纲要(2004—2020年)》发布,明确提出北京未来交通的发展方向,突出人性化和个性化,合理分配和使用交通资源,实现智能化管理。十年之后,新修订出台的《北京交通发展纲要(2014—2030年)》旨在提升综合交通规划在城市总体规划中的地位,促使交通与城市发展的关系由被动适应转变为主动引导,推动中心城低排放区交通拥堵收费方案的实施。

作为深圳交通发展的纲领性文件,《深圳市城市交通白皮书》(2012年版)提出"需求调控"交通核心战略,其管理思路是"利用经济杠杆、出行管理和宣传倡导等综合手段加强对机动车使用的合理引导"。深圳的交通发展战略旨在以"调结构"为核心任务,着力优化交通出行结构。

第二,在交通发展战略的指引下,大中城市综合运用行政、市场、社会等多种手段,逐步建立了机动化交通需求管理政策体系。政策制定优先考虑经济手段,必要时采用行政手段,并充分发挥正向激励措施的作用。以深圳为例,深圳机动化交通需求管理政策分为两个阶段。第一阶段,2005年至2011年,深圳处于城市空间快速发展阶段,交通需求总量和小汽车保有量同步快速增长,城市交通系统面临严峻挑战。在此背景下,《深圳市城市整体交通规划》(2005年版)提出费用"用者自付"政策。政策以停车为核心抓手,制定分区差异化的停车配建指标体系,又构建分区差异化的停车收费体系,并大幅提升停车收费标准。政策实施延缓了中心片区交通流量增长,也对部分未购置机动车市民的购买需求产生了影响。第二阶段,2012年以来,随着城市发展定位提升,城市空间结构面临优化调整,小汽车持续增长和交通环境问题凸显。深圳在其白皮书中把需求调控作为四大核心战略之一,并在十大发展策略中提出引导车辆使用的发展策略。

（三）多种方式协同发力,政策调控转向新增车辆

交通需求管理有多种策略,不同策略实施的社会经济和政治障碍有所不同。有的城市在尝试实施交通需求管理政策时,由于一些激进的策略使实施受阻,转而实施较为温和且有先例的机动车增量调控策略。

这里以深圳为例。2014 年 8 月,为进一步强化经济手段对小汽车出行需求的调节作用,深圳出台《深圳市交通拥堵治理方案》,拟通过征收"停车调节费"提高用车成本的方式来限制汽车使用需求。该方案提出,停车调节费属于政府行政事业性收费,收取主体为政府,收费对象为非住宅类的经营性停车场停放的小汽车。8 月 21 日和 10 月 23 日,深圳为征收路外停车场停车调节费召开两次听证会,绝大多数代表对征收"停车调节费"持反对意见。[1] 同时,国家有关部门下发文件,对未列入国家、省两级目录管理的行政事业性收费,公民、法人和其他组织有权拒绝缴纳。因此,路外停车调节费还不具备落地实施的条件。[2]

与此同时,为有效减缓小汽车增长速度、遏制交通恶化,部分城市率先实施小汽车增量调控管理政策,为其他城市提供了学习借鉴的经验。2014 年前后,国内多个地区遭遇严重的空气污染,随后 2015 年《中华人民共和国大气污染防治法》（修订版）等上位法出台[3],为限制性交通需求管理政策提供了法律依据。由于限购先试先行的北上广等城市产生了示范效应,深圳、杭州、天津等城市开始相继实施小汽车增量调控管理政策。2014 年 12 月 29 日,深圳市政府召开新闻发布会,根据国务院《大气污染防治行动计划》、《中华人民共和国大气污染防治法》第五十条规定、《深圳经济特区道路交通安全管理条例》第七十六条规定和《深圳市人民代表大会常务委员会关于市政府治理交通拥堵和交通污染情况专项工作报告的决议》,发布《深圳市人民政府关于实行小汽车增量调控管理的通告》,决定实行小汽车增量调控管理政策,并同步实施非深号牌载客汽车区域限行（限外）作为主要配套措施。

---

[1] 中国在线（羊城晚报）.深圳征收停车调节费二次听证　市民全部反对代表质疑[EB/OL].[2014-10-27].http://www.chinadaily.com.cn/dfpd/sz/2014-10/27/content_18806519.htm;人民政协网.深圳停车调节费听证现场激辩　政协代表:影响城市活力[EB/OL].[2014-08-22].http://www.rmzxb.com.cn/c/2014-08-22/366814.shtml.

[2] 搜狐网.深圳回应突然限购:高度敏感举措　必须迅速实施[EB/OL].[2014-12-30].https://www.sohu.com/a/513085828_120078003.

[3] 《中华人民共和国大气污染防治法》在 2015 年 8 月 29 日由第十二届全国人民代表大会常务委员会第十六次会议第二次修订。

三、多源流理论分析

由于受到资源、能力等因素的制约,在一定时期内,政府不可能对社会公共领域内的所有问题做出回应,因此,只能有部分问题能够进入政策议程并最终形成政策产出。政策议程的设立是政策制定过程的首要环节,也是公共问题转化为政策问题的关键一步,它决定着究竟哪些问题能够进入决策者视野,并经过一系列的过程而最终形成政策产出。

美国著名政策科学家和政治学家约翰·W. 金登(John W. Kingdon)于 1984 年提出了多源流理论,对政策出台和变迁进行解释。[①] 多源流理论将政策议程的创建归于问题源流、政策源流与政治源流的共同作用,当三条源流汇合时,政策之窗便会开启。多源流理论对于西方国家的政策议程乃至政策形成过程均具有强大的解释力,在总体上适用于我国的政策议程过程,但由于中西方政治体制、政府治理结构具有明显的差异,因而我国的政策议程过程呈现出一定的独特性。

多源流理论将政策形成与变迁的触发机制分解为问题源流、政策源流和政治源流三种力量的汇合以及机会之窗的打开。在政策发展的不同阶段,三种源流有时表现为动力,有时表现为阻力。这些动力与阻力相互作用,问题、政策和政治的各种要素形成合力推动相关政策问题进入政策议程,并最终使得政策出台。动力-阻力机制理论揭示了系统内部和外部可能存在的诱发政策形成与变迁的多种作用力(表现为政策事件),认为所观察到的系统状态是动力和阻力两种力量作用的均衡结果,而多源流理论从问题源流、政策源流和政治源流等多维角度出发,揭示出政策到底因何而变以及如何而变,弥补了动力-阻力机制理论在内涵阐释方面的不足。

第一,问题源流是多源流理论的动力之源,它关注的是社会中诸多需要加以解决的问题,如何被政府决策部门感知,并通过特定的识别机制最终进入政策议程。在特定时刻,由于人力、财力、资源的有限性,政府官员往往只能将注意力聚焦在某一特定问题而不可能是全部问题上。各种系统性的数据指标、项目运行情况反馈、危机事件的发生都有可能为政策问题的识别提供重要的推动力量。借助有影响的指标,通过焦点事件、危机、符号等推动,以及对政策的反馈引起的关注,并在标志性事件或持续反馈之下,政策问题将得到强化,并最终进入行政决策的视域。问题

---

① ［美］约翰·W. 金登. 议程、备选方案与公共政策[M]. 2 版. 丁煌,方兴,译. 北京:中国人民大学出版社,2017:155.

源流分析包括指标变化(重要指标的变化,如机动车快速增长)、焦点事件(突发事件引发舆情的关注,如网约车司机杀人案)、反思反馈(对负面政策效果的反馈,如对汽车产业政策的反思)等。

第二,政策源流实际上是备选方案和政策建议的产生过程,是由政策共同体中的专家提出政策建议,并经历政策方案的产生、讨论、重新设计以及受到重视的一系列过程。金登认为,在政策系统中存在着由特定政策领域的研究人员、学者、利益集团的分析人员、国会办事员等专业人员组成的政策共同体。这些专业人员分布在政府的内外,他们独立工作,由于某些契机(如政策咨询)开展合作。各种备选方案和政策建议持续互动,专家观点相互碰撞,只有符合一定标准的方案才能幸存下来。政策源流分析包括官员表态、政策措施(政策文本、官方媒体报道等)以及利益相关者的参与过程等。

第三,政策系统的最后一条源流为政治源流,它独立于问题源流和政策源流之外,是对问题解决产生影响的政治过程。政治源流主要由国民情绪、有组织的政治力量、政府的变更、选举结果以及政党或意识形态在政治组织的分布情况等因素构成。政治源流中既存在相互博弈的政治过程,也存在共识的达成过程。但与政策源流中的软化过程不同,政治源流中的共识是通过各参与主体之间的讨价还价达成的。政治源流分析包括国民情绪(全体国民的利益诉求、价值观)、政治气候(党和国家的战略推动)、关键政治人物以及政策企业家的网络分析等。

由于资源、能力和注意力有限,只能有部分问题进入政策议程,并最终形成政策产出。多源流理论将政策议程的创建归于问题源流、政策源流与政治源流的共同作用,当三条源流汇合时,政策之窗便会开启。金登将这种触发机制表述成无法预测的政策之窗。三种源流沿着不同的路径流动,并在某一特定时间点汇合到一起,这一特定时间点成为政策之窗。政策之窗开启,表明政策问题被识别,政策建议被采纳,政策议程发生了变化。政策之窗可能因为问题源流中紧迫问题的发生而开启,也可能因为政治源流中的关键事件而开启。由政治事件开启的政策之窗有些是可以预测的,如按照惯例、周期打开或关闭的政策之窗。在我国,定期召开的全国人民代表大会、全国人民政治协商会议、中国共产党全国代表大会、国务院例行会议等都可能成为政策之窗。①

这里不妨运用多源流理论,对我国多个出台机动车拥有权管制政策的城市进行观察,可以发现一些推动政策发生和发展的共性因素。首先从问题源流角度来

---

① 姜艳华,李兆友.多源流理论在我国公共政策研究中的应用述论[J].江苏社会科学,2019(1):114—121.

看,这些城市的交通共性问题表现为机动车保有量基数大,且增长速度快;交通拥堵日趋严重,运输效率降低;由于污染的跨界流动,周边地区雾霾频发,城市空气质量下降。这些交通问题上升为阻碍社会经济发展的公共政策问题,进入政策议程。

其次,从政治源流角度来看,中央层面,习近平总书记提出城市发展要体现人与环境和谐共存,建设生态文明。党的十八大以来,以习近平同志为核心的党中央把生态文明建设放在突出地位,《关于加快推进生态文明建设的意见》和《生态文明体制改革总体方案》相继出台,系统部署了数十项涉及生态文明建设的改革方案。地方层面,这些城市在发展规划中对城市建设和环境保护方面都提出了较高的要求,确保交通系统在经济和社会发展中发挥出重要的支撑作用,而且这些认识被列入城市长期发展的纲领性文件中,如各个城市出台的"国民经济和社会发展规划和目标纲要"等。城市主要领导对于实施机动车拥有权和使用权管制基本达成共识,对辖区居民负责。与此同时,其他城市的类似做法也产生了示范效应。

最后,从政策源流角度来看,交通问题的治理过程充分渗透到智库、民众、媒体等方面,为政策出台形成共识。有的城市成立了专门小组进行前期的政策调研和经验学习。例如,在相关网站进行有关政策的民意调研,媒体进行政策追踪和报道,扩大民众对政策的知晓度。透过专家和精英对相关政策的讨论,凭借舆论对政策的影响让民众有了更为全面的认识,营造出公众参与政策议程的环境。这些做法提高了规制政策的可接受性,最后推动政策进入正式议程。政策出台后,实施政策的城市还会发布公告,如"××市人民政府关于实行小客车总量调控管理的通告""××市人民政府关于实施机动车限行交通管理措施的通告"等。

四、政策扩散机制分析

公共政策扩散是指一种政策活动从一个地区或部门扩散到另一地区或部门,被新的公共政策主体采纳并推行的过程。一个国家或地区成功的政策实践往往会被传播或推广到其他国家或地区,某个地区的公共政策制定者往往会受其他国家、地区或部门政策行为的影响,由此形成跨国家、跨地区或跨部门的公共政策扩散现象。[①] 公共政策扩散不仅包含政策转移和政策学习等有意识、有计划、有组织的公共政策空间位移现象,还包含自发的政策自然流行传播和扩散活动。

从1986年上海采用市场化手段(拍卖)规制机动车拥有权开始,其他一些省市也陆续采取了类似的管制手段。管制政策在这些省市之间呈现出扩散现象,表现

---

①　胡伟.政府过程[M].杭州:浙江人民出版社,1998:353.

在政策问题的相似性、政策工具的互相学习以及政策内容的直接借鉴等方面。从交通需求管理的实践上看，国内很多城市在交通及其相关领域（如人口、土地、环境、住房等）面临相似的政策问题，缓解交通拥堵和防治雾霾天气方面的思路和策略大致相同，从限制机动车拥有和使用角度出台了比较类似的限行和限购政策。率先实施机动车管制政策的城市大都位于发达地区或属于特大城市，政策学习与工具借鉴的外部条件比较一致，经济和社会条件具有可比性，在城市蔓延、机动车增长、空气污染等问题上具有共性特征。虽然在 20 世纪初汽车产业快速发展阶段上海拍卖车牌额度的做法曾招致商务部官员的公开批评[①]，但鉴于上海特殊的经济地位，中央政府并没有表达出直接反对信号，因此上海为其他城市提供了一个可以模仿借鉴的经验案例，其他城市和地区直接借鉴的风险也相对较小。

在政策扩散理论中，导致政策扩散的发生机制包括结果导向、过程导向和动因导向等。对于机动车拥有权管制而言，结果导向意味着实施管制的城市期待政策通过限制消费者拥有和使用机动车的权力，以实现合理分配稀缺的空间资源、降低机动车增速、缓解交通拥堵和尾气排放的目标。过程导向更看重政策实施过程中涉及的活动、规定和程序，比如实施管制的城市都专门设置了行政机构（如××市小客车指标调控管理办公室）或委托专门机构（如上海国拍公司）来实施拍卖或摇号，强调政策过程的合法合规。动因导向是这些城市在一定时期都面临严重的交通问题，任由其外部性恶化会损害当地的经济发展，采用限制性措施是不得已的手段，也是在权衡多个目标的基础上做出利弊分析的结果。

政策扩散在空间维度上最显著的特征是邻近效应或区域效应。地理接壤或邻接的政府之间更有可能接触和交往，政策交流和取经经常发生。由于临近的地理位置、相似的经济社会发展水平和频繁的政治交往，同一行政层级的政府之间相互学习并效仿创新的机会和渠道更多，意愿也更强。然而，随着信息技术的广泛应用和不断发展，政策扩散的地理限制范围不断缩小。地理意义上的距离延伸为经济、社会、政治和文化等方面。地方政府选取学习对象时，通常选择相似度较高、认同感较强的辖区而不只是地理邻边。[②] 由于通勤和物流具有跨城市运行的特点，如果邻近城市制定不同的管制政策，则可能会造成政策实施过程中不同地区法规之间的冲突，或者增加限制对象在不同规则之间的转换成本，甚至影响人们遵从规定的

---

① 新浪网. 商务部部长助理黄海表示：上海私车牌照拍卖违法[EB/OL]. [2004-05-26]. https://news.sina. com. cn/o/2004-05-26/08112628881s. shtml.

② 张玮. 政策创新与扩散的动力机制与路径模式——20 世纪 60 年代以来的国内外研究探索[J]. 福建江夏学院学报,2016,1：43—50.

意愿,因此邻近的城市会采取一致的规制政策,比如实施相同的单双号限行规则(北京和天津),或者尽可能避免政策差异造成的套利行为。

第三节 政策效应分析

政策效应(Policy Effect)是指政策产生的直接和短期的影响,而政策效果(Policy Outcome)是指政策对既定目标的实现程度,包括长期而稳定的、直接或间接的影响。政策影响既包括直接和短期的政策效应,也包括长期的政策效果,有时候管理部门还会关注政策产出(Policy Output),比如一些由政策实施带来的方便统计的短期数据。

对政策影响进行评估,不仅仅要关注那些短期的、易于统计的政策产出数据,更需要分析政策效应,解释政策作用机制,并对政策效果进行综合评判。政策影响可以从微观和宏观两个方面进行考察。管制政策通过行政、市场和社会手段影响不同的利益群体,这里需要先了解政策的作用机制,即管制政策是如何影响微观的个人与组织决策,并由此产生宏观系统层面的变化,比如拥有和使用机动车的人数减少、乘坐公交的人数增加、交通拥堵缓解等。

具体而言,管制政策依据其目标,通过立法、制定规则和标准等一系列相关管理部门的行政活动,对政策影响范围内的个人和组织(即政策作用对象)产生影响,促使他们的决策和行为发生变化,从而形成微观层面的政策效应。例如,限购政策会使部分居民放弃机动车购买计划,而降低燃油税会诱发居民更多使用机动车。此外,政策会涉及多种利益相关主体,如修路带来房价上涨、商业布局变化,而与此相关的房地产行业、道路沿线的零售业和居民都是利益相关主体。这些利益相关主体的偏好、诉求和行为各不相同,他们会依据政策采取不同的对策和行动。当发生利益冲突时,不同主体之间形成博弈关系,最终通过协商对话达成利益均衡。所谓"物以类聚,人以群分",不同利益主体在政策影响下,其行为决策的总体表现就形成了宏观政策效应,比如限购政策使机动车增长速度放缓,限行政策使道路上机动车数量减少等。

本节主要分析机动车拥有权管制带来的宏观政策效应,包括直接和间接的政策效应。这些政策效应显化为社会收益(对政策相关主体有利的方面)和社会成本(对政策相关主体不利的方面)。随着时间推移和环境变化,现有的管制政策也会面临新的问题与挑战。

一、社会收益

社会收益是政策对经济和社会产生好的影响,比如实现政策目标,政策相关主体福利增加或处境改善,带来社会效益,或遏制不好的外部效应等。

(一)有效抑制汽车保有量的过快增长

机动车拥有权管制政策有效地控制了本地牌照汽车保有量的增长速度,缓和了有限的道路供给与日益增长的交通需求之间的矛盾,为城市发展公共交通赢得了时间和空间。以北京、上海、天津和重庆四个直辖市为例,在四个直辖市中,上海是第一个采用拍卖方式放缓机动车总量增长速度的城市。北京在 2011 年出台车牌额度摇号政策,是第二个对机动车拥有权进行管制的城市。作为京津冀地区除北京以外的头部城市,天津在 2014 年采取与北京联动的限购和限行政策。图 4—1 显示四个直辖市在 1998—2020 年私人汽车拥有量的变化趋势。可以看出,上海私人汽车数量一直在缓慢增加,由于长期实施额度拍卖政策,二十多年来私人汽车的增长速度最为平缓。北京和天津分别在 2011 年和 2014 年实施限购政策,在政策作用下,私人汽车的增长速度明显放缓。重庆没有对私人机动车实施管控政策,近年来私人汽车数量呈现快速增长状态。

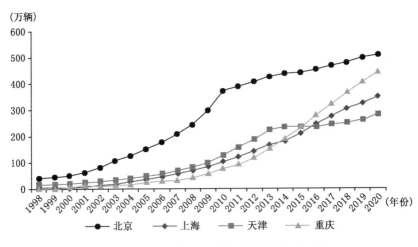

图 4—1 四个直辖市私人汽车拥有量变化趋势

在实施限购政策的城市中,深圳的情况具有一定的代表性。多年来,深圳汽车保有量呈现高位增长,道路车辆密度居全国之首。2014 年末,深圳私人小汽车千人保有量达 223.9 辆。政策实施前(2010—2014 年),深圳小微客车年均净增约 30 万辆。政策实施后(2015—2020 年),深圳小微客车年均净增降至约 12 万辆。至 2020 年末,深圳市机动车保有量为 358.9 万辆,其中小微型载客汽车保有量为 300.4 万辆,占全市机动车总量的 83.7%。若无增量调控政策实施,2020 年小微客车保有量预计高达 390 万辆,与实际的 300.4 万辆相比增加约 90 万辆。[①]

(二)额度市场化配置带来财政收入

在一些采用拍卖方式配置机动车额度的城市,拍卖所得的资金专项用于公共交通发展和交通拥堵治理,在控制机动车过快增长的同时又能获得财政收入,为加快城市交通基础设施建设和公共交通运营补贴开辟了新的资金来源。专项资金的转移支付对实现机动车外部成本的内部化具有积极意义,将额度拍卖资金用于城市建设及公共交通发展,是对机动车使用外部成本的矫正,外部性的内部化有助于降低机动车出行的负面影响,提升不同交通方式出行者之间的公平性。

上海车牌额度拍卖资金的合理使用在很大程度上促进了常规公交和轨道交通等公共交通设施的发展,保证了公交及相关基础设施建设拥有稳定的资金来源,而财政资金和公共性资金的运行管理状况是上海市政府公开的重点领域。2008 年 1 月 31 日,在市政府记者招待会上,时任上海市市长韩正明确表示,上海市政府今后将继续加大公开透明力度,其中土地出让金、私车牌照拍卖等各界普遍关注的公共性资金"收入多少、如何运行、用在哪里,都必须向社会公开"[②]。据有关部门统计,1994 年到 2006 年底,上海市新增机动车额度拍卖资金累计划入市财政专户 94.2 亿元,其中 2.3 亿元用于公安交通装备等设施建设,39 亿元用于中环线工程建设,36 亿元用于轨道交通建设,余额为 16.9 亿元。[③] 2007 年,上海拍卖私车牌照 77 500 个,财政收入超过 35 亿元,全年支出 33 亿元,主要用于城市交通基础设施建设,其中轨道交通建设安排 8 亿元,中环线建设安排 10 亿元,道路改造工程安排 15 亿元。[④]

广州中小客车总量调控增量指标竞价收入资金全额缴入市本级财政并纳入预

① 深圳市城市交通规划设计研究中心.深圳市小汽车增量调控政策评估与优化研究项目(总技术报告)[R].2021.

② 佚名.是否真的用之于交通 上海车牌拍卖费亟待公开[J].领导决策信息,2008(8):19.

③ 上海政协.关于新增机动车额度拍卖资金使用情况的视察汇报[EB/OL].[2008-04-17].http://www.shszx.gov.cn/node2/node22/lhsb/node4044/node4047/u1a20434.html;新民晚报(数字报纸).私车额度拍卖资金用在哪些地方[EB/OL].[2007-08-07].http://xmwb.xinmin.cn/history/xmwb/html/2007-08/07/content_39304.htm.

④ 搜狐新闻.去年上海新增机动车额度拍卖收入 35.16 亿元[EB/OL].[2008-02-28].http://news.sohu.com/20080228/n255409913.shtml.

算管理,实行"收支两条线"管理。广州市交通工作领导小组办公室根据《广州市中小客车总量调控增量指标竞价收入资金管理办法》第二十条规定,向社会公布广州市中小客车总量调控增量指标历年竞价资金收支执行的有关情况。根据《竞价资金管理办法》第四条规定和资金支出使用的有关规定以及新《预算法》的要求,竞价资金专项安排用于公交行业综合补贴、节能与新能源中小客车购置补贴、广州南站汽车客运站建设、核心区商圈交通运行分析和信息发布及调度指挥平台建设、二手中小客车周转指标配置管理信息系统建设、竞价委托服务、中小客车调控日常运营、维护保障等成本性开支等项目。2017 年,广州竞价收入 114 957.92 万元,包括竞价款 114 863.71 万元,按规定不予退还的竞价保证金(含扣缴过程产生的利息)94.21 万元。竞价收入资金专项用于城市公共交通事业发展,其中约 8.6 亿元用于公交行业综合补贴支出,7 000 万元用于公交站场建设。①

天津市将竞价收入资金专项用于城市公共交通事业支出,并明确了竞价收入资金的征缴和使用原则。②《天津市小客车总量调控增量指标竞价收入资金征缴和使用管理办法》指出,竞价收入资金全额纳入市级财政预算,实行收支两条线管理,专项用于城市公共交通事业支出。关于竞价收入资金的征缴和使用的四项原则如下:一是依法规范,征缴入库,竞价收入资金作为公共资金,其收缴管理严格执行收支两条线规定,由税务机关征收并缴入市级财政国库。二是总量平衡,量入为出,竞价收入资金根据总量平衡、轻重缓急的原则,科学合理安排支出,年度支出总额不得突破竞价收入资金当年收入与上年结转之和。三是公交优先,疏堵结合,竞价收入资金应充分体现政府引导和调控作用,通过资金征缴和科学安排支出,有效缓解城市交通拥堵、能源消耗和环境质量等问题,促进公共交通事业发展,体现公交优先发展战略。四是公开透明,注重绩效,竞价收入资金预算编制应坚持以结果为导向的绩效管理模式,资金收缴和使用情况向社会公开,接受社会公众的监督。

(三)对缓解交通拥堵和停车供需矛盾起到积极作用

除了直接放缓机动车的增长速度,机动车拥有权管制政策间接地提高了交通系统的运行效率。虽然政策是对车辆拥有权而非使用权进行直接管制,但在政策的持续作用下,由于私家车增长速度放慢而缓解了高峰时段的交通压力,提高了常规公交和私人车辆的出行效率,因而有助于交通系统整体效率的提升。

---

① 搜狐网.去年广州车牌竞价收入 11.5 亿元 超七成补贴公交[EB/OL].[2018-07-05].https://www.sohu.com/a/239540707_182676.

② 中国日报网.天津规定:"车牌竞价"收入资金专项用于城市公共交通事业支出[EB/OL].[2019-03-05].https://baijiahao.baidu.com/s?id=1627035797835273136&wfr=spider&for=pc.

　　由于控制了机动车保有量的过快增长,机动车拥有权管制政策对延缓交通拥堵恶化起到了积极作用,为交通拥堵治理争取了宝贵时间。以深圳为例,为提高道路交通运行效率,《深圳市城市交通白皮书》(2012年版)提出"路网高峰小时平均行程车速维持在25～30公里/小时"的畅达交通目标。在机动车限购政策及其配套措施的并举之下,深圳市道路交通运行维持稳定,高峰时段道路平均车速维持在25公里/小时以上[①],顺利完成了白皮书所提出的目标值。

　　机动车增速放缓也为城市停车难治理提供了机遇。这里仍以深圳为例。2019年,深圳停车泊位总数215万个,其中居住类泊位152.2万个,出行端泊位62.8万个(含路内泊位2.1万个),停车泊位供给缺口较大,"停车难"问题日益突出。[②] 限购政策实施以来,深圳抑制了约80万辆小汽车的购买需求,累计节约65万～100万个停车位,有效缓解了日益突出的停车供需矛盾,省出超过2 500万～4 000万平方米的城市空间。若要满足80万辆小汽车的停放需求,按照住房和城乡建设部发布的《城市停车设施规划导则》中每辆车0.8～1.3个车位估算[③],则需要约65万～100万个停放车位。

　　(四)优化新能源汽车产业结构,缓解城市环境排放压力

　　机动车拥有权管制政策减缓了机动车总量的增长速递,一定程度上减少了车辆尾气排放,有助于城市综合环境治理。此外,政策还产生了其他综合效应,比如交通出行方式结构不断优化、道路安全提高、城市噪声减缓和设施损耗减少等。

　　配合新能源汽车及车牌额度等优惠政策,管制政策一定程度优化了车辆的能源和排放结构。以深圳为例,2019年深圳绿色出行比例超过78%,有效缓解了城市环境排放压力。[④] 截至2020年末,深圳市新能源汽车保有量持续增加[⑤],推广应用新能源汽车(含公交、出租、环卫、物流、私人、租赁)约39.4万辆,占机动车保有量近11%,其中新能源小汽车保有量21.4万辆,占小汽车保有量的7.1%。推广的

---

　　① 搜狐网深圳商报数字报.深圳二季度道路交通运行状况公布　高峰期全市车辆平均时速25公里[EB/OL].[2021-07-18].https://www.sohu.com/a/478130897_121010226.

　　② 深圳晚报.全市泊位缺口170万个! 深圳加快停车设施建设[EB/OL].[2020-08-04].https://baijiahao.baidu.com/s? id=1674097826954843624&wfr=spider&for=pc.

　　③ 中国政府网.住房和城乡建设部发布《城市停车设施规划导则》[EB/OL].[2015-09-07].http://www.gov.cn/xinwen/2015-09/07/content_2925855.htm.

　　④ 深圳市人民政府门户网站.深圳市人民政府办公厅关于印发深圳市综合交通"十四五"规划的通知[EB/OL].[2022-03-03].http://www.sz.gov.cn/zwgk/zfxxgk/zfwj/szfbgtwj/content/post_9611586.html.

　　⑤ 新浪财经.深圳新能源汽车保有量全国第一[EB/OL].[2021-08-03].https://baijiahao.baidu.com/s? id=1707034463819622951&wfr=spider&for=pc.

新能源车辆共计节约了约 57 万吨标准煤/年[①],深圳环境空气质量指数达到国家一级和二级的天数为 355 天,与 2014 年相比增加了 7 天/年[②];PM2.5 平均浓度 19 微克/立方米,与 2014 年的 34 微克/立方米相比减少了 44%。此外,深圳通过财政补贴、取消机动车置换指标等手段促进了企业及个人提前淘汰老旧机动车,有效控制了道路交通碳排放。根据深圳市交通排放检测平台统计数据[③],政策实施后,2015—2018 年机动车日均二氧化碳排放量分别为 1.88、1.97、1.66 和 1.50 万吨/天,均小于 2014 年(政策实施前)的 2.05 万吨/天,2018 年日均碳排放为近 5 年新低。

二、社会成本

社会成本表现为管制政策对经济和社会产生的不利影响,导致政策相关主体福利减少或处境恶化,带来社会危害或产生不好的外部效应等。机动车拥有权管制会增加居民购车环节的成本,显性成本包括居民需要支付额外的、数额不菲的牌照拍卖费用,隐性成本比如拍卖和摇号的中标率不高,导致获得车牌的时间和机会成本增加。管制还会对汽车产业、社会公平、管理过程产生不利的影响。

第一,机动车拥有权管制对汽车、钢铁等相关产业产生了一定的冲击。对于额度拍卖方式,日趋上升的牌照价格对汽车市场,尤其国产经济型轿车市场产生了一些负面的影响,相应的购车需求受到抑制。对于额度摇号方式,免费额度释放出扭曲的价格信号,诱发投机行为,过多的参与者导致摇号中标率下降,延长了获得额度的实际时间。高昂的拍卖价格或等待时间延长直接影响人们对本地或外地牌照的选择行为。而限制外地牌照使用本地道路的政策会作为管制政策体系的一部分出台,这将阻碍区域之间的流动性,形成新的空间不公平与社会歧视。对汽车的限购不利于汽车、钢铁制造等相关产业的全面、均衡、持续发展。

第二,对社会公平的影响不容小觑。拍卖遵循"价高者得"原则,即使采用竞拍手段,市场也未必将额度配置给最需要机动车的人群,因为最需要车辆者不一定具备额度的支付能力。从结果公平的角度来看,参与牌照拍卖的对象是具有汽车和牌照支付能力的群体,在拍卖市场上,只有支付能力相对较高的人,才有可能获得

---

① 搜狐网.治理空气污染和控制碳排放会影响经济发展吗? 看看深圳怎么做[EB/OL].[2019-06-12]. https://www.sohu.com/a/319966413_260616.

② 腾讯新闻.空气质量 355 天优良! 2020 深圳生态环境状况公报出炉[EB/OL].[2021-06-07]. https://new.qq.com/rain/a/20210607A04QOU00.

③ 深圳市城市规划学会/协会.深圳市交通排放监测平台建设与应用[EB/OL].[2019-04-16]. http://www.upssz.net.cn/newsinfo_803_4337.html.

合法的、私人车辆的拥有权。相对于其他未限购城市车牌的"低门槛",容易引发部分"富人"对社会的不满情绪。而对于无钱购车或参与竞拍的"穷人",也难免会有"经济实力歧视"之感。这无疑加剧了路权的纵向不平等①。摇号方式看起来是人人机会均等,但损失的是额度配置的效率,稀缺的额度还是无法由最需要机动车的人群获得。

第三,不管是拍卖还是摇号,对稀缺资源配置机制均提出了更高的要求。如果拍卖程序存在漏洞,则容易滋生腐败、贿赂、暗箱操作等问题,影响执行部门的公信力。2008年,上海实施拍卖新规则之后,投标信息更为对称,有利于竞拍人理性决策,减少"赢者诅咒"现象的发生,但也存在网络拥堵、难以改价等问题,因此拍卖机制设计有待优化,需及时回应突发问题,拍卖信息也应更为公开。

第四,政策执行管理中存在不少实际问题,不能达到政府部门的预期值。随着车牌额度拍卖价格的走高,外地牌照车辆不断涌入本地道路,使得牌照管制效果流失。这其中养路费和通行费的损失,数目也不在少数。2019年末,上海市注册机动车总量已经达到443.8万辆,其中长期在沪的外省市号牌小客车达到170万辆。也就是说,上海街头行驶的每3辆车中就有1辆是外地车辆②。这除了使上海每年损失数亿元养路费外,异地车行驶在上海的街头,也进一步加剧了上海的交通堵塞问题。因此,如果不实施综合配套措施,那么仅靠机动车拥有权管制政策是无法改善交通现状和促进城市公共交通健康发展的。

三、政策面临的问题与挑战

机动车拥有权管制政策所面临的问题与挑战可以概括为以下几个方面。

首先,政策目标与管理目标存在差异。机动车拥有权管制作为政策的目标是实现机动车总量控制,这与交通管理的最终目标"提高道路的运行效率"之间并不存在必然的因果联系,中间存在"真空地带",即限购政策对机动车总量控制有贡献,但与系统效率无直接因果关系。即使实施多年的限购政策延缓了机动车的增速,城市的高密度特征以及开发空间的稀缺性仍然导致相关设施的承载能力面临极限。深圳根据路网容量、停放泊位容量,测算小汽车承载"容量上限"为350万~

---

① 纵向不平等(Vertical Inequality)一般认为包括个人之间和家庭之间的收入不平等;与此相对,横向不平等(Horizontal Inequality)被定义为不同群组间(如种族、宗教等)的不平等。

② 搜狐网.上海外牌限行升级倒逼车主奔向新能源 170万外地车让特斯拉笑开花[EB/OL].[2020-10-28].https://www.sohu.com/a/427823989_120273974.

450万辆,已仅剩50万～150万辆的净增空间。① 随着设施容量趋于饱和,提高车速、缓解交通拥堵的管理目标将无法达成,停车供需之间的矛盾重回紧张状态。

其次,购车需求刚性日趋增强。"即使你把额度的价格炒得再高,我还是要买车。"随着上海居民可支配收入的持续稳定增长,购车需求刚性凸显,尤其近年来汽车销售市场出现了新的特点,"90后"和"00后"逐渐成为购车的新主体。独生子女家庭独特的421结构改变了汽车消费模式,祖辈和父母辈更愿意给下一代支付购车费用,增加了年轻一代对汽车的购买实力。在上海和深圳,竞拍者的持续增加使得竞拍价格几度过快上涨,引起舆论高度关注。

再次,交通需求管理政策之间无法形成合力,尤其是使用环节缺乏有效调控,车辆使用强度不断增加。相对公共交通,小汽车交通的出行效率具有较大优势,在新冠疫情期间"门对门"出行的便利和安全也有很大的吸引力。由于缺乏配套的制约性政策,加之小汽车使用成本低,导致出行结构优化进入瓶颈期,小汽车吸引力依然强劲。

最后,政策实施的整体有效性有待提高。对于采用拍卖方式配置额度资源的城市,管理部门面临拍卖价格过高和购车需求刚性的双重压力,只得不断增加每月拍卖的牌照投放量。2020年初新冠疫情暴发,居民对小汽车的需求攀升,也给额度投放量带来压力。随着投放量的不断上升,车牌额度拍卖对购车需求的遏制作用呈现边际效用递减,已不能像起初那样有效地控制私车数量的增长。此外,限外政策也带来双向效应,其优势在于通过路权差异化配置保障本地车通行效率,然而在都市圈一体化背景下,外地车限制过于严苛,给跨省市正常交流带来障碍。随着外地车和本地车的界限变得模糊,限外"一刀切"已难以适应未来发展要求。

第四节　政策合法性的探讨

机动车拥有权管制是指在特定时间范围内,地方政府对机动车保有量的增长数量和速度进行调控的做法。国内先后有上海、温州、北京、贵阳、广州、深圳、杭州、天津和海南等省市采用拍卖、摇号和混合方式配置额度资源。无论采用何种方式,其目的都是为了控制汽车的无序增长,以"时间换空间"的方式实现缓解交通

① 新浪新闻. 解决停车难! 深圳规划再增100万停车泊位,总量将超350万[EB/OL]. [2021-11-05]. http://k.sina.com.cn/article_5242835172_1387f50e4040015kqj.html.

拥堵及其他外部性目标。上海从 20 世纪 80 年代中期开始实施车牌额度拍卖政策，管制政策持续时间最长，也最受争议。21 世纪初，在大力推进汽车产业发展的背景下，《中华人民共和国立法法》(2000 年)、《中华人民共和国行政许可法》(2003 年)以及《中华人民共和国道路交通安全法》(2004 年)先后出台，将上海车牌额度拍卖政策的合法性之争推向高潮。有关拍牌政策合法性的争论持续了近十年，直到 2015 年《中华人民共和国大气污染防治法》(第二次修订版)颁布，赋予了地方政府控制燃油机动车保有量的权限。空气污染促使更多城市加入汽车限购行列，公众也普遍认识到机动车排放加剧空气污染的严重性，对于机动车拥有权管制的合法性之争才逐渐得以平息。

对于限购政策是否合法的问题，国内许多学者以上海政策作为研究对象展开了讨论。本节通过回顾和梳理政策合法性之争的背景、基本问题以及专家观点，试图反映中央与地方、媒体与精英等围绕一项有争议的地方机动化管理措施互动和博弈的过程。

一、合法性之争的背景

上海从 1986 年开始对个人和私营企业的小型客车额度进行有底价拍卖。1994 年，为了遏制当时行政行业乱收费现象，上海正式开始对新增的汽车额度实行有底价、不公开拍卖的政策。2000 年 1 月，为了鼓励私营企业和个人生活用车，上海取消了拍卖底价。2000 年之前，整个社会对车牌额度拍卖的合法性是没有争议的。对合法性的质疑主要发生在 2003 年至 2004 年、2009 年至 2010 年两个阶段。

2000 年 7 月 1 日，《中华人民共和国立法法》(简称《立法法》)正式实施，这是中华人民共和国成立以来第一次以法律形式对政策议程设置的权限、议程创制的主体和方式，为国家和地方政府议程设置给予了法律规定，《立法法》因此被称为程序性宪法。[①]《立法法》对地方政府权力有明确、具体的规定，但它出台后尚未引发对车牌额度拍卖政策的争议。2003 年，《中华人民共和国行政许可法》(简称《行政许可法》)出台之后，对上海车牌额度拍卖的合法性开始出现置疑的声音。2004 年 5 月 1 日，《中华人民共和国道路交通安全法》(简称《道路交通安全法》)出台，增加了许可条件。6 月，国家发改委《汽车产业发展政策》颁布实施。7 月 1 日，《行政许可法》生效实施。之后，上海车牌额度拍卖政策的合法性问题引起了社会各界的广

---

① 孔繁斌，向玉琼. 新中国成立 70 年来政策议程设置的嬗变：政治逻辑及其阐释[J]. 行政论坛，2019，155(5)：5—12.

泛关注,并引发了一场全国范围的关于车牌拍卖的大讨论。

中央电视台在 2004 年 5 月 24 日播出的"经济信息联播"节目中,商务部部长助理黄海对上海车牌额度拍卖政策的合法性提出了质疑,认为上牌的增设条件不符合《道路交通安全法》和《行政许可法》的规定。① 这是中央政府官员首次在媒体上公开批评此项政策,引起了社会公众对上海车牌额度拍卖政策合理性和合法性的争议。上海市政府回应称,建立车牌限额制度是为了分配上海中心城区有限的道路资源。上海车牌额度的年度总发放量不是由行政机关随意决定的,而是根据《上海市城市交通白皮书》确定的公共交通优先、道路车辆协调发展的原则,综合城市道路现状、汽车消费需求、上海城市经济和社会发展的需求等多种因素确定的。② 2009—2010 年,上海有律师对上海车牌额度拍卖的合法性提出了异议。③

二、政策合法性之争

中央政府官员的质疑以及媒体的报道引发法学、公共管理、经济学、政治学等学科的专家学者们对车牌额度拍卖合法性的探讨。综观学术界对车牌额度拍卖政策合法性的讨论,主要争议可以归纳为三类。

第一,车牌额度拍卖是否违反了《道路交通安全法》对机动车牌设定标准和许可的规定?

与机动车牌照相关的法规是《道路交通安全法》,它对机动车牌照的设定标准和许可进行了规定。④ 按照《行政许可法》,管理部门可以在上位法(即《道路交通安

① 搜狐网. 商务部 VS 上海政府 拍卖车牌之争[EB/OL]. [2004-06-04]. https://business. sohu. com/7/0604/16/column220371624. shtml.
② 请参阅上海市政府新闻发布会实录:http://www. shanghai. gov. cn/shanghai/node2314/node9819/node9820/userobject2lai93747. html.
③ 网易新闻. 上海车牌拍卖:既不合理也不合法[EB/OL]. [2010-11-04]. https://auto. 163. com/10/1104/00/6KJURVMK00084JU6. html;新浪网(新世纪周刊). 律师起诉上海市政府 追问拍卖车牌合法性[EB/OL]. [2011-01-04]. https://news. sina. com. cn/c/sd/2011-01-04/113821755820. shtml.
④ 《道路交通安全法》(2004 年)第八条规定,国家对机动车实行登记制度。机动车经公安机关交通管理部门登记后,方可上道路行驶。尚未登记的机动车,需要临时上道路行驶的,应当取得临时通行牌证。《道路交通安全法条》(2004 年)第九条规定,申请机动车登记,应当提交以下证明、凭证:(一)机动车所有人的身份证明;(二)机动车来历证明;(三)机动车整车出厂合格证明或者进口机动车进口凭证;(四)车辆购置税的完税证明或者免税凭证;(五)法律、行政法规规定应当在机动车登记时提交的其他证明、凭证。公安机关交通管理部门应当自受理申请之日起五个工作日内完成机动车登记审查工作,对符合前款规定条件的,应当发放机动车登记证书、号牌和行驶证;对不符合前款规定条件的,应当向申请人说明不予登记的理由。公安机关交通管理部门以外的任何单位或者个人不得发放机动车号牌或者要求机动车悬挂其他号牌,本法另有规定的除外。机动车登记证书、号牌、行驶证的式样由国务院公安部门规定并监制。

全法》设定的行政许可事项范围内,对实施该行政许可作出具体规定。对行政许可条件作出的具体规定不得增设违反上位法的其他条件。而上位法已经设立许可条件,明确机动车登记的证明和凭证,地方政府却对获取车牌额度又增设了条件(比如通过拍卖获得),因此有专家认为车牌额度拍卖政策违反了《道路交通安全法》和《行政许可法》。

第二,车牌额度拍卖是否符合《行政许可法》中设定行政许可的事项?

《行政许可法》第十二条第二项规定,有限自然资源开发利用、公共资源配置以及直接关系公共利益的特定行业的市场准入等,需要赋予特定权利的事项,可以设定行政许可。车牌额度拍卖配置的是个人开车上路、使用道路通行的权利,它是否属于公共资源配置的范畴也存在争议。

第三,车牌额度拍卖是否违反了《行政许可法》对于设定行政许可机构的规定?

《行政许可法》第十五条第二项规定,地方性法规和省自治区直辖市人民政府规章不得设定行政许可,而应当由国家统一确定的公民法人或者其他组织的资格资质来设定行政许可。车牌额度拍卖的法律依据来自上海人大 1997 年颁布的《上海市道路交通管理条例》,那么在制度化过程中它是否违反了《行政许可法》有关行政许可收费设定权的规定?

三、合法性的基本问题

概括而言,这些合法性争议可以归纳为三个基本问题:一是车牌额度是否为一种行政许可? 二是车牌额度拍卖是否属于公共资源配置的范畴? 三是上海人大颁布的《上海市道路交通管理条例》作为车牌额度拍卖的法律依据是否充分? 对这些基本问题的回答,就是对合法性的一次再认识过程。

第一,车牌额度是否为一种行政许可?

从法律上看,车牌额度和汽车牌照是两个不同的概念,也是两种不同的行政管理工具。一个城市可以容纳的机动车数量是有限的,道路和空间资源也是有限的。财政分权理论认为,在一个由中央和地方各级政府组成的政治结构中,每级政府应致力于去做各自做得好的事。中央政府的职责是提供那些对全体社会成员的福利产生重大影响的公共产品和服务,而地方政府则是提供那些与各自辖区内的居民有切身利益的地方性公共产品和服务。按照财政分权理论,地方政府有一定的权力和责任,对地域内有限的资源做出合理的安排和分配。对车牌额度的管理,不管是采用拍卖、摇号还是其他方式,都是对当地有限道路资源的一种分配方式,也是一种对机动车总量进行宏观调控的政策工具。

汽车合法上路需要一定的行政许可,对于驾驶员来说是驾驶执照,对于车辆而言是汽车牌照。因此,牌照是车辆合法上路的行政许可,符合条件就可以进入。当城市的车辆数目比较少、道路不太拥挤时,车牌与额度不需要加以区分,获得了车牌也就获得了额度,车辆可以合法上路。但是当车辆数量多到一定程度而道路资源又有限时,就会产生外部效应,比如造成大面积的交通拥挤,汽车尾气排放使得空气质量进一步恶化。个体机动化产生的外部成本难以在短时间内弥补,市场对失灵现象也不具备自发的调节机制,此时就需要考虑对城市的汽车总量加以控制,通过额度配置进行宏观政策管理来引导机动车数量合理增长。

显然,车牌额度拍卖市场交易的是额度,而不是汽车牌照,是对城市新增机动车数量与道路资源进行合理配置的过程。只有获得了车牌额度,才能凭额度到交通管理部门(如车辆管理所)申领汽车牌照,然后合法上路。额度和牌照的获取有一个先后的次序,前者是地方政府对机动车数量的宏观政策管理,后者是车辆获得上路通行许可的行政管理过程。

从车牌额度的概念和管理属性来看,额度拍卖不属于《行政许可法》规定的事项范围,因此谈不上违反《行政许可法》不得增设违反上位法的其他条件的规定,也不违反《道路交通安全法》关于机动车牌设定标准、许可的规定。

有一种观点认为:"驾车通行权和财产权是公民的基本权利,上海的车牌额度拍卖政策限制了公民的这两项基本权利。"应该承认,只有法律才能限制公民的基本权利,地方性法规无权限制公民的基本权利。宪法保障的是公民的通行权和财产权,但没有明确规定行使通行权应采用何种方式,公民可以有选择交通方式的基本权利,也可以拥有小汽车作为私人财产的自由,但前提条件是个人所选择的交通方式、拥有和使用私人财产的行为不会侵犯到他人和社会的权利和利益。在一个高密度城市,新增加的机动车会产生相应的社会成本,它的使用无形中使交通更为拥挤、排放更加严重、空间更加局促。也就是说,当城市机动车到达一定数量之后,一辆新增的小汽车所产生的"拥挤效应"相比机动车较少时会产生更多的负面影响,相应地,它所要付出的代价也应随之提高,这个代价可能表现为支付更多的税费、承受更高的额度拍卖价格,或者以更小的概率摇号获得额度。

第二,车牌额度拍卖是否属于公共资源配置的范畴?

要回答这个问题,需要先弄清车牌额度拍卖的目的究竟是什么?拥有了车牌额度,实际上是拥有了在任何时间驾驶私人机动车使用上海市所有道路资源(地面和高架道路)的权利。这种权利在拥挤的情况下变得十分昂贵,因为新增小汽车产生的外部成本会大幅增加,从而造成一系列负面影响。车牌额度拍卖的是私人机动车对道路资源的使用权利(路权),即通过拍卖市场的价格发现机制对道路使用权利进行重新分配。

将公共资源配置与赋予特定权利事项结合起来看,《行政许可法》第十二条第二项有一条规定,公共资源分配需要赋予特定权利的事项。公共资源配置不属于自然资源,最典型的是现在本来没有价值的,如果不是有限供应,这种行政许可资源就是没有价格的,但因为有限供应所以变成了公共资源。在这样一种前提下,就需要赋予一种特定权利,行政许可资源因此产生了价值。道路资源的使用权利是一种有限供应的公共资源,通过车牌额度拍卖来分配这种公共资源,需要上位法赋予地方政府进行资源分配的特定权利。

第三,上海人大颁布的《上海市道路交通管理条例》作为车牌额度拍卖的法律依据是否充分?

从国家宏观政策层面来看,没有说地方政府不具备宏观调控的权利。1997 年《上海市道路交通管理条例》已经授予地方政府权利,明确规定"机动车号牌额度年发放量、发放以及注册登记办法,由上海市交通行政管理部门会同市公安机关和其他有关部门提出,报市人民政府批准后实施"[①]。因此,上海市政府实行的车牌额度拍卖已经完全获得地方法规授权。

2015 年《中华人民共和国大气污染防治法》第二次修订,从国家层面倡导低碳、环保出行,城市根据发展规划合理控制燃油机动车保有量,大力发展城市公共交通,提高公共交通出行比例。[②] 上位法的出台为机动车总量控制提供了法律依据,消弭了车牌额度拍卖政策的合法性之争。一些城市也以《中华人民共和国大气污染防治法》及地方条例为依据,采用拍卖、摇号或混合方式对机动车拥有权进行管制。

四、相关观点综述

对于实施车牌额度管制措施是否可行这一问题,国内学者以上海政策作为研究对象进行讨论,可以从"肯定"和"否定"两种观点进行归类。

---

① 《上海市道路交通管理条例》第二十一条规定,本市对车辆号牌的发放实行总量调控。机动车号牌额度年发放量、发放以及注册登记办法,由市交通行政管理部门会同市公安机关和其他有关部门提出,报市人民政府批准后实施。

② 《中华人民共和国大气污染防治法》第三节第五十条规定,国家倡导低碳、环保出行,根据城市规划合理控制燃油机动车保有量,大力发展城市公共交通,提高公共交通出行比例。

（一）肯定观点

支持实施车牌额度管制的一方,对该制度的合理性、合法性及可行性提出了自己的观点。

第一,车牌额度拍卖政策立足上海本地实际,是一种从源头上控制机动车增长的阶段性管制措施。上海市新闻发言人指出[1],由于上海中心城区面积狭小、人口众多,根据《道路交通安全法》相关规定,作为特大城市对购车需求采取阶段性控制措施是正当的,符合国际大城市管理交通的通行做法。上海市民经济条件较好、购车欲望较强,如果不控制机动车数量,那么上海城市道路将不堪重负。上海车牌额度拍卖是为了防止机动车数量过快增长,缓解中心城区道路拥堵状况,这种管制措施符合上海的实际情况。

第二,采用市场化手段配置稀缺道路资源的合理性。发行交通债券、按申请先后顺序发放或摇号抽签等随机方式发放车牌额度等方法都有各自的弊端,没有更合适的、可替代车牌额度拍卖的其他方法。[2] 通过拍卖的方式分配车牌额度,这是用市场化手段配置短缺资源,体现了公开、公平、公正的原则。[3]

第三,私人机动化产生的外部性需要政府干预进行补偿。私人小汽车在占用道路、尾气排放等方面侵害了大部分人的利益,因此车牌额度拍卖款可以看成是一种补偿金,通过转移支付用于交通基础设施建设,以支持公共交通发展,补偿受小汽车外部性损害的群体。

第四,发放车牌作为一种行政许可行为,它的适用条件应视公共资源的有限性而确定。《道路交通安全法》第九条是对车牌许可实施方式的一般性规定;当道路成为有限公共资源时,《行政许可法》第五十三条第一款即成为特别规定。因此,在道路资源供不应求的情况下,通过拍卖的方式实施车牌许可是合法的。[4]

第五,其他省市的类似规定也可以作为车牌额度拍卖合法性的参考。例如,浙江省人大常委会于 2006 年 3 月通过的《浙江省实施〈中华人民共和国道路交通安全法〉办法》,其中第十七条规定:"机动车号牌号码实行随机选号的方式。小型客车号牌号码可以采用公开竞价的方式实行有偿使用,公开竞价的号牌号码不得超过

---

① 请参阅上海市政府新闻发布会实录:http://www.shanghai.gov.cn/shanghai/node2314/node9819/index.html.

② 郑红.冷静看待车牌拍卖[N].解放日报,2004-04-24.

③ 请参阅上海市政府新闻发布会实录:http://www.shanghai.gov.cn/shanghai/node2314/node9819/node9820/index1.html.

④ 杨小君,黄全.机动车牌照拍卖行为的合法性认识——解读《行政许可法》第12、53条的相关规定[J].行政法学研究,2005(4):109－115.

小型客车号牌号码总数的百分之二十。公开竞价的号牌号码应当公示，公开竞价所得价款全部用于建立道路交通事故社会救助基金。"①

上述观点和理由可以梳理、归纳、总结为以下五种观点（吕伟俊，2011）：

第一种支持观点认为，上海车牌额度拍卖符合上海的实际情况，其逻辑前提是控制车牌数量可以缓解上海道路拥堵状况，这是从车牌额度有效性的角度论证了控制车牌数量的合理性。

第二种支持观点认为，拍卖车牌额度是用市场化手段配置短缺资源，目前没有可替代车牌额度拍卖的其他方法，这是从以拍卖方式发放车牌额度的必要性的角度论证了车牌额度拍卖的合理性。

第三种支持观点认为，车牌额度拍卖费是一种资源利用费，这是以拍卖方式发放车牌额度符合平等原则的角度论证了上海发放车牌额度方式的合理性。

第四种支持观点认为，车牌额度拍卖符合《行政许可法》第五十三条第一款的规定，这是从地方权力机关选择行政许可实施方式的权限的角度论证了上海车牌额度拍卖的合法性。

第五种支持观点认为，车牌额度拍卖符合地方性法规规定，并论证了实施车牌额度拍卖的合法性和可行性。

（二）否定观点

反对实施车牌额度管制的人士提出，限制车辆使用就可以减少交通需求，没有必要实施车辆牌照限制政策。

第一，车牌额度拍卖最大的争议来自它在一定时期内违反了上位法规定。商务部部长助理黄海就曾指出，上海市车牌额度拍卖的做法违反了《道路交通安全法》有关条款。他认为，从短期效果看，限制机动车发展对道路交通改善肯定会起到一定作用。但是从长远来看，汽车毕竟是要进入家庭的，不能仅靠控制机动车号牌来改善交通。他希望上海方面能够按照新的道路安全法律，对这个做法再进行一次认真的研究。

第二，通过车牌额度拍卖控制私车数量，不能从根本上解决城市交通拥堵问题。而通过提高城市公交系统的效率、对私车使用道路进行收费等一整套方案，并鼓励公众使用公共交通，限制私车的使用，才是解决交通拥堵问题的根本方法。②

第三，相比没有实施限购政策的城市，上海限制私车拥有的做法所取得的成效

---

① 唐忆文,沈露莹,詹水芳.上海公交优先发展战略及分阶段实施问题研究[J].科学发展,2009(9)：9-101.

② 马凌.车牌拍卖药不对症[N].南方周末,2004-04-29.

相当有限。上海通过额度拍卖控制私人小汽车保有量的办法已经实行多年,但上海交通情况并没有得到很大改善,这说明控制私人小汽车保有量并不能解决上海交通拥堵问题。①

第四,私车额度拍卖无法限制上海居民使用外地车牌。自 2001 年 10 月 1 日起,外地人员可凭暂住证申请暂住地的车牌。由于办理暂住证的手续十分简便,所以上海居民无论是本地还是外地居民,只要购车都可以轻松地在外地上牌,即使上海设立道路资源许可、采取车牌限额措施,也无法控制上海的机动车总量。②

第五,驾车通行权和财产权是公民的基本权利,上海的车牌额度拍卖限制了公民的这两项基本权利;只有法律才能限制公民的基本权利,地方性法规无权限制公民的基本权利。车牌额度拍卖规定与《行政许可法》第十六条第四款和《道路交通安全法》第九条相抵触,《上海市道路交通管理条例》不足以为额度拍卖提供法律依据③,因此上海市政府不能依据上海市人大常委会制定的地方性法规实施车牌额度拍卖制度。

第六,可以应用燃油税或拥挤收费来取代车牌额度拍卖政策。控制私人小汽车的使用才是解决交通拥堵的最重要方法,而使用私车的成本是大多数车主选择出行方式的重点,征收燃油税可以有效控制不必要的用车,从而缓解交通拥堵问题。④ 同时,有观点认为可以用收取交通拥堵费的措施来代替车牌限额制度。⑤

上述观点和理由可以梳理、归纳、总结为以下六种观点(品伟俊,2011):

第一种反对观点认为,无论从长期还是短期效果来看,实施车牌额度管制都无益于当前的交通环境。

第二种反对观点认为,解决交通拥堵问题的有效方法是限制私人汽车的使用而非管制私人汽车的总量。

第三种反对观点认为,上海车牌额度管制对于上海城市缓解交通拥堵的效果并不明显。

第四种反对观点认为,大量的非上海车牌汽车在城市道路行驶,城市交通实际流量并未因车牌额度管制而有效减少,说明实施汽车总量控制无法解决城市交通

① 肖经栋. 上海车牌拍卖再起疑云[N]. 中国经营报,2004-04-26.
② 吴琼. 谁在操纵上海车牌? 上海车异地上牌利益链调查[N]. 21 世纪经济报道,2004-05-17;薛刚凌:车牌拍卖是否违法[N]. 法制日报,2004-05-19;胡喜盈. 上海车牌拍卖遭遇"滑铁卢"[N]. 市场信息报,2004-05-26.
③ 杨小欣. 上海限制和拍卖私车额度的法律问题(一)——重访发生于一年前的那场论战[EB/OL]. [2005-05-11]. http://www.law-lib.com/lw/lwview.asp? no=5235&page=13.
④ 夏云. 上海:燃油税替代车牌拍卖?[N]. 工人日报,2004-05-09.
⑤ 谢远东. 上海车牌拍卖:既不合理也不合法[N]. 法制日报,2004-06-02.

拥堵问题,存在不合理性。

第五种反对观点认为,汽车总量控制限制了公民的基本权利,从公平自由的角度论证了汽车总量控制的不合理性。地方实施汽车总量控制政策违反法律规定,存在不合法性。

第六种反对观点认为,多种方法可以代替汽车总量控制,成为解决城市拥堵问题的方法,并论证了汽车总量控制的非必要性。

我国城市机动化快速发展引发了一系列外部性问题,一些地方政府率先做出创新尝试,这些做法丰富了交通需求管理实践,为其他城市的机动化管理提供了宝贵的经验。本节回顾了上海车牌额度拍卖政策在 2000—2010 年所经历的合法性争议,显示管制政策在推行过程中所遭遇的上位法冲突、央地管理思路的碰撞与博弈、地方在发展汽车产业和实现交通管理目标之间的两难选择、学术观点争论、舆论及民意接受度等曲折过程。管制政策创新不但需要立法和制度保障,还需要营造良好的政策环境,以降低在决策和执行过程中的风险和不确定性。

第五节　额度配置方式的比较

车牌额度是行政机关依车主的申请而发放的,发放车牌额度的行为是依法申请的外部行政行为。车主只要有了车牌额度,就获得了申请车牌的许可,可以驾车上路。因此,发放车牌额度也是准予机动车上路行驶,分享有限道路资源的行为。[①]管制车牌额度发放,就是行政部门按照规划发放一定数量的牌照,允许部分车辆拥有本地道路的行驶权。它在本质上是一种交通需求管理的行政手段,目的在于限制机动车总量的增长速度,通过行政许可的方式,准予一定数量的车辆进入城市道路,合理分配有限道路资源,达到缓解城市交通拥堵的目的,提高整个城市交通的运行效率。

车牌额度管制也是机动车所有权的一种管理方式,从具体方式来看,车辆牌照、机动车行驶证和检验合格标志等都是机动车行驶许可的授予证明。依据我国《行政许可法》,为了保障人们生命财产的公共安全,防止不合格车辆上路行驶,公安机关有权发放车辆牌照,并授予机动车安全行驶的许可。从法律上看,牌照发放

---

① 请参阅上海市政府新闻发布会实录:http://www.shanghai.gov.cn/shanghai/node2314/node9819/node9820/userobject21ai93747.html。

和通行许可是依法申请的外部行政行为,行政机关是依照车主的申请而决定发放的,车主只要拥有牌照额度且达到安全行驶车辆的要求,就能申请获得行政机关的许可。因此,通过车辆注册、牌照控制、行驶证发放等行政管理手段,政府可以对车辆的拥有和购买行为进行直接干预。

这里需要澄清的是,机动车拥有权管制所涉及的对象是"车牌额度",并不是"车牌"本身。虽然仅仅只有两个字的差异,但是它们的意义却完全不同,人们对车牌管制政策的诟病很多源于对此有误解。从制度的实际操作方式来看,车牌额度是以拍卖或摇号等多种方式来发放,而车牌许可则是以审批形式来获准。虽然车辆牌照、机动车行驶证和检验合格标志等都是机动车行驶许可的授予证明,但是由于车牌位于最引人注目的地方,因此人们习惯性地将牌照视为机动车安全行驶许可的代表。车辆牌照发放的性质是属于行政许可,是授予机动车安全行驶的许可;它的法律意义是保障人们生命财产的公共安全,防止不合格车辆上路行驶。

我国大中城市人口稠密、空间局促、资源稀缺,合理分配道路资源是无法回避的现实,问题是采取什么样的方式进行分配。如果以谁应该得到、谁不应该得到为标准,争论哪个群体更需要道路资源,那么人们是永远无法达成共识的。因为人们"需要"的东西是没有终值的,每个人的要求都会显得迫切而有理。分配有限的公共资源时,如果以公平性为标准,则是没有实际操作的可行性的。因为各种竞争标准,难以区分孰优孰劣,这些标准包括按开车的年龄、按申请的先后顺序、随机摇号码等。驾龄长的喜欢算年龄,时间多的喜欢排队,争论哪一种标准更加公平,恐怕永远不会有结果。

从实践上看,目前国内城市采用的额度配置方式包括拍卖、摇号和混合方式等。除此之外,还有一种方式是按申请顺序发放汽车牌照,它是指按照申请人的申请投递顺序发放牌照,先到先得。这种方式可能产生信息不透明、权力寻租、非法中介等问题,一般不会在城市范围内采用。不管哪一种配置方式都有其优势和劣势,无论采取何种额度配置方式,最终都将影响机动车拥有权管制的有效性、公平性和可接受性。本节首先讨论三种代表性的额度配置方式,即随机分配方式、市场配置方式以及混合配置方式,随后引入 Weitzman 模型进行理论分析。

一、随机分配方式

随机分配方式包括摇号或抽签等方式分配车牌额度。以摇号方式取得车牌额度,是指符合条件的企事业、社会团体法人和个人,以摇号方式无偿取得小型客车配置指标的政策。其程序如下:获得申请资格—提出指标申请—获得申请编号并参与摇号—凭运气获得配置指标—凭指标编码(额度)购买汽车并予上牌,等等。

(一)摇号方式的公平性

美国哲学家罗尔斯曾经证明公平是先于一切的黄金准则,认为车牌额度配置方式的合理性回避不了公平性的问题。如果按照随机方式分配车牌额度,确保摇号或抽签等形式是随机的,那么它将是一种比较公平的实施方式。该方式的优点在于,理论上任何人都有机会获得小型客车配置指标,因此有效保证了公平、公正。

车牌摇号本质上是一种抽签安排,借助等概率事件的统计原理,确保每个人中签的机会平等。从价值理念上看,摇号方式强调绝对公平,中签率的设置强调以个体为单位的机会平等,符合条件的个人,不论其经济状况、需求程度、职业、工作年限、纳税如何,都有平等的机会申请参加当期摇号。北京的车牌摇号还根据参与摇号累积次数设置了阶梯中签率,从而保证中签机会的动态平等。从工具理念来看,作为一种政策工具,车牌摇号是一种行政干预和计划配置资源的机制,它采用行政力量压制市场需求,按照固定的配置计划投放配额,政策风险和成本都较低,能够较好地实现控制增量的目标。

(二)摇号方式的低效率

所谓的绝对公平实际上并不存在,有时候"应该这样"并不等于"可以这样"。按照随机方式分配牌照与按申请先后顺序发放牌照一样,有其自身的缺点。如果采用一种简单的制度安排来解决一个复杂问题,则信息缺失和忽视个体差异将导致效率损失。[①] 可配置指标与需求之间巨大的差距导致中签率低下,平均等待时间过长,而本质上额外的等待成本是一种租金耗散。

第一,过于简单的制度设计忽视了个体动机的多样性、效用的复杂性和需求的刚性程度,导致政策效率损失。部分急需用车的单位、企业和个人无法及时获得配置指标,影响了正常的生产、工作和生活。因为这种分配方式完全是靠随机性,个人没有办法预知多长时间能获得车牌额度。车牌额度资源相对于人们的欲望而言总是稀缺的,如果采用随机发放的模式,很可能存在一些人长时间甚至永远都无法获得额度,他们就无法凭借自己的能力去使用中心城区的道路资源,尽管在分配机会上人人都是平等的。

第二,随机分配的方式也会使车牌额度无法有效发挥配置资源的功能。车牌

---

① Ostrom E, Burger J, Field C B, et al. Revisiting the Commons: Local lessons, Global Challenges[J]. *Science*, 1999, 284:278—282;[美]埃莉诺·奥斯特罗姆. 公共事物的治理之道:集体行动制度的演进[M]. 余逊达,陈旭东,译. 上海:上海译文出版社,2012:248.

摇号这样的制度安排无法区分人们不同的时间价值和支付意愿,在绝对公平理念下,指标配置对所有参与者看似一视同仁,但每个人的等待成本显然是不一样的。摇号还会产生一种激励扭曲,制度设计使越早参与摇号的人中签概率越大,即使暂时没有购车需求的人,当考虑到不确定的等候购车时间以及"早摇早中"的心理预期,也会去参与摇号。如果允许车牌额度转让,那么势必会产生投机现象,很多根本不用车和没有能力养车的人都会去申请额度,系统也无法自动识别出最需要车牌的人群。而如果不允许车牌额度转让,那么运气在这个时候就变得异常重要了。为了提高中签概率,一人购车、举家上阵摇号的例子屡见不鲜,谁家人口多,中签概率就大。最后,还会出现大量摇号中签不购车的现象,没有购车需求而参与摇号的人增加了其他人的购车等候成本。

第三,车牌额度供需之间的巨大差距导致中签率低下,退出机制设计和被遏制的需求累积使中签概率递减。例如,从 2011 年开始,北京每年配置小客车指标约 24 万个,2013 年指标总量减少到 15 万个,此后随着申请人数增加,中标率一路下滑。由于没有退出机制,个人经摇号未取得指标的有效编码,自动转入下一次摇号基数,这样参与摇号的基数会越来越大,因而在配置指标不显著增加的情况下,摇号中签的概率总体上是越来越低的。这就催生了一批"苦等族",不管对机动车需求程度与支付意愿多高,都要在这样的制度安排下付出巨大的等待成本,而等待的时间越长,沉没成本就越大。

第四,用摇号方式来调节机动车指标配置,导致的后果是租金耗散。摇号表面上看是免费的,但居民参与摇号是要付出等待成本的。在等待过程中,如果要获得小汽车出行体验而选择租赁汽车或出租车,或放弃出行而导致效用损失,那么这些成本减去购车所需的成本就是居民额外的等待成本。车牌额度可以看成是一种租金,额外的等待就是租金的耗散,无论是居民、政府、出租车公司还是汽车租赁公司都没有获得这笔耗散的租金。侯幸等(2013)计算出当中签率为 1‰时,北京居民摇号购车的确定成本为 65 472 元。相比于上海的车牌额度拍卖,政府可以筹集到大量资金用于交通基础设施建设,而摇号购车使得相当部分的收益耗散掉了。

二、市场配置方式

市场配置资源指的是在经济运行过程中,市场机制根据市场需求与供给的变动引起价格变动,从而实现对资源进行分配、组合、再分配与再组合的过程。市场配置资源的方式主要通过价格、供求、竞争等来进行。由于道路资源的增长是有限的,但对道路资源的使用需求增长是无限的,因此供需之间的不平衡必然存在。车牌额度作为机动车使用城市道路资源的合法凭证,在配置过程中可以通过合理的机制设计,充分发挥市场在定价、供求、竞争等方面的功能。

如果考虑分配效率,拍卖方式是一种有效的市场配置资源的方式。根据美国著名经济学家 McAfee(1988)的定义,拍卖是一种市场状态,这个市场状态在市场参与者明码标价的基础上,具有决定资源配置和资源价格的明确规则。[①] 拍卖也称竞买,是一种确定可交易物品价格的经济机制,通过投拍人的博弈,拍卖可以产生一个稳定价格和分配的结果。拍卖是市场经济的必然产物,是一种非常有效的资源分配方式,它以公开、公平、公正的特点赢得交易双方的信任。

伴随着我国经济体制的改革,公共资源的分配活动越来越多。这类市场交易往往规模大,要求过程公平公开,且讲求效率,因此可以借助拍卖的手段来进行。近年来,运用拍卖方式来分配公共资源逐渐成为主流。随着信息技术和通信技术的迅猛发展,电子商务成为非常普遍而又重要的交易方式,这使得在线拍卖的商品大大增加。

拍卖是以公开竞价的方式将特定的物品或财产权利转让给最高应价者的买卖方式,而车牌额度拍卖就是对汽车上牌的额度进行拍卖。购车者需在规定的时间内办理参与竞拍登记,交付保证金,并在随后公开进行的拍卖活动中参与投标竞买,按照"价高者得"的中标成交原则,获得车辆上牌的额度证书,最后凭借额度证书到车辆管理部门为汽车上牌。该方式的优点在于,可以增加地方财政收入,解决城市基础设施建设的资金来源。但也有不足之处,比如不断高企的中标价格,抬高了"有车一族"的进入门槛,使得开车变成了有钱人的游戏,造成社会的不公平;变相鼓励高档车的消费,抑制本土汽车品牌的发展;政策本身的目标是放缓机动车增长速度,在特定阶段可能与汽车产业政策存在分歧和冲突之处。

(一)拍卖理论的历史沿革

拍卖的历史可谓源远流长,最早可以追溯到 2 000 多年前,是一种古老的资源配置方式。根据历史学家希罗多德的记载,在公元前 500 年,古巴比伦人就对即将出嫁的妇女采取拍卖的方式;古埃及人拍卖过采矿的权利,甚至包括皇帝的王冠;古罗马人除了声名狼藉的奴隶拍卖外,还有利用拍卖进行资产清算和出卖战利品

---

① McAfee R P. Multidimensional Incentive Compatibility and Mechanism Design[J]. *Journal of Economic Theory*,1988,46(5):335－354.

等。① 随着现代社会市场经济的发展,拍卖成为一项重要的经济交易制度。拍卖是市场经济的必然产物,是一种有效分配特定资源的方法,它以公开、公平、公正的原则获得交易双方的信任。从实践来看,拍卖被广泛地运用到各个领域,不再局限于艺术品的买卖,还有书籍、鲜花、二手货物、住房等。政府也运用拍卖方式来出售债券、行政部门委托的罚没物品、邮政运输部门无主货物等。

20世纪中叶以来,经济学家对拍卖的研究加速了拍卖在资源配置方面的实践。1961年,诺贝尔经济学奖得主维克里发表了《反投机、拍卖和竞争性密封投标》一文,他运用博弈论研究拍卖机制,做出了开拓性的贡献。维克里在收入等价定理方面取得了突破②,他主要研究了拍卖的四种基本形式,即英式拍卖(English Auction)、荷式拍卖(Dutch Auction)、一价密封拍卖(First-Price Sealed Auction)和二价密封拍卖(Second-Price Sealed Auction)。这四种形式都能有效分配拍卖品,对拍卖品价值估计最大的竞拍者能最终获得该物品。同时,拍卖者在这四种不同形式的拍卖中可以获得相同的期望收益,即"等价收益定理"(Revenue-Equivalence Theorem)。随后,Wilson(1969)引入共同价值模型,定量解释了"赢者诅咒"现象以及竞标者策略。此后,拍卖理论开始快速发展。Riley和Samuelson(1981)采用收入均衡理论,推导出收入等价定理在一般情形下都成立的结论。Milgrom和Weber(1982)结合私人价值和共同价值这两个因素,建构了关联价值模型。McAfee和McMillan(1987)研究拍卖状态的论文是20世纪80年代末一篇经典文献。最引人瞩目的是2020年诺贝尔经济学奖授予了保罗·米尔格罗姆(Paul R. Milgrom)和罗伯特·威尔逊(Robert B. Wilson),以表彰他们在"改进拍卖理论和发明新拍卖形式"方面做出的贡献。

(二)拍卖的特点和功能

拍卖通过"价高者得"机制来配置稀缺资源。经济活动带来人们对道路资源的使用需求,在增加大众化运输服务的同时,限制人们对机动车拥有和使用的需求,是近年来交通需求管理的一个趋势。由于道路资源始终是稀缺的,因此如何从源头来分配有限的道路资源呢?如果考虑采用市场方式配置资源,那么在众多的竞争标准当中,有一种是非常有效的,那就是"价高者得"。拍卖方式很好地体现了"价高者得"这一原则。由于路权的不可分割性而将道路资源分配前置到机动车拥

---

① 搜狐网. 世界最早的拍卖和中国最早的拍卖行业年代你知道吗?［EB/OL］.［2017-12-12］. https://www. sohu. com/a/210056554_488411.

② Vickrey W. Counter Speculation Auctions and Competitive Sealed Tenders［J］. *Journal of Finance*, 1961,16:8—37.

有环节,通过拍卖方式配置车牌额度便是这样一种替代办法。愿意出高价购买车牌额度的人,他(她)所取得的收入,一般而言是他(她)在别的场合向社会上的其他人提供服务交换而来的。换一种说法,他(她)为争夺牌照而做出的努力,从某种意义上说已经得到了社会其他人的认同。

"价高者得"本身就是一种公平竞争的标准。只要满足"价高"这一标准,任何人都可以成为实际的竞买者。"价高者得"规则是为买方的竞争而设定的,它以买方"得"的愿望为前提,通过参与者的博弈来显示"价高"的标准。"价高"不是固定的,需要在拍卖现场通过比较得出。比较的基础是买方的报价,拍卖成交价通过买方的竞争报价产生,买方也只有在竞争中获胜,才能得到拍品。"价高者得"规则抓住了市场上最敏感的要素——价格作为基点,以买方竞价作为行为手段,将拍卖本身的竞争性充分表现出来。

拍卖的第一个重要功能是价格发现功能。从财务会计角度来看,商品价格由成本加上合理的利润确定。上海车牌被戏称为"天底下最贵的铁皮",这种误解通常会因为物品的实物形态而加深。人们普遍的看法是定价不能脱离成本,而从实物上来看车牌只是一块铁皮而已,没有多少投入。人们借此批评拍卖方式的不合理,额度拍卖价格的走高因此常常被诟病。但是一个不可否认的基本现实是,资源都是稀缺的,不仅仅是道路资源,还有水资源、住房、医疗服务、教育服务等。从经济学角度来看,价格是由市场供求关系决定的,任何商品的价值都因为有人竞争而产生。车牌价格本质上代表的是道路资源的分配,拍卖是外部成本内部化的一个手段,而且拍卖尤其适用于标准不容易把握、供求不平衡、价格不容易确定的物品。

拍卖的第二个重要功能是资源配置功能。资源配置是指对各种资源进行有效组合与利用,从而获得最佳经济效益和社会效益。资源配置通常有两种手段:一种是计划手段,另外一种是市场手段。由于每年车牌额度投放量由政府管制,而拍卖作为市场手段的一种方式,适用于稀缺资源的配置。在拍卖交易过程中,通过"价高者得"的方式,最后成交的买受人通常是具备最佳条件或最需要拍卖标的者,这就使拍卖标的"适得其所"。

三、混合配置方式

单一方式配置资源各有优劣。拍卖方式通过市场机制配置额度,能够较好地实现按需分配,同时相较于摇号方式较低的中标率,拍卖可以规避部分时间成本。从经济学角度来看,拍卖能够更好地体现额度的实际市场价值,降低交易成本。但是,"价高者得"使社会财富分布不均,竞拍形式也比较单一,额度的稀缺以及"久拍不中"诱发了中介市场。

摇号方式则充分体现了政府分配公共资源的公平性,避免居民承担过高的经济成本。但从结果来看,过于简单的制度设计未能达到较好的分配效率,随机分配也无法识别真正需要额度的人,反而导致所有参与者高昂的等待成本。

混合方式则是一种折中方案,享有某种方式的好处,同时避免另一种方式的短板。广州在 2013 年率先采用混合方式之后,该方式的优越性很快体现了出来,被后续实施限购政策的多个城市采纳使用。混合方式最大的优势是增加了居民的选择性,急需额度又有支付能力的人可以参加拍卖,通过出价竞争获得额度,不急着购车的人可以参加摇号,无须支付费用也能拥有分配获得额度的机会。这种选择性的增加相当于对市场进行初次分流,将急于获得额度又有支付意愿的人筛选至拍卖市场参与交易。当然,混合方式由于是拍卖和摇号的组合,所以也克服不了拍卖和摇号自身固有的缺点,比如拍卖价格上涨过快、摇号等待时间过长,同时管理两种配置方式存在一定的复杂性。

四、有关配置方式的理论分析

通过摇号(或抽签)或拍卖来分配稀缺资源的做法具有悠久的历史,在学术界,这些方式如何在效率和公平之间做出权衡是一个经久不衰的话题。多位学者的研究发现(Weitzman,1977;Gueserie and Roberts,1984;Sah,1987;Che et al.,2013),拍卖可能并不总是比摇号更胜一筹。管制机制设计方面,Koh 和 Lee(1993)、Koh(2003)、Koh(2004)、Chu(2014)为额度配置方案的设计提出了有价值的见解。Li(2018)试图比较上海和北京的机动车拥有权管制,发现与拍卖系统相比,北京摇号系统的效率大幅下降,而 Xiao 等人则质疑机动车拥有权管制自身的有效性(Xiao et al.,2013)。

在稀缺资源的配置理论中,最著名的是马丁·L.魏茨曼(Weitzman,1977)对市场和配给机制的分析,这个确定最佳配置机制及其影响因素的数理分析过程被称为"Weitzman 模型"。下面将结合车牌额度拍卖和摇号的实践,对 Weitzman 模型做一介绍。[①]

Weitzman 模型关注的问题是,哪种更适合于有效地分配稀缺的物品?是市场

---

① Weitzman M L. Is the Price System or Rationing More Effective in Getting a Commodity to Those Who Need It Most? [J]. *The Bell Journal of Economics*,1977,8(2):517—524.

还是配给的制度安排？在分析中,不妨将这两种分配机制简称为市场制和配给制。Weitzman 模型在需求函数中引入人们对稀缺商品需要的分布函数以及收入水平的分布函数,分析需要和收入这两个因素对市场制和配给制效率损失的影响,并指出两种分配制度的适用条件。

(一)需求、效用和市场的描述

考虑 n 个消费者,他们对某种稀缺商品有一定的需要[①],各自的收入水平不同。

设 ε 为人们对某种稀缺商品的需要,ε 的分布代表人们对该种商品需要的分散程度。如果人人都需要,则 ε 分布的方差较小;如果有的人需要,有的人不需要,则 ε 分布的方差较大。

收入水平会影响该种商品的消费数量,这种影响用增加一美元带来的边际效用 λ 表示(Marginal Utility of Income)。λ 的分布代表收入的均等程度,λ 分布的方差越大表示越不均等,相反则越均等。

设该种稀缺商品的需求函数为(一阶近似形式):

$$x(p;\varepsilon,\lambda)=A-B\lambda p+\varepsilon \tag{4-1}$$

式中,p 为商品的价格,λp 为与收入水平(或支付能力)相关的价格。

一个具有 (ε,λ) 的消费者通过购买数量为 $x(p;\varepsilon,\lambda)$ 的商品来极大化效用,即:$U(x,\varepsilon)-\lambda px$,假设 $U(\cdot)$ 具有二次函数形式:

$$U(x,\varepsilon)=C+\frac{(A+\varepsilon)x}{B}-\frac{x^2}{2B} \tag{4-2}$$

令 $f(\varepsilon)$ 为第 ε 类消费者的分布函数,$g(\lambda)$ 为对应于第 λ 类边际效用的消费者分布函数,则 $\sum_{\varepsilon} f(\varepsilon)=\sum_{\lambda} g(\lambda)=n$。

假设两种特征相互独立,那么拥有 (ε,λ) 特征的消费者联合分布为:

$$h(\varepsilon,\lambda)=\frac{f(\varepsilon)g(\lambda)}{n} \tag{4-3}$$

为不失一般性,将 (ε,λ) 标准化为:

$$E(\varepsilon)\equiv\sum_{\varepsilon}\frac{\varepsilon f(\varepsilon)}{n}=0 \tag{4-4}$$

$$E(\lambda)\equiv\sum_{\lambda}\frac{\lambda f(\lambda)}{n}=1 \tag{4-5}$$

ε 的方差为:

$$V[\varepsilon]\equiv E[(\varepsilon-E[\varepsilon])^2]=\sum_{\varepsilon}\frac{\varepsilon^2 f(\varepsilon)}{n} \tag{4-6}$$

---

① 原文对"需要"的表述为 needs、wants 或 enjoys。

将价格 p 的方差定义为：

$$\sigma^2(p) \equiv E[(x(p;\varepsilon,\lambda) - E[x(p;\varepsilon,\lambda)])^2] \quad (4-7)$$

由公式4—1、公式4—3、公式4—4、公式4—5得出需求的期望值为：

$$E[x(p;\varepsilon,\lambda)] \equiv \sum_\varepsilon \sum_\lambda \frac{x(p;\varepsilon,\lambda)h(\varepsilon,\lambda)}{n} = A - Bp \quad (4-8)$$

由公式4—7、公式4—8得出价格的方差为：

$$\sigma^2(p) = \sum_\varepsilon \sum_\lambda \frac{(Bp(\lambda-1)+\varepsilon)^2 h(\varepsilon,\lambda)}{n} \quad (4-9)$$

而公式4—3、公式4—4、公式4—5可以简化为：

$$\sigma^2(p) = B^2 p^2 V[\lambda] + V[\varepsilon] \quad (4-10)$$

式中，

$$V[\lambda] \equiv E[(\lambda - E[\lambda])^2] = \sum_\lambda \frac{(\lambda-1)^2 g(\lambda)}{n} \quad (4-11)$$

(二)分配制度与效率损失

假设有总数为 $\overline{X}$ 的商品,人均可拥有的数量为 $\overline{x} = \frac{\overline{X}}{n}$。

存在一种分配制度,如配给制 $E[\chi] = \overline{x}$。

式中(期望值定义), $E[\chi] = \sum_\varepsilon \sum_\lambda \frac{\chi(\varepsilon,\lambda)h(\varepsilon,\lambda)}{n}$。

定义一个理想、可行的分配方案为：

$$\chi^* = \overline{x} + \varepsilon \quad (4-12)$$

将任何一个分配方案 $\chi(\varepsilon,\lambda)$ 的效率损失定义为：

$$L[\{\chi(\varepsilon,\lambda)\}] = \sum_\varepsilon \sum_\lambda \frac{(\chi(\varepsilon,\lambda)-\chi^*(\varepsilon,\lambda))^2 h(\varepsilon,\lambda)}{n} \quad (4-13)$$

下面考虑配给制和市场制的差异。配给制是这样一种平均分配方案,给每个人相同的份额 $\overline{x}$,所产生的效率损失为：

$$L[\{\overline{x}\}] = \sum_\varepsilon \sum_\lambda \frac{(\overline{x}-\chi^*(\varepsilon,\lambda))^2 h(\varepsilon,\lambda)}{n} \quad (4-14)$$

如果通过市场制来分配,则有 $\chi(\varepsilon,\lambda) = x(\hat{p};\varepsilon,\lambda)$。式中,$\hat{p}$ 为市场出清价格,它满足 $E[x(\hat{p};\varepsilon,\lambda)] = \overline{x}$。

代入公式4—8得出：

$$A - B\hat{p} = \overline{x} \quad (4-15)$$

拍卖市场的效率损失为：

132

$$L[\{\chi(\varepsilon,\lambda)\}] = \sum_{\varepsilon}\sum_{\lambda} \frac{(x(p;\varepsilon,\lambda)-\chi^*(\varepsilon,\lambda))^2 h(\varepsilon,\lambda)}{n} \qquad (4-16)$$

（三）两种分配制度的效率损失比较

比较两种分配方案的效率损失：

$$\delta \equiv L[\{\bar{x}\}] - L[\{x(\hat{p};\varepsilon,\lambda)\}] \qquad (4-17)$$

根据公式 4—3、公式 4—4、公式 4—6 和公式 4—12,配给制效率损失公式 4—14 变为：

$$L[\{\bar{x}\}] = V[\varepsilon] \qquad (4-18)$$

这表明配给制的效率损失取决于 ε 的方差,即人们对某种稀缺物品需要的分散程度。这种需要越分散(可有可无),它的方差就越大,效率损失也越大,所以配给制不适合。

将公式 4—1、公式 4—12 代入市场制效率损失公式 4—16 得出：

$$L[\{x(\hat{p};\varepsilon,\lambda)\}] = E[(A-B\hat{\lambda}p+\varepsilon-\bar{x}-\varepsilon)^2] = E[(A-B\hat{\lambda}p-\bar{x})^2]$$

运用公式 4—3、公式 4—5、公式 4—10 和公式 4—15,可将上式简化为：

$$L[\{x(\hat{p};\varepsilon,\lambda)\}] = B^2\hat{p}^2 V[\lambda] \qquad (4-19)$$

这表明市场制的效率损失取决于 λ 的方差,方差越大(收入差异越大),效率损失也越大(市场制不适合)。对于市场制,高的收入不均等将造成高的效率损失。

市场制的效率损失还取决于出清价格 $\hat{p}$,价格越高,损失越大。此外,效率损失还取决于 B,B 是与人群需要无关的边际价格,当"真实"价格上涨(或下降)一个单位时,引发的需求变化量(社会对价格的敏感程度,越敏感损失越大)为：$B \equiv \frac{\partial x}{\partial(\lambda p)}$。

因此,将公式 4—18 和公式 4—19 代入公式 4—17,可得两种制度的效率损失之差为：

$$\delta = V[\varepsilon] - B^2\hat{p}^2 V[\lambda] \qquad (4-20)$$

将公式 4—9 代入公式 4—20 得出：

$$\delta = 2V[\varepsilon] - \sigma^2 \qquad (4-21)$$

这里 $\sigma^2 \equiv \sigma^2(\hat{p})$ 为市场出清时需求的方差。

（四）结论

到底哪一种制度更好,取决于需要分布效应(Taste Distribution Effect)和收入分布效应(Income Distribution Effect)。

133

（1）配给制更优的条件。如果满足 $V[\varepsilon]<B^2\hat{p}^2V[\lambda]$，$\delta<0$，那么配给制的效率损失小于市场制的效率损失。这里的条件可以概括为人们的需要分布比较小、偏好比较一致或者存在较大的收入不均等。[①]

（2）市场制更优的条件。如果满足 $V[\varepsilon]>B^2\hat{p}^2V[\lambda]$，$\delta>0$，那么配给制的效率损失大于市场制的效率损失。

因此，在其他条件相同的情况下，价格体系（市场制）在清理短缺商品（Deficit Commodity）方面具有更大的相对有效性，并在需求更加分散或社会收入分配相对均等的情况下，将其提供给最需要的人。相反，如果对短缺商品的需求更加一致，或者收入不均等程度更大，则配给更为有效。

以汽车限购为例，假设有这样一个城市，居民比较崇尚汽车文化，人人都想买车。由于道路资源有限，为保持交通畅通政府决定限制汽车总量，汽车牌照因此将成为稀缺商品。如果此时人们的收入差距较大，那么采用配给制（摇号）就比较合适。相反，如果一个城市的居民出行选择比较多元化，老百姓也认同公交出行的理念，那么汽车则变得可有可无，此时如果这个城市整体比较富裕，人们的收入差距也比较小，那么采用市场制（拍卖）就比较合适。

经济学家 Weitzman（1977）采用直观的假设和简洁的数学模型分析了市场制、配给制和混合制的配置效率，虽然当时所处的历史时期笼罩在冷战阴影之下，但丝毫不影响今天将他的经济学思想运用到管制机制设计之中，由此推出的结论也大体可以解释机动车拥有权管制的一些基本现象，因此仍富有启发性和学术参考价值。

[①] 原文为"when wants are more widely dispersed or there is greater income inequality"。

05
第五章

机动车拥有权管制效果分析

机动车拥有权管制通过制定规则和标准,增加购车环节的广义成本(如时间、金钱和付出的努力等)来改变人们拥有汽车的意愿和行为,实现控制机动车增长速度的目标。伴随着管制政策的执行过程,在微观(消费者决策及额度配置市场)、中观(组织和群体)、宏观(社会经济系统)层面将会发生直接的政策产出、短期的政策效应以及稳定的政策影响等多种变化。这些变化需要客观地测量并与设定的政策目标进行比对,以判断政策是否达成既定的目标,实现预期的效果。管制政策在不同城市实施时,有时会产生迥异的变化;在控制机动车增长的过程中,一些城市在特定时期也会遭遇相似的政策问题。对这些城市限购政策的实施效果进行对比分析,有利于探索差异化政策效果的形成机制以及环境因素所产生的影响。

从政策效果的微观层面来看,一方面,机动车拥有权管制促使汽车消费行为发生变化,可通过消费者购车决策、车型和牌照的选择等行为数据来反映;另一方面,车牌额度通过拍卖或摇号方式配置,配置市场的状态变化(包括过程和结果)也是微观政策效果的组成部分,表现为拍卖市场中车牌额度、竞拍人数和价格等因素之间的互动关系,以及摇号配置过程的中标率、申请人数和等候成本等之间的关联影响。在政策体系中,其他限制性交通需求管理政策(如错时上下班、尾号限行、拥挤收费等)会与限购政策产生耦合作用。中观层面的政策效果反映不同组织或群体在多元管制政策下的博弈均衡结果。宏观层面的政策效果通过城市机动车数量以及其他社会经济系统的状态变量表现出来,采用计量方法可以识别政策发挥作用的机制和影响因素。

第一节 "事件-机制-效应"分析

按照古典自由主义的观点,市场是"看不见的手",人们按照个人利益最大化各自分散决策,最终达成整体社会福利提高的效果。因此,政府只能作为有限责任的"守夜人"而存在,不应对市场和社会做过多的干预。但是,市场的帕累托改进存在很多基本条件,比如充分竞争、信息对称、不存在自然垄断和外部性等,当这些条件无法满足时,就会出现市场失灵的现象。市场失灵的存在给政府干预提供了适当的理由。

二十多年来,我国经历了快速城市化和机动化的过程,伴随而来的是交通拥挤、尾气污染和事故伤亡等外部性症候。仅凭市场的力量,很难在短时间内让社会经济系统恢复到正常运行状态,因此需要政府制定公共政策,进行合理引导和有效调整。近年来,一些大中城市开始对居民拥有和使用小汽车的消费决策进行干预,比如控制车牌额度的发放、按尾号限行、错时上下班、提高停车收费等。这些政策的实施效果亟待运用公共管制理论进行分析和评价。本节将从政策过程的关键事件出发,将管制政策对社会经济系统的冲击比拟为一个力学过程,对干预效果进行必要的机理分析,以期做出科学评价,并指明改进方向。将力学原理与公共政策过程进行比拟,有助于揭示政策过程的动力-阻力机制和政策效果产生的因果关系,为政策创新提供理论依据。

一、"事件-机制-效应"分析思路

力可以使物体的运动状态发生改变。在一定条件下,公共政策的实施会对社会经济系统产生持续的作用,改变系统原来的状态,以实现增进社会福利的政策目标。这种政策影响过程与力对物体的作用效果相类似,但影响机制却有很大的不同。本节借鉴力学的概念和原理,引入"事件-机制-效应"分析框架,对机动车拥有权管制效果进行评价。

公共政策的变迁必然经历一系列复杂的历史事件,比如社会经济发展中的关键改革措施、政策及其关联或配套政策的废止或变更、自然灾害以及社会突发事件等,它们会对社会经济系统产生持续的多重影响。这一系列历史事件是可以观察的(如媒体报道),社会经济系统的变化也是可以量测的(如统计年鉴)。由此认为,社会经济系统对政策变迁的响应与这一系列历史事件存在一定的相关关系或因果关系。通过统计假设,可以对其中的因果关系进行检验。相对于政策目标,这些历史事件对社会经济系统中的政策对象及系统状态可能是正向影响(动力)、负向影响(阻力)或无影响(无作用)。例如,汽车产业发展政策必然推动城市的机动化进程,此时政策对社会经济系统中的关键变量,即机动化水平表现为动力机制;相反,对车牌额度进行管制(限购和限行),由于增加了拥有和使用机动车的个人成本,管制政策将减缓机动车的增速,此时政策对机动化水平表现为阻力机制。

假设在政策生命周期$[t_0, t_1]$中,由历史事件引发政策变迁的动力(或阻力)作用为F_i,系统惯性为$m(w)$,系统状态变量为$(w; v)$,其中v为人们关心的某种特定的系统状态,则政策作用力、系统惯性与特定系统状态之间的关系满足:

$$\int_{t_0}^{t_1} \sum_i F_i(t) dt = \int_{t_0}^{t_1} m(w) \frac{dv}{dt} dt = \int_{t_0}^{t_1} m(w) dv \qquad (5-1)$$

也就是说,不同时期的政策事件经过时间的累积,最终使社会经济系统在某种特定状态上发生变化,政策作用力与系统状态变化之间存在一定的因果关系。

在力的作用下,物质系统的惯性与运动状态之间相互独立。与物质系统最大的不同是,社会经济系统自身的惯性 $m(w)$ 会随时间发生变化,并且与人们所关心的系统特定状态 v 之间存在着耦合关系。因此,即使在相同的政策(作用力)之下,不同的社会经济系统也会发生不同的状态变化,即不同的社会经济系统对同一政策的响应会有所不同。例如,世界上只有少数几个国家和城市成功实施了城市中心区域的拥挤收费政策,如新加坡、英国伦敦和瑞典斯德哥尔摩等,其他城市的实践(英国爱丁堡、美国纽约等)由于各种原因最终都无法顺利实施。因此,在一定政策作用下,确定社会经济系统惯性与特定系统状态之间的耦合关系,是评估政策绩效、阐释政策机理的重要环节。这种耦合关系是由当地的政治与行政(公共决策方式)、经济、社会、文化等多重因素决定的。如果对历史事件和系统进行持续的观测,则可以检验公共政策、社会经济系统与特定系统状态三者之间可能存在的相关关系或因果关系,由此对政策效果做出评估。

以车牌额度拍卖政策为例,为了控制一个城市机动车的总量和增速,政府通过设置拍卖市场来配置车牌额度,机动车持有者需要通过竞价获得额度,从而拥有道路的通行权利。在政策的生命周期中,政府会根据不同历史阶段的社会、经济、城市和机动车发展目标出台一系列具体措施来控制机动车数量。这些措施表现为不同政策时期的历史事件,而对机动车数量的影响表现为正向(动力)或负向(阻力)效果。如果将这一系列历史事件视为政策过程中的"作用力",那么其效果是直接影响了社会经济系统(系统惯性)中的机动车数量及其增速(状态变量)。显然,可以建立机动车数量(或增速)与历史事件、社会经济系统的相关关系,并进行统计检验:

$$\Phi\left[F_i(t), m(w(t)), v(t)\right]=0$$

或

$$(5-2)$$

$$v(t)=\varphi\left[F_i(t), m(w(t))\right]$$

在此基础上,可以根据这个标定的相关关系对政策效果做出判断与评估。对政策效果进行评估时,首先需要按照时间顺序梳理出公共政策变迁过程中的关键事件,初步评估这些事件对社会经济系统的具体影响,相应地识别其中的动力(或阻力)机制并进行标定。其次需要确定社会经济系统的惯性和状态变量以及政策作用对象。正确识别政策作用对象有利于刻画出政策的作用机制,即政策通过什么途径和方式最终"对谁"发生了作用。比如机动车管制政策中,政策作用对象是打算购买机动车的人以及拥有和使用机动车的群体,政策干预使得他们在拥有和使用机动车的过程中行为决策发生了相应的改变。这些变化往往是在一定的社会经济背景条件下发生的,因此需要结合具体情况来考察。再次需要识别具体的政策效应,包括政策产出和政策效果。比如实施机动车限购之后,机动车增长的速度放缓(政策产出);实施拥挤收费或低排放区政策后,机动车使用行为减少(政策产出),拥堵和污染缓解(政策效果)。同时,进一步建立政策效应与社会经济状况、机动车发展状况的对应关系(如回归方程),做出假设检验(证实或证伪)。最后需要对比预设的政策目标,选取恰当的指标体系,判断政策是否达到预期目标以及目标实现程度,分析政策事件的综合影响,并提出相关政策建议。

按照上述思想和步骤,图5—1阐释了政策事件与政策效应的关联机制,可以给上海车牌额度拍卖政策效果的评估提供思路。

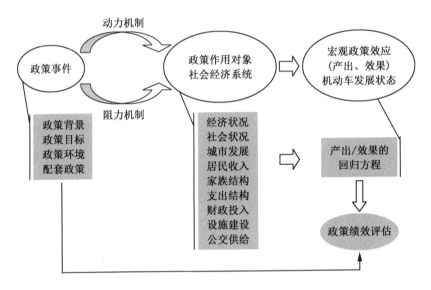

图5—1 政策事件与政策效应的关联机制

二、政策事件及其演化

综观上海车牌额度拍卖政策的发展历史,按照政策生命周期的观点,大致可以分为萌芽期(1986—1993年)、成长期(1994—2002年)、成熟期(2003—2012年)和强化期(2013年至今)等阶段。两次拍卖规则调整分别发生在2008年和2013年。主要事件发生的时间和属性如表5—1所示,按是否有利于机动车发展将事件属性分为动力(有利为正)或阻力(不利为负)。

从历史事件可以看出,在萌芽期和成长期,政策目标显示出多元、多变且模糊的特点,车牌额度甚至一度成为刺激房地产和汽车产业发展的"筹码"。转折点为2002年《上海城市交通白皮书》发布,它确立了今后一个时期内机动车发展的战略目标,此后车牌额度拍卖政策对机动车增长的控制效果逐渐显现。2008年第一次拍卖规则调整,将拍卖分为两阶段,缓解了信息不对称问题。2013年第二次拍卖规则调整,采用价格上限,遏制了价格过快上涨,但是也削弱了价格对需求的调控功能。本节将重点研究2002—2013年,即政策成长期末(2002年)到第二次拍卖规则调整(2013年)这一时期的政策绩效。

表5—1 上海车牌额度拍卖政策的主要历史事件

序号	年份	主要政策事件	事件属性	对事件属性的解读
1	1986	私车牌照有底价拍卖	+	私人机动车拥有权解禁,额度采用市场配置,被视为改革开放的一个里程碑
2	1980—1990	中心区实施单双号限行	+	私人自备车牌照不在限行管制范围内,限号之后的道路空间有利于私车出行
3	1994	国家确立汽车产业为支柱产业	+	汽车产业地位的确立使轿车进入家庭成为可能
4	1995	地铁一号线开通	—	增加大运量公交的供给,吸引人们使用公交出行
5	1998	桑塔纳私车额度投标竞购	+	地方产业保护政策
6	2000	国产生活用小客车额度无底价竞购;车房组合;"公务车改革"	+	无底价竞购降低了准入门槛,车牌额度一度成为刺激房地产和汽车消费的"筹码"
7	2001	外地人员可凭暂住证申请暂住地车牌	+	扩大了政策的受益面
8	2002	《上海城市交通发展白皮书》发布	—	机动车拥有权管制获得法律地位,确定上海交通发展的总体战略目标
9	2003	国产车和进口车额度合并拍卖	+	给予进口车"国民"地位
10	2004	商务部对上海车牌额度拍卖的"违法"指控	+	凸显中央与地方的立法冲突,以及汽车产业发展、汽车私人消费与公共利益之间的矛盾
11	2005	公交优先战略	+	确立公交优先发展的主旋律
12	2006	提高中心区域的停车费	—	增加机动车的使用成本,调节机动车使用行为
13	2008	拍卖规则修改	+	增加信息透明,稳定拍卖市场

序号	年份	主要政策事件	事件属性	对事件属性的解读
14	2012	整治高峰时段高架道路上的外地牌照车辆	—	推高本地额度需求,拍卖价格"十连涨"
15	2013	拍卖规则再次修改,《上海城市交通发展白皮书》修订	+	拍卖"警示价"遏制价格高涨,明确机动车管制的目标
16	2016	交通秩序大整治	—	规范机动车使用行为,限制外地车牌高峰时段使用高架路
17	2020	年初新冠疫情暴发,3月复工复产后出行结构发生变化;4月市发改委等六部门印发《关于促进本市汽车消费若干措施的通知》,提出当年新增4万个非营业性客车额度	+	新冠疫情诱发对机动车和本地牌照的需求,通过增加额度投放量促进汽车消费,尤其是新能源汽车消费;从4月起,市交通管理部门开始增加月度额度投放量,其中6月单月投放量超过1.8万个
18	2020	10月,市公安局发布《关于调整部分道路交通管理办法的通知》,从11月2日起调整"外牌"限行措施	—	外环线内高架道路外牌限行范围不变,时间延长为13小时(7时至20时)
19	2022	5月,市人民政府发布《上海市加快经济恢复和重振行动方案》,提出年内新增非营业性客车牌照额度4万个	+	6月,交管部门单月投放量超过1.5万个,并按照国家政策要求阶段性减征部分乘用车购置税

三、政策绩效评估

本节将根据上述研究思路和相关政策事件,通过建立计量分析模型来评估上海车牌额度拍卖政策的绩效。时间范围为2002—2013年,因变量为上海个人民用车辆(轿车)拥有量的增长情况,数据来源为历年《上海统计年鉴》。

交通经济学理论认为,首先,人口增加和经济增长会提高城市机动车的拥有水平,发达国家千人机动车拥有量对人均GDP的弹性系数约为1.5。其次,根据当斯定律,交通基础设施的改善会诱发机动车的拥有和使用,因此基础设施建设与机动车发展之间是正向关系。最后,公共交通供给对机动性的影响呈现出"双向"效果:一方面公交供给的增加替代了一部分机动车出行,从而直接抑制了机动车拥有和使用;另一方面由于这部分机动车出行的减少,空出了一部分道路面积,诱发其他机动车的出行,从而间接引发更高的机动车拥有水平。

根据上述理论,考虑将社会经济系统的惯性变量设定为社会经济、基础设施与公交建设两大类。

（1）社会经济变量：包括总户数、常住人口、年末户籍人口；生产总值、人均生产总值；个人储蓄存款、人均可支配收入、人均消费支出等。

（2）基础设施与公交建设变量：包括城市基础设施投资额（交通运输）、人均拥有道路面积、拥有道路长度；公共汽车数量、公交线路长度、公交客运总量、轨道交通运营线路长度、轨道交通客运总量等。

进一步，将政策事件作为虚拟变量逐年进行标定，对机动车增长的正向影响标记为"＋1"，负向影响为"－1"，无影响为"0"，并假定政策事件对机动车增长的综合影响机制为双指数函数形式。此外，将车牌额度拍卖市场的三种要素包括额度投放量、竞拍人数和成交价的年平均值也视为解释变量。综上，采用 Cobb-Douglas 形式的回归方程，计算公式为：

$$v_j = km_{1j}^{\alpha_1} m_{2j}^{\alpha_2} \cdots m_{nj}^{\alpha_n} e^{\beta e^{F_j}} \tag{5-3}$$

式中，v_j 为第 j 年个人民用车辆（轿车）拥有量（特定系统状态）；$m_{ij}(i=1,\cdots,n)$ 为系统惯性变量；k，$\alpha_i(i=1,\cdots,n)$，β 为回归系数；$F_j = \{-1,0,1\}(j=2002,\cdots,2013)$ 为逐年标定的政策事件。

由于时间序列较短，数据样本少，各变量的单位根阶数在 I(0)～I(3) 不等，不具有同阶单整性质，制约了利用协整分析来寻找变量之间长期稳定关系的可能性。本节采用对数线性回归方程，通过误差项的 Dickey-Fuller 检验，以验证回归方程存在稳定的线性组合。回归结果可以表示为：

$$v = -133.4 \times m_{population}^{17.64} m_{investment}^{0.234\,5} m_{roadarea}^{2.231} m_{busvehicle}^{1.117} m_{quota}^{-0.616\,4} m_{bidders}^{0.226\,7} m_{price}^{0.238\,4} e^{-0.030\,7e^{F_j}} \tag{5-4}$$
$$\scriptstyle (-26.06)\quad(23.09)\quad(17.14)\quad(13.21)\quad(6.93)\quad(-7.76)\quad(6.29)\quad(11.89)\quad(-4.60)$$

在 Dickey-Fuller 检验中，基于 MacKinnon 的近似 p 值，$Z(t)=0.030\,8 < 0.05$，表明误差项不存在单位根，回归方程存在稳定的线性组合。公式 5-4 第二行括号中为回归系数的 t 值，均为显著。

回归结果表明，首先，从 2002 年至 2013 年，对于个人民用车辆增长贡献最大的三种因素依次为人口（17.64）、道路面积（2.231）和万人公交车拥有量（1.117）。此外，其他正向因素还包括交通投资（0.234 5）、竞拍人数（0.226 7）和平均中标价（0.238 4）。可以看出，在系统惯性中，个人民用车辆增长主要受到城市人口增加的剧烈影响，道路面积增加次之，符合当斯定律的假设。而万人公交车拥有量增加对机动车发展有正向激励作用，表明随着公交服务供给相应的增加，会吸引更多的人使用公交系统，但所腾空的道路面积易诱发更多的人想拥有车辆和开车出行。这显示了公交优先政策或提升公交服务水平、提高公交乘坐率，对机动车增长的制约作用未能正常发挥，"推""拉"效果有所抵消，在与小汽车的竞争中，公交吸引力有待进一步提高。

　　其次,对机动车产生制约的因素包括常数项中未知的系统惯性(－133.4)、额度投放量(－0.616 4)和政策事件(－0.030 7)。总体而言,从政策变量中个人民用车辆增长的影响来看,回归系数量值很小,表明相关政策对机动车拥有权管制的效果比预期微弱。对私人机动性增长的阻滞效果主要来源于未知的系统惯性,可能是特大城市在拥有和使用机动车过程中遭受到一些自然阻碍,比如停车的便利程度、道路使用的成本(过路费和建设费)、油价波动、车辆维护成本等,这需要更多的数据进行分析和标定。

　　本节以上海车牌额度拍卖政策为研究对象,将公共政策对社会经济系统的影响过程比拟为一个力学过程,通过计量分析标定了与政策事件相关的"作用力"和系统惯性等因素对个人民用车辆增长的影响,从而为政策绩效评估提供理论和实证参考。分析表明,随着城市经济、汽车产业、交通设施的发展以及人口增长,个人机动车呈现持续高速的自然增长状态,而社会经济系统中存在的负向影响因素相对较少,对私车拥有的管制政策作用力也较预期微弱。因此,应当未雨绸缪,及早在人口、经济、产业、设施等领域采取联动措施,并及时对机动车政策进行强化和调整。

第二节　政策比较分析

　　近年来,国内先后有上海、北京、广州、天津、杭州、深圳和海南等省市实施小汽车增量调控政策,此外还有温州和贵阳等城市曾实施过限购政策。小汽车额度配置方式大致分为三类,即拍卖、摇号以及混合方式。每个城市在资源禀赋和政策环境上有所差异,实施管制的时机和进程也各不相同。这些城市在政策推进过程中面临一些共性问题,如额度需求刚性增长、价格持续攀升等。因此,从比较分析的角度探索这些城市解决共性问题的思路和策略,有助于形成高密度城市机动化管理的模式和经验。

　　政策比较分析需要遵循一定的思想方法。首先,不同政策之间的可比性在客观上有浅层次和深层次之分。浅层次的可比性是政策在现象层面上的可比性,比较直观,只要列举某些维度的属性变量,就可以方便地进行数量大小的对比。深层次的可比性则是政策在本质和规律层面上的可比性,往往就不那么直观,比如不同的城市是否遇到共性政策问题,所采用的手段是否类似,所取得的效果是否也趋于一致,等等。政策比较分析就是要立足于深层次的可比性,研判不同城市是否具有深层次的共性政策问题,揭示出蕴涵在政策过程中的本质规律和因果关系。

其次,对不同政策进行比较研究的另一个重要问题,就是比较的衡量尺度问题。要确立一个通用的比较衡量尺度,必须要对政策之间的共性和个性加以辩证分析,并注意区分两者的共性和个性究竟是在浅层次还是在深层次上具有互通性和差异性,即透过现象看本质,在把握住事物内在联系的基础上,揭示出不同政策在本质属性上的互通性。因此,一个相互兼容的比较衡量尺度主要看政策手段是否有利于解决政策问题,可以相应地引入评价指标。

本节以上海和深圳两地小汽车增量调控政策所面临的共性政策问题为切入点,梳理主要政策事件,剖析城市机动化进程的动力和阻力因素,进一步对比两地小汽车增量调控具体方案,运用弹性分析探索关键政策事件与机动化水平的相关性,从而对政策有效性进行初步评判。

一、额度价格上涨成为共性问题

随着经济增长和可支配收入增加,小汽车和车牌额度的需求不断上升,以拍卖方式配置车牌额度的城市几乎都经历了拍卖人数和价格持续走高的过程。获得车牌额度意味着可以在城市道路开车行驶,这是富裕起来的家庭都想得到的权利。而拍卖是通过市场竞争的方式给城市道路使用权定价,当竞争过于激烈时,一些竞拍者投出高价,就会推高平均竞拍价格,并产生赢者诅咒现象,使额度价格严重背离其实际价值。

价格过快上涨将引发以下问题:首先,价格上涨过快会释放资源稀缺的信号,诱发更多的人期待拥有额度,这些人涌入拍卖市场,引发价格持续增长。其次,价格上涨使得中低收入人群购买车牌额度的可能性下降,市场配置资源的"原罪"被放大,公平性受到挑战。再次,很多城市的发展离不开高层次人才的引进,如果车牌额度价格过高,小汽车购置成本增加,那么将降低城市对高层次人才安居乐业的吸引力。最后,过高的拍卖价格还可能引发舆论关注,电视报刊等媒体会邀请专家对价格是否需要调控展开讨论,媒体的渲染和推动可能使得"价格过高"被认定为政策议题进入政治议程,吸引更高层级行政机构的关注。由于大多数购车者都希望以较低的价格获得车牌额度,因此过快上涨的额度价格在媒体发酵下变得不合民意,给管制政策的执行带来压力。

1994年上海正式实施非营业性客车额度管理,采用拍卖方式配置个人客车额度和单位客车额度。2003年国产车与进口车合并拍卖之后,拍卖市场的规模逐年扩大,除了价格连续上涨,也暴露出一些机制设计的问题。由此上海在2008年改进了拍卖规则,取消现场拍卖,改为电话及网络拍卖,并增加拍卖过程的信息供给,引导投拍人理性出价,避免价格过快上涨。规则的改进优化了拍卖流程,但由于宏观政策层面缺乏引导汽车需求理性增长的机制,因此2008年的规则更改并没有长时间遏制住拍卖价格的持续上涨。从2010年至2013年初,短短两年内上海额度拍卖价格先后经历了两次"十连涨"。2013年3月的平均中标价直接飙升到2002年以来的最高值91 898元。随即,2013年4月,上海市管理部门采取了价格上限管制措施,对竞拍人出价幅度进行限制。此后的近十年,上限管制一直将价格控制在10万元以内。

深圳自2015年2月开始实施拍卖与摇号相结合的小汽车增量调控政策。当地居民对车牌的需求旺盛,摇号人数持续增加,额度拍卖价格不断上涨。2017年12月平均中标价达到拍卖以来最高值95 103元,次月价格自然回落。综观其他实施额度拍卖的城市,如广州、天津、杭州等,近年来额度价格均呈现稳步上涨的趋势。

二、额度价格上涨的成因分析

对照小汽车增量调控政策目标,上海与深圳面临的共性政策问题如下:人口与资源矛盾突出,机动化外部性加剧;居民小汽车需求日趋刚性,额度竞拍价格持续走高,有可能带来多重政治和社会压力等。

一方面,近年来伴随城镇化进程,人口向大中城市集聚,给当地交通系统带来持续压力。2010—2016年,深圳常住人口增加153.64万人,上海增加117.04万人,这些新增人口对交通系统产生的负荷相当于每天在千万级人口基数上再移动一个百万级中等城市。人口与资源(土地、空间、道路、公交服务等)之间矛盾突出,很难以增加道路和设施供给、系统优化等传统方式来应对人口增加带来的出行需求增长。人口与资源矛盾外化的直接结果是机动化外部性加剧,交通拥堵时空范围扩大、程度加深,冬季多省市雾霾连续爆发等现实问题。

另一方面,城市居民生活水平提高,机动车拥有率和使用率持续增长,对车牌额度具有可支付力的人群总保持在很高的量级上,竞拍人对额度的主观支付意愿强烈,在"价高者得"规则下,竞争的激励程度直接推动额度拍卖价格快速上涨。有限的额度供给、高昂的拍卖价格和涨幅进一步释放出资源稀缺信号,抬高市民对车牌的主观估值,吸引更多的人进入拍卖市场,导致"高价格-高估值-高竞拍人数-高出价"的正反馈效应。此外,利用市场机制配置稀缺资源,拍卖价格产生的高门槛和排他性必然会带来社会公平的缺失,不但贬损大城市安居乐业、购车买房的良好愿景,还可能触发相关政治和舆情压力阀门,引发民意不满和社会动荡的风险。

管制政策取向反映了一个城市对其核心价值观的选择与决策。个体机动化普及有利于居民出行福利水平的提高,汽车产业发展又带来了产业结构调整及税收红利,但城市空间和道路供给的有限性凸显了个体机动化膨胀后所引发的拥堵、雾霾、事故、能源依赖、全球暖化等一系列严重社会问题。在机动性规制政策中,政府需要权衡三方面的利益关系,即个体机动化水平提升带来的居民出行福利增加、汽车产业发展带来的产业和税收红利以及空间资源矛盾外化所产生的机动化外部性等不利影响。政策制定过程体现出一种具有公共理性的普适价值观,小汽车增量调控政策本质上反映了一个城市对公共理性的偏好与倾向性,反映出决策部门对上述三方面利益关系的抉择:是更多考虑个人福利和产业发展,还是选择遏制机动化外部性以实现城市整体协调发展?

多个城市车牌额度拍卖价格持续走高,反映出市场对个体机动化、稀缺额度和空间资源的偏好以及由此产生的政治压力,也为这些城市管制政策更新提供了可能的机会。

三、机动化发展的动力与阻力机制

不妨将沪深两地的机动化水平作为观察对象,其演化过程中动力与阻力因素并存,这些因素冲突碰撞之后形成新的空间利益格局。影响城市机动化水平发展的动力因素包括城镇化、机动化和经济增长等,阻力因素包括空间约束、成本上升和规制加强等。

从机动化的动力机制来看,首先,城镇化使流动人口不断向大中城市聚集,伴随"市民化"过程,与城市人口相关的基本公共服务(住房、教育、医疗、交通等)供给水平随负荷而增加,保障全民基本出行权利的公共交通系统建设不断完善,特大城市就业与发展机遇吸引人才单向流动,新中产阶级成为小汽车主要消费群体且基数不断扩大。其次,机动化进程使大中城市汽车拥有量不断攀升,汽车的拥有和使用水平逐年提高。与此同时,私人机动化会消耗大量空间资源,产生高昂社会成本,增加城市交通管理复杂度。2016年以来网约车的兴起改变了个体机动化服务的市场格局,间接推动了私人机动化发展。最后,经济持续增长使居民生活质量得到改善,机动化出行带来的便利使居民对小汽车需求提升,可支配收入增加使居民购买力增强。申请额度的市民人数不断增加,新兴市场车牌拍卖价格持续上涨,新能源汽车由于不限购,申请人数大幅增加,分流了部分需求。汽车和车牌需求群体人数扩大,需求趋于刚性,这类人群支付意愿高、支付能力强。

从机动化的阻力机制来看,首先,大城市建成区密度高,存在较大的空间约束,设施和道路供给远远跟不上机动化需求增长。公交建设受制于财政预算软约束,公交服务对市场变化的回应性较弱。信息化、停车设施等新技术的推广应用释放了一定空间和容量,但彻底解决城市空间矛盾的根本性技术突破尚未出现。其次,随着停车难、上路堵现象加剧,机动车拥有和使用的直接和间接成本不断上升,尤其是高密度社区内机动车数量趋于饱和、公共空间局促,小汽车在社区内使用和停放过程中容易与慢行方式产生冲突和摩擦,购车成本高而效用降低(比如小汽车停而不用),动摇了部分市民拥车的意愿。最后,新加坡、日本东京等亚洲高密度城市具有较好的可比性,这些城市机动化管理经验被不断传播、扩散,越来越多国内城市认识到,机动化带来的负外部性应尽早规划、尽快治理。随着公共理性提升和认识趋同,国内城市对机动性拥有和使用的规制不断加强,形成可复制、可推广的管理经验和地方特色。

四、沪深两地的政策供给与关键事件

上海是全球著名的超大城市、全球人口规模和面积最大的都会区之一,也是国家中心城市以及国际经济、金融、贸易、航运、科技创新中心,还是首批沿海开放城市和长江经济带的龙头城市。近年来,上海以创新、协调、绿色、开放、共享的理念引领发展方式转变,实现了经济社会平稳健康发展,GDP 位居中国城市第一位、亚洲城市第二位,仅次于日本东京。

上海非营业性客车额度管理政策大致可以分为萌芽期(1986—1993 年)、成长期(1994—2002 年)、成熟期(2003—2012 年)和强化期(2013 年至今)四个阶段。从上一节表 5—1 上海车牌额度拍卖的政策事件可以看出,在萌芽期和成长期,政策目标显得多元、多变且模糊,车牌额度甚至一度成为刺激房地产和汽车产业发展的"筹码"。转折点为 2002 年《上海城市交通白皮书》发布,它确立了今后一个时期内机动车发展的战略目标。之后,2008 年和 2013 年分别针对信息不对称、价格上涨过快等问题修改了拍卖规则,非营业性客车额度管理政策对机动车增长的控制效果逐渐显现。[①] 上海私车额度拍卖政策的实践为国内其他城市机动化管理提供了有益的经验借鉴。

　　深圳自1978年建市,40年来经济、人口持续快速发展,从边陲小镇发展到人口过千万、GDP全国第三的大都市。城市综合交通系统的快速发展,为深圳经济社会发展起到了重要支撑作用。1984年以来,深圳率先进行了一系列交通管理体制改革[②],2017年《深圳市综合交通"十三五"规划》颁布,提出实施区域交通一体化战略,初步建成海陆空铁齐全、资源配置集约、辐射国际国内的一体化综合交通运输体系。

　　近年来,地方经济的发展推动了深圳机动车保有量增长迅猛,道路车辆密度国内居首。[③] 在实施小汽车增量调控政策之前,深圳对停车费治堵、单双号限行、限外等备选方案进行了综合评估和测试,并对部分敏感政策举行听证会,倾听民意;注重限牌、限外、新能源汽车等多项政策联动,采取政策试行期、缓冲期等办法,便于积累和总结经验。表5-2给出了深圳小汽车增量调控政策出台前后的主要事件,有助于描述政策生命周期及分析其影响因素。

表5-2　　　　　　　深圳小汽车增量调控政策主要事件一览[④]

序号	时间	主要政策事件及其描述
1	2010年	国务院批准通过《深圳市城市总体规划(2010—2020年)》
2	2011年10月	深圳市人民政府发布《深圳市打造国际水准公交都市五年实施方案》
3	2012年5月	5月8日,《深圳市城市交通白皮书》正式发布,明确提出24条近期缓解交通拥堵的措施;白皮书提到,深圳将以行人公交优先、低碳绿色发展、交通需求调控以及差别化发展、一体化整合为核心理念,具体从挖掘设施潜力、增加设施供应、调控交通需求、优先发展公交等方面引导市民转变出行方式
4	2012年6月	6月30日,广州宣布从7月1日零时开始对全市小客车试行总量控制管理,开启车牌额度拍卖加摇号的混合配置方式
5	2012年10月	深圳市交通规划设计研究中心提出治堵方案,即提高城市停车费,提出工作区停车费每天240元,引发热议

　　① 冯苏苇.从事件历史研究上海私车额度拍卖政策绩效[J].力学与实践,2015,37(3):452-456.
　　② 张菁.构建国际化一体化的综合交通运输体系——深圳市交通运输委员会主任黄敏先生访谈录[J].综合运输,2010(12):72-77.
　　③ 黄泽,江捷,邵源.以"供需平衡"为核心的交通综治转型与创新——以深圳为例[J].交通与港航,2016(4):15-18.
　　④ 根据《晶报》《南方都市报(深圳版)》《深圳晚报》《深圳商报》《深圳特区报》《深圳都市报》《新快报》等相关内容整理,部分资料来自中国知网和百度搜索。

续表

序号	时间	主要政策事件及其描述
6	2013 年 3 月	两会期间,十余位代表建议实施购车限购,目的为控制深圳汽车数量,缓解交通、环境等压力
7	2013 年 7 月	深圳交警部门于 7 月 13 日和 14 日对东部单双号限行进行测试
8	2014 年 1 月	1 月 24 日,深圳市政府办公厅印发了《深圳市大气污染应急预案》,将大气污染预警与应急响应分为三级,并根据三个级别采取相应的污染应急措施,当空气质量达到重度污染及严重污染时,将采取限行机动车等强制性污染减排措施
9	2014 年 12 月	市政府召开新闻发布会,发布《深圳市人民政府关于实行小汽车增量调控管理的通告》,决定从 2014 年 12 月 29 日 18 时起实行小汽车增量调控管理,政策有效期暂定 5 年,小汽车增量指标额度暂定 10 万/年,2 万个针对电动小汽车,采取摇号方式;其余 8 万个为普通小汽车,50%采取摇号方式,50%采取竞价方式 同时,公布限外政策,规定 2014 年 12 月 30 日至 2015 年 5 月 30 日,福田、罗湖、南山、盐田四区,工作日早晚高峰期间(7:00—9:00,17:30—19:30)禁止非深圳牌载客汽车通行 深圳市人大常委会第三十五次会议于 29 日上午审议通过了市政府治堵专项工作报告,限购限行政策出台程序合法;市交委表示,限牌未提前公布是防哄抢抢车,引发市场波动
10	2015 年 1 月	1 月 2 日,深圳市交委发布《深圳市小汽车增量调控管理暂行规定(征求意见稿)》;1 月 15 日,限牌细则公开征求意见;1 月 22 日,正式公布车牌摇号、竞价实施规则,即《深圳市小汽车增量调控管理实施细则》(深交规〔2015〕1 号)
11	2015 年 1 月	1 月 31 日,广东省法制办回应东南大学顾大松教授对限购合法性的质疑,认为深圳汽车"限牌令"符合规定
12	2015 年 2 月	为期 1 个月的政策缓冲期结束,自 2 月 1 日起,深圳交警将正式对违反"限外"规定的车辆进行处罚,"限外"暂定施行至 5 月 31 日
13	2015 年 3 月	3 月 9 日,深圳首轮车牌摇号举行,10 多万市民争夺 6 667 个车牌;与此同时,深圳车牌第二次拍卖遇冷,仅 617 个竞买人出价
14	2015 年 8 月	8 月 9 日,市交委、发改委发布《关于加强新能源汽车推广应用调整电动小汽车增量指标调控政策的通知》,修改了新能源车摇号规则。原政策中新能源车牌需要摇号获得,规则修改后,名下只有一辆车或只有一个有效指标的用户,可以再申请一个电动小汽车增量指标 8 月,深圳个人机动车牌照平均成交价突破 5 万元
15	2015 年 10 月	10 月 15 日,深圳电动汽车取消摇号:根据《关于调整 2015 年度待配置电动小汽车增量指标配置方式的通知》,单位和个人申请电动车车牌的,符合申请条件并通过资格审查后,即直接发放电动小汽车增量指标,不再实施摇号
16	2016 年 4 月	4 月 15 日,限外区域扩大至原特区外部分道路:深圳外地车早晚高峰期(7:00—9:00,17:30—19:30)限行区域扩大至龙岗龙平西路、宝安大道、观澜大道、中山大道、光明大道等

续表

序号	时间	主要政策事件及其描述
17	2017年2月	《深圳市综合交通"十三五"规划》发布
18	2017年8月	非深牌汽车高峰期限行区域扩大至全市:自8月17日起,非深号牌载客汽车高峰期限行区域,由原先的"原特区内+部分原特区外地区"扩展至全市范围 8月18日,持居住证人士即可申请车牌摇号竞价 8月30日,国Ⅰ排放标准汽油小汽车将无法获得更新指标
19	2017年10月	深圳市小汽车指标调控管理中心数据显示,新能源车购买指标申领人数呈明显上涨趋势,从8月累计申领3 665个到10月迅速攀升到8 000个;其中,八成以上的指标都是个人申领
20	2017年12月	12月25日,在2017年第12期深圳市小汽车增量调控竞价中,个人车牌平均成交价为95 103元,最低成交价为82 500元;单位车牌最低成交价为67 000元,平均成交价为71 070元
21	2018年1月	1月25日,在2018年第1期深圳市小汽车增量调控竞价中,个人车牌成交均价为71 143元,相比上期降幅达25%,终结了此前的11连涨,最低成交价格仅为10 000元;参与个人车牌竞价有效编码为2 828个,低于当期投放的个人车牌指标数量2 934个,意味着本期参与竞价的个人全部获得了车牌
22	2019年6月	从2019年至2020年每年增加投放普通小汽车增量指标4万个(个人指标占88%,企业指标占12%)
23	2019年11月	面向符合条件的企业,每个企业额外追加配置1个混合动力小汽车增量指标
24	2020年4月	面向个人配置1万个混合动力小汽车指标,注册登记的小汽车必须为列入国家工业和信息化部新能源汽车推广应用推荐车型目录且纯电续航里程超过80公里的插电式混合动力小汽车;适当放宽《深圳市小汽车增量调控管理实施细则》规定的个人申请条件中"居住在本市"的情形,允许持有深圳市核发的有效居住证的个人,持有效身份证明并按本市公安机关规定办理境外人员临时住宿登记的华侨、港澳台地区居民及在本市办理签证或者居留许可的外国人进行申请

表5—3与表5—4比较了沪深小汽车增量调控具体方案,包括政策文件、政策目标、法律依据、指标(或额度)类型、指标数量及依据、管理制度、实施方式和限制条件等。

表5—3　　　　　　　　深圳小汽车增量调控政策具体方案

政策要素	具体内容
政策文件	《深圳市小汽车增量调控管理实施细则》(深交规〔2018〕1号)自2018年1月22日起施行,有效期为1年
政策目标	实现小汽车数量的有序增长,缓解城市交通拥堵,改善大气环境质量

政策要素	具体内容
法律依据	《中华人民共和国大气污染防治法》①、《深圳经济特区道路交通安全管理条例》、《深圳市小汽车增量调控管理暂行规定》
指标类型	小汽车指标包括增量、更新和其他指标,按使用类型分为纯电动小汽车、混合动力小汽车及普通小汽车指标;单位或个人新增、更新小汽车,可以通过摇号、竞价方式或直接申请取得增量指标
指标数量	增量指标以 12 个月为一个配置周期,每个周期内普通小汽车增量指标配置额度为 8 万个,额度按月分配,不得跨周期配置;混合动力小汽车增量指标和纯电动小汽车增量指标总量无额度限制 普通小汽车增量指标以摇号和竞价方式各配置 4 万个,个人指标占 88%,单位指标占 12%
实施方式	指标管理机构每月 26 日组织普通小汽车增量指标摇号;普通小汽车增量指标竞价的具体实施工作通过委托方式由具有相应资质条件的竞价机构承担 竞价机构于每月 18 日之前发布竞价公告;公告包括投放指标数量、竞价时间、竞价规则、缴款方式以及其他有关注意事项等内容;竞价机构每月 25 日组织指标竞价,如当日为非工作日则相应顺延;单位、个人分别竞价;竞买人申请竞价的,应当按每个申请编码 5 000 元的标准缴付竞价保证金;每个竞价指标设保留价 1 万元 竞价采用网上报价方式进行,遵循"价格优先、时间优先"的成交原则;当次竞价指标投放数量内,按照竞买人的最终有效报价金额由高到低依次成交;最终有效报价金额相同的,按照报价时间先后顺序依次成交;报价金额和报价时间以竞价系统记录为准

表 5—4   **上海非营业性客车额度管理具体方案**

政策要素	具体内容
政策文件	《上海市非营业性客车额度拍卖管理规定》(沪府发〔2016〕37 号)
政策目标	加强本市机动车总量控制,规范非营业性客车额度管理
法律依据	《中华人民共和国大气污染防治法》《上海市道路交通管理条例》
额度类型	新增客车额度、"摩转汽额度"、个人和单位委托的在用客车额度
管理制度	机动车额度管理联席会议制度
额度数量及依据	根据本市经济社会发展要求,结合城市综合交通发展规划、道路交通状况、环境承受能力等因素,提出每年本市新增客车额度总量,并可以根据当年实际适时调整 市交通委根据本市客车额度每年新增总量及相关情况,确定每次拍卖的客车额度投放数量

---

① 《中华人民共和国大气污染防治法》(2015 年 8 月 29 日全国人大第二次修订,2016 年 1 月 1 日起施行)是城市实施小汽车增量调控政策的上位法,其中第五十条规定:国家倡导低碳、环保出行,根据城市规划合理控制燃油机动车保有量,大力发展城市公共交通,提高公共交通出行比例。

续表

政策要素	具体内容
实施方式	客车额度拍卖委托有资质的拍卖机构进行;拍卖通过网络、电话等进行 个人客车额度与单位客车额度分场、定期拍卖;个人客车额度拍卖采用无底价方式,单位客车额度拍卖采用有底价方式;底价为同月个人客车额度拍卖成交均价
财政信息公开	市财政部门按照有关规定,负责客车额度拍卖收入的收支管理,相关部门按照各自管理职责和信息公开有关规定,对外发布拍卖收入和使用情况
限制条件	个人和单位客车额度自启用之日起 3 年内不得转让 在用客车额度持有人不再需要使用客车额度的,应当委托有资质的拍卖机构进行拍卖

五、政策效果比较

(一)额度拍卖市场特征

上海车牌额度拍卖市场运行时间较长,数据较为完备,通过采用多种计量分析方法可以发现拍卖市场的一些主要特征[①]。

(1)拍卖价格反映车牌额度的市场稀缺程度,特大城市空间成本昂贵以及空间再生的有限性决定了额度价格有一个持续增长的惯性。

(2)居民经济状况正向影响竞拍人数和平均中标价,经济因素对市场的影响不可忽视。

(3)额度投放量与竞拍人数、平均中标价之间呈现量价齐升、正向激励的特征,竞拍人数和平均中标价的增长均会推动额度投放量的增加。

(4)轨道交通建设里程和效用增加,有利于减少额度投放量和竞拍人数,持续的轨道交通建设和服务改善可以缓解居民对机动车额度的刚性需求。

计量分析表明,特大城市机动化进程的动力因素大于阻力因素,即使在当前采取投标限价措施下,额度价格上涨也将会是一种长期趋势。随着每张新发额度所承载的边际外部成本上升,以增加额度投放量来缓解需求压力的做法会产生更大的拍卖市场溢出效应,扭曲小汽车增量调控的政策目标。

深圳小汽车增量调控政策采用拍卖与摇号并举的混合策略,每月每类额度各占一半。两种方式互为补充,两类市场相互联动:当拍卖价格走高或中标率下降时,摇号方式会发挥一定的替代功能,并为竞拍失败者提供另外选项,起到心理补偿作用;相反,当摇号人数增加、中标率下降时,拍卖方式也会给急需购车者提供竞

　冯苏苇.私人小汽车拥有权管制政策效应分析[J].城市交通,2017,15(5):87-94.

价购买额度的机会。此外,混合策略相比单一拍卖或摇号方式,消费者可以有更为多元、理性的选择,有利于揭示消费者偏好,将额度配置给最有需要的人群。因此,混合策略在机制设计上具有一定优势,但同时也兼具拍卖和摇号方式各自的缺点。

(二)弹性分析

由于机动车拥有率与城市经济发展水平有较强的相关性,本节采用千人机动车拥有量对人均 GDP 的弹性系数来衡量上海和深圳机动化水平增长趋势,对照关键事件点,初步评估两市小汽车增量调控政策效果。

2000—2016 年,上海民用汽车拥有量和私人小汽车拥有量对人均 GDP 的平均弹性系数分别为 1.543 和 4.018,均超过西方发达国家平均弹性系数 1.5 左右。如图 5—2 所示,这个时期呈现为三个明显的规制与市场互动阶段性特征。

(1)2000—2007 年,规制政策使民用汽车弹性系数平稳变化,特别是 2003 年政策进入成熟期后,私人小汽车弹性系数显著下降。

(2)曲线上两个明显突起的时间点分别为 2008 年和 2012 年,是机动车拥有量随人均 GDP 快速增长的两个关键点,拍卖规则在 2008 年和 2013 年两次变更,正是对需求突变的及时回应。

(3)2013—2016 年,规制政策再次使弹性系数变化趋于平稳。总之,规制较好地回应了机动车市场需求变化,使 2010 年以来民用汽车和私人小汽车年平均增长率分别控制在 10.48% 和 14.68%。

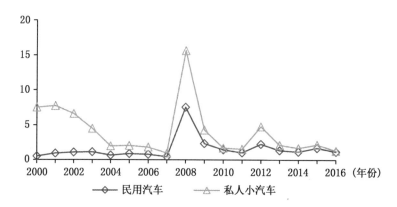

资料来源:中经数据。

图 5—2   上海千人机动车拥有量对人均 GDP 的弹性系数

深圳规制政策实施时间较短。2010—2016 年深圳民用汽车拥有量和私人小汽车拥有量对人均 GDP 的平均弹性系数分别为 0.609 和 1.566。在实施小汽车增量调控政策之前的几年,民用汽车和私人小汽车对人均 GDP 的弹性系数均呈增长状态;在 2015 年政策实施之后,弹性系数迅速回落,图 5—3 两条曲线出现很大的转折,由此看出政策对机动车保有量具有显著的遏制作用。

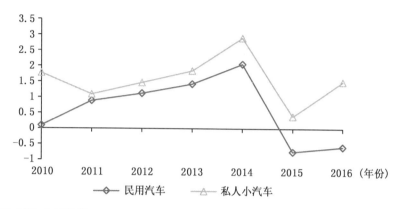

资料来源:中经数据。

图 5—3　深圳千人机动车拥有量对人均 GDP 的弹性系数

　　大城市机动化发展与空间约束之间的矛盾始终存在,矛盾外化表现为交通总量供需失衡、局部路网拥堵、区域性机动车尾气排放污染等多种市场失灵症候。相比拥挤收费、停车收费等机动车使用行为规制,传统上总量控制被视为一种效率低下、不利于汽车产业发展、有碍个体机动化出行权利的策略选项,不被大多数西方发达国家所接受。但近年来我国雾霾和拥堵问题加剧,迫使部分高密度城市将其作为一种机动车源头控制手段而得以实施并推广。结合我国环境治理的紧迫性和城市交通管理面临的巨大压力,总量控制还是具有一定的政策价值的,它较好地实现了预期目标,为这些城市公交发展、机动车使用新规制出台赢得了宝贵的时间和机会。

　　对于多个实施小汽车增量调控政策的城市,车牌竞拍价格连续上涨是小汽车需求旺盛和额度稀缺的表征。小汽车需求在微观层面上促使竞拍过程激烈、价格上涨,进一步推动宏观层面额度投放增加。这种趋势容易导致额度投放突破规划上限,使既定的机动车总量控制目标难以实现。这里可以借鉴的一个极端例子是新加坡。考虑到土地条件限制和竞争需求,道路交通网的扩展空间十分有限,新加坡陆路交通管理局便从 2018 年 2 月开始停止在道路上新增汽车,计划将汽车年增长率从 0.25% 降至 0%。[①] 新购车车主需要购买一份资格证书,证书有效期为 10 年,并且数量有限,每月采取拍卖方式发放。

　　① 腾讯数码. 土地不够? 新加坡从 2018 年开始停止新增车辆上路[EB/OL]. [2017-10-25]. http://di-gi. tech. qq. com/a/20171025/028818. htm.

对于机动性规制,是等待一切恶化再来治理,还是未雨绸缪,治未病之病? 每个城市都有不同的公共价值观和各自的理性选择。2016 年以来网约车、分时租赁等共享移动性服务的兴起,为放松私人机动性规制带来了新的契机,但多模式协调发展始终是一个城市交通政策追求的终极目标。本节通过对比沪深两地小汽车增量调控政策的要素,定性分析机动化进程的动力和阻力因素,粗略评估可能的政策效果,以期为未来的政策改进提供参考。

第三节　微观拍卖市场分析

微观层面,管制政策会促使企业和消费者的决策和行为发生变化。一些城市采用拍卖或摇号方式配置车牌额度,这个分配过程为微观政策效应提供了观察场景。因此,额度配置的过程和结果也是微观政策效应的组成部分,通过分析拍卖市场中车牌额度、竞拍人数和价格等因素之间的互动关系,以及摇号配置过程的中标率、申请人数以及等候成本等变量之间的关联性,以揭示政策效应产生的微观机理。

在实施限购政策的城市中,上海是最早开始车牌拍卖并且拍卖市场数据较为完善的城市。本节选取上海车牌额度拍卖市场为研究对象。上海车牌额度拍卖每月举行一次,个人车牌拍卖在每月的第三个周六举行,企业车牌拍卖在每月的第四个周一举行。拍卖市场公开的数据包括拍卖时间(年月)、投放数量、最低成交价、平均成交价、最低成交价截止时间以及投标人数等。[①] 本节采用相关系数、Hurst指数、主成分分析和 SVAR 等方法对上海车牌额度拍卖市场微观行为做出分析。

一、额度拍卖市场的阶段特征

车牌额度拍卖的本质是按"价高者得"规则来配置稀缺的额度资源,运用价格机制来发现车牌额度的潜在市场价值。拍卖价格越高,抑制额度需求的效果就越好。然而,2013 年 4 月采用价格上限管制之后,由于竞拍人无法按照预期价格投标,价格区间被限制在一个很窄的范围内,拍卖市场呈现出与以往迥异的特征。这里简单地将拍卖市场分为两个阶段:2013 年 4 月之前(2002 年 1 月至 2013 年 3 月)和 2013 年 4 月之后(2013 年 4 月至 2020 年 6 月),并通过相关系数、变化率和

---

① 请参阅上海国际商品拍卖有限公司上海市个人非营业性客车额度拍卖专栏:https://www.alltobid.com/channels/16.html。

Hurst 指数来比较两个阶段之间的不同特征。

图 5—4 显示了两个阶段的显著特征。2013 年 4 月之后,投标人数量的波动最大,而平均价格的趋势随着价格上限变得相当平稳。在 2013 年 4 月之前的阶段,额度投放量逐渐增加,从每月 1 000 多个额度增加到约 10 000 个。竞拍者数量稳步上升,平均价格逐渐上涨。在 2013 年 4 月之后的阶段,每月发布的额度数量平均在 10 000 左右,竞拍者数量呈现快速增长,而后逐渐下降,平均价格相当稳定且略有上涨。

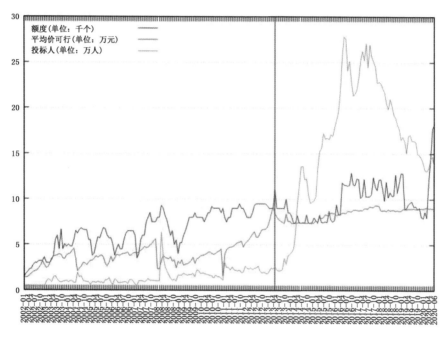

注:2008 年 1 月和 2 月为合并拍卖,为了方便数据处理,这里将额度和竞拍人数在两个月内进行平均。

图 5—4　拍卖市场额度、竞拍人数和平均中标价

(一)相关系数

在 2013 年 4 月前后的两个阶段中,额度、投标人和平均价格之间存在着很强的相关性,对比车牌额度投放量、平均价格和竞拍人数之间的相关系数,它们发生了以下变化。

第一,在 2013 年 4 月前后,额度和平均价格之间的相关系数分别为 0.631 3 和 0.615 4,幅度变化不大,表明额度和平均价格之间的相互作用保持相对稳定。

第二,在 2013 年 4 月前后,额度与竞拍人之间的相关系数从 0.681 9 降至 0.474。在 2013 年 4 月前,管理部门逐步扩大额度投放量,增加了中标的可能性,吸引了更多的投标人进入拍卖市场。然而,在 2013 年 4 月之后的阶段,额度与竞拍人之间的相互作用相比前一个时期有所下降。

第三,在 2013 年 4 月前后,竞拍人与平均价格之间的相关系数从 0.433 1 增加到 0.675 1,由此推断竞拍人与价格之间的相互作用增强。在 2013 年 4 月之后的阶段,由于设定了价格上限,释放出稳定价格区间的信号,有更多投标人被吸引进入拍卖市场。

(二)变化率

将变化率定义为 $x(t+1)/x(t)-1$,其中 $x(t)$ 表示额度、竞拍人数和平均价格。图 5—5 显示,除了 2013 年 4 月前后两个阶段的额度变化率相同外,对于其他两个变量,即竞拍人和平均价格,其变化率在每个阶段都不同,在 2013 年 4 月前变化剧烈,而在 2013 年 4 月后持平。这两个阶段的不同变化率表明,由于管制措施不同,存在两种不同的模式。

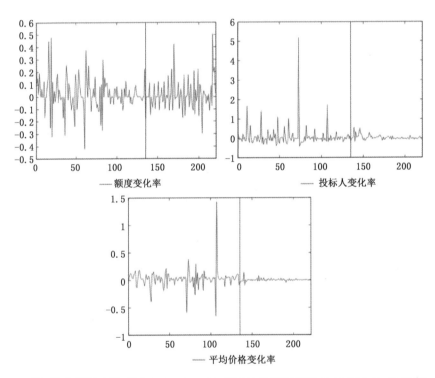

注:横坐标是时间,其中 1、50、100、150 和 200 分别对应于 2002 年 1 月、2006 年2 月、2010 年 4 月、2014 年 6 月和 2018 年 8 月。

图 5—5 额度、竞拍人数与平均中标价的变化率[①]

---

① Suwei Feng, Chang Lin, Turn Left of Turn Right: Impacts Analysis of Covid-19 Pandemic Post-Recovery on Car Ownership Control Policy in Shanghai, 2020, Working Paper.

（三）Hurst 指数

Hurst 指数能够反映一系列相互关联的事件，并用于描述时间序列的分形特征。[①] 它可通过重标极差分析确定。[②] 以 H 表示 Hurst 指数，通常有三个可能的值范围：①如果 H=0.5，则不同时期的值不相关，时间序列可以描述为随机游动。②如果 0.5＜H＜1，则表明时间序列中存在长期记忆。上一个时间序列正在向上（向下）移动，因此下一个时间序列可能会继续向上（向下）移动。③如果 0≤H＜0.5，则表明时间序列具有反向持续性，即均值回归过程。上一个时间序列正在向上（向下）移动，因此下一个时间序列可能会继续向下（向上）移动。

运用重标极差分析法计算额度、投标人和平均价格变化率的 Hurst 指数。表5-5 比较了 2013 年 4 月前后的 Hurst 指数，发现在额度变化率方面，两个阶段的 Hurst 指数均大于 0.5，表明时间序列具有长期可持续性，即投放额度的变化率始终呈单向增长。管理部门倾向于释放更多额度，以满足长期需求。在投标人变化率方面，2013 年 4 月前 Hurst 指数小于 0.5，而 2013 年 4 月后大于 0.5。第一阶段，投标人的变化率具有均值回复特性，即有时增加，有时减少。但第二阶段，从长远来看是可持续的，这表明投标人有继续增长的趋势。在平均价格变化率方面，两个阶段的 Hurst 指数都维持在 0.5 左右变化，第一阶段略低于 0.5，第二阶段略高于 0.5，由此推断平均价格的变化率是随机游走的。

表5-5　　　　　　额度投放量、竞拍人和平均中标价变化率的 Hurst 指数

变化率	2013 年 4 月前	2013 年 4 月后	特征描述
额度投放量	0.568 9	0.633 6	Hurst 指数大于 0.5，具有长期可持续性
竞拍人数	0.384 5	0.839 9	前一阶段 Hurst 指数小于 0.5，具有均值回复特性；后一阶段远大于 0.5，具有长期可持续性
平均中标价	0.481 9	0.521 1	Hurst 指数约为 0.5，可以描述为随机游走

二、关键变量的近线性关系

在 2013 年实施价格上限管制之前，拍卖市场能够反映车牌额度的供求关系，利用主成分分析方法对限价之前（2002 年 1 月至 2013 年 3 月）拍卖市场进行数据

---

① Hurst H E. The Long-Term Dependence in Stock Returns[J]. *Transactions of the American Society of Civil Engineers*,1951,116:770-799.

② Peters E E. *Fractal Market Analysis-Applying Chaos Theory to Investment and Economics*[M]. New York:Wiley,1994.

降维,找出额度投放量、竞拍人数、平均中标价等关键变量满足的近线性关系,由此发现拍卖市场的基本特征。

在主成分分析中,用 q_t、b_t、p_t 分别表示额度投放量、竞拍人数、平均中标价三组时间序列,每组月度数据被视为一个三维列向量 $\varphi_t = [q_t, b_t, p_t][q_t, b_t, p_t]^T$,共包含 m=143 个训练样本[①],所有输入样本的均值向量为 $\mu = [6\ 370.74, 15\ 303.91, 41\ 773.36]^T$,总协方差矩阵为:

$$\Sigma = \frac{1}{m} \sum_{t=1}^{m} (\varphi_t - \mu)(\varphi_t - \mu)^T$$

$$= \begin{bmatrix} 5\ 287\ 609.33 & 13\ 454\ 539.21 & 22\ 369\ 231.88 \\ 13\ 454\ 539.21 & 73\ 973\ 530.19 & 73\ 333\ 732.74 \\ 22\ 369\ 231.88 & 73\ 333\ 732.74 & 256\ 494\ 442.85 \end{bmatrix} \quad (5-5)$$

求出协方差矩阵 Σ 的特征值及特征向量,并将特征值按降序排列,得出:$\lambda_1 = 284\ 648\ 880.29$,$\lambda_2 = 48\ 758\ 907.31$,$\lambda_3 = 2\ 347\ 794.78$。其对应的特征向量分别为:

$$u_1 = \begin{bmatrix} 0.091\ 178 \\ 0.332\ 561 \\ 0.938\ 664 \end{bmatrix}, u_2 = \begin{bmatrix} -0.113\ 028 \\ -0.933\ 043 \\ 0.341\ 549 \end{bmatrix}, u_3 = \begin{bmatrix} 0.989\ 399 \\ -0.137\ 237 \\ -0.047\ 484 \end{bmatrix}$$

前两个分量所代表的数据占全部方差的比例为 99.3%,数据中绝大部分信息都集中在了这两个主成分上,可选择它们作为样本的新特征,将样本投影到 u_1 和 u_2 所构成的平面上进行特征降维。降维之后所得的数据用 $\theta_t = [\alpha_t, \beta_t][\alpha_t, \beta_t]^T$,$t = 1, 2, \ldots, 143$ 来表示:

$$\begin{bmatrix} \alpha_t \\ \beta_t \end{bmatrix} = \begin{bmatrix} 0.091\ 178 & 0.332\ 561 & 0.938\ 664 \\ -0.113\ 028 & -0.933\ 043 & 0.341\ 549 \end{bmatrix} \begin{bmatrix} q_t - 6\ 370.74 \\ b_t - 15\ 303.91 \\ p_t - 41\ 773.36 \end{bmatrix} \quad (5-6)$$

进一步来看,可认为 q_t、b_t、p_t 数据序列之间存在如下近线性关系,且 F 统计量(92.66)和回归系数 t 统计量(8.62,5.55)回归显著,得到:

$$0.989\ 399(q_t - 6\ 370.74) - 0.137\ 237(b_t - 15\ 303.91)$$

$$-0.047\ 484(p_t - 41\ 773.36) = 0 \quad (5-7)$$

上述公式表明拍卖市场具有以下特征:

首先,在所研究的时段 2002—2013 年内,竞拍人数和拍卖价格随额度投放量

---

① 2008 年 1 月和 2 月为合并拍卖。

增加而增长,显示市场具有显著的"量价齐升"特征。额度投放量可以有效吸收一部分当期的车牌需求,但也对潜在需求产生吸引效果,诱发更多的人参与下一期竞拍,引起价格进一步上涨。由于额度投放数量远小于牌照刚性需求,市场需求长期处于抑制状态,一旦放松数量管制,需求和价格反弹上扬趋势就很明显。

其次,额度投放量也受到竞买人数和平均中标价的正向影响,政府会根据额度需求和中标价上涨,持续增加额度投放量来稳定拍卖市场,政府与市场呈现出一种"正向激励"的互动效应。但在 2013 年 4 月实施价格上限管制后,中标率持续低迷,政府期望通过调整额度投放量来稳定拍卖市场,可惜效果有限。这种政策预期与市场行为之间存在的客观差异应引起政策制定者的高度重视。

最后,分析表明,2013 年 4 月之后的阶段,不具有类似的特征。

三、竞拍价格波动程度

Chu(2014)认为降低拍卖价格波动性是管理者关注的重要政策目标,影响价格波动的因素有拍卖方式、额度供应量、竞拍激烈程度等,并对新加坡拥车证拍卖市场进行了实证研究。[①] 本节以上海车牌额度拍卖市场价格变化率(波动性)为研究对象,分析额度投放量变化及其他因素对稳定拍卖市场的作用,测量干预策略在降低价格波动性的实际效果。这里引入价格变化率 $price\_volatility_t$ 和竞争强度 $competition_t$ 两个因变量作为衡量市场稳定的评价指标,分别定义为:

$$price\_volatility_t = price_t / price_{t-1} - 1$$
$$competition_t = 1 - quota_t / bidders_t$$

(5—8)

干预策略包括额度数量水平(控制变量)$quota_t$ 和额度变化率 $quota\_increment_t$,并考虑两个因变量的相互影响和滞后效应,各变量均通过了 Dickey-Fuller 单位根检验。

回归结果如表 5—6 所示,从两个因变量之间的相互关系看,竞争强度降低了价格变化率,而价格波动增加了竞争强度。此外,价格变化率和竞争强度均与额度变化率呈显著负相关。相比而言,额度数量水平的影响显著但相当微弱,即额度增减幅度较好地降低了价格变化率和竞争强度,可见作为干预策略的额度投放量变化率对稳定拍卖市场取得了预期效果。

---

① Chu S. Mitigating Supply and Price Volatilities in Singapore's Vehicle Quota System[J]. *Transportation*,2014,41:215—226.

表 5—6　拍卖市场价格变化率与竞争强度的影响因素(2002 年 1 月至 2017 年 6 月)

因变量 (评价指标)	价格变化率 (波动性)		竞争强度	
自变量	模型 1	模型 2	模型 3	模型 4
价格波动性一阶滞后项 ($L.\ price\_volatility$)	−0.188 7*** (0.071 5)	−0.195 2*** (0.070 6)	—	—
竞争强度一阶滞后项 ($L.\ competition$)	—	—	0.851 7*** (0.038 2)	0.811 4*** (0.042 2)
额度变化率 ($quota\_increment$)	−0.230 3*** (0.071 8)	−0.183 4*** (0.073 6)	−0.378 4*** (0.062 9)	−0.387 6*** (0.062 5)
价格波动性 ($price\_volatility$)	—	—	0.101 0 (0.063 2)	0.118 9* (0.063 1)
竞争强度	−0.039 2 (0.044 4)	−0.091 7* (0.049 0)	—	—
额度数量水平		−0.000 011 9** (0.000 005)	—	0.000 009 19** (0.000 004 26)
常数	0.005 6 (0.029 0)	0.061 0 (0.036 8)	0.096 3*** (0.024 5)	0.053 0* (0.031 5)
样本数	185	185	185	185
R^2	0.115 9	0.143 2	0.742 1	0.748 6
自相关检验				
$Breusch\text{-}Godfrey\ LM$				
$chi2(Prob>chi2)$	0.751 (0.386 2)	0.574 (0.448 5)	0.595 (0.440 6)	0.177 (0.673 8)
$Durbin\text{-}Watson$ $d\text{-}statistic$	2.041 4	2.035 9	2.091 1	2.041 1

注:***、**和*代表显著水平分别为 1%、5%和 10%,括号里数值为标准偏差。

四、政策冲击影响分析

本节采用 SVAR 方法,建立四个计量模型揭示关键变量之间的互动关系[①],并测试给定的政策冲击会产生何种影响。比如假设额度投放量增加一倍,测试未来

---

① Feng S W,Li Q. Evaluating the Car Ownership Control Policy in Shanghai:A Structural Vector Auto-Regression Approach[J]. *Transportation*,2018,45(1):205—232.

12 个月对其自身及其他变量的影响。

2008 年拍卖市场由单阶段调整为两阶段,较好地解决了单阶段拍卖存在的信息不对称、盲目出价等问题。本节以 2008 年为分界点,将研究时段划分为前后两段,并重点关注 2008—2013 年。在预测月份的第一个月模拟给出一个政策冲击,例如某个变量增加 100%,观察这一冲击在随后各月的扩散情况,表 5—7 给出了第 3 个月、第 6 个月和第 12 个月的状况:

(1)额度投放量、竞拍人数产生的影响均残留在自身变量范围之内,对其他变量影响较小。2008—2013 年,在政策冲击产生的第 12 个月,额度投放量自身残留 86%,竞拍人数增长 7%,月平均中标价上涨 3%;竞拍人数自身残留 62%,额度投放量增长 18%,月平均中标价上涨 1%。

(2)唯独月平均中标价对其他变量的影响有所不同,在政策冲击产生的第 12 个月(表 5—7 最后一行),它所产生的影响自身残留仅 22%,但拉动竞拍人数增加了 52%,额度投放量增长 18%。如果价格在当年某月处于较高水平,那么它会在下一年同一月份吸引更多的人进入拍卖市场,这就在微观层面验证了"买涨不买跌"现象形成的机理。

表 5—7   **SVAR 模型方差分解**

因变量 (对数值)	预测 月份	2002—2007 年				2008—2013 年			
		ln QT	ln QB	ln PR	ln P	ln QT	ln QB	ln PR	ln P
额度投放量 (ln QT)	1	100	0	0	0	100	0	0	0
	3	59	35	5	1	95	2	2	1
	6	47	46	5	3	90	4	3	2
	12	41	41	4	14	86	7	3	3
竞拍人数 (ln QB)	1	9	91	0	0	5	95	0	0
	3	11	48	39	3	15	69	16	0
	6	11	38	37	13	17	63	20	0
	12	12	35	34	19	18	62	19	1
平均中标价 与最低中标 价差额 (ln PR)	1	12	29	59	0	2	22	76	0
	3	10	27	60	3	7	26	66	0
	6	11	27	59	3	8	26	64	1
	12	11	27	59	3	8	27	63	2
月平均中 标价对数值 (ln P)	1	22	7	0	71	4	41	18	37
	3	25	25	12	38	5	56	12	28
	6	24	26	10	40	10	56	9	25
	12	24	26	8	42	18	52	7	22

由此可以发现,平均中标价和竞拍人数之间存在一种与时间尺度相关、不对称

的影响关系：

（1）在同期，竞拍人数与平均中标价是相互制约的关系，即竞拍人数增加会稀释平均中标价，价格不会快速上涨；反之亦然，价格水平高会导致竞拍人数减少。

（2）在下一年同期（冲击产生的第12个月），高涨的价格会在一年后吸引更多的竞拍者，人们看好价格会一直上涨，因此抱着"买涨不买跌"的心态进入拍卖市场，或者说某一期竞拍人数很多是因一年前的高价格吸引所产生的。这说明拍卖市场中同时存在时间尺度不同的两种作用力影响价格变化：正向力的时间尺度较长，当期的高价在12个月后会吸引更多的人进入拍卖市场，反映"价高人必多"的特征以及人们"买涨不买跌"的心理预期；负向力的时间尺度较短，是指当期竞拍人数多、碰运气的人多稀释了价格，导致当期价格被拉低，显示"人多价必平"的规律。一长一短的正向力和负向力两种作用存在，可以很好地解释价格变化率回归中位的内在机制。

值得指出的是，上述结论是在分析2013年限价之前的数据中得到的。2013年4月限价之后，竞拍价格趋同，价格区间缩短，极端情况下平均中标价与最低中标价仅相差一元，价格变化率回归中位的机制被打破，产生了行政干预替代价格规律的效应。

总之，本节通过对拍卖市场月度数据分析，可以发现以下规律：

（1）竞拍人数、平均中标价呈现复杂的互动关系，在当期（较短时间尺度上）是相互制约的关系，但长期（较长时间尺度上）来看，高价格会促进竞拍人数增加。

（2）在实施价格上限管制之前，价格变化率会回归中位，市场价格具有一定的恢复力和自动调节功能。

（3）竞拍人数、平均中标价上涨会拉动额度投放量增加，呈现量价齐升和正向激励的特征。

五、管制效率改进空间

2010年12月和2012年8月前后拍卖价格连续出现十个月上涨，管理部门在2013年4月采用了警示价，设置投标上限价格引导竞拍者理性出价，2014年1月调整为年度警示价。新措施改变了之前拍卖市场量价齐升、正向激励的特征，出现了价格上涨缓慢、竞拍人数激增的变化。本节采用高斯过程回归（Gaussian Process Regression，简称GPR），对额度拍卖价格时间序列数据进行预测，分析价格干预措施产生的市场扭曲效应，对管制效率的改进空间和方向做出判断。

回归问题是机器学习的重要研究内容,目的在于发现数据序列内在变化的规律并做出准确预测。假设有训练集 $D=\{(x_i,y_i)|i=1,2,\cdots,n\}$,其中 $x_i \in R^d$ 为 d 维输入矢量,$y_i \in R$ 为相应的输出标量。记 $X=[x_1,x_2,\cdots,x_n]$ 为 $d \times n$ 维输入矩阵,$y=[y_1,y_2,\cdots,y_n]$ 为输出矢量。回归分析的任务是根据训练集来学习输入 X 与输出 y 之间的映射关系 $f(\cdot):R^d \rightarrow R$,并预测出与新测试点 x^* 对应的最可能输出值 $f(x^*)$。

从函数空间角度出发,高斯过程(Gaussian Process,简称 GP)是任意有限随机变量均具有联合高斯分布的集合,其性质完全由均值函数 $m(x)=E[f(x)]$ 和协方差函数 $k(x,x')=E[f(x)-m(x)]E[f(x')-m(x')]$ 确定,其中 $x,x' \in R^d$ 为任意随机变量。通常将数据进行预处理,使均值函数等于 0,因此 GP 可定义为 $f(x) \sim GP[0,k(x,x')]$。常用的协方差函数有平方指数协方差,即:

$$k(x,x')=\sigma_f^2 \exp[-0.5(x-x')^T M^{-1}(x-x')] \tag{5-9}$$

式中,M 为 $n \times n$ 阶对角阵,σ_f^2 为信号方差。

高斯过程回归(GPR)是基于贝叶斯理论和统计学习理论发展起来的一种全新机器学习方法,通过定义一个高斯过程来描述函数分布,并直接在函数空间进行贝叶斯推理,GPR 适用于处理高维数、小样本和非线性等复杂回归问题。[①] 对于回归问题,$y=f(x)+\varepsilon$,式中 x 为输入向量,f 为函数值,y 为受加性噪声污染的观测值。进一步假设噪声 $\varepsilon \sim N(0,\sigma_n^2)$,可得 y 的先验分布:

$$y \sim N[0,K(X,X)+\sigma_n^2 I_n] \tag{5-10}$$

以及 y 和预测值 f^* 的联合先验分布:

$$\begin{bmatrix} y \\ f^* \end{bmatrix} \sim N \left\{ 0, \begin{bmatrix} K(X,X)+\sigma_n^2 I_n & K(X,x^*) \\ K(x^*,X) & k(x^*,x^*) \end{bmatrix} \right\} \tag{5-11}$$

式中,$K(X,X)=\{k(x_i,x_j)\}_{n \times n}$ 为 $n \times n$ 阶对称正定协方差矩阵;$K(X,x^*)=K(x^*,X)K(x^*,X)^T$ 为预测点 x^* 与训练集 X 之间的 $n \times 1$ 阶协方差矩阵;$k(x^*,x^*)$ 为 x^* 自身的协方差;I_n 为 n 维单位矩阵。

由此,可计算出预测值 f^* 的后验分布为:

$$f^* \sim N[\overline{f^*},\text{cov}(f^*)] \tag{5-12}$$

$$\overline{f^*}=K(x^*,X)[K(X,X)+\sigma_n^2 I_n]^{-1}y \tag{5-13}$$

---

① Lin C,Yu C X. Modified Self-Organizing Mixture Network for Probability Density Estimation and Classification[C]. *Proceedings of the* 2013 *International Joint Conference on Neural Networks*. Dallas,2013.

$$\text{cov}(f^*)=k(x^*,x^*)-K(x^*,X)\left[K(X,X)+\sigma_n^2I_n\right]^{-1}K(X,x^*)$$

$$(5-14)$$

以上参数的集合 $\theta=\{M,\sigma_f^2,\sigma_n^2\}$ 称为超参数,GPR 训练的目的在于求得超参数的最优解,一般可通过极大似然法求得。首先,建立训练样本条件概率的负对数似然函数 $L(\theta)=-\log p(y|X,\theta)p(y|X,\theta)$,并令其对 θ 求偏导;然后,采用共轭梯度法等优化方法对偏导数进行最小化,以得到超参数的最优解。由此,完全确定了 f^* 的均值和方差。

本节应用 GPR 对额度拍卖价格进行回归分析。首先在 2002—2013 年月度平均中标价每 5 个数据中抽取前 4 个构成训练集;其次以每 5 个数据中的第 5 个数据点作为目标,计算出其回归分析所得的数值,并与拍卖市场的真实数值进行比较,结果如图 5—6 所示。从图中可以看出分析值与真实数值非常接近,这说明 GPR 方法是一个具有概率意义的核学习机,可以对预测输出做出概率解释,在 2014 年采用年度警示价之前,拍卖价格内在规律可用 GPR 方法来客观描述。

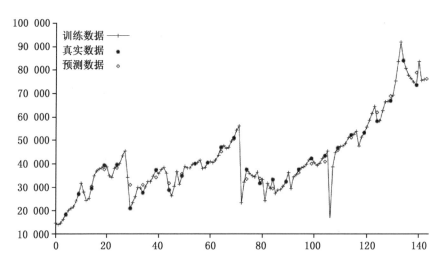

图 5—6　GPR 对平均中标价的分析及预测结果(2002 年 1 月至 2013 年 12 月)

随后对 2014 年 1 月拍卖均价进行预测,结果为 76 229 元,由于该月开始实行年度警示价,这一预测值与真实值 73 501 元存在一定差异(预测误差为 3.71%)。由于较强的价格干预措施,当月额度拍卖最低价为 73 500 元,平均价为 73 501 元,两者仅相差一元,车牌额度拍卖已不再呈现市场化运作特征,GPR 方法所描述的拍卖价格内在规律可预测性减弱。另外,竞拍人数大幅飙升至 41 946 人,限价干预对车牌需求产生了短期诱发效应,从长期来看,竞拍人数主要受人均收入状况、平均中标价、轨交建设等因素影响。在较强的价格上限干预下,额度拍卖市场越来越近似一个排队市场,"价高者得"拍卖规律不再显著,价格变化率回复中位的功能减弱,通过市场机制配置牌照资源的原有政策目标已有所偏离。

在这种情形下,政策制定者面临三种选择:第一,去除或放松价格上限,恢复拍卖市场的价格调节功能,利用市场量价齐升、正向激励特征,让持续稳定增长的拍卖价格来制约车牌需求的增长;第二,持续价格严管,将过快增长的价格通过行政限制,控制在一个理性的上限范围内,但可能带来竞拍人数的快速增长;第三,进行混合策略的弹性设计,当竞拍人数累积过多时,合理增加额度投放量并放松价格管制,当价格上涨过快时,调整价格上限加以控制。做何选择,取决于管制者对不同策略所产生的成本收益之间的权衡,以及特定历史时期下,管制者对不同政策目标的偏好以及对短期政治红利的追求。总之,车牌额度拍卖市场的效率改进空间,应该是在行政干预与市场规律并存且相互作用下可行区域内的一种新均衡状态,这种新均衡状态对应的社会收益大于社会成本,并可使政策效用最大化,至少政策效用优于当前的限价管制效用。2014年以来实施价格上限管制的实践表明,有条件地加强价格管制不失为一种折中的提高管制绩效的做法。

第四节　中观政策博弈分析

中观尺度的政策效果分析涉及交通政策系统各类主体(如政府、企业和社会组织等)之间以及利益相关群体之间的策略和行为博弈。博弈分析可以描述政策作用下各主体之间相互影响乃至决策的均衡状态,为政策效果的形成机制提供理论上的阐释。

本节的分析对象为上海车牌额度拍卖政策。该政策实施多年来在控制机动车增速上取得了预期效果,但也存在一些问题。例如,随着车牌拍卖价格的走高,一些人选择了外地牌照,随后管理部门采取限外政策,对道路使用权进行差异化管理,本地牌照车辆可以全时段使用所有道路资源,而外地牌照车辆使用本地道路的时间不断被压缩。每一次限制性政策出台都会导致道路资源在不同利益主体之间重新分配,形成新的利益均衡。又如,近年来大部分城市对新能源汽车采取激励性消费政策,牌照获取无须排队或拍卖,这导致道路上车辆数目增加,交通拥堵加剧。如何在限购政策基础上引入综合配套措施,对日益增长的车辆使用进行引导,强化限购政策的效果,是一个值得探索的政策议题。在限制性政策下,各类利益主体(如本地牌照和外地牌照、汽油车和新能源汽车等)如何调整各自的行为和决策,竞争有限的道路资源并获得出行效用的最大化,中观层面的博弈分析可以揭示其中利益冲突的演化过程和达成均衡的一般规律。

拥挤收费在新加坡、英国伦敦、瑞典斯德哥尔摩和意大利米兰等城市实施之后引发广泛关注。2013年《上海城市交通发展白皮书》(修订版)提出,将根据道路拥堵情况和大气环境状况,深化研究并适时出台区域或通道拥挤收费、车辆限行等交通需求管理政策。[①] 本节以博弈论为分析工具,研究拥挤收费与车牌额度拍卖的政策联动效果,尝试回答以下问题:对外地牌照车辆征收拥挤费,是否可以作为加强额度拍卖政策效果的一项配套措施?实施拥挤收费后,人们的出行行为以及牌照选择行为将如何改变?两个政策的联动作用效果终将如何?在本节中,着重考察了一种假想的政策情景:当拥挤收费作为车牌额度拍卖的配套政策时,被征收拥挤费的外地牌照出行者将如何进行有效的出行决策和行为博弈。进而讨论在拥挤收费政策下,本地与外地牌照出行者序贯博弈形成的四种子博弈完美均衡,以及最终的牌照选择博弈均衡状态。通过博弈分析,预测在额度拍卖和拥挤收费两种政策联动下各种出行主体的行为变化,从而对政策联动效果进行宏观预判。

一、本地牌照和外地牌照出行者的博弈分析

(一)私车额度拍卖绩效流失的主要原因

按照相关规定,上海和外地牌照对应的道路通行权有所不同。在交通高峰时段,本地牌照汽车拥有全部道路(高架和地面)的通行权,外地牌照汽车只能使用地面道路。在经济理性下,人们做出何种牌照选择,主要取决于个人对相对通行权与相对价格(成本)之间的价值判断:如果认为相对通行权的价值大于牌照相对价格,人们就会选择本地牌照;相反,人们就会选择外地牌照。此外,牌照拍卖市场价格一定程度上会影响人们的选择。由于相对通行权在一定时期内是稳定的,外地牌照价格也相对维持不变,当本地牌照价格走高时,选择外地牌照的人数将有所增加。

在一些情况下,外地牌照还会产生"溢价"效应。由于相对通行权的价值是一个主观判断,当人们对两种通行权差异的主观评价偏低,而此时两种牌照价格差异

---

① 东方网.上海交通发展白皮书公示　拥挤收费限行将适时推出[EB/OL].[2013-08-24].http://shzw.eastday.com/shzw/G/20130824/u1ai113275.html.

较大时,选择外地牌照就会产生"溢价"效应。也就是说,用相对低廉的外地牌照价格来换取地面道路通行权利,人们会认为很值得;相反,用相对高昂的本地牌照价格换取高架道路通行权利,人们会认为不划算。这时,选择外地牌照的人数会相应增加。

可见,高架和地面道路相对通行权与本地和外地牌照相对价格之间存在着严重的不对等,而且当多数人拥有外地牌照意向时,私车拥有者与政府之间会产生(选择外地牌照,增加本地牌照投放量)博弈均衡,随着额度拍卖价格走高和政府对额度投放量的增加,政策绩效流失将加剧。要使通行权与支付成本之间形成对等和平衡关系,可以考虑实施一系列与额度拍卖相配套的政策,比如采取更为严格的通行权管制措施来加大(或缩小)本地(或外地)牌照车辆道路通行权限,以及对外地牌照车辆在高峰时段实施拥挤收费等。本节主要讨论后一种情况。

(二)拥挤收费政策的设定

汽车出行所产生的拥挤、事故、污染等外部效应,可以通过征税或收费等内部化方法进行纠正和弥补。拥挤收费正是建立在这样的理论基础之上。[①] 本地牌照汽车所产生的外部性,可以通过额度拍卖价格加以弥补,而外地牌照汽车在本地的通行费相当低廉,所产生的外部性没有得到有效的补偿。因此,为了改善和提高私车牌照拍卖的政策效果,政府可以考虑对外地牌照汽车在特定区域内实施拥挤收费,提高外地牌照车辆的使用成本,缩小本地和外地牌照在通行权和价格上的差异。

下面将在一个假想的政策情景下对外地牌照车辆实施拥挤收费,以此研究私车额度拍卖与拥挤收费联合作用所产生的政策影响。具体规则如下:首先,本地牌照汽车可以自由使用高架和地面道路,通行权没有变化,因此出行不受拥挤收费的影响。其次,外地牌照汽车在缴纳了拥挤费之后,也可以使用所有道路,且不受时段限制。

显然,拥挤收费政策作用的对象为外地牌照私车拥有者。下面利用 Levinson (2005)的两车博弈模型[②],重点分析在拥挤收费政策下,当人们的时间价值相同或不同时,外地牌照出行者会如何调整各自的出行行为,以期对拥挤收费政策的作用效果做出估计和判断。

---

① 黄海军. 拥挤道路使用收费的研究进展和实践难题[J]. 中国科学基金,2003,4:198-203;周江评. 交通拥挤收费——最新国际研究进展和案例[J]. 国外规划研究,2010,34(11):47-54.

② Levinson D. Micro-Foundations of Congestion and Pricing:A Game Theory Perspective[J]. *Transportation Research Part A:Policy and Practice*,2005,39(7):691-704.

（三）外地牌照出行者的时间价值相同

考虑包含两个持有外地牌照参与人的博弈，每个出行者有三种策略选择：提前出行、按时出行和延后出行。当两个出行者选择相同的策略时，拥挤就产生了，结果是其中一个出行者不能按时到达。

情形一：如果双方都提前出行，那么其中一方提前到达，而另一方遭遇拥挤，但能准点到达。假定每个出行者提前到达和准点到达的概率均为 50%。

情形二：如果双方都按时出行，那么其中一方准点到达，而另一方遭遇拥挤且晚点到达。假定每个出行者准点到达和晚点到达的概率均为 50%。

情形三：如果双方都延后出行，那么其中一方晚点到达，而另一方遭遇拥挤且晚点很多才到达。假定每个出行者晚点到达和晚点很多到达的概率均为 50%。

表 5—8 是两个参与人在时间价值相同时双方的支付矩阵。设 E、0、L 分别为不存在拥挤的情况下提前出行、按时出行和延后出行的成本，D 为拥挤成本。[1] 该博弈的均衡取决于 D、E 和 L 的数值大小。经验研究表明[2]，迟到的成本应大于早到的成本，即 $E<L$。这样，D、E 和 L 只可能满足三种关系：$D<E<L$、$E<D<L$ 和 $E<L<D$。考虑拥挤是由两位出行者同时上路造成的，此时 $D<E<L$ 并且 $E>0.5×(L+D)$[3]。可以看出，当两个参与人的时间价值相同时，坚持按时出行始终是各自的优势策略，因而双方都按时出行是该博弈的唯一均衡，这势必造成交通拥挤。

表 5—8　　　　时间价值相同时两个私家车出行者的支付矩阵和纳什均衡

		私家车出行者		
		提前	按时	延后
私家车出行者	提前	$0.5×(E+D)$, $0.5×(E+D)$	$E,0$	E,L
	按时	$0,E$	$0.5×(L+D)$, $0.5×(L+D)$	$0,L$
	延后	L,E	$L,0$	$L+0.5×(L+D)$, $L+0.5×(L+D)$

---

[1]　如果每个出行者具有相同的时间价值，那么他们的上述各项出行成本均相同。

[2]　Arnott R,De Palma A,Lindsey R. Economics of a Bottleneck[J]. *Journal of Urban Economics*,1990,27：111—130.

[3]　当 $E<D<L$ 或者 $E<L<D$ 时，$E<0.5×(L+D)$，该博弈的均衡解为（按时，提前）和（提前，按时），可见并没有造成拥挤（Arnott,1990）。

现在考虑加入拥挤费的情况。具体的收费规则为：当双方选择相同的出行策略，造成交通拥挤时，对每个出行者征收大小等于其边际外部成本的拥挤费（边际外部成本见表5-9最后一栏）。加入拥挤费后双方的支付矩阵见表5-10。

表5-9　　　　　　　　　出行者时间价值相同下的各种成本分析

出行方式	个人成本 $(i=1)$①	社会成本 $(i=2)$②	边际社会成本③	边际个人成本④	边际外部成本（拥挤费）⑤
（提前,提前）	E	$E+D$	D	$0.5\times(E+D)$	$\max[0.5\times(D-E),0]$
（按时,按时）	0	$L+D$	$L+D$	$0.5\times(L+D)$	$0.5\times(L+D)$
（延后,延后）	L	$3L+D$	$2L+D$	$L+0.5\times(L+D)$	$0.5\times(L+D)$

注：①为一位出行者选择提前、按时和延后策略的出行成本；②为两位博弈者的总成本，即表5-9与对角线上单元每个博弈者的成本之和；③=②-①，④=②/2，⑤=③-④，采用 $\max[0.5\times(D-E),0]$ 以避免收费为负值。

表5-10　　拥挤收费下两个私家车出行者的支付矩阵和纳什均衡（时间价值相同）

		私家车出行者		
		提前	按时	延后
私家车出行者	提前	$0.5\times(E+D),$ $0.5\times(E+D)$	$E,0$	E,L
	按时	$0,E$	$L+D,$ $L+D$	$0,L$
	延后	L,E	$L,0$	$2L+D,$ $2L+D$

显然，该博弈有两个纳什均衡，分别为（提前,按时）和（按时,提前），需要考虑博弈双方采用混合策略的可能性。由于在这个博弈中，博弈双方都是无差别的，假设他们选择提前和按时出行的概率分别为 $P_i=(p_e,p_o)',i=1,2$，且 $p_e+p_o=1$，则某一方的预期支付为：

$$E(P_1,P_2)=P_1AP'_2=(p_e,p_o)A(p_e,p_o)'$$

$$A=\begin{pmatrix}0.5\times(E+D)&E\\0&L+D\end{pmatrix}$$

令 $\dfrac{\partial E}{\partial P_1}=0$，得到 $AP'_2=A(p_e,p_o)'=0$，解得：

$$p_e=\frac{2D-2E+2L}{3D-E+2L},\quad p_o=\frac{D+E}{3D-E+2L}\tag{5-15}$$

即博弈双方会无差别地以 p_e 和 p_o 的概率提前和按时出行。

（四）外地牌照出行者的时间价值不同

现在考虑两者时间价值不同的情形。假定其中一个出行者的时间价值是另一个的两倍，即高时间价值的出行者选择提前出行、按时出行、延后出行的成本分别为 $2E$、0、$2L$，其拥挤成本为 $2D$。

表 5-11 是该假定下的支付矩阵。它表明，即使两类出行者的时间价值不同，也无法改变他们坚持按时出行的策略。这样，拥挤仍然存在。这里还假定，收费机构能够准确地了解每个出行者的时间价值，因而能根据边际外部成本的不同，对不同时间价值出行者实行差别收费。

表 5-11　　　　时间价值不同时两个私家车出行者的支付矩阵和纳什均衡

		低时间价值出行者		
		提前	按时	延后
高时间价值出行者	提前	$E+D,$ $0.5\times(E+D)$	$2E,0$	$2E,L$
	按时	$0,E$	$L+D,$ $0.5\times(L+D)$	$0,L$
	延后	$2L,E$	$2L,0$	$3L+D,$ $L+0.5\times(L+D)$

需要注意的是，由于出行者的时间价值不同，高时间价值的出行者和低时间价值的出行者的边际成本不同，导致其外部成本也不相同。实际上，低时间价值的出行者的边际外部成本一般要大于高时间价值的出行者的边际外部成本，因而应对其收取更高的拥挤费。[①] 在表 5-12 中，每一行的上半部分对应的是高时间价值出行者的边际成本，下半部分则对应低时间价值出行者的边际成本。

表 5-12　　　　出行者时间价值不同时的各种成本分析

出行方式	个人成本 ($i=1$)	社会成本 ($i=2$)	边际社会成本	边际个人成本	边际外部成本 （拥挤费）
（提前，提前）	$2E$ E	$1.5\times(E+D)$ $1.5\times(E+D)$	$1.5D+0.5E$ $1.5D-0.5E$	$E+D$ $0.5\times(E+D)$	$\max[0.5\times(D-E),0]$ $\max(D-E,0)$
（按时，按时）	0 0	$1.5\times(L+D)$ $1.5\times(L+D)$	$1.5\times(L+D)$ $1.5\times(L+D)$	$L+D$ $0.5\times(L+D)$	$0.5\times(L+D)$ $L+D$
（延后，延后）	$2L$ L	$4.5L+1.5D$ $4.5L+1.5D$	$3.5L+1.5D$ $2.5L+1.5D$	$3L+D$ $1.5L+0.5D$	$0.5\times(L+D)$ $L+D$

---

　　① 在交通拥挤的情况下，高时间价值的出行者自身承担的时间成本和边际个人成本均高于低时间价值的出行者，而边际外部成本（拥挤费）＝边际社会成本－边际个人成本，这样高时间价值者对应着低边际外部成本（拥挤费）。

　　显然,征收拥挤费后,对于时间价值不同的博弈双方,支付矩阵和纳什均衡[①](表5—13)与时间价值相同时类似(表5—10)。

表5—13　　拥挤收费下两个私家车出行者的支付矩阵和纳什均衡(时间价值不同)

		低时间价值出行者		
		提前	按时	延后
高时间价值出行者	提前	$E+D$, $0.5\times(E+D)$	$2E,0$	$2E,L$
	按时	$0,E$	$1.5\times(L+D)$, $1.5\times(L+D)$	$0,L$
	延后	$2L,E$	$2L,0$	$2L+1.5\times(L+D)$, $L+1.5\times(L+D)$

　　不妨设高时间价值和低时间价值出行者提前和按时出行概率分别为 $P_h=(p_{eh},p_{oh})'$ 和 $P_l=(p_{el},p_{ol})'$。可以计算得到双方的混合策略为:

$$p_{eh}=\frac{3D-2E+3L}{4D-E+3L},\quad p_{oh}=\frac{D+E}{4D-E+3L}$$
$$p_{el}=\frac{3D-4E+3L}{5D-2E+3L},\quad p_{ol}=\frac{2D+2E}{5D-2E+3L} \tag{5—16}$$

　　由于 $p_{eh}-p_{el}=3(D+E)(D+L)>0$,即 $p_{eh}>p_{el}$,意味着实施拥挤收费后,高时间价值出行者的提前出行概率要大于低时间价值者。

　　以往的拥挤收费研究从人们的支付能力出发,认为这个政策的不公平性在于收费排挤低收入小汽车出行者。在拥挤收费政策下,由于低收入者支付能力相对较差,他们不得不放弃驾车而改乘其他公共交通工具,是政策的直接作用对象。本节从时间价值角度出发,认为交通拥堵会给高时间价值者带来更大的损失。因此,当拥挤收费政策作用对象是外地牌照时,高收入者需更早地出行以规避收费和拥挤,产生"早鸟效应";而低收入者更多地留在道路上,承受和支付拥挤收费。

二、拥挤收费下多种出行者的序贯博弈分析

(一)四种出行者的序贯博弈

　　下面将扩大出行者的种类,利用序贯博弈分析,继续讨论牌照拍卖政策和拥挤收费的联动作用下人们的出行决策和牌照选择。

---

　　① 此时纳什均衡需满足 $E<L$ 且 $E<0.75\times(L+D)$。

在拥挤收费的假想政策情景下，按照“通行权与支付成本对等”原则，外地牌照出行者需缴纳拥挤费，本地牌照不需缴纳。将私车牌照（本地、外地）和时间价值（高、低）两种属性相互组合，形成了四种出行者，他们的出行决策和牌照选择将产生一个序贯博弈（见图5－7）。在条件 $D<E<L$ 之下，对应的四种博弈结果见表5－14，具体的分析过程参见文献中的序贯博弈分析表（冯苏苇，2012）。

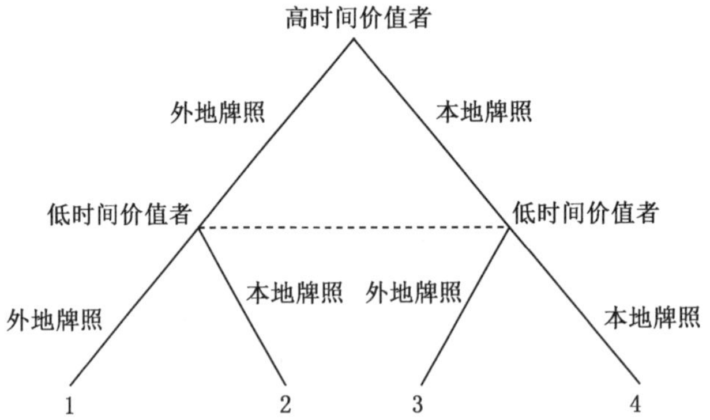

图5－7　包含四种出行者的博弈树

表5－14　两种属性组合的出行者序贯博弈结果

序号	博弈者	条件	均衡
1	高时间价值外地牌照 低时间价值外地牌照	$E<0.75\times(L+D)$	（按时，提前） （提前，按时）
1	高时间价值外地牌照 低时间价值外地牌照	$0.75\times(L+D)<E<1.5\times(L+D)$	（按时，提前）
1	高时间价值外地牌照 低时间价值外地牌照	$E>1.5\times(L+D)$	（按时，按时）
2	高时间价值外地牌照 低时间价值本地牌照	$E<0.5\times(L+D)$	（按时，提前） （提前，按时）
2	高时间价值外地牌照 低时间价值本地牌照	$0.5\times(L+D)<E<0.75\times(L+D)$	（提前，按时）
2	高时间价值外地牌照 低时间价值本地牌照	$E>0.75\times(L+D)$	（按时，按时）
3	高时间价值本地牌照 低时间价值外地牌照	$E<0.5\times(L+D)$	（按时，提前） （提前，按时）
3	高时间价值本地牌照 低时间价值外地牌照	$0.5\times(L+D)<E<1.5\times(L+D)$	（按时，提前）
3	高时间价值本地牌照 低时间价值外地牌照	$E>1.5\times(L+D)$	（按时，按时）
4	高时间价值本地牌照 低时间价值本地牌照	$E<0.5\times(L+D)$	（按时，提前） （提前，按时）
4	高时间价值本地牌照 低时间价值本地牌照	$E>0.5\times(L+D)$	（按时，按时）

（二）子博弈完美均衡

将表 5—14 四种子博弈结果中的"均衡"组合起来，可以继续讨论：

（1）$E < 0.5 \times (L+D)$，大家都提前出行，没有拥挤发生。

（2）$0.5 \times (L+D) < E < 0.75 \times (L+D)$，拥挤发生在本地牌照出行者之间。

（3）$0.75 \times (L+D) < E < 1.5 \times (L+D)$，存在两种拥挤情况，其中在（外地，本地）拥挤中，外地牌照出行者缴纳了拥挤费。

（4）$E > 1.5 \times (L+D)$，此时提前成本非常之高，大家都不愿提前出行，存在四种拥挤状态，外地牌照出行者缴纳了拥挤费。

由此可见，当 $E > 0.5 \times (L+D)$ 时，高时间价值出行者与低时间价值出行者的子博弈完美均衡为（本地牌照，本地牌照），当系统中提前出行成本较高时，人们会自觉选择本地牌照以规避拥挤收费。而当 $E < 0.5 \times (L+D)$ 时，人们可以选择本地、外地牌照，如果系统存在着提前出行成本很低的出行者，那么就一定有人选择外地牌照，通过采用提前出行的方式规避拥挤收费。

上述研究表明，首先，在目前的序贯博弈分析中，虽然牌照选择与出行决策还是各自相对独立的过程，但拥挤收费直接改变了外地牌照不同时间价值者的出行决策。其次，作为减少通行权差异的辅助手段，拥挤收费政策的最终效果是增加了本地牌照的选择行为，可以比较好地解决当前牌照拍卖管制绩效流失的问题。但是，当人们都选择本地牌照后，新的交通拥堵就会产生。因此，要实现拥挤收费政策调控拥堵的根本目的，需要对本地和外地牌照同时收费。一个可行的拥挤收费方案是，通过设置不同费率，对不同牌照实施差别化收费，以弥补当前相对通行权不对等问题。当然，详细的收费方案还需要做进一步的分析和评估。

三、小结

本节在假想的拥挤收费政策下，探寻车牌额度拍卖政策绩效衰减的内在原因，通过不同属性出行者之间的博弈分析，预判可能的政策效果。分析指出，由于本地和外地牌照的相对通行权与相对成本之间存在着较大的不对等和不平衡关系，在购车需求的刚性拉动下，随着牌照拍卖价格节节走高，这种不平衡性将进一步加剧，最终导致外牌增加、拥堵加剧等政策绩效损失。如果没有得力的配套措施（如对外牌车辆加强监管或者拥挤收费等），则绩效流失或将加速。

本节进一步考虑以拥挤收费作为车牌额度拍卖的综合配套政策，以弥补当前通行权与支付成本之间的不对等关系。通过对外地牌照出行者中高、低两种时间价值出行者之间出行决策的博弈均衡研究发现,首先,对外地牌照车辆实施拥挤收费,可以达到与加强监管类似的效果;与传统的研究结论不同的是,不是低收入者放弃开车、改变出行方式,而是高时间价值者更早的出行以规避收费,产生"早鸟"效应。其次,序贯博弈分析表明,作为减少通行权差异的辅助手段,对外地牌照车辆征收拥挤费,最终效果将增加本地牌照的选择行为,因此可以比较好地解决牌照拍卖绩效流失的问题。但是,当人们都选择本地牌照后,新的交通拥堵就会产生。因此,一个更为持久、可行的方案是对本地和外地牌照同时收费,通过不同的收费费率设置,缩小两类牌照的通行权差异,实现使用者付费和路权公平的最终目标。

第五节　宏观政策效果分析

机动车拥有权管制通过行政、市场和社会等手段对消费者拥有机动车的决策和行为进行干预,目的是降低机动车增长速度,缓解交通拥堵、尾气排放等外部性问题。对管制政策宏观效果进行分析与评价,是要判断这些干预措施是否达到控制机动车增长、缓解外部效应的既定目标。具体的做法是选择特定城市的机动车数量作为研究对象,采用计量分析方法,验证限购措施与机动车增速放缓之间是否存在因果关系。要证明限购措施有效,就需要将实施政策之后的系统状态与没有政策时的状态做比较,然而,采取限购政策的城市不可能同时处于"有政策"和"无政策"状态,即无法观察到无限购政策情形下机动车数量的变化。此时,可以选择合适的对照组来衡量限购城市所发生的变化。可以选择在经济社会发展以及机动化水平上与限购城市具有可比性的城市(或城市组)作为对照组,也可以通过特定方法构造出一个虚拟城市作为参照对象。另外,依赖一种计量方法可能会给评估带来误差,可以采用几种计量方法分别建模,然后对它们的回归结果进行对比,看看是否能够得到一致的结论,从而判断分析结果的稳健性。

管制政策通过额度配置的微观机制(拍卖或摇号)来实现预期的调控效果,外部环境(如社会经济状况)的变化也会对额度配置过程产生影响。因此,宏观政策效果分析的核心问题是:拍卖或摇号等配置机制涉及的关键变量(如拍卖市场的额度投放量、竞拍人数和平均中标价等)的互动关系以及会受哪些经济社会因素的影响。本节通过对比宏观和微观的分析结果,试图找到额度配置机制发挥作用的路径,以便做出机理阐释和综合判断。

上海是国内最早实施机动车拥有权管制的城市,拍卖市场以及城市社会经济方面的数据较为完备[①],方便进行计量分析,因此本节以上海车牌额度拍卖市场为例。

一、差中差法（DID）对干预效果的估计

由于所观察的城市无法同时处于有政策和无政策状态,可以选择合适的对照组或参照系来衡量管制效果。考虑与上海经济社会情况较为接近的城市(地区)或城市组,选择泛长三角区域六省市、沿海发达地区七省市以及 GDP 与拥车率"双高组"八省市作为对照组,通过群组比较来衡量上海车牌额度拍卖政策对私人汽车拥有量增长的限制效果。

采用差中差(Difference-in-Difference,简称 DID)方法,以政策成熟期起始年份2003 年为时间虚拟变量,并将上述三种对照组作为群组虚拟变量。由于影响私人机动车增长的因素很多,包括经济、人口、道路、公交及其他替代出行方式、城市建设等,它们可以作为计量分析的控制变量。对每一种对照组,分别建立含有(或不含)控制变量的两组回归模型,因变量均为私人汽车拥有量对数值增量,一共 6 组计量模型,回归结果如表 5—15 所示。模型 2、4、6 的控制变量为人均 GDP、年末人口数、人均可支配收入、人均拥有道路面积、每万人拥有公交车、公共汽(电)车客运量、公路里程、城市道路长度、出租汽车运营数、房地产投资完成额等。

差中差法所表述的计量模型为:

$$\Delta \ln Vehicle_{it} = \alpha + \Delta \ln X_{it}\beta + \gamma_1 T_t + \gamma_2 G_i + \gamma_3 T_t G_i + e_{it} \qquad (5-17)$$

式中,$\Delta \ln Vehicle_{it}$ 为私人汽车拥有量对数增量值,$\Delta \ln X_{it}$ 为各控制变量的对数增量值,T_t 为时间虚拟变量,G_i 为群组虚拟变量,$T_t G_i$ 为反映政策效应的交互项,i 为群组下标,t 为时间下标。

分析表明,对于三种对照组以及有(或无)控制变量的情形,交互项 $T_t G_i$ 系数 γ_3 在 -0.3610 至 -0.2721 之间变化,且显著水平达 1%。不论哪一种对照组,上海相对于这些省市,在 2003 年政策成熟期之后,每年私人汽车拥有量约降低 27%～36%,表明政策所产生的控制机动车增长的宏观效果相当显著。其他显著影响私人汽车拥有量的因素还包括人均 GDP(+)、年末人口数(+)、公路里程(+)、城市道路长度(+)、出租汽车运营数(−)、房地产投资完成额(+)等。

---

① 　上海车牌额度拍卖数据参见国拍网,社会经济数据参见历年《上海统计年鉴》。

表 5－15 私人机动车发展状况及其影响因素

	泛长三角区域		沿海发达地区		GDP 与私车拥有率双高组	
	模型 1	模型 2	模型 3	模型 4	模型 5	模型 6
时间虚拟变量 T_t	−0.069 9**	−0.111 4***	−0.076 6***	−0.086 0***	−0.039 0*	−0.038 9
	(0.029 1)	(0.030 8)	(0.024 7)	(0.027 9)	(0.020 8)	(0.024 4)
群组虚拟变量 G_i	0.287 1***	0.269 1***	0.302 3***	0.326 9***	0.354 4***	0.361 4***
	(0.064 3)	(0.057 9)	(0.072 7)	(0.061 1)	(0.074 3)	(0.057 0)
交互项 $T_t G_i$	−0.321 3***	−0.272 1***	−0.314 7***	−0.361 0***	−0.352 3***	−0.336 3***
	(0.071 3)	(0.066 5)	(0.065 2)	(0.069 8)	(0.058 8)	(0.064 1)
人均 GDP		1.025 5***		0.427 4		0.466 7**
		(0.265 5)		(0.271 0)		(0.208 7)
年末人口数		3.775 2***		−0.338 1		−0.399 1
		(1.036 5)		(0.494 9)		(0.407 2)
人均可支配收入		−0.013 4		0.345 3		0.126 3
		(0.390 6)		(0.347 2)		(0.308 7)
人均拥有道路面积		−0.072 5		−0.068 6		−0.056 4
		(0.090 5)		(0.079 3)		(0.067 9)
每万人拥有公交车		−0.011 6		0.026 4		−0.037 3
		(0.054 9)		(0.059 3)		(0.049 4)
公共汽(电)车客运量		−0.087 1		0.083 8		0.005 9
		(0.137 2)		(0.063 4)		(0.048 8)
公路里程		0.027 7		0.113 6*		0.132 2**
		(0.057 4)		(0.065 4)		(0.059 5)
城市道路长度		0.168 6*		0.069 1		0.072 1
		(0.092 3)		(0.090 2)		(0.062 1)
出租汽车运营数		−0.655 0***		−0.346 4*		0.073 4
		(0.221 0)		(0.190 6)		(0.126 9)
房地产投资完成额		−0.089 8		0.142 1*		0.064 1
		(0.084 5)		(0.077 8)		(0.065 3)
常数	0.308 3***	0.219 8***	0.293 1***	0.187 5	0.241 0***	0.152 0***
	(0.026 3)	(0.042 0)	(0.027 5)	(0.038 9)	(0.026 3)	(0.033 7)
样本数	96	96	116	116	128	128
R^2	0.317 5	0.556 9	0.310 4	0.453 2	0.289 1	0.437 0

注：***、**和*代表显著水平分别为1%、5%和10%，括号里数值为标准偏差；相关数据来源于中经网及各城市统计年鉴，时间范围为1999—2015年。

二、合成控制法对干预效果的估计

双重差分法设定了严格的平行趋势假设,这一假设在现实中往往难以满足,从而无法剔除影响政策效果的其他共生因素,导致政策效果被高估或低估。Abadie和 Gardeazabal 于 2003 年提出的合成控制法(Synthetic Control Method)可以有效弥补双重差分法的不足。[①] 其基本思想是,虽然无法找到实验组的最佳控制地区,但通常可对实验组的其他类似地区进行适当的线性组合,赋予与处理组(控制组)近似程度高的地区更高的权重,从而构造一个加权的合成控制地区,并将真实组与合成组进行对比,以此估计政策带来的变化量。合成控制法的一大优势是可以根据数据来选择线性组合的最优权重,避免了研究者主观选择控制组的随意性。本节利用 1999—2017 年面板数据,运用合成控制法对上海车牌额度拍卖政策效果进行评估。

（一）样本及变量选取

上海于 1986 年开始实施车牌额度拍卖政策,2003 年对进口车和国产车合并拍卖,标志着政策进入成熟期。将 2003 年作为政策成熟期的做法也被其他学者所采用[②],因此下面的分析选择将 2003 年作为上海车牌拍卖政策的冲击时点。

首先将全国 30 个省份及直辖市放入"合成"上海市的备选池(Donor Pool),然后剔除一些不满足条件的省市。第一,上海是一个直辖市,所享受的政策以及社会经济条件都与我国的省份相当,因此将省级层面的样本作为备选池更加合理。第二,剔除了北京、天津两个直辖市,因为它们均在上海之后实行了限制机动车数量的政策(具体实施时间及政策内容见表 5—16)。第三,除北京和天津两个直辖市以外,还有杭州、深圳、广州、贵阳等城市在样本期间内实施了类似的政策。由于本节采用的是省级数据,若仅仅因为该省中的某个城市实施了限购政策就将该省从样本中剔除,显然是不合理的,因此需要通过计算限购城市的私人小汽车数量占所属省份比重来判断该省是否应该进入备选池。通过查阅各地级市统计年鉴,经计算得出,广州和深圳私车总量占全省的比重远高于 30%,而杭州、贵阳私车总量在其所属省份的比重均低于 30%。因此,这里可以假设在省级层面,广东省实施了限制车辆增长的政策,而浙江省和贵州省没有,在备选池中进一步剔除广东省。

---

①　Abadie A,Gardeazabal J. The Economic Costs of Conflict:A Case Study of the Basque Country[J]. *American Economic Review*,2003,93(1):113—132.

②　冯苏苇.私人小汽车拥有权管制政策效应分析[J].城市交通,2017,15(5):87—94.

表 5－16 实施限购政策的城市

城　市	实施时间及主要政策措施
北京	2010 年 12 月 23 日,北京公布《北京市小客车数量调控暂行规定》实施细则,规定每月 26 日实行无偿摇号方式分配车辆指标
贵阳	2011 年 7 月,贵阳市开始实行汽车摇号限购政策
广州	2012 年 6 月 30 日,广州市宣布对中小型客车进行配额管理,7 月 1 日零时实施
天津	2013 年 12 月 15 日,天津市政府宣布从 2013 年 12 月 16 日零时起在全市实行小客车增量配额指标管理,并自 2014 年 3 月 1 日起按车辆尾号实施机动车限行交通管理措施
杭州	杭州政府于 2014 年 3 月 25 日宣布对本地新车实施限购,并发布了关于实行小客车总量调控管理通告
深圳	2014 年 12 月 29 日深圳开始实施汽车限购政策,有效期暂定 5 年;每年暂定指标 10 万个,按月分配

资料来源:各城市政府网站公告。

由于实施车牌额度拍卖政策是为了控制机动车增长速度,缓解城市道路交通拥堵,且上海是一个直辖市,与省在同一个行政层面,但若将私人小汽车拥有量作为因变量与其他省份进行比较,则数量级相差较大。因此,这里将人均私人小汽车拥有量作为模型的因变量。选取的预测因子变量如表 5－17 所示。

表 5－17 预测因子变量

变量名称	变量解释及选取依据
人均 GDP	发达国家千人机动车拥有量与人均 GDP 的弹性稳定在 1.0～1.5[①]
人均拥有公交车数量	私人小汽车的替代交通工具
人均公交客运量	—
人均出租汽车运营数	—
人均道路长度	私人小汽车使用便利性

此外,预测因子中还加入了 2000 年、2001 年、2002 年人均私人小汽车拥有量作为滞后变量,这一做法被许多学者采用。[②] 本节所用数据均来源于中经网统计数据库。

---

① Dargay J,Gately D,Sommer M. Vehicle Ownership and Income Growth,Worldwide:1960－2030[J]. *Energy Journal*,2007,28 (4):163－190.

② Abadie A,Diamond A,Hainmueller J. Synthetic Control Methods for Comparative Case Studies:Estimating the Effect of California's Tobacco Control Program[J]. *Journal of the American Statistical Association*,2010,105(490):493－505.

（二）模型构建

首先,假设上海实施车牌额度拍卖政策对其他省份的人均私人小汽车拥有量没有影响,即:

$$Y_{it} = Y_{it}^N + \alpha_{it} D_{it} \qquad (5-18)$$

式中,Y 为人均私人小汽车拥有量;i 代表省份、直辖市或自治区;t 代表时间;α_{it} 代表 i 省份在 t 年受到的政策带来的效应;D_{it} 是一个虚拟变量,代表政策是否实施,具体取值如下:

$$D_{it} = \begin{cases} 1 & \text{如果 } i=1, t > T_0 \\ 0 & \text{否则} \end{cases}$$

T_0 为政策实施年份,在本节中代表政策真实发生作用的年份,即 2003 年,$i=1$ 为上海。拍牌政策带来的效应则为 $\alpha_{1t} = Y_{1t}^I - Y_{1t}^N = Y_{1t} - Y_{1t}^N$。$Y_{1t}^I$ 代表受政策影响地区的人均私人汽车拥有量,即上海市人均私人小汽车拥有量;Y_{1t}^N 代表未受政策影响地区所合成的上海人均私人小汽车拥有量。由于 Y_{1t}^I 是可观测的,数据直接可得,因此要估计 α_{1t},就需要估计 Y_{1t}^N。不妨假定 Y_{1t}^N 可以通过以下模型估计得到:

$$Y_{it}^N = \delta_t + \theta_t Z_i + \lambda_t \mu_i + \varepsilon_{it} \qquad (5-19)$$

式中,δ_t 代表对所有地区无论是否实施政策都会带来相同效应的未知因素;Z_i 代表不受政策影响且可观测到的变量,即表 5-17 中的预测因子;μ_i 代表不受政策影响且无法观测的变量;ε_{it} 为随机误差项。

考虑一个 $J \times 1$ 的权重向量 $W = (w_2, w_3, \cdots, w_{J+1})$ 满足 $w_j \geqslant 0$,$j = 1, 2, \cdots$,$J+1$ 并且 $w_2 + w_3 + \cdots + w_{J+1} = 1$。向量 W 的每个特定值代表每个地区的潜在控制,即控制组的一个特定加权平均值,由 W 构成的线性组合的结果变量为:

$$\sum_{j=2}^{J+1} w_j Y_{jt} = \delta_t + \theta_t \sum_{j=2}^{J+1} w_j Z_j + \lambda_t \sum_{j=2}^{J+1} w_j \mu_j + \sum_{j=2}^{J+1} w_j \varepsilon_{jt} \qquad (5-20)$$

假设存在一组权重 $(w_2^*, w_3^*, \cdots, w_{J+1}^*)$ 使得:

$$\sum_{j=2}^{J+1} w_j^* Y_{j1} = Y_{11}, \sum_{j=2}^{J+1} w_j^* Y_{j2} = Y_{12}, \cdots, \sum_{j=2}^{J+1} w_j^* Y_{jT_0} = Y_{1T_0}, \sum_{j=2}^{J+1} w_j^* Z_j = Z_1$$

那么,此时就得出:

$$Y_{1t}^N - \sum_{j=2}^{J+1} w_j^* Y_{jt} = \sum_{j=2}^{J+1} w_j^* \sum_{s=1}^{T_0} \lambda_t \left(\sum_{n=1}^{T_0} \lambda'_n \lambda_n \right)^{-1} \lambda'_s (\varepsilon_{js} - \varepsilon_{1s}) - \sum_{j=2}^{J+1} w_j^* (\varepsilon_{jt} - \varepsilon_{1t})$$

$$(5-21)$$

通过数学证明发现[①]，如果政策干预前的时期相对于政策冲击的时间更长，方程右边的均值将接近于 0，那么就可以使用 $\widehat{\alpha_{1t}} \Rightarrow Y_{1t} - \sum_{j=2}^{J+1} w_j^* Y_{jt}, t \in \{T_0 + 1, \cdots, T\}$ 作为 α_{it} 的估计量。

（三）模型回归

表 5-18 给出了 2003 年上海实施车牌额度拍卖政策之前上海、合成上海和 27 个控制组平均值拟合结果之间在预测变量上的对比情况，其中人均私人小汽车拥有率的差异仅为 1%，因此合成上海市的人均私人小汽车拥有量的增长路径很好地拟合了真实上海的增长路径。在所选取的影响人均私人汽车拥有量的变量中，人均公交车数量和人均拥有道路面积数值较小，比较接近，其差距也比上海市和 27 个控制组平均值的差距要小得多。这说明在较好地拟合人均私人汽车拥有量的基础上，合成上海与真实上海之间影响人均私人汽车拥有量因素之间的相似度是非常高的，因此该方法适合于上海拍牌政策的绩效评估。另外，对比上海、合成上海和 27 个控制组均值这三组人均公交客运量和人均出租汽车运营数，可以发现上海的数值要大得多，这也说明上海的公共交通设施更加健全，为限购政策的推行提供了有利条件。

表 5-18 预测因子变量的拟合与对比

变量（单位）	上海与合成上海的差值	上海与 27 个控制组均值的差值
人均 GDP（元）	18 003.695 2	25 123.182 3
人均公交车数量（辆/人）	8.061 8	9.835 3
人均拥有道路面积（平方米/人）	-2.253 9	1.686 4
人均公交客运量（人次）	145.395 7	156.452 8
人均出租汽车运营数（辆/万人）	22.455 3	20.736 3
2000 年人均私人小汽车拥有量（辆/人）	-0.000 6	-0.001 3
2001 年人均私人小汽车拥有量（辆/人）	0.000 4	-0.000 1
2002 年人均私人小汽车拥有量（辆/人）	0.000 1	0.002 2
人均私人小汽车拥有量（辆/人）	-0.000 1	0.000 7

本研究在剔除两个实行限购政策的直辖市和一个省份后得到合成的上海，如图 5-8 所示，合成上海是由 0.44 个江苏和 0.56 个浙江合成的。代入权重后计算

---

① Abadie A, Diamond A, Hainmueller J. Synthetic Control Methods for Comparative Case Studies: Estimating the Effect of California's Tobacco Control Program[J]. *Journal of the American Statistical Association*, 2010, 105(490): 493—505.

182

出的拟合结果表明,在 2003 年政策成熟之后,2004—2017 年上海车牌额度拍卖政策使得人均私人汽车拥有量平均下降 47.43%。

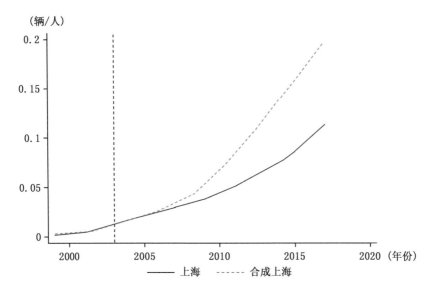

图 5—8 人均私人小汽车拥有量发展趋势(上海与 27 个省份合成的上海)

现有研究通过双重差分法,计算得到 2003—2010 年限购政策导致上海私人小汽车拥有量年均下降 26%~35%[1],本节采用合成控制法估计的结果与之相比数值偏高[2],可能是因为在 2010 年以后该政策带来的效果更加明显。因此,进一步将样本期限定在 2010 年以前,利用合成控制法得出权重,估算出在 2003—2010 年上海人均私人小汽车拥有量年均下降 18.17%,低于双重差分法测算的结果。可能的原因在于使用双重差分法时对照组为沿海发达地区、长三角区域等,即除了浙江、江苏外还有其他省份,且自变量未通过显著性检验,所以在估计时高估了限购政策的效果。

在绝对量的变动方面,本节的结果乘以人口数计算得到:截至 2009 年私人小汽车拥有量总量的减少数量年均为 12 万辆。与现有研究通过测算弹性系数得到的(截至 2009 年限购政策使上海民用小汽车数量年均减少 6.3 万~11.2 万辆[3])相比,数值非常接近。但是,李曦(2014)通过 Gompertz 曲线发现拍卖政策使 1996—2009 年小汽车拥有总量年均减少近 19.13 万辆,与之相比,合成控制法的估计结果

---

① 冯苏苇.私人小汽车拥有权管制政策效应分析[J].城市交通,2017,15(5):87—94+100.

② 由于采用的是百分比形式,因此尽管本节采用的因变量是人均私人小汽车拥有量,仍然可以与之直接进行比较。

③ 冯苏苇,马祖琦,余凯.上海私车牌照拍卖政策效果分析[J].综合运输,2011(1):36—41.

低得多。这是因为李曦(2014)以北京作为对照组合成 Gompertz 曲线来估计上海政策效果,而北京和上海私人小汽车拥有量的发展趋势并不完全相同,所以其估计可能存在一定的误差。而本节采用合成控制法的估计结果以及上述文献的估计结果,均印证了上海限购政策的效果十分显著。

另外,合成控制法假设上海实施拍牌政策对其他省份人均私人小汽车拥有量没有影响,但事实上,许多上海居民为了购买汽车会上其他省份的牌照,这样就提高了其他省份的人均私人汽车拥有量,因此本节的结果仍具有一定误差。由于数据的不可得性,该误差难以进行精确计算,因而将估计得到的政策效果作为最大值比较合理。

(四)稳健性检验

为了证实上述结果的有效性,即验证人均私人小汽车拥有量的减少确实是源于上海车牌额度拍卖政策的实施而非其他因素,且估计的效果在统计上是显著的,下面进行稳健性检验。

首先,对备选池中的其他省份进行安慰剂检验。根据 Abadie 和 Gardeazabal (2003)提出的随机化推理方法——安慰剂检验法,假定备选池中的其他省份也实施了该项政策,然后运用合成控制法来考察虚拟的实验组在政策实施前后是否存在显著差异,通过对比真实实验组与安慰剂检验中实验组的变动幅度,以观测真实实验组的变化是否最为明显。

图5-9中灰色线条表示27个省份人均私人小汽车拥有量在2003年前后的差距,黑色线条表示上海人均私人小汽车拥有量在2003年前后的差距。考虑到2003年前的均方误差①(MSPE)较大(一个较大的、2003年后的均方误差就不再能反映该政策的效果),因此如果合成控制对象在2003年前不能很好地拟合目标地区,就不再分析这个目标地区的安慰剂检验情况。理由是如果不能拟合好2003年前目标对象的人均私人小汽车拥有量,那么最后得到的因变量差距值很有可能是拟合不好而导致的,与政策本身无关。通过计算2003年前各省份的均方误差,发现没有出现均方误差大于上海5倍及以上的省份。如图所示,2003年之前其他省份与上海的变化趋势几乎完全一致,而2008年之后,上海人均私人小汽车拥有量呈现显著的下降趋势。如果通过随机给予处置的方法,要获得同上海如此之大的变动

---

① 均方误差,或称根均方误差(Rooted Mean Square Prediction Error,简称 MSPE 或 RMSPE),用于度量实验组城市与合成的该城市之间拟合的误差。根据 Abadie 等(2010)的做法,政策以前阶段($t < T_0$)MSPE 的计算公式为:$\text{MSPE} = \left[\dfrac{1}{T_0} \sum_{t=1}^{T_0} \left(y_{1t} - \sum_{j=2}^{J+1} w_j^* y^{jt} \right)^2 \right]^{1/2}$。

幅度,则概率为 1/28(0.036)。这表明在 5% 的显著性水平下,拒绝上海限购政策对
人均私人小汽车拥有量没有影响的原假设。

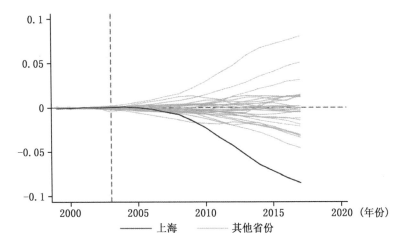

图 5—9　上海与其他 27 个省份人均私人小汽车拥有量差值

其次,选择合成对象中权重最大的地区进行安慰剂检验。为了进一步证明实
证分析得到的结果是具有借鉴意义的,以在合成上海中获得正权重的两个省
份——江苏、浙江作为实验组进行分析。图 5—10 和图 5—11 分别显示以江苏、浙
江作为实验组进行合成的结果。可以看到,江苏和浙江的人均私人小汽车拥有量
在政策实施年后均高于合成的"江苏"和"浙江",即与上海的变动趋势相反。这进
一步说明了本节得到的人均私人小汽车拥有量的差值是由限购政策所导致的,而
非其他不可观测的因素。

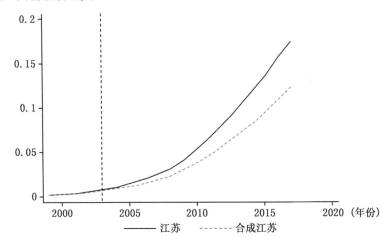

图 5—10　人均私人小汽车拥有量(江苏与 27 个省份合成的江苏)

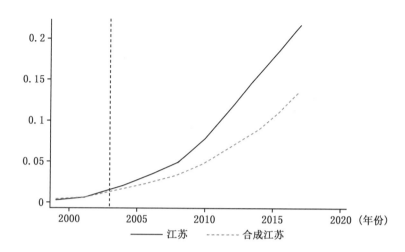

图 5—11　人均私人小汽车拥有量(浙江与 27 个省份合成的浙江)

研究发现,上海限购政策对私人小汽车的增长确实起到了抑制作用,自 2003 年政策成熟期起人均私人小汽车年增幅相比未出台政策时降低 47.43%,且该结果在 5% 的显著性水平下显著。采用合成控制法评估政策效果,避免了主观选择控制组的问题,且通过稳健性检验,确保了研究结果的可信度,因此对其他城市推行限购政策具有一定的借鉴意义。

三、社会经济变量对拍卖市场的影响

管制政策的宏观效果通过微观的额度配置机制(拍卖或摇号)显现出来,这个配置过程会受到很多宏观社会经济变量的影响。本节主要考虑宏观政策效果分析的一个核心问题:额度配置过程受到哪些宏观社会经济变量的影响? 由于上海从 20 世纪 80 年代中期就开始尝试以拍卖方式分配车牌额度,数据比较完备,不妨以上海车牌额度拍卖市场作为观察和分析的对象。

上海是我国第一个颁布"城市交通发展白皮书"的城市,2002 年《上海市交通发展白皮书》(第一版)中规划采用多种手段对小汽车的拥有和使用进行限制,包括车牌拍卖和拥堵收费,管理部门将根据道路容量、服务水平和环境状况来确定额度数量。那么,在实际执行中,额度投放量会受到哪些外部因素的影响? 社会经济变量如何影响拍卖市场中的关键变量(如额度投放量、竞拍人数和平均中标价等)? 本节利用 2002—2014 年《上海统计年鉴》数据,采用两阶段最小二乘法(Two-Stage Least Squares,简称 TSLS)建立五组回归模型,判断这些模型回归系数的显著性和稳定性以及它们是否处于一个可接受、可解释的范围,从而筛选出影响拍卖市场关键变量的外部影响因素,刻画内部和外部变量的关联机制。

两阶段最小二乘法的优点是可以直接利用原始数据,分析隐变量交互作用,对变量的分布没有限制。变量无论是正态分布,还是非正态分布都可以使用。二阶段最小二乘法第一阶段的任务是产生一个工具变量,第二阶段的任务是通过一种特殊形式的工具变量法得出结构参数的一致估计量。这个过程可以在几乎所有的统计软件上实现。表 5－19 显示了五组模型对年额度投放量、竞拍人数和年平均中标价的联立方程回归结果。

表 5－19　　年额度投放量、竞拍人数和年平均中标价的联立方程回归结果[①]

因变量	自变量	模型 1	模型 2	模型 3	模型 4	模型 5
年额度投放量 ($\ln QT_T$)	车均道路面积(一阶滞后) ($\ln RoadV_{T-1}$)	0.54	−0.22	−0.16	0.11	0.34
	地铁里程变化(一阶滞后) ($D\ln RailL_{T-1}$)	−0.29	−0.11	−0.14	0.40	0.75**
	SO_2 变化(一阶滞后) ($DSO2_{T-1}$)	−17.02***	−14.52***	−14.45***		
	NO_2 变化(一阶滞后) ($DNO2_{T-1}$)				17.90	
	PM10 变化(一阶滞后) ($DPM10_{T-1}$)					15.30
	年平均中标价 ($\ln PT$)		0.35**	0.26	0.97**	1.31***
	年平均中标价(一阶滞后) ($\ln P_{T-1}$)			0.07	−0.61	−1.11**
	R^2	0.66	0.70	0.72	0.36	0.12

① Feng S, Li Q. Evaluating the Car Ownership Control Policy in Shanghai: A Structural Vector Auto-regression Approach[J]. Transportation, 2018, 45(1): 205－232.

因变量	自变量	模型 1	模型 2	模型 3	模型 4	模型 5
年竞拍人数 ($\ln QB_T$)	地铁服务效用(一阶滞后) ($\ln RailU_{T-1}$)	-2.89^*	-3.27^*	1.38	0.42	1.82
	人均银行存款(一阶滞后) ($\ln DEP_{T-1}$)	1.88^{***}	0.47	2.16^{***}	1.97^{***}	2.75^{***}
	人口变化(一阶滞后) ($D\ln POP_{T-1}$)	-20.62	-0.95	-4.24	-2.15	0.64
	年平均中标价 ($\ln P_T$)			-3.23^{**}	-2.27^{***}	-4.11
	年平均中标价(一阶滞后) ($\ln P_{T-1}$)		2.16	3.00^{***}	2.46^{***}	3.43^{***}
	R^2	0.70	0.52	0.89	0.92	0.78
年均中标价 ($\ln P_T$)	年平均中标价(一阶滞后) ($\ln P_{T-1}$)	1.00^{***}	0.90^{***}	1.03^{***}	1.03^{***}	0.79^{***}
	年额度投放量 ($\ln QT_T$)	-0.37	-0.46	-0.48	-0.24	-0.67
	年竞拍人数 ($\ln QB_T$)	-0.42^{***}	-0.34^{**}	-0.43^{***}	-0.43^{***}	-0.28^{**}
	人均银行存款(一阶滞后) ($\ln DEP_{T-1}$)	1.12^{***}	1.11^{***}	1.19^{***}	1.10^{***}	1.20^{***}
	R^2	0.93	0.93	0.93	0.93	0.92

注:***、** 和 * 代表显著水平分别为 1%、5% 和 10%。

(一)年额度投放量的影响因素

对年额度投放量产生影响的因素可以分为两类,即宏观外部因素(空气质量和轨道交通建设)和拍卖市场内部关联因素(年均成交价)。

(1)受空气中 SO_2 浓度影响且回归显著,但受 NO_2 和 PM10 浓度的影响不显著;轨道交通建设(地铁里程)对额度投放量产生负向影响,即轨道交通建设抑制了额度投放量的增加,但五组模型中有 4 个回归结果不显著。此外,车均道路面积的影响也不显著。

(2)受年均成交价影响,同期(年)影响为正向,滞后一期(上一年)影响为负向,即同期(年)拍卖价格越高,额度投放量越多。

(二)年竞拍人数的影响因素

研究发现,对年竞拍人数的影响因素如下:

(1)引入地铁服务效用指标(单位里程服务人数),前两个回归结果为负向显著,说明地铁服务效用提升,单位里程服务人数增加,对竞拍人数有减少作用。

(2)存在人均银行存款的正向影响,这表明居民经济实力提高和财务状况改善对竞拍人数有促进作用。

(3)年平均中标价对竞拍人数亦产生一定的影响,同期(年)影响为负向,滞后一期(上一年)影响为正向。即同期(年)的高价格对竞拍人数有抑制作用,当年一些人看到价格很高,就不来参加拍卖了。但是如果去年价格很高,那么对今年的竞拍人数仍具有吸引作用。这表明年均中标价对竞拍人数存在跨年度的长期影响,反映出人们在额度拍卖市场中"买涨不买跌"的心态。

(三)年平均中标价的影响因素

研究发现,年平均中标价的影响因素如下:

(1)年平均中标价自身存在很大的上涨惯性,总体市场预期看涨。

(2)竞拍人数对年平均中标价的影响为负向,如果竞拍人数很多,则大致可以分为"志在必得"和"碰运气"两类人。两者的出价策略相反,前者出高价而后者出低价,"碰运气"的人多则可以稀释价格,抑制价格上涨。

(3)人均银行存款对年均中标价有相当显著的正向作用。

(4)年额度投放量增加可以抑制价格上涨,但回归结果不显著。

因此,综合考虑外部和内部因素对拍卖市场关键变量的影响,可以得到以下结论:

(1)居民经济状况(人均银行存款)正向影响竞拍人数和平均中标价,经济因素对市场的影响不可忽视。如果上海未来经济发展平稳,则可以预期竞拍人数和年均中标价均会稳步增加。

(2)轨道交通建设里程和效用(单位里程服务人数)减少了额度投放量(不显著)和竞拍人数(部分显著),说明持续的轨道交通建设和服务改善可以缓解居民对机动车额度的需求。

(3)空气质量(SO_2)会导致额度投放量减少,由于机动车尾气排放是空气污染的直接成因之一,使得空气质量状况进入额度投放的公共决策视野中。

(4)年平均中标价上涨会推动额度投放量增加。

(5)同期来看,竞拍人数与年平均中标价是相互制约的关系,同期人数增加可以缓解价格上涨。

(6)按市场预期,拍卖价格会按自身惯性一直上涨。

四、拍卖市场内外部影响因素的互动机制

结合本章对车牌拍卖市场内部规律的分析,以及对外部社会经济变量影响拍

卖市场的分析,车牌额度拍卖市场内外部影响因素的互动机制如图 5—12 所示。

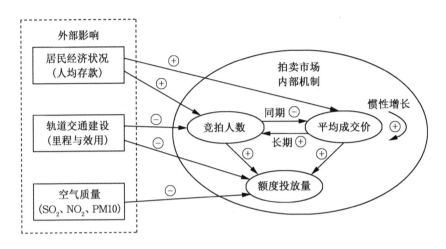

图 5—12 车牌额度拍卖市场内外部影响因素的互动机制

影响车牌额度拍卖市场的外部因素包括居民经济状况、轨道交通建设和空气质量。良好的居民经济收入状况拉动了竞拍人数和平均中标价,轨道交通建设和空气质量则减少了竞拍人数和额度投放量。

在拍卖市场内部,额度投放量、竞拍人数和平均中标价呈现出较为复杂的互动机制:

(1)拍卖价格反映车牌额度的市场稀缺程度,而特大城市空间成本昂贵以及空间再生的有限性,决定了额度价格有一个持续增长的惯性。与此同时,在 2013 年 4 月限价之前,拍卖市场中竞拍人数与平均中标价之间存在同期抑制、长期促进的关系,产生了价格变化率回归中位的特征,有利于市场稳定。

(2)额度投放量与竞拍人数和平均中标价之间呈现量价齐升、正向激励的特征。竞拍人数和平均中标价的增长会推动额度投放量的增加,这种趋势容易导致额度投放数量突破规划上限,使既定的机动车总量控制目标难以实现。

第六章

机动车拥有权管制的实践

随着经济社会转型发展,中国大中城市交通需求持续增长。一方面,机动化出行率和出行距离不断增加,机动化出行总量快速上升,小汽车出行量持续增长。另一方面,经过多年来持续大规模的道路交通基建,道路建设增速放缓,设施扩容潜力有限。道路交通供需矛盾日益突出,道路交通拥堵和尾气排放日益严重,中心城区和交通走廊呈现出拥堵常态化。在此背景下,优先发展公共交通,合理管控机动车出行需求,成为阶段性重要任务。

交通需求管理综合运用激励和干预措施,从发展战略、用地规划、服务供给、出行结构和道路使用等环节引导出行方式选择、优化交通系统运行,而机动车拥有权管制是交通需求管理的重要环节。截至 2022 年,我国有九个省市曾经或正在实施限购政策,对机动车总量进行控制,额度配置方式包括拍卖、摇号和混合三类。其中,采用(或曾采用)拍卖方式的城市有上海(1994 年)和温州(1989—2007 年),采用(或曾采用)摇号方式的城市有北京(2011 年)和贵阳(2011—2019 年),采用混合方式的省市有广州(2012 年)、天津(2013 年)、杭州(2014 年)、深圳(2014 年)以及海南省(2018 年)等。本章通过回顾这些省市机动车拥有权管制的实践过程,梳理了政策变迁的关键事件,并对额度配置情况做出简要分析和评述。

第一节　上海市:额度拍卖

上海是中国第一个采用拍卖方式配置机动车牌照的城市,这种尝试可以追溯到 1986 年。回顾历史,上海采用市场手段配置稀缺的道路资源的做法,甚至可以在 20 世纪初马车牌照的"季捐费"中找到影子。

1901 年,当第一辆汽车进入上海时挂的是马车牌照,按马车的标准收费。1910 年,汽车牌照开始独立编号,收费有"牌照费"和"季捐费"两种(相当于固定费和使用费),季捐费按不同的用途收取,自备车白银 5 两,出差车 15 两。1912 年,上海已有汽车 1 400 辆,当时租界的管理机构工部局按照欧美的管理模式,正式为汽车发放牌照,并对特殊号码车牌进行拍卖销售,某些号码的成交价格高达 20～30 两黄金。20 世纪 20 年代,上海登记的小汽车达 2.1 万余辆,与欧美的二线城市持平。在空间资源相对匮乏的上海,城市管理者从一开始就把汽车牌照当作管理机动车和获得财政收入的手段。当时的工部局由英国人把持,所以车牌拍卖的做法和小汽车一样也是"舶来"的。

　　这种管理思路一直在延续。20 世纪 80 年代，由于长期的建设欠账，上海城市道路供给严重不足，中心城区人均道路面积仅为 4.5 平方米[①]，当时上海也曾采用单双号的做法以缓解道路供给不足带来的交通拥堵。由于建设资金的缺乏以及人口密度高的特点，在借鉴不同国家和地区城市交通发展经验的基础上，从 80 年代起，上海就明确了对小汽车使用的控制。[②] 1986 年上海交管部门对私人车辆实施专用号段管理（自备车 Z），并对号牌发放实施总量控制。[③] 当时拍卖第一块"沪 Z"牌照时，采用的是 10 万元有底价、不公开拍卖的形式。早期的实践对车辆需求起到了调控作用，也为后来的非营业性客车额度拍卖政策奠定了基础。

　　1998—2002 年，由上海市政府编制完成的《上海市城市交通白皮书》确立了上海交通发展的三个重要政策，分别为公共交通优先政策、交通区域差别政策以及道路车辆协调政策。[④]《上海市城市交通白皮书》经过政府有关部门多方讨论，在上海城市建设中形成一种共识：上海城市交通"没有能力""没有必要"也"不能够"去适应小汽车的增长。正是由于这种共识的达成，使得后来的几十年内出台了一系列有利于绿色交通和可持续交通的发展政策。

　　1994 年我国将汽车产业列为国家支柱型产业，汽车工业进入快速发展期。伴随着汽车产业的发展，自 1994 年起，上海正式对新增客车额度实行拍卖制度，目的是有效控制小客车过快增长。上海每月会有偿发放一定数量的新车牌照，遵循有底价、不公开拍卖的原则，购车者可在规定时间内，通过电话或者现场报价方式参与竞拍，价高者获车牌。购车者凭着拍卖中标后获得的额度，可以去车管所为购买的车辆上牌，并拥有在上海中心城区（外环线以内区域）使用机动车辆的权利。

　　2000 年，为配合汽车产业发展，上海车牌拍卖政策改为面向更多市民的"无底价"竞购。由此，市民拥有小汽车的门槛降低，上海转身迈入汽车时代，同时迎接各种城市痼疾的挑战，包括严重的交通拥堵。

　　在随后的几年中，经济和居民收入增长推高了车牌拍卖价格，平均中标价以每年一万元的速度上涨。为了缓解拍卖中信息不对称带来盲目竞标的问题，2008 年，上海市管理部门对拍卖方式进行改革，同时引入网络拍卖方式。随着上海市民对私家车需求日益增加，车牌竞拍价再次居高不下，2013 年初最高时价格飙升至近 10 万元。2013 年，上海市管理部门再次进行改革，采取投标价上限管制，遏制价格

---

① 薛美根，朱洪，邵丹. 上海交通发展政策演变[M]. 上海：同济大学出版社，2017：18.
② 潘海啸. 上海城市交通政策的顶层设计思考[J]. 城市规划学刊，2012，199(1)：102−107.
③ 薛美根，朱洪，邵丹. 上海交通发展政策演变[M]. 上海：同济大学出版社，2017：16.
④ 上海市人民政府. 上海市城市交通白皮书(2002 年)[M]. 上海：上海人民出版社，2002：4.

的连续快速上涨。2008 年和 2013 年的两次改革在很大程度上影响了后续拍卖方式和额度配置制度的形成。

一、政策演化

上海车牌额度拍卖的制度变迁反映了近四十年交通管理价值观的演变,前期可以简单划分为有底价拍卖和无底价拍卖两个阶段,2008 年和 2013 年两次改革最终形成了稳定的额度配置规则并延续至今。

（一）有底价拍卖:政府定价＋市场调节

20 世纪 80 年代,上海市交通建设相对滞后,中心城区经常堵车,控制交通总量迫在眉睫。1986 年 11 月,上海拍卖了第一块私车牌照[①],第一辆 Z 字私人自备车牌照代码 0001 号诞生,被视为改革开放的一个里程碑。

1994 年起,上海开始对新增的汽车额度实行有底价、不公开拍卖。1994 年 6 月,上海市(原)计划委员会和上海市公安局联合颁布《上海市私人自备车、二轮摩托车上牌额度竞购办法》,每月由指定的上海机动车拍卖行举行一次私车上牌额度公开竞购(投标)。[②] 投标者按规定填写标书,封标后在公告规定时间内自送至投点,开标、验标和评标均在公证机关监督下进行。中标成交原则为"确定低价,价格优先,投标次序优先——按报价由高到低依次成交,报价相同者按投标登记序号先者成交,不到底价不成交"。这种规范化的投标操作杜绝了牌照申请发放时的不正之风。每月发放的车牌额度数量由上海市计划委员会和上海市公安局确定,一般为私人自备车 20 辆左右,两轮摩托车 150 辆左右,轻便摩托车 200 辆左右。私人自备车牌照价格约 14 万～16 万元,两轮摩托车约 1.6 万～1.9 万元。截至 1995 年底,车牌额度竞购金额达 1 亿元,上牌自备车 180 辆,两轮摩托车 2 000 辆,轻便摩托车 2 200 辆左右,所得款项专户存储,按市政府规定用途使用。

从 1994 年到 1999 年,上海私车额度总共拍卖了 1.1 万个。为了刺激本地汽车销售,1998 年初,上海推出针对沪产桑塔纳车的私车牌照拍卖。由 2 万元起拍,且两年以后若车主更换新车,则该牌照不受任何限制。而对于其他非沪产车仍从 10 万元起拍。此时,车牌拍卖市场存在明显的价格歧视行为,可以看出上海市政府对本地汽车产业的扶植。大多数投标者为私营企业经营者、"三资"企业白领、国有企

---

① 即所谓的绿色 Z 牌照或 86 式号牌,小型车牌为绿底白字。

② 沪光.上海告别私车牌照无偿使用历史　实施一年竞购有序市场反响良好[J].汽车与配件,1996,1:17.另一说法来自新浪网,显示该办法于 1994 年 3 月出台。

业"三产"承包人、证券公司员工、外贸经销商、房地产商以及律师、医生等。[①]

（二）无底价拍卖：政府限量＋市场调节

2000 年 1 月，上海取消了原有政策，改为"国产生活用小客车上牌额度无底价竞购"，该政策适用于所有国产车，每月拍卖一次。但进口车的牌照仍然单独拍卖，价格约 5 万元。同年，为了拉动房地产销售，上海探索出"车房组合"的销售策略，如果购买内环线以外 30 万元以上的商品房一套，就能够以 5 000 元的低价获得车牌额度一个。"车房组合"的做法不久即被取消，拍卖又成了获得牌照唯一的途径。

自 2000 年 1 月上海实行无底价拍卖政策起，国产车牌照的成交价格基本上呈现锯齿状上升态势。其间曾经出现过两次最低价 100 元，一次是 2001 年 1 月，另一次是 2002 年底。

（三）两次改革：政府限价＋市场调节

2003 年 3 月，上海有关部门宣布将国产车和进口车上牌额度合并拍卖。当年牌照投放量大幅增长，但价格并未下降，而是跟着上涨。拍卖方式由最早纸质标书投标改为用电脑进行投标。[②]

2008 年初，上海改进了拍卖规则，取消现场拍卖方式，采取电话和网络的拍卖方式，拍卖时可以在线查看相关信息。为了应对居民的购车需求，上海加大了车牌额度的投放力度，年均投放数量约 10 万个，月均投放量为 9 000 个左右，牌照的平均中标价格约 5 万元。

2009 年 7 月 18 日，上海车牌额度网络竞拍系统突遭攻击，拍卖活动被迫取消。[③] 由于绝大多数的竞拍者是在竞拍第一阶段的最后 5 分钟进入，此时如果利用技术手段限制进入系统的人数，那么较少的竞拍人数会使拍卖价格下降。为了以低价获得车牌，犯罪嫌疑人利用木马病毒程序，在拍牌当天向上海国际商品拍卖有限公司服务器发起大流量的拒绝服务攻击，致使服务器无法正常运行。最后，犯罪嫌疑人以涉嫌破坏计算机信息系统罪被逮捕，国拍公司也改进了网络竞拍系统。

2013 年，为了进一步实现机动车总量控制目标，上海全年额度投放量略有缩减，月均投放量为 8 000 个左右。2013 年 3 月 23 日，在当天的新增机动车额度拍卖中，有 23 589 人争夺 9 000 个额度，中标均价最终达到 91 898 元，这是自 2003 年上海车牌额度拍卖政策定形后的历史最高价。[④] 上海市委书记韩正在 2013 年全国两

---

① 张伯顺. 从桑车私牌竞购看本市私车市场[J]. 汽车与配件，1998，23：28.
② 王梅. 上海机动车拍牌制度的过去、现在与未来[J]. 城市公用事业，2013，27(5)：5—12.
③ 宋原. 上海车牌拍卖系统遭遇黑客[J]. 检察风云，2010，4：42—44.
④ 王梅. 上海机动车拍牌制度的过去、现在与未来[J]. 城市公用事业，2013，27(5)：5—12.

会期间针对记者提问,坦陈"车牌太贵了",并且表示要统筹考虑形成更为科学的机制,让车牌拍卖制度更为完善。上海相关部门也很快出台了被称为"新沪四条"的车牌管理新规,试图延阻车牌价格过快上涨。[①] 为应对持续走高的牌照中标价格,自 2013 年 4 月开始,车牌拍卖开始启用警示限价拍卖规则。投标"警示价"推出后效果明显,将价格维持在 7 万～9 万元。

2013 年采取的限价措施一直持续至今。2020 年初新冠疫情暴发,上海市民对私家车和车牌额度的需求进一步增加,同时为了拉动汽车销售,管理部门增加了车牌额度的投放量。2020 年 6 月上海车牌额度投放量达到历史月度最高投放值 18 267 张,2021 年 3 月竞拍人数近 25 万人。

(四)规则变迁

上海车牌额度拍卖规则经历过两次变更(第一次在 2008 年,第二次在 2013 年),目的在于增加信息透明,防止过高竞价,稳定拍卖市场价格趋势。

2008 年初,上海市政府主管部门出台了投标新方案,其特点可概括为"一次投标,两次修改,幅度 600 元"(见表 6—1)。整个投标过程分为两个阶段。第一阶段"首次出价时段"为拍卖开始后的第一个小时。在此阶段内,投标人可通过网络或电话两种方式投标。系统会公布投标情况,包括当前的系统时间、投标人数、最低可中标价格等。如在此阶段未投标成功,则被视为不参加该场拍卖。第二阶段"修改出价时段"为拍卖的最后半个小时,在此阶段,成功投标者可在参考相关信息后,选择 1～2 次修改出价,修改范围为当前最低中标价上下 300 元的浮动区间。同时,相关部门对拍卖操作页面也进行了整合,确保所有的操作都在同一个页面上。

表 6—1　　　　　　　　　　2008 年拍卖规则调整前后的对比

相关内容	旧规则(2008 年 1 月之前)	新规则(2008 年 1 月之后)
拍卖机制类型	歧视性拍卖	歧视性拍卖与"有限时步"同步升价拍卖相结合
拍卖程序	一个阶段	两个阶段
信息公开	信息不公开	信息公开
拍卖方式	现场	电话、网络
二级市场	不规范,黄牛有套利机会	规范,限制新车牌照过户

新规则使竞标过程十分透明,信息的公开以及两次修改价格的机会,一定程度减少了竞拍人盲目出价的情况,避免"赢者诅咒"现象发生。然而,新政策在不改变

[①]　葛丰.疯狂的车牌考验市长水平[J].中国经济周刊,2013(12):2.

供需的前提下,仍然难以遏制私车牌照价格上升的趋势。随后几年中,额度平均中标价每年上涨 1 万元,在 2011 年和 2012 年甚至还出现连续十个月额度价格上涨的现象,引发新一轮对投标出价的改革。

2013 年 4 月,上海再次对投标规则进行改革。新的投标机制采用网上拍卖和电话拍卖方式。以网上拍卖为例。拍卖会持续 60 分钟,前 30 分钟为"首次出价时段",后 30 分钟为"修改出价时段"。"首次出价时段"内出价有效的竞买人,可进入"修改出价时段"内进行 1 次或 2 次修改出价。竞买人出价必须为 100 元的整数倍,最大加价幅度为 9 900 元。"修改出价时段"设有"目前数据库接受处理价格区间",修改出价应在"目前数据库接受处理价格区间"范围内,方为有效出价,数据库接受处理价格区间为最低可成交价的±300 元。

随着经济社会状况以及市场需求的变化,上海市车牌额度拍卖管理规定也不断做出调整,其依据为 2016 年修订的《上海市非营业性客车额度拍卖管理规定》(沪府发〔2016〕)[①]以及 2017 年对其进行补充说明的文件《上海市人民政府办公厅关于执行〈上海市非营业性客车额度拍卖管理规定〉若干要求的通知》(沪府办发〔2017〕43 号)[②]。拍卖管理规定历经此前 2012 版、2013 版、2014 版等多个版本以及多次修改完善,最终形成当前版本(见表 6-2)。按照上海市行政规范性文件管理 5 年有效期的规定,两份文件分别在 2021 年和 2022 年延长有效期至 2026 年、2027 年。

表 6-2　　　　　　　　　历年各版本拍卖规定的部分条款对比

相关内容	各版本拍卖规定			
	2012 版	2013 版	2014 版	2016、2017 版
额度证明有效期	3 个月,预期额度证明作废	6 个月,预期额度证明作废	6 个月,预期额度证明作废	1 年,逾期 2 年内可委托有资质的拍卖机构进行拍卖,通过拍卖取得相应价款,超过该时间则额度证明失效
额度转让	新增客车额度自启用之日起 3 年内,无特殊原因不得转让	新增客车额度自启用之日起 3 年内,无特殊原因不得转让	个人和单位客车额度启用后 3 年内不得转让	个人和单位客车额度启用后 3 年内不得转让;额度持有人将客车额度委托拍卖后,3 年内不得申请参加拍卖;客车额度进行直接流转的转出方,3 年内不得申请参加拍卖

---

① 详见《上海市人民政府办公厅关于执行〈上海市非营业性客车额度拍卖管理规定〉若干要求的通知》: http://jtw. sh. gov. cn/zcgd/20180605/0010-10160. html.

② 上海国际商品拍卖有限公司. 上海市非营业性客车额度拍卖管理规定[EB/OL]. [2016-06-16]. https:// www. alltobid. com/contents/16/67. html.

续表

相关内容	各版本拍卖规定			
	2012版	2013版	2014版	2016、2017版
拍卖资格	持有有效身份证明或持有本市居住证明	持有有效身份证明或持有本市居住证明	持有有效身份证明、本市居住证明和机动车驾驶证	本市户籍,或者持本市居住证明且自申请之日前已在本市连续缴纳满3年社会保险或个人所得税;未持有客车额度证明;未拥有使用客车额度注册登记的机动车;持有效的机动车驾驶证;自申请之日前1年内不存在相关道路交通安全违法行为记录
参拍资格惩戒	无措施	无措施	无措施	提供不实信息、材料,不符合个人申请参拍条件的,取消其参加拍卖资格,并在3年内不再受理其参加拍卖申请,相关信息纳入本市个人信用信息系统

二、配置办法

（一）配置额度

根据上海市经济社会发展要求,结合城市综合交通发展规划、道路交通状况、环境承受能力等因素,提出每年新增客车额度总量,确定每次拍卖的客车额度投放数量,并根据当年实际情况适时调整。

纳入拍卖范围的额度主要包括:新增客车额度;个人和单位委托的沪A、沪B号牌摩托车转换客车的在用额度(简称摩转汽额度);个人和单位委托的在用客车额度。客车额度拍卖通过委托有资质的拍卖机构进行。

（二）配置方式

个人客车额度与单位客车额度分场、定期拍卖。个人客车额度拍卖采用无底价方式,单位客车额度拍卖采用有底价方式,底价为同月个人客车额度拍卖成交均价。拍卖通过网络、电话等进行。竞买人竞买成交并按照规定付清全部款项后,即可获得付款凭证和额度证明。逾期未付款的,视为放弃客车额度。其中摩转汽额度的拍卖价款,由受托拍卖机构向其委托者按照规定标准支付。

客车额度证明由受托拍卖机构根据每次客车额度投放数量,向客车额度买受人发放,其有效期为1年,有效期内可以凭客车额度证明办理机动车登记相关手续。

上海市财政部门按照有关规定负责客车额度拍卖收入的收支管理,相关部门按照各自管理职责和信息公开有关规定对外发布拍卖收入和使用情况。

沪 C 是上海的郊区牌照,申请人的户口必须在外环线外拥有房产,不用通过拍卖即可取得,但是通行范围受限制。1999 年,上海市公安局增加了沪 C 的限行范围,从内环线以内地区、部分时段限行,逐步扩大到浦西整个外环线以内地区和浦东外环线以内大部分地区,限行时段也扩大到全天 24 小时,一直延续至今。

（三）指标申请条件

单位指标申请条件为:持有效登记证书,在上海市注册登记的企业、外国驻沪机构等单位,以及持有效《上海市购买专项控制商品审批通知单》和登记证书的上海市机关、事业、社会团体等单位可以申请参加拍卖。

个人指标申请条件为:上海市户籍,或者持《上海市居住证》且自申请之日前已在上海市连续缴纳满 3 年社会保险或个人所得税、持有效的机动车驾驶证的个人,同时未持有客车额度证明、未拥有使用客车额度注册登记的机动车、自申请之日前 1 年内不存在相关道路交通安全违法行为记录(包括累计记分达到 12 分、驾驶机动车发生 5 次以上道路交通安全违法行为、被处以暂扣或者吊销机动车驾驶证、拘留的行政处罚),以及经联席会议提出报市政府批准的其他条件的个人可申请小汽车竞价拍卖。

（四）新能源小汽车增量指标配置

符合新能源小汽车指标的申请主体主要是单位用户和个人用户。其中单位用户指上海市党政机关、信用状况良好的企业事业单位、人民团体和社会组织。

个人用户是指信用状况良好、持有有效的机动车驾驶证,且自申请之日前一年内(含申请日)不存在道路交通安全违法相关情形(包括驾驶机动车发生 5 次及以上道路交通安全违法行为;被处以暂扣或者吊销机动车驾驶证、拘留的行政处罚)的下列人员:①上海市户籍居民;②现役军人和现役武警;③持有《上海市居住证》,且申请之日前 24 个月内已在上海市累计缴纳社会保险或者个人所得税满 12 个月的来沪人员;④持有《上海市居住证》,积分达到标准分值,且申请之日前 6 个月在上海市连续缴纳社会保险或者个人所得税的来沪人员;⑤持有有效身份证件,且申请之日前 6 个月在上海市连续缴纳社会保险或者个人所得税的港澳台居民、华侨及外籍人员。

新能源指标配置如下:购买新能源汽车用于非营运,且个人用户名下没有使用上海市专用牌照额度注册登记的新能源汽车,管理部门在非营业性客车总量控制的原则下,免费发放专用牌照额度。

购买插电式混合动力(含增程式)汽车的消费者,申领专用牌照额度,还应当符合:已在上海市落实一处符合智能化技术要求和安全标准的充电设施;个人用户名下没有非营业性客车额度证明,没有使用非营业性客车额度注册登记的机动车(不含摩托车)。自 2023 年 1 月 1 日起,消费者购买插电式混合动力(含增程式)汽车的,不再发放专用牌照额度。使用上海市专用牌照额度注册登记的新能源汽车报废以及办理辖区外转移和变更登记、注销登记、失窃手续的专用牌照额度自动作废。

三、政策运行情况及评价

(一)额度投放数量

近年来,上海车牌额度拍卖数量基本维持在 1.0 万~1.2 万个/月(见图 6—1),2019 年额度投放总数小幅下降到 0.9 万个/月。随着国家逐步出台汽车消费政策,2020 年之后,上海车牌额度投放量有明显上升,平均每月竞拍车牌数超过 1.4 万个。

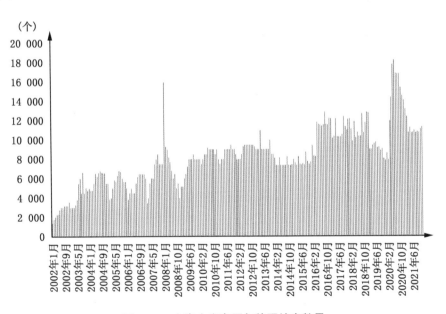

图 6—1　上海小客车历年牌照拍卖数量

2020 年 4 月,上海市发改委等六部门印发《关于促进本市汽车消费若干措施的通知》,提出 2020 年新增 4 万个非营业性客车额度,从 4 月起,交通管理部门开始增加月度额度投放量,其中 6 月单月投放量超过 1.8 万个。

2022 年 5 月,上海市人民政府印发《上海市加快经济恢复和重振行动方案》,提出年内新增非营业性客车牌照额度 4 万个,使得当年投放的个人指标数量超过

15万个,成为近10年投放数量最多的一年。6月,交管部门单月投放量超过1.5万个,同比增长46%。新增的4万个投放数量,使平均成交价格稳定在90 000元左右,可以给地方财政带来36亿元的财政收入。[①]

（二）拍卖价格和中标率

近年来,上海市车牌额度拍卖平均成交单价在9万元上下浮动,总体保持平稳,中标率维持在6%左右。2021年全年警示价为89 500元,较2020年小幅上涨200元。2022年,警示价同比上涨1 300元,1月平均成交价为93 190元,达到2017年10月以来最高值,随后2—6月价格呈下降趋势,6月已降至9.2万元以内。

2020年4月和2022年5月,受促进汽车消费政策、额度投放量增加的影响,中标率从常态化的5%～6%一度提升到2020年6月的最高值13.5%。2020年5月至10月中标率的变化幅度为10%～14%,2022年6月中标率上升至9%,随后逐步回落到常态化水平。

（三）政策评价

上海自20世纪80年代中期开始探索以市场化手段配置额度资源的做法,在引导小汽车数量有序增长、增加财政收入、缓解道路拥堵、降低尾气排放等方面,为其他高密度城市机动化管理起到了示范和参考的作用。

车牌额度拍卖政策最大的贡献是放缓机动车增长速度。截至2021年底,上海市小客车注册量(不含常驻沪外牌)超过420万辆。从2019年至2021年小客车总量及拥有中心城区通行权的小客车(含市区号牌、新能源号牌及外省市号牌)总量增速情况来看,两者均出现下降。

此外,额度拍卖为公交发展提供资金,将道路资源归还给集约化出行群体。2017—2020年,上海市新增个人及单位客车额度拍卖收入共计452亿元,支出404.1亿元,用于公交购车补贴、公交换乘优惠补贴、公交基础设施建设和维护、轨道交通建设资金及其他城市交通基础设施建设支出。

随着国家碳达峰、碳中和战略出台以及汽车产业结构调整,近年来新能源汽车数量的增长速度加快,占机动车总量的比例不断增加。新能源汽车也会占用道路和停车位等空间资源,并产生交通拥堵等外部效应。2020年以来,受新冠疫情及管控措施的影响,出行量和方式结构出现变化,道路交通拥堵形势日趋加剧。经过几十年机动化发展,特大城市道路和空间资源的开发利用逐渐接近临界值,容纳机动车发展的环境条件即将消耗殆尽,将各类机动车牌照纳入统一规划和管理,引导多种出行方式有序协调发展,是今后一个时期机动车拥有权管制的重要目标。

---

① 衣丽君,吕旺,李蝶.促消费背景下的中国汽车限购政策分析[J].汽车实用技术,2021,23:173－177.

第二节　北京市：额度摇号

　　北京市是中国最早进入机动化的城市。快速机动化使北京充满了浓郁的汽车文化氛围，"先买车，后买房"就是其中一个缩影。进入 21 世纪的第一个十年，北京机动车年均增长达 25.1 万辆。2009 年机动车净增量几乎与香港机动车保有总量相当。2011 年，北京以 229 辆的千人机动车拥有率高居中国城市榜首[①]，并在 400 万辆级上以罕见的速度增长。

　　作为中国的政治经济文化中心，随着人口流动加速、产业结构调整、居民生活质量提高，北京市交通系统一直面临着超高的运行压力。由于交通拥堵持续多年，北京被网友戏称为"首堵"。为遏制私家车迅猛增长势头，2010 年 12 月北京市发布《北京市小客车数量调控暂行规定》，限定每月新登记小客车总额，并采用摇号方式分配小客车额度。随后两年，每年投放小客车仅 16.6 万辆，机动车保有量年均增长率降至 4.4%，车辆增长势头得到有效控制。自此，北京与上海并肩成为汽车限购的两个特大城市，开辟了我国交通需求管理的新阶段，对全国城市机动化管理产生了持续的示范作用。

一、政策演化

　　北京交通发展既面临世界大城市的共性问题，也有其特殊性。作为北京交通事业发展的纲领性文件，《北京交通发展纲要（2004—2020）》（以下简称《纲要》）在分析北京交通问题的症结与未来发展趋势的基础上，提出了建设"新北京交通体系"目标，并制定实现目标的战略途径、基本交通政策和 2010 年前后实施的重大行动计划。[②]《纲要》在"小汽车交通需求引导政策"中明确指出，在大力发展公共客运为主体的综合运输前提下，对小汽车交通在行驶区域、行驶时段以及停车服务等方面实行差别化调控管理，特定区域和特定时段实施必要的限制，保持汽车交通量与

---

　　① 北京日报.北京千人汽车保有量 229 辆　在全国 31 个省市自治区中排名第一[EB/OL].[2011-11-10].http://bjrb.bjd.com.cn/html/2011-11/10/content_15420.htm.

　　② 北京市交通委员会.北京交通发展纲要（2004—2020）[EB/OL].[2007-04-16].http://www.beijing.gov.cn/gongkai/guihua/wngh/qtgh/201907/t20190701_100017.html.

道路负荷容量协调匹配增长,确保中心城道路系统维持适当的服务水平。

在实施汽车限购之前,北京机动车保有量呈现快速增长的趋势。2005 年北京市机动车保有量达到 258.3 万辆,2010 年已经增长到 480.9 万辆[①],年平均增长率为 13.2%,其中私人小微型客车年平均增长率达 21.5%。从北京出行结构来看,1986—2010 年,最突出的变化就是机动车逐渐取代了非机动车,自行车出行的比例从 62.7% 下降到 16.4%,同时增长最快的就是小汽车出行方式,小汽车方式占比约 1/3,已经成为占比最大的出行方式。

为了落实城市总体规划,实现小汽车数量合理、有序增长,有效缓解交通拥堵状况,北京从 2011 年 1 月开始,采用摇号方式对单位和个人拥有机动车进行数量调控和配额管理(俗称限购),成为中国率先实施摇号限牌的城市。限购政策成为北京市一体化交通政策综合措施中的重要一环,主要内容包括:①小客车年度增长数量和配置比例根据小客车需求状况和道路交通、环境承载能力合理确定;②每个月投放 2 万张牌照,由个人、单位和经营性车辆按 88%∶10%∶2% 的比例分配;③单位和个人通过摇号方式获得指标编码,指标有效期为 6 个月,不得转让。在配套政策方面,2010 年 12 月,北京市发改委出台文件调整了非居住区停车的价格。[②]

摇号政策实施之后,机动车保有量增速得到了有效的控制。在还未实施政策的 2010 年,北京全年新增机动车数量高达 81 万辆,而在相隔一年之后的 2011 年,限购政策至少将 60 多万辆的新车挡在了"门外",全年机动车净增量仅为 17.4 万辆。与 2010 年相比,机动车月增幅下降了 78%。这是 1984 年以来机动车保有量增幅首次放缓,也是近十年北京机动车增速最慢的一年。此外,北京市中心城区高峰时段平均车速还因此提升了 13%。

除了限购政策,北京还实施了限行措施。这些限制性交通需求管理政策的推行,得益于早期的一些尝试和试点。2007 年 8 月 17 日至 20 日,"好运北京"体育赛事举办的这 4 天,北京采用机动车单双号限行、错峰上下班、大型商场延迟开门时间等方式,以削减机动车运行总量,改善空气污染和缓解交通拥堵。2008 年 7 月,为保证奥运会交通畅通,北京市政府再次出台了单双号限行政策。这两次政策试点取得了预期的效果,为后续实施小汽车限购和限行政策积累了经验,营造了良好的政策环境。

---

① 北京交通发展研究中心. 2011 北京交通发展年度报告[R/OL]. 2011, https://www.bjtrc.org.cn/List/index/cid/7/ivk_sa/1024320u/p/3.html.

② 中央政府门户网站. 北京市发函调整市内非居住区停车场白天收费标准[EB/OL]. [2010-12-24]. http://www.gov.cn/govweb/gzdt/2010-12/24/content_1771939.htm.

从 2008 年至 2013 年,北京市政府一共出台五轮机动车尾号限行文件,限行政策延续了下来,逐渐成为北京市机动车管制的常规化政策。第一份文件是 2008 年 9 月 27 日发布的,距离奥运会结束仅仅一周。从限行方式上来看,将机动车尾号从 0(英文字母按 0 管理)到 9 划分为 5 组,要求公务用车和一般市民用车按车牌尾号每周工作日停驶一天,停驶顺序每月轮换一次。公务用车限行时间为限行当日 0 时至 24 时,限行范围为全市行政区域道路;一般市民用车限行时间为当日 6 时至 21 时,限行范围是五环路以内道路(含五环路)。

2009 年北京市人民政府出台了第二份限行文件,从限行期限上与第一份文件对接,但对限行方式稍作调整:停驶日改为每 13 周轮换一次,一年共轮换四次;公务用车限行时间和限行范围不变,一般市民用车限行时间改为限行当日 7 时至 20 时,限行范围为五环路以内道路(不含五环路)。2008 年和 2009 年的限行文件要求党政机关公务用车封存 30%,之后的文件没有再提这个要求。

从 2010 年到 2013 年,北京市人民政府相继又出台了三份限行文件,在限行期限上实现了无缝对接,除了 2010 年的文件规定限行期限为两年,其他都是每年出台一份限行文件。从机动车限行尾号组合、限行轮换频次,公务用车与一般市民用车限行当日的禁行区域与时间都与 2009 年的文件保持了一致。北京市机动车尾号限行政策逐渐走向常态化和稳态化。

五轮尾号限行文件中,以下机动车都不受限制:①警车、消防车、救护车、工程救险车;②公共电汽车、省际长途客运车辆及大型客车、出租汽车(不含租赁车辆)、小公共汽车、邮政专用车、持有市运输管理部门核发的旅游客车营运证件的车辆,经市公安交通管理部门核定的单位班车和学校校车;③车身喷涂统一标识并执行任务的行政执法车辆和清障专用车辆;④环卫、园林、道路养护的专项作业车辆,殡仪馆的殡葬车辆;⑤悬挂"使"字头号牌车辆及经批准临时入境的车辆。

另外,2010 年北京市公安局出台文件《关于对非本市进京载客汽车采取交通管理措施的通告》(2010 年第 18 号)①,对非本市进京载客汽车进入北京实行以下交通管理措施:①非本市载客汽车(含临时号牌车辆)需进入五环路(含)以内道路行驶的,须办理进京通行证件(进京客车通行证、北京市区通行证);②持有进京通行证件的非本市进京载客汽车,工作日 7 时至 9 时、17 时至 20 时,禁止在五环路(含)以内道路行驶;③在遵守上述规定的同时,工作日 9 时至 17 时遵守尾号限行的规定。

2020 年 6 月 1 日,北京市交通委员正式发布《北京市小客车数量调控暂行规定

---

① 中央政府门户网站. 北京通告对非本市进京载客汽车采取交通管理措施[EB/OL]. [2010-12-24]. http://www.gov.cn/gzdt/2010-12/24/content_1771991.htm.

(修订征求意见稿)》《〈北京市小客车数量调控暂行规定〉实施细则(修订征求意见稿)》。① 优化调整方案包括增加家庭指标、修改年度配置次数、取消更新指标申请12 个月时限等六个方面。同时,北京于当年一次性增发 2 万个新能源小客车指标配置,并全部面向"无车家庭"。

北京是对机动车拥有和使用同时做出限制的城市,这样的做法还将持续下去。《2022 年北京市交通综合治理行动计划》在"调控需求"方面指出②,从方式上调控交通需求。主要内容包括:降低机动车使用强度,继续实施工作日高峰时段区域限行交通管理措施,强化外埠车常态化管控;……继续实施小客车数量调控政策,年度新增小客车指标不超过 10 万个,持续加大向"无车家庭"配置指标的比例;研究升级拓展"绿色出行碳普惠"激励政策,进一步助推私家车出行向绿色集约出行转换。

二、配置办法③

(一)配置额度

北京市小客车年度增长数量和配置比例由市交通行政主管部门会同市发展改革、公安机关交通管理、生态环境等相关行政主管部门,根据小客车需求状况和道路交通、停车泊位供给、环境承载能力合理确定,报市政府批准后向社会公布。其中,机关、全额拨款事业单位不再新增公务用车指标,营运小客车指标单独配置,具体配置方式另行制定。

指标配额按年度确定。每年 5 月 26 日配置新能源小客车指标,每年 6 月 26 日和 12 月 26 日配置普通小客车指标。指标配额不跨年度配置。2018—2021 年,北京市小汽车年度指标配置数量稳定在 10 万个,其中普通小汽车年度指标额度为 4万个,新能源小汽车年度指标额度为 6 万个。

(二)配置方式

按照公开、公平、公正和促进公共资源均衡配置的原则,企业事业单位、社会团

① 中国政府网(北京市人民政府网站).北京市交通委员会关于《北京市小客车数量调控暂行规定(修订草案征求意见稿)》《〈北京市小客车数量调控暂行规定〉实施细则(修订征求意见稿)》和《关于一次性增发新能源小客车指标配置方案(征求意见稿)》公开征求意见的通告[EB/OL].[2020-06-01]. http://www.gov.cn/xinwen/2020-06/01/content_5516595.htm.
② 北京市人民政府门户网站.北京市交通综合治理领导小组关于印发《2022 年北京市交通综合治理行动计划》的通知[EB/OL].[2022-04-26]. http://www.beijing.gov.cn/zhengce/zhengcefagui/202205/t20220510_2706362.html.
③ 北京市小客车指标管理信息系统.《北京市小客车数量调控暂行规定》实施细则(2020 年修订)[EB/OL].[2020-12-07]. https://xkczb.jtw.beijing.gov.cn/bszn/2020127/1607301187001_1.html.

体及其他组织(以下统称单位),家庭和个人需要取得北京市小客车配置指标的,可通过摇号、积分排序、轮候等方式取得。普通小客车配置指标通过摇号方式配置,单位和个人新能源小客车配置指标通过轮候方式配置,家庭新能源小客车配置指标通过积分排序方式配置。

个人摇号根据参加摇号的累计次数计算阶梯数。截至 2020 年 12 月 31 日,已经累计的阶梯数不变,即:累计参加摇号 6 次(含)以内未中签的,阶梯数为 1;每多参加摇号 6 次,增加 1 个阶梯数,以此类推。具有有效残疾人专用小型自动挡载客汽车准驾车型驾驶证(C5)的申请人,额外增加 1 个阶梯数。自 2021 年 1 月 1 日起,在以前的阶梯数基础上,每多参加摇号 2 次,增加 1 个阶梯数,以此类推。

家庭摇号根据每个家庭申请人的积分计算家庭总积分。家庭申请人积分由基础积分和阶梯(轮候)积分组成。其中,家庭主申请人的基础积分为 2 分,其他家庭申请人的基础积分为每人 1 分。家庭申请人已参加普通小客车指标摇号的,按其累积的阶梯数每 1 阶梯加 1 分;正在轮候新能源小客车指标的,按其最近一次开始轮候的时间距离家庭摇号申请年上一年 12 月 31 日,每满一年加 1 分,以往参加摇号获得的阶梯数合并加分;以往没有参加摇号或轮候的,不加分。以家庭为单位申请每满一年,所有家庭申请人积分各增加 1 分。家庭申请人中包含家庭主申请人配偶的,家庭总积分按以下公式计算:总积分=[(主申请人积分+配偶积分)×2+其他成员积分之和]×家庭代际数(家庭代际数是指家庭申请人中包含几代人,最多为 3 代)。家庭申请人中不包含家庭主申请人配偶的,家庭总积分按以下公式计算:总积分=(主申请人积分+其他成员积分之和)×家庭代际数。

家庭申请人与个人申请人同池摇号。家庭总积分分数和个人阶梯数即为该家庭或个人的申请编码出现在摇号池中的次数,申请编码出现的次数越多,中签率越高,但只能中签一次。

(三)指标申请条件

1. 单位指标申请条件

单位申请配置指标的条件和数量按照以下规则之一确定:注册地在北京市的企业,具有统一社会信用代码的有效营业执照,上一年度在北京市缴纳入库增值税额 5 万元(含)以上的,或新注册企业当年在北京市缴纳入库增值税额 5 万元(含)以上的,当年可以申请 1 个指标,每增加 50 万元可以增加申请 1 个指标,但年度申请指标数量上限不得超过 12 个。在上限范围内,可以全部申请新能源小客车指标,普通小客车指标申请数量不超过 6 个。

注册地在北京市的制造业企业,信息传输、软件和信息技术服务业企业,具有统一社会信用代码的有效营业执照,上一年度在北京市完成固定资产投资额1 000万元(含)以上的,当年可以申请1个指标,每增加2 000万元可以增加申请1个指标,但年度申请指标数量上限不得超过12个。在上限范围内,可全部申请新能源小客车指标,普通小客车指标申请数量不超过6个。

注册地在北京市的非全额拨款事业单位、社会团体及其他组织,具有统一社会信用代码的有效登记证书,年度可以申请1个普通小客车指标和1个新能源小客车指标。个体工商户申请指标的,按照个人的有关规定执行。

2. 个人指标申请条件

住所地在北京市的个人,名下没有本市登记的小客车,具有有效的机动车驾驶证,可以办理1个配置指标的申请登记。

住所地在北京市的个人包括:北京市户籍人员、驻京部队(含武装警察部队)现役军人、在京居住的港澳台人员和外国人、持北京市工作居住证的人员、持北京市居住证并且近五年连续在北京市缴纳社会保险费和个人所得税的人员。

3. 家庭指标申请条件

符合以下规定情形的,可以以家庭为单位办理1个配置指标的申请登记:家庭由家庭主申请人和其他家庭申请人构成,申请人总数不得少于2人;家庭申请人住所地在北京市的个人,名下没有登记的小客车,具有有效的机动车驾驶证;其他家庭申请人限于家庭主申请人的配偶、子女、父母、公婆或者岳父母,且符合住所地在北京市的规定;所有家庭申请人及其配偶名下没有本市登记的小客车;离婚时原配偶名下有本市登记的小客车的个人,离婚十年以内不得作为家庭申请人,2021年1月1日前已离婚的除外。

家庭主申请人代表家庭参与指标配置并作为指标所有人。所有家庭申请人在家庭主申请人获得指标后的十年以内,不得再次办理配置指标申请登记。以家庭为单位申请配置指标的过程中,家庭申请人不能同时再以其他形式申请配置指标。

(四)新能源小汽车增量指标配置

单位和个人新能源小客车配置指标通过轮候方式配置,家庭新能源小客车配置指标通过家庭总积分由高到低排序配置。其中,单位、个人申请新能源配置指标的,按照申请时间先后顺序进行轮候。家庭总积分相同的,以家庭申请人中最早在小客车指标调控管理信息系统注册时间的先后排序配置。

扣除向单位配置的指标和营运小客车指标,2021年度新能源小客车配置指标数量的60%优先向家庭配置,2022年度该比例调整为70%,2023年度及以后该比例调整为80%,其余向个人配置。按上述比例向家庭配置后指标有剩余的,一并向申请轮候的个人配置。

三、政策运行情况及评价

(一)年度指标配置数量

北京市小客车指标配置数量近年呈现下降趋势(见图6－2a),2018—2021年度配额基本稳定在10万个,配置重心逐步向新能源车倾斜。2016－2021年小客车指标的实际配置数量见图6－2b。

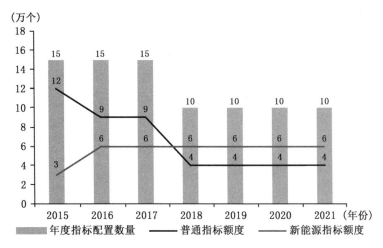

图6－2a　北京市小客车历年指标配置情况(计划)

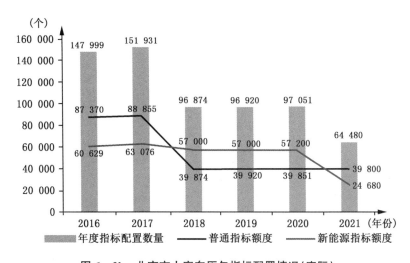

图6－2b　北京市小客车历年指标配置情况(实际)

以 2021 年为例,北京市普通小汽车指标额度计划数量为 4 万个,新能源小汽车指标额度为 6 万个。指标配置比例如下:①在普通小客车指标中,个人和家庭指标额度占年度普通小客车指标配额的 95.5%,共计 38 200 个,个人和家庭同池摇号;单位指标额度占年度指标配额的 4%,共计 1 600 个;营运小客车指标额度占年度指标配额的 0.5%,共计 200 个。②在新能源小客车指标中,家庭指标额度占年度新能源小客车指标配额约 54.2%,共计 32 520 个;个人指标额度占年度指标配额约 36.1%,共计 21 680 个;单位指标额度占年度指标配额的 5%,共计 3 000 个;营运小客车指标额度占年度指标配额约 4.7%,共计 2 800 个。2021 年实际完成年度指标配置数量 64 480 个,其中普通小客车指标额度 39 800 个,新能源小客车指标额度 24 680 个。

(二)个人指标中签率

自 2016 年以来,北京市个人小客车指标申请人数逐年递增,中签率呈现平稳下滑趋势(见图 6-3),除去 2020 年第五期出现小幅上升之外,近年来各期中签率普遍低于 0.05%。

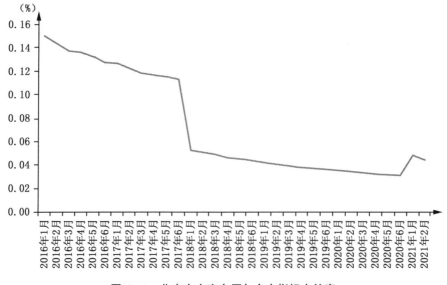

图 6-3　北京市小客车历年个人指标中签率

(三)政策评价

作为中国的首都,北京采取机动车拥有和使用"双限"措施应对机动化进程中出现的外部性问题,起到了良好的示范作用。限制性措施不可避免引发一些规避监管的行为,比如家庭购买更多的机动车规避尾号限行,摇号方式导致基数扩大、中签率偏低等。而管理部门也及时出台了新的措施应对这些新问题。

汽车进入家庭与人均 GDP 呈正相关关系,进入 21 世纪,随着人均可支配收入增长,北京经历了汽车保有量快速增长的态势。与此同时,中心城道路供给潜力有限、功能区分布相对集中、潮汐式交通以及机非混行严重等问题给北京道路交通带来巨大压力。与世界各大城市相比,北京的私人小汽车存在高速度增长、高强度使用、高密度聚集等特征。北京私人小汽车年均行驶里程为 1.5 万公里,是伦敦的 1.5 倍、东京的 2.2 倍。

2010 年底北京市宣布实施限购,2011 年 1 月开始以摇号中签方式控制新增汽车数量,抑制汽车保有量的过快增长,缓解交通拥堵的压力。北京的限购政策是对机动化快速增长的回应。按照限购指标,2011 年北京市新增 24 万辆汽车,仅为 2010 年增量的 30%。如果不限购,那么北京市机动车保有量至 2012 年就可能超过 600 万辆,届时高峰出行将造成车辆大拥堵并成为常态,峰时也会随之延长。

限购减缓了机动车保有量的增长速度,并没有影响北京乃至全国的汽车工业发展势头,甚至对汽车产业调整产品结构产生了积极作用,促进汽车市场走向成熟。限购以后,北京消费者对 SUV 或运动版车型等中级车的需求加大,消费者对汽车的品质、配置、特色提出了新的要求,这促使各汽车企业在产品技术升级、加快新车上市、改进营销方式及售后服务上不断提高,以求占领更大的市场份额。不少汽车经销商不得不开始从资源型向服务型转变,改变只依赖销量获利的模式,更加注重售后服务,经销方式得到提升。[1]

限购改变出行方式,并促进公交发展。2015 年,北京提出"3510 工程",即 3 公里以内建议步行,5 公里以内建议骑自行车出行,10 公里以内建议公交方式,10 公里以上自驾车出行。[2] 在很长一段时间里,北京曾采取低廉的公交票价,吸引人们转变出行方式,更多使用公共交通出行,为此市财政每年补贴公交 100 亿元[3],后来逐渐提高票价,以改善公交行业的盈利水平。自 2011 年 4 月起,北京大幅度提高中心城区的停车费,使用车成本进一步升高。[4] 同一时期,北京还采取尾号限行措施,使公交出行率达到五成以上。2012 年前后,"雾霾问题"在多地持续升温,空气污染

---

[1]　安庆衡.北京汽车限购的思考[J].时代汽车,2014(4):79—83.

[2]　中国经济网.北京启动"绿色出行倡导月"提倡"3510 绿色出行"[EB/OL].[2015-09-10].http://district.ce.cn/newarea/roll/201509/10/t20150910_6450016.shtml.

[3]　新浪网.北京 100 亿补贴公交　曲线市场化改革[EB/OL].[2007-01-09].http://finance.sina.com.cn/g/20070109/09463228865.shtml.

[4]　中央政府门户网站.北京 4 月 1 日起大幅提高城区停车费缓解交通拥堵[EB/OL].[2011-04-01].http://www.gov.cn/jrzg/2011-04/01/content_1836533.htm.

超过交通拥堵成为民众更为关注的公共问题。限购的内涵由遏制道路拥堵演变为减少 PM2.5,至少是双重功能都需要,这使得越来越多的人认识到,北京的汽车总量必须控制。2013 年之后,北京限购被一些城市效仿,在吸收和借鉴了北京和上海的经验后,贵阳、广州、天津、杭州、深圳、海南等省市相继实施限购。北京采取行政干预机动化进程的做法起到了示范作用。

第三节　广州市:混合方式

继上海、北京和贵阳之后,广州是全国第四个实施机动车总量调控的城市。后续限购的城市如天津、杭州等也参考了广州的政策方案。实施限购措施之前,广州市小汽车保有量增速长期保持在两位数,2007 年增速甚至高达 23%,2013 年 10 月保有量突破 250 万辆。[①] 受私人机动化影响,2010 年亚运会后广州公共交通客运量增速连续下降。

为保障城市交通有效运行,改善和保护大气环境质量,实现中小客车数量合理、有序增长,落实公交优先战略,有效缓解交通拥堵状况,广州自 2012 年 7 月 1 日零时起对全市中小客车施行总量调控管理。

一、政策演化

2012 年 4 月,广州推出十项措施,全面推广使用粤Ⅳ标准车用柴油、淘汰营运黄标车、强化黄标车限行监管执法等,旨在整治机动车污染。[②]

2012 年 6 月 30 日,广州市宣布自 7 月 1 日零时起实行限牌治堵措施,车牌定额为每年 12 万个。7 月 1 日,广州市政协副主席、市交委主任冼伟雄在新闻发布会上发布《关于广州市试行中小客车总量调控管理的通告》。[③]

广州市限购汽车政策实施细则于 2012 年 7 月 10 日正式对外公布,采取"有偿竞

---

① 中国新闻网. 广州汽车保有量突破 250 万　6 年增加 1.5 倍[EB/OL]. [2013-10-09]. https://www.chinanews.com.cn/sh/2013/10-09/5354475.shtml.

② 广东省生态环境厅公众网. 广州市将采取十项措施进一步大力整治机动车污染[EB/OL]. [2012-04-11]. http://gdee.gd.gov.cn/guangzhou3072/content/post_2327588.html.

③ 车主之家. 广州 7 月 1 日开始执行汽车上牌"限购令"[EB/OL]. [2012-07-01]. http://news.16888.com/a/2012/0701/160211.html.

拍＋无偿摇号"的指标分配模式。该细则公开征求社会意见 20 天之后,于 2012 年
8 月 1 日起正式实施,并试行到 2013 年 6 月 30 日。8 月 2 日,广州市市长陈建华接受
媒体采访,回应关于"限牌令"出台的五大疑问,称"限牌是特殊情况下的痛苦选
择"①。8 月 28 日下午 3 时,广州首次车牌拍卖活动结束,个人号牌最低成交价为
10 000 元,平均成交价为 22 822 元,以最低成交价报价的人数为 17 人。② 由于外地
车辆限行细则未出,公众持观望态度,加之前期宣传不足、申请时间短等原因,使得
首轮竞拍遇冷。③

　　2012 年 10 月 12 日,由于道路交通不容乐观,广州市交通工作领导小组办公室
公布了国内外城市在交通需求管理方面所采取的 11 种政策,向市民征询意见,这
11 种政策中含有征收拥堵收费、排污费、提高首次登记成本等收费措施。④ 10 月
31 日,《系统改善广州中心城区交通状况的一揽子工作措施》发布,提出 30 条治堵
措施,包括市中心建设空中连廊、中心区停车场涨价等,广州媒体将其称之为"新治
堵 30 条"、治堵"组合拳"。⑤

　　2013 年 3 月 20 日,广州市公布"限外方案"。⑥ 4 月 10 日,限行首选高峰拥堵
区与饱和干道。⑦ 4 月 20 日,广州举办"限外"听证会,半数代表建议缩小限外范
围。⑧ 6 月 6 日,在各方热盼之下,《广州市中小客车总量调控管理办法(征求公众意
见稿)》终于出炉。7 月 1 日,广州市限牌政策试行一年后,市政府正式发布了《广州
市中小客车总量调控管理办法》(以下简称《管理办法》)⑨。相对之前的试行办法,

---

①　搜狐新闻. 广州市市长称限牌令是痛苦选择　解释未经听证原因[EB/OL]. [2012-08-02]. http://
news. sohu. com/20120802/n349625366. shtml.

②　新浪财经. 广州车牌竞拍个人均价 22 822 元　最低 1 万元成交[EB/OL]. [2012-08-29]. http://fi-
nance. sina. com. cn/china/dfjj/20120829/185112991398. shtml.

③　中国经济网. 竞拍摇号冰火两重天　5 大因素致竞拍遇冷[EB/OL]. [2012-08-30]. http://finance.
ce. cn/rolling/201208/30/t20120830_16935669. shtml? _t=t.

④　中国经济网. 道路交通不容乐观　广州征询市民意见[EB/OL]. [2012-10-12]. http://district. ce. cn/
newarea/roll/201210/12/t20121012_23750126. shtml.

⑤　北方网(羊城晚报). 广州发布"新治堵 30 条"征求公众意见,目标是实现环城高速以内 30 分钟到市
中心,"限牌令"将进一步优化[EB/OL]. [2012-11-01]. http://news. enorth. com. cn/system/2012/11/01/
010218030. shtml.

⑥　新浪新闻. 广州将限行外地车引发公众热议[EB/OL]. [2013-03-22]. http://news. sina. com. cn/o/
2013-03-22/132026611495. shtml? from=www. hao10086. com.

⑦　中国日报网. 广州"限外"草案征民意　限行范围占市域 4. 3%[EB/OL]. [2013-04-09]. http://cai-
jing. chinadaily. com. cn/2013-04-09/content_16387280. htm.

⑧　新浪新闻. 广州限外听证　14 人支持 1 人反对[EB/OL]. [2013-04-20]. http://news. sina. com. cn/
c/2013-04-20/043926883895. shtml? source=1.

⑨　中国广播网. 广州新限牌令今天实施:每年总量仍为 12 万个[EB/OL]. [2013-07-01]. https://fi-
nance. cnr. cn/gundong/201307/t20130701_512936547. shtml.

《管理办法》对换车细则、特定区域牌照、降低非户籍申请资格等21个方面进行了优化调整。《管理办法》实施后,10年内可无限次换车,10年后仍有一次更新机会。

2013年11月11日,《广州市环境空气重污染应急预案(试行)》经市政府常务会议审定通过。[①] 预案规定,严重污染时,全市停驶公务用车30%,重点监管企业减排30%,限行黄标车,对机动车实行单双号限行。

2019年1月,国家发改委等十部门发布《进一步优化供给推动消费平稳增长促进形成强大国内市场的实施方案(2019)》,提出"优化机动车限购管理措施"以促进汽车消费。[②] 同年6月至12月,广州增加10万个中小客车增量指标额度,增加的额度原则上按1:1比例分别配置普通车竞价指标和节能车摇号指标。2019年9月,广州额外增加一次摇号,摇号指标增量1万个,其中个人指标9 000个,单位指标1 000个。

自2020年起,广州采用阶梯摇号方式配置个人中小客车额度指标,即个人累计摇号次数从2012年8月第一期摇号开始计算,每累计参加24次摇号,增加1个摇号基数序号(即中签率提升1倍),最多4个基数序号。2020年4月,《广州市促进汽车生产消费若干措施》发布,要求2020年12月31日前每月配置不少于1万个竞价指标。2020年6月,广州调整新增指标配置比例,根据市场需求调整,并全部用于个人指标。

二、配置办法

(一)配置额度

增量指标包括节能车增量指标和普通车增量指标,其配置周期、额度及方式如下:增量指标以12个月为1个配置周期。每个周期配置额度为12万个,按月度平均分配,不跨周期配置。每个配置周期内,以摇号方式配置的节能车增量指标为1.2万个,以摇号方式配置的普通车增量指标为6万个,以竞价方式配置的普通车增量指标为4.8万个,即三者按照1:5:4的比例配置。单位增量指标占配置额度的10%,个人增量指标占配置额度的90%。

(二)增量指标配置方式

采取"摇号+竞价"的方式配置小汽车增量指标。其中节能车增量指标以摇号

---

① 中国新闻网. 广州出台空气重污染应急预案[EB/OL]. [2013-11-11]. https://www.chinanews.com.cn/gn/2013/11-11/5489110.shtml.

② 文汇客户端. 发改委等十部门发布优化供给、推动消费平稳增长的实施方案[EB/OL]. [2019-01-29]. https://wenhui.whb.cn/third/baidu/201901/29/239059.html.

方式配置,普通车增量指标以摇号和竞价方式配置。节能车增量指标和普通车增量指标分别摇号。指标管理机构每月 9 日之前公布当月增量指标的计划配置数量,并于每月 26 日组织摇号,当日如为非工作日可顺延至下一工作日。

竞价采用网上报价方式进行,遵循"价格优先、时间优先"的成交原则。当次增量指标投放数量内,按照竞买人的最终有效报价金额由高到低依次成交;最终有效报价金额相同的,按照报价时间先后顺序依次成交。增量指标竞价所得收入和不予退还的竞价保证金本息全额缴入市本级财政,实行收支两条线管理,专项用于公共交通事业发展。

(三)指标申请条件

1. 单位指标申请条件

单位符合以下条件之一的,可以申请增量指标:

(1)持有有效的加载统一社会信用代码的营业执照,或者持有有效的税务登记证书和组织机构代码证书,纳税状态正常,上一年度(注册登记不满 1 年的,自注册登记当月至指标申请前一个月)向本市税务机关实际缴纳税款共计 1 万元以上。

(2)持有有效的加载统一社会信用代码的登记证(照)或者有效组织机构代码证书的事业单位、社会团体及其他组织。

(3)向广州市税务机关实际缴纳税款总额不符合上述第一项规定的企业,其固定资产投资统计表中上一年度在本市工业和信息化领域累计完成投资额超过5 000 万元或者在商业领域累计完成投资额超过 3 亿元,并已在统计联网直报平台申报。

(4)向广州市税务机关实际缴纳税款总额不符合上述第一项规定的当年新注册登记企业,在本市新开工 5 000 万元以上工业和信息化投资项目或者新开工 3 亿元以上商业投资项目,且已完成投资合同签订、项目手续完备,并经指标管理机构向市工业和信息化部门或商务部门核实。

个体工商户申请增量指标,按照个人申请增量指标的规定执行。

2. 个人指标申请条件

个人同时符合以下条件的,可以申请小汽车增量指标:

(1)住所地在广州市。具体包括以下人群:广州市户籍人员;驻穗部队(含武装警察部队)现役军人;持有效《广东省居住证》,在广州市已申报有效居住登记,近 3 年在本市缴纳职工社会医疗保险累计满 24 个月,且上一个月有本市职工社会医疗保险缴费记录的非本市户籍人员;持有效《广东省居住证》,在广州市已申报有效居住登记,已达到法定退休年龄且本市职工社会医疗保险累计缴费达到规定年限的非本市户籍人员；持有效《广东省居住证》，在本市行政区域内工作并已申报有效居住登记，按规定不需缴纳职工社会医疗保险的非本市户籍人员；在本市行政区域内工作并已经市高层次人才工作管理部门认定的高层次人才；持本市有效人才绿卡的人员；经本市认定为总部企业的高级管理人员和专业人才；持有效身份证明，近2年内每年在本市累计居住9个月以上，并有近2年有效的临时住宿登记信息的港澳台居民、华侨；持有效身份证明，在本市办理居留许可连续满2年，且近2年内每年在本市累计居住9个月以上，并有近2年有效的临时住宿登记信息的外国人。

非本市户籍人员申请增量指标时，职工社会医疗保险缴费时限计算至指标管理机构公布审核结果的前一个月，外地转入医保时限不纳入累计时限，重复参保期间不重复计算时限。

（2）持有有效身份证明和有效机动车驾驶证。

（3）名下没有本市登记的中小客车，或者名下本市中小客车在公安交通管理综合应用平台均登记为"注销"或"被盗抢"状态。

（4）名下没有持有有效的本市中小客车指标。

（5）不具备更新指标申领资格。

（6）2年内没有逾期未使用以摇号方式取得的增量指标。

（四）新能源小汽车增量指标配置

单位和个人需要办理新能源车辆登记的，凭车辆信息可直接申领其他指标。汽车租赁经营者申领其他指标办理新能源车辆登记并用于租赁经营的，应符合省、市汽车租赁（含分时租赁）相关管理规定。

未来根据国家、省有关政策以及广州市机动车保有量、交通、环境保护和新能源汽车推广应用等实际情况，市交通行政主管部门可会同市发展改革、公安等部门考虑将新能源车辆指标纳入总量调控。

三、政策运行情况及评价

（一）摇号指标配置情况

广州实施小汽车总量调控政策之后，个人小汽车指标（普通车）摇号人数呈现逐年上升趋势（见图6—4），2018年后有所放缓，但仍留存60万～70万人的摇号基数。中签率方面，除2019年9月临时增加1次中小客车增量指标摇号外，近3年个人小汽车摇号中签率总体保持平稳，中签率基本维持在0.6%～0.7%。

（二）竞价指标配置情况

受2019—2020年广州个人小汽车竞价指标总量增加的影响，平均成交价格从

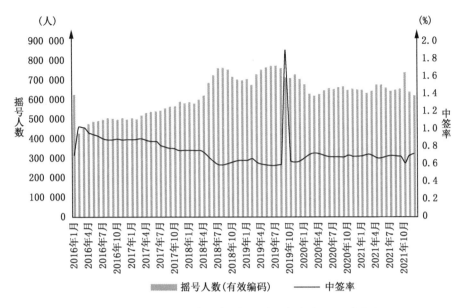

图6—4　广州市小汽车历年摇号人数(有效编码)和中签率

2018年的最高超过5万元,逐渐下降到2020年的最低不足2万元。历年参与竞价人数整体呈现规律性波动特征(见图6—5),随着小汽车限购政策的逐步放开,参与指标竞价的人数在进入2020年后呈现爆发式增长,在2020年第六期竞价中达到了3万人,相较2019年常态化水平实现了翻倍增长。

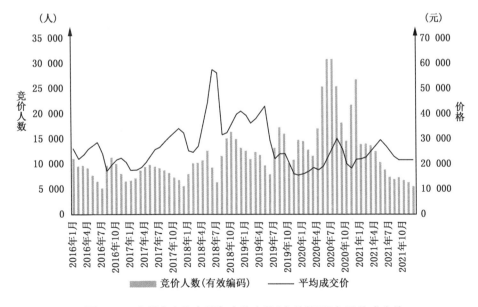

图6—5　广州市小汽车历年竞价人数(有效编码)与平均成交价

（三）政策评价

广州市采用摇号加拍卖方式配置车牌额度,这种做法兼顾了两种配置方式的优缺点,并给予消费者更多的选择机会,这种政策创新实践为其他城市提供了有价值的参考。实施限购政策的当年,广州市小汽车保有量增速下降到往年的一半。广州全市中小客车保有量年均增长率由调控前五年的 19.0%,降至调控后五年的 3.2%。[①] 限购政策的实施,使得具有支付能力但无法取得配额指标的车主寻求其他代步工具,新能源汽车是较好的选择之一,新能源车月均新增量总体呈现上扬态势。

广州市民的出行习惯也发生了变化,绿色出行成为常态。限购政策实施后,公共交通客运量下滑趋势得到缓解,2015 年公共交通客运量日均约 1 800 万人次,增速达 17%,轨道交通客运量增幅 9.6%,常规公交基本持平。从整体来看,限购政策与公共交通建设形成合力,正在逐渐地改变广州人的出行习惯,越来越多的人选择公共交通出行。

从总体来看,限购政策在如下几个方面发挥了积极作用:控制新车的增长、规避不必要的交通发生源、控制城市交通需求的不合理增长、减少汽车尾气导致的环境污染、降低交通出行的负面效应、促使私人机动化向公共交通转移、促进新能源汽车的发展等。然而,单一政策的效果会随时间推移有所减退,也会被新出现的问题稀释。2020 年广州市小汽车保有量为 248 万辆,受疫情影响,小汽车出行占机动化比例从 36% 上升到 45.5%,常规公交客流更是大幅下降了 40%。[②] 疫情导致私人机动化比重上升,广州市交通运行的现状仍然不乐观,高峰时段路况持续恶化,公交分担率持续降低,外地车数量保持上升等问题依然存在。限购政策虽然在一定程度上缓解了城市交通拥堵,但仍需要城市公共交通的发展建设和其他政策措施的配合,形成组合拳,多向发力,才能更加高效地治理城市交通拥堵。

第四节　天津市的实践

在限购政策实施前的 2013 年,天津市常住人口 1 472.21 万人,其中外来人口

①　南方新闻网.汽车限购实施 7 年　绿色出行蔚然成风[EB/OL].[2020-01-09].https://baijiahao.baidu.com/s?id=1655234250887516619&wfr=spider&for=pc.

②　南方都市报.交通重心东移!广州城区通勤平均花 38 分钟,公交客流仍下滑[EB/OL].[2021-08-16].https://www.sohu.com/a/483800055_161795.

440.91 万人,是中国人口过千万的超大型城市。天津市处于京津冀一体化的核心功能区,在实现京津冀协同发展的重大国家战略、加强环渤海及京津冀地区经济协作中发挥着重要的作用。

汽车产业的发展使得天津进入汽车爆发式增长期,2006—2012 年全市机动车保有量由 120 万辆增加到 236 万辆,平均年增长率达 12%。限购政策实施前的 3 年中,随着常住人口由 1 075 万人增加到 1 413 万人,企业和个体工商户由 26.7 万个增加到 45.7 万个,生产经营活动和人民生活水平的提高推动汽车进入爆发式增长期,3 年增加了 100 万辆车。① 机动车数量增加的直接后果就是机动车路面行驶速度变慢、交通拥堵时间变长。2011 年天津市第四次综合交通调查显示,天津中心城区主干路高峰时段平均车速为 19.5 公里/小时,与 2000 年相比下降了 18%,低于 20 公里/小时的国际拥堵警戒线。②

机动车保有量快速增长的一个直接后果是空气质量下降。根据《2012 年天津市环境状况公报》,细颗粒物(PM2.5)是影响环境空气质量的主要污染物,机动车尾气排放约占 16%,机动车尾气污染已经成为我国城市空气环境污染的重要来源。2012 年天津市全年环境空气质量达不到二级良好水平的天数为 61 天,占监测总天数近 20%。2013 年天津市全年环境空气质量达标天数为 145 天,占全年的 40%,表现出恶化的趋势,其中空气污染物的主要来源之一便是汽车尾气排放。

2013 年 5 月 14 日至 15 日,习近平总书记在天津考察并发表重要讲话,提出天津市的发展要体现人与环境和谐共存,把生态文明建设贯穿于经济社会发展全过程的要求。2013 年 8 月 2 日,天津市第十届委员会第三次全体会议通过《中共天津市委关于深入贯彻落实习近平总书记在津考察重要讲话精神加快建设美丽天津的决定》,提出了建设美丽天津的总体要求、奋斗目标和重点任务,明确了自然生态系统和环境保护、提高天津市城市规划建设管理水平等方面的要求。把建设美丽天津落实在交通上,要求建立现代综合交通体系,优先发展公共交通,提倡绿色出行等。

2013 年 8 月 6 日,中共天津市委、天津市人民政府联合发布《美丽天津建设纲要》(津党发〔2013〕19 号),提出天津市发展的新定位"努力建设美丽天津,加快建成国际港口城市、北方经济中心和生态城市"。在《美丽天津建设纲要》第五部分关于"加强交通运输秩序和环境管理"中明确提出"应对日益严重的交通拥堵趋势,适时

---

① 新浪新闻.天津宣布实施小客车限牌[EB/OL].[2013-12-16].http://news.sina.com.cn/o/2013-12-16/063028993644.shtml? from＝www.hao10086.com.

② 中央政府门户网站(天津日报).天津市实行小客车总量调控　12 月 16 日凌晨起限牌[EB/OL].[2013-12-16].http://www.gov.cn/govweb/gzdt/2013-12/16/content_2548437.htm.

考虑采取限购、限行等办法,控制机动车数量过快增长",这可以看作"双限"政策出台的前奏。

在此背景下,根据经济社会发展情况,为优化城市交通环境,缓解交通拥堵状况,改善空气环境质量,实现机动车保有量的合理有序增长,根据《中华人民共和国道路交通安全法》《国务院关于印发大气污染防治行动计划的通知》和《美丽天津建设纲要》规定,天津市政府决定自 2013 年 12 月 16 日零时起在全市实行小客车总量控制管理,实施无偿摇号与有偿竞价相结合的限牌措施,实施与限牌相配套的机动车限行。[①] 自此,天津市开始实行"摇号购车、有偿竞价"与"尾号限行"的机动车"双限"政策。

一、政策演化

为应对常发性的雾霾和污染天气,2012 年 1 月 30 日,经天津市人民政府第 83 次常务会议通过,《天津市机动车排气污染防治管理办法》正式发布,该办法自 2012 年 3 月 10 日起施行。

2013 年初,连日雾霾升级为环境灾难事件,多地不得不采用行政措施,缓解长时间、大规模雾霾带来的恶劣影响:北京重度污染 5 天,58 家企业不得不停产;南京酝酿单双号限行;石家庄叫停三成公务车。

2013 年 4 月,天津限购风声再起,媒体判断天津或成为限购第四城。在被媒体曝光的天津限购文件精神中,主要有两点意见:一是仿效北京对汽车牌照进行限购;二是新规或将从 5 月 1 日开始实施。

2013 年 8 月,国内两大城市天津和武汉在发布交通规划时,不约而同提到将适时考虑采取限购、限行等办法控制机动车增长。[②] 8 月 6 日,天津市委市政府在《美丽天津建设纲要》中指出,为了"应对日益严重的交通拥堵趋势,适时考虑采取限购、限行等办法,控制机动车数量过快增长"。武汉市在实施《〈中华人民共和国道路交通安全法〉办法(草案)》中指出,政府可以根据道路交通发展状况,实行车辆保有量、种类调控、限制车辆使用频率等治堵措施。随后,多家主要媒体发表评论,认为天津、武汉酝酿"限购令",再刺汽车业神经,国内一线城市限牌或成趋势。9 月

---

① 详见《天津市人民政府关于实行小客车总量调控管理的通告》(津政发〔2013〕41 号)、《天津市人民政府关于实施机动车限行交通管理措施的通告》(津政发〔2013〕42 号)。

② 中国新闻网. 扩大的城市"限购令" 再刺汽车业神经[EB/OL]. [2013-08-21]. http://www.chinanews.com.cn/cj/2013/08-21/5189957.shtml.

17日,中国新闻社发表评论认为,各大城市效仿北京推行汽车限购令治堵,这是典型的"懒政"思维。[①]

2013年9月,天津市政府发布《关于我市优先发展城市公共交通的实施意见》,提出"构建以轨道交通为骨干、公共汽车为主体、其他公共交通方式为补充、智能化管理系统为手段、交通枢纽为衔接的城市公共交通新格局"的政策目标,并从轨道交通网络体系、公共交通路权优先、优化公共汽车线网、推进智能交通建设等十个方面进行规划部署。[②]

2013年12月,据《北京日报》报道,全国20省份104座城市遭重度"霾伏"。天津市政府准备出台政策,控制机动车保有量的增长。12月16日,《天津市人民政府关于实行小客车总量调控管理的通告》和《天津市人民政府关于实施机动车限行交通管理措施的通告》颁布,天津自当日凌晨起限牌,次年3月起限行。[③]

为有效保障小客车总量调控管理,天津市建立了各类车辆核查登记备案管理机制,做好已有上牌车、合同预售车、存量二手车、增量指标车核查和管理,做好尾号限行措施后同组尾号车号牌变更工作。具体工作分为限牌和限行两个部分:

(1)限牌。增量指标须通过摇号或竞价方式取得。

①自2013年12月16日零时起,对本市小客车实行增量配额指标管理。增量指标须通过摇号或竞价方式取得。

②需要取得本市小客车配置指标的,应当依照有关规定申请办理小客车指标证明文件。本市机关、事业单位不再新增公务用车指标。

③2013年12月16日零时后,单位和个人购置小客车、小客车过户、非本市小客车转入本市的,在申请办理小客车注册、转移及转入本市的变更登记前,应申请取得本市小客车指标证明文件。

④自2013年12月16日零时起至2014年1月15日24时止,全市暂停办理小客车注册、转移及转入本市的变更登记。

⑤存量二手小客车只能进行一次转移登记,且原车辆所有者不产生更新指标。

(2)限行。外埠牌照高峰限入、本市牌照分时限号。

①自2014年3月1日起,工作日(法定节假日除外)每日7时至9时和16时至

①　中国新闻网.各大城市效仿北京汽车限购令治堵　被批懒政思维[EB/OL].[2013-09-17].https://www.chinanews.com.cn/ny/2013/09-17/5292705_2.shtml.

②　北方网—新闻中心.天津优先发展公共交通　公共交通出行将超六成[EB/OL].[2013-09-04].http://news.enorth.com.cn/system/2013/09/04/011282791.shtml.

③　中央政府门户网站(天津日报).天津市实行小客车总量调控　12月16日凌晨起限牌[EB/OL].[2013-12-16].http://www.gov.cn/govweb/gzdt/2013-12/16/content_2548437.htm.

19时,禁止外埠牌照机动车在外环线(不含)以内道路通行。

②自 2014 年 3 月 1 日起,每日 7 时至 19 时,禁止货运机动车在外环线上通行。

③自 2014 年 3 月 1 日至 2015 年 1 月 10 日,工作日(法定节假日除外)每日 7 时至 19 时,本市及外埠牌照机动车在外环线(不含)以内道路,实施按车牌尾号区域限行交通管理措施。以上机动车车牌限行尾号与北京一致,如有变化另行通告。

在限行限购政策公布的第二天,天津市发布《关于发展公共交通优化出行环境的措施》(津政发〔2013〕44 号),提出发展公共交通的八项措施①。作为限行限购的配套政策,八项措施包括加快轨道交通建设、提升公交运行能力、增建公交场站、建立公共自行车服务系统、建设智能交通、调控停车泊位供给、开展交通违法行为集中治理和提升公共交通服务品质。

2014 年 5 月,天津市政府加快修订《天津市大气污染防治条例》,并制定《工业企业挥发性有机物排放控制标准》《在用非道路柴油机械烟度排放限值及测量方法》等地方标准。市政府审议并原则通过了《天津市重污染天气应急预案(修订稿)》。

2014 年 7 月,天津市政府整合市交港局和市政公路管理局以及城乡建设和交通委员会,组建天津市交通运输委员会。改革后,天津市交港局、市政公路管理局不再保留,天津市城乡建设和交通委员会更名为市城乡建设委员会。此次改革意在建立天津市大交通管理体制,整合城市交通管理职能,提高城市交通综合管理水平。改革后的天津市交通运输委员会负责天津市综合交通管理,包括天津市交通规划设计、筹建天津市综合交通运输体系、打造天津市综合交通服务等职能。

由于交通拥堵和尾气污染呈现跨城市、跨区域的特点,因此交通问题的改善还需要区域联合行动,2014 年"APEC 蓝"很大程度上得益于京津冀及周边六省区市联合启动了一系列大气污染防治联防联控措施,尤其是机动车限行与尾气排放联合监管效果明显。2014 年 12 月 2 日,京津冀晋鲁蒙机动车排放污染控制联防联控协调会决定搭建机动车排放污染监管平台。

2020 年 3 月,发改委等 23 个部门发布《关于促进消费扩容提质加快形成强大国内市场的实施意见》,提出促进汽车限购向引导使用政策转变,鼓励汽车限购地区适当增加汽车号牌限额。同年 5 月,天津市人民政府发布《天津市促进汽车消费若干措施》,对小客车指标进行调控:一是增加本年度个人摇号增量指标 3.5 万个;二是放宽个人竞价增量指标申请条件;三是增设"区域指标"。天津市此次促进汽

---

① 中央政府门户网站(天津日报). 天津出台《关于发展公共交通优化出行环境的措施》[EB/OL]. [2013-12-16]. http://www.gov.cn/govweb/gzdt/2013-12/16/content_2548430.htm.

车消费增设了小客车区域指标,自6月1日起,居住在本市的人员可直接申请该指标,对于个人"是否持有效机动车驾驶证件""名下是否登记有津牌小客车"等条件不做限制。区域指标的增设有利于缓解环外居民用车刚需,给予无车家庭更多的选择。

二、配置办法①

(一)配置额度

额度数量根据城市交通拥堵、污染治理、交通需求及国家促进消费要求合理确定。增量指标的配置周期、额度及方式如下:

增量指标以12个月为一个配置周期。每个周期配置额度以10万个为基数,按月度分配,不跨周期配置。增量指标按照1∶5∶4的比例配置,即每个配置周期内,以摇号方式配置的节能车增量指标为1万个,以摇号方式配置的普通车增量指标为5万个,以竞价方式配置的普通车增量指标为4万个。单位增量指标占配置额度的12%,个人增量指标占配置额度的88%,其中机关、事业单位不再新增公务用车指标。

配置额度、比例和方式需要在基数基础上进行调整的,由市交通运输行政管理部门会同市发展改革、住房城乡建设、公安、生态环境、商务等部门,根据国家相关政策、小客车需求状况和道路交通、环境承载能力制定调整方案。

(二)配置方式

节能车增量指标采取摇号方式配置,普通车增量指标采取摇号和竞价方式配置,节能车增量指标和普通车增量指标分别摇号。

调控服务机构每月9日之前公布当月增量指标的计划配置数量,并于每月26日组织摇号,当日如为非工作日则相应顺延至下一个工作日。对于当月未能成功配置和逾期未使用的、以摇号方式配置的普通车增量指标和节能车增量指标,调控服务机构应当将其调整为个人普通车增量指标,纳入次月摇号配置。

调控服务机构委托具有相应资质条件的竞价机构承担竞价的具体实施工作。每月18日之前发布增量指标竞价公告。公告应当包括投放指标数量、竞价时间、报价和缴款方式以及其他有关事项等内容。每月25日组织增量指标竞价,当日如为非工作日则相应顺延至下一个工作日,单位和个人分别竞价。

---

① 天津小客车调控管理信息系统. 天津市小客车总量调控管理办法(津政发〔2019〕31号)[EB/OL].[2020-01-01]. http://xkctk.jtys.tj.gov.cn/glbf1/.

竞价采取网上报价方式进行,遵循价格优先、时间优先的成交原则。当次增量指标投放数量内,按照竞买人的最终有效报价金额由高到低依次成交;最终有效报价金额相同的,按照报价时间先后顺序依次成交。当月未成功配置和逾期未使用的以竞价方式配置的普通车增量指标,调控服务机构将其调整为个人普通车增量指标,纳入次月竞价配置。

竞价所得收入按照相关规定,全额缴入市级财政国库,专项用于城市公共交通事业支出,实行收支两条线管理,接受审计和社会监督。

(三)指标申请条件

1. 单位指标申请条件

两年内没有发生逾期未使用以摇号方式取得的增量指标的行为,并且符合以下条件之一的单位(登记地址在本市行政区域内),可以申请增量指标:

(1)企业具有有效的加载统一社会信用代码的营业执照,上一年度(注册或转入本市时间未满一年的,自注册之日起至申请前一个月)向本市税务部门实际缴纳入库税款总额共计1万元以上。

(2)具有有效的加载统一社会信用代码的营业执照,上一年度在本市累计完成固定资产投资额1亿元以上并纳入统计的企业或者当年新开工项目计划总投资额1亿元以上并纳入统计的企业。

(3)社会团体及其他组织具有有效的加载统一社会信用代码的登记证(照)。

个体工商户申请增量指标按照个人申请增量指标规定执行。

2. 个人指标申请条件

符合以下条件的个人,可以申请增量指标:

(1)居住地在本市,包括:天津市户籍人员;驻津部队(含武装警察部队)现役军人;持有效身份证明,近两年在本市连续居住,且每年累计居住9个月以上的港澳台地区居民、华侨和外国人;持有效本市居住证,近24个月在本市连续缴纳社会保险的非本市户籍人员;持有效本市居住证,在本市行政区域内工作,按规定不需缴纳社会保险的非本市户籍人员;持有效本市居住证,累计缴纳社会保险达到15年且在津退休的非本市户籍人员;持本市有效人才绿卡A卡和B卡的人员,及经认定的高层次、急需紧缺人才。

(2)已取得有效机动车驾驶证件。

(3)名下没有在本市登记的小客车,或者名下在本市登记的小客车满足下面条件之一:在公安机关车辆管理系统中登记为"达到报废标准";在公安机关车辆管理系统中登记为"被盗抢"状态满3个月以上的,且承诺放弃申领被盗抢小客车其他指标。

（4）名下未持有有效的小客车指标或者不具有更新指标申领资格。

（5）两年内没有发生逾期未使用以摇号方式取得的增量指标的行为。

（四）新能源小汽车增量指标配置

单位和个人办理新能源车车辆登记的,可直接申领其他指标,通过该类指标登记的车辆,不产生更新指标。其中普通车增量指标,可用于普通车、节能车或者新能源车办理登记。节能车增量指标,可用于节能车或者新能源车办理登记。

根据国家有关政策以及天津市机动车保有量、交通、环境保护和新能源汽车推广应用等实际情况,市交通运输行政管理部门可会同市发展改革、公安、工业和信息化、生态环境等部门,考虑将新能源车指标纳入总量调控。

三、政策运行情况及评价

（一）摇号指标配置情况

参与天津市小汽车(普通车)摇号人数在 2017 年达到顶峰后,开始缓慢下降(见图 6－6)。2020 年 5 月 20 日,《天津市促进汽车消费的若干措施》发布,新增小客车个人增量指标摇号配置额度 3.5 万个,进一步完善了外环以外区域限购限行措施。受小汽车消费政策刺激影响,摇号配置指标投入量明显增加,参与摇号人数超过 70 万人。2021 年,摇号人数回落到 50 万～60 万人。

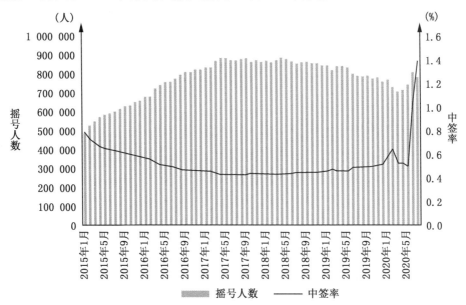

图 6－6　天津市小汽车历年摇号人数(有效编码)和中签率

中签率方面,在 2020 年第六期之前,天津小汽车摇号中签率维持在 0.4%~0.5%。2020 年第六期开始,受摇号配置指标投入增加的影响,中签率呈现快速上升趋势,超过 1.0%。2021 年,中签率在 0.6%~1.8% 范围内波动。

(二)竞价指标配置情况

自 2015 年开始,天津个人小汽车竞价投放指标基本稳定在每期 3 000 个左右。随着摇号配置指标递增,参与竞价人数、平均成交价格近两年呈现下降趋势(见图 6—7)。2021 年个人小汽车竞价平均成交价格已低于 2 万元。

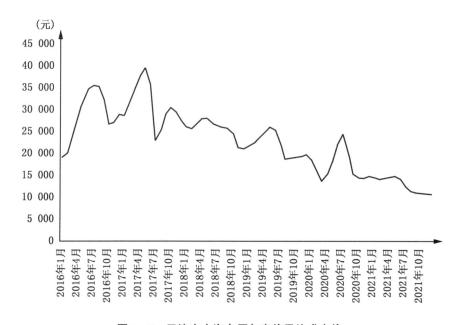

图 6—7　天津市小汽车历年竞价平均成交价

(三)政策评价

在天津市出台的限购文件中,第一条明确提出实施限制性政策的目标,即"为实现小客车数量的合理、有序增长,有效缓解交通拥堵状况,降低能源消耗和减少环境污染",实施限购的理由主要出于控量、防堵、治霾三方面的考虑。从政策议题形成、目标确立、前期调研、形成决策到发布政策征求意见稿和试行稿,经历了一个较长的过程。

从公共问题驱动上看,一方面,天津市机动车保有量大、增速快,交通拥堵和雾霾天气日益严重;另一方面,市政府提出了建设美丽天津的发展要求,其他城市尤其是邻接的北京市,所实施的限购和限行措施产生了示范效应。从政治资源角度上看,习近平总书记提出天津市的发展要体现人与环境和谐共存,建设生态文明。

天津市主要领导对于实施限制性政策达成基本共识:对辖区居民负责,在促进京津冀地区的协调发展中发挥关键作用。从政策形成过程来看,市政府成立了专门小组进行前期的政策调研和经验学习,主要媒体进行政策追踪和报道,并在相关网站进行民意调研,扩大了政策的知晓度和接受度。这些工作为政策发布营造了良好的舆论氛围和运作环境。

天津市具有交通管理职能的机构进行了有效的分工协作,包括天津市交通运输委员会(含天津市交通运输和港口管理局、市政公路管理局、城乡建设和交通委员会等机构)、天津市公安局交通管理局等多个部门。在政策制定环节,以天津交港局为主要行政管理部门,下设天津市小客车指标管理办公室,负责天津市机动车增量指标的配发与确认,并承担相应的政策执行、政策咨询等职能。天津市公安交通管理局主要负责道路交通的安全管理,包括对机动车和驾驶人员的日常管理,是尾号限行的主要政策咨询单位。

在政策执行环节,比如全市小客车增量配额指标及配置比例需要由市交通港口局会同市发展改革委、市建设交通委、市公安局、市环保局等部门,根据实际情况合理确定。审核增量指标申请人的信息需要市公安户政管理部门负责审核申请人的本市户籍信息、非本市户籍人员居住证或者暂住证信息;市国税、地税部门负责审核纳税信息;市工商部门负责审核企业注册登记信息;市人力社保部门负责审核社会保险参保信息等。

汽车产业是天津重要的支柱性产业和优势产业,限制性政策的实施不可避免会影响到产业发展,如何平衡经济发展和交通治理两大目标是一个重要的政策议题。天津汽车产业的工业增加值、总产值、利税总额等多项指标在规模以上工业中占比均在10%以上。截至2019年末,天津汽车保有量为309万辆[1],在全国城市排名中居第11位;千人汽车保有量为198辆,在全国城市排名中居第27位;私人汽车拥有量为259.4万辆,每千人私人汽车拥有量为166辆,在主要城市中居中等水平。限购政策使得天津近年来私人汽车拥有量年均增长率维持在2%。由于新冠疫情带来了经济下行的影响,《天津市促进汽车消费的若干措施》于2020年5月20日出台之后,相关政策进一步完善了外环以外区域限购限行措施,新增小客车个人增量指标摇号配置额度3.5万个。天津市商务局统计数据显示,政策出台后两个月,全市汽车类商品限额以上社会消费品零售额同比分别增长13.3%和13.7%。[2] 后疫情时期如何

---

[1]　澎湃新闻.天津汽车保有量突破300万[EB/OL].[2020-01-09].https://www.thepaper.cn/news-Detail_forward_5466158.

[2]　魏路遥,张成祥,王予钊.天津汽车消费情况调查与研究[J].天津经济,2021,321(2):28—35.

结合本地的实际情况并进一步优化机动车尤其是小客车限购管理措施,天津的限购政策实践或将为其他城市的机动化管理带来更多的启示。

第五节　杭州市的实践

截至2014年2月底,杭州市机动车保有量达到259.8万辆,在过去的一年中净增量达到27.6万辆,年增长率为12.17%,机动车保有量位居全国36个大城市第7位。[1] 随着机动车保有量的急剧增长,机动车尾气污染越来越严重。2013年,杭州市先后发生5次大范围严重雾霾天气。[2] 根据环保部门测算,杭州市的机动车尾气排放对大气PM2.5的贡献率达39.5%。[3]

根据杭州市经济社会发展情况,为治理大气污染、改善空气环境质量,实现小客车数量合理、有序增长,缓解交通拥堵,杭州市人民政府根据《中华人民共和国大气污染防治法》、《国务院关于印发大气污染防治行动计划的通知》(国发〔2013〕37号)、《浙江省机动车排气污染防治条例》、《杭州市人民代表大会常务委员会关于市政府治理城市交通拥堵、改善空气环境质量实施小客车总量调控管理工作情况报告的决议》,制定《杭州市小客车总量调控管理规定》,并自2014年3月26日零时起,在全市实行小客车总量调控管理。

一、政策演化

杭州市机动车限购政策的推进是与空气污染状况以及治理进程密不可分的。早在2009年伊始,杭州就宣布采用铁腕治理机动车排放产生的大气污染,相关政策措施包括公务用车每周停驶一天、鼓励私家车拼车、非杭州牌照电动车市区限行等。

2010年初,杭州市政府办公厅下发《杭州市大气环境整治第七阶段(灰霾天气专项整治)实施方案(2010—2012)》,在"任务及分工表"中有名为"开展机动车限行

---

[1] 搜狐新闻.杭州今起实施小客车限购　年8万个指标摇号竞拍[EB/OL].[2014-03-26].http://news.sohu.com/20140326/n397205733.shtml.

[2] 环保频道－浙江在线.杭州气象年终盘点　雾霾等四个"特别严重"[EB/OL].[2013-12-25].http://epmap.zjol.com.cn/system/2013/12/25/019777001.shtml.

[3] 中国青年报.杭州实行小客车"限牌"管理[EB/OL].[2014-03-26].http://zqb.cyol.com/html/2014-03/26/nw.D110000zgqnb_20140326_7-06.htm.

研究工作,以控制日常车流量"的任务,完成时限上设定为该年年底。在对高污染机动车限行基础上,杭州市政府研究制定按车牌尾号每周一日高峰时段停驶(法定节假日和公休日除外)的交通管理措施,以降低市区交通拥堵率。2011 年 9 月,杭州机动车保有量达到约 80 万辆。2011 年 10 月 8 日,为了改善城市交通拥堵环境,提高老百姓的出行效率,经过详细论证之后,杭州开始实施上述"错峰限行"措施。① 监控数据显示,首日控制区内车辆运行速度明显加快。

2012 年 12 月 26 日,阿里巴巴董事局主席马云因为堵车在中国民营企业峰会上迟到,这一话题在网上引发了热议。② 当天,马云从余杭到浙江人民大会堂,花了 1 小时 20 分钟,使得原定 9 时整开始的大会推迟了 10 分钟。时任浙江省委书记夏宝龙为此当场致歉,并承诺 5 年后,从余杭到杭州市区只需要 20 分钟。

2013 年 1 月,《浙江省机动车排气污染防治条例(草案送审稿)》开始在浙江省政府法制办的网站上(http://www. zjfzb. gov. cn)公布,征求社会各界意见。1 月 5 日起,杭州开始实施《杭州市重大(突发)气象灾害预警信息全网发布实施细则》③,应急预案提出,预警信息将通过杭州市环保局门户网站(www. hzepb. gov. cn)、杭州市气象局门户网站(www. hzqx. gov. cn)、杭州"智慧城市"网络平台和相关官方微博、广播、电视、报刊、微信等媒体以及现有气象信息发布渠道、突发事件预警信息发布系统向社会发布,三大通信运营商和华数公司应当在收到预警信息后的 10 分钟内启动发布工作。

2013 年 3 月,杭州称,或将提高停车收费标准,作为交通需求管理的重要举措。6 月初,浙江省政府法制办在其官网上公布了《浙江省城市交通管理若干规定(草案)》,并向社会各界征求意见。④ 其中第十七条关于小汽车限制措施的说法,引起社会最大关注,该条款称"城市人民政府及其有关部门为了保障城市交通畅通,可以根据权限对小汽车等车辆采取限行、限停、提高停车收费、新增牌照额度控制等具体措施"。6 月 14 日,杭州市政协十届八次常委会听取了市政协城市建设人口资源环境委员会关于"多管齐下,克难攻坚,全面治理城市交通拥堵"的调研报告。同

---

　　① 浙江在线—浙江新闻. 10 月 8 日起杭州实行"错峰限行"　按号牌最后一位数字对应[EB/OL]. [2011-09-23]. https://zjnews. zjol. com. cn/05zjnews/system/2011/09/23/017867519. shtml.

　　② 网易科技. 马云因堵车迟到　浙江省委书记致歉[EB/OL]. [2012-12-27]. https://www. 163. com/tech/article/8JMU20IA00094MOK. html.

　　③ 浙江政务服务网. 杭州市人民政府办公厅关于印发杭州市重大(突发)气象灾害预警信息全网发布实施细则的通知(杭政办函〔2013〕1 号)[EB/OL]. [2013-01-28]. http://www. hangzhou. gov. cn/art/2013/1/28/art_807541_3301. html.

　　④ 新民晚报数字报. 杭州也要限车牌了?[EB/OL]. [2013-06-15]. http://xmwb. xinmin. cn/lab/xm-wb/html/2013-06/15/content_9_3. htm.

日,浙江省政府法制办会同省建设厅、省公安厅交通管理局、省物价局等部门召开恳谈会,就《浙江省城市交通管理若干规定(草案)》现场听取市民意见。参加恳谈会的各界,除媒体代表外,有市民代表、出租车行业代表、货运行业代表、汽车租赁行业代表等,会上关于"限号"政策被提及最多。

2013 年 7 月,中国汽车工业协会称,天津、深圳、杭州、石家庄、重庆、青岛、武汉等城市均存在实施限购的可能。限购政策一旦实施,将造成当地汽车销量的下降,直接减少汽车销量 40 万辆左右。尽管当年上半年车市已经实现了千万销量,但限购造成的负面影响仍不容忽略。业界推测,国内一线城市限牌或成趋势,汽车业自主品牌应拉响挑战警报。[①]

2013 年 9 月,国务院发布《大气污染防治行动计划》。针对机动车污染严重问题,该行动计划提出,北京、上海、广州等特大城市要严格限制机动车保有量。

2013 年 11 月,浙江省人大常委会听取省政府关于全省治理城市交通拥堵工作情况的报告。报告表明,虽然拥堵状况在改善,但拥堵趋势远未根本好转。截至 2013 年 10 月底,杭州城区机动车保有量已超过 110 万辆,"错峰限行"的成效已经被快速增长的机动车保有量所代替。2013 年 12 月,杭州市"两难"办展开第三次民意调查。[②] 民意调查问卷共有 19 道问题,主要分为三大类:一是调查被调查对象的身份和年龄;二是了解被调查对象对交通现状的看法;三是对进一步的限行措施征求意见。

2014 年 3 月 26 日,杭州市人民政府发布《关于实行小客车总量调控管理的通告》[③]。根据该通告,自 3 月 26 日零时起,将对杭州市行政区域内小客车实行增量配额指标管理。增量指标须通过摇号或竞价方式取得。自此,继上海、北京、贵阳、广州和天津之后,杭州成为我国第六个限购城市。

2014 年 12 月 31 日,《杭州市二手小客车交易周转指标管理办法》出台,旨在规范二手车交易秩序,使交易环境有所改善。

2020 年新冠疫情发生后,3 月 25 日,杭州市发布《关于 2020 年一次性增加小客车指标的配置公告》,提出当年一次性增加 2 万个小客车指标,按 3∶1 的比例通过个人阶梯摇号和县(市)个人指标摇号的方式进行配置,即个人阶梯摇号 15 000 个、县(市)个人指标摇号 5 000 个。2020 全年释放约 13 万个小客车指标。

---

① 中国新闻网. 扩大的城市"限购令" 再刺汽车业神经[EB/OL]. [2013-08-21]. http://www.chinanews.com.cn/cj/2013/08-21/5189957.shtml.

② 杭州新闻中心—杭州网. 全天限行? 延长限行时段? 错峰限行政策面临升级[EB/OL]. [2013-12-17]. https://hznews.hangzhou.com.cn/chengshi/content/2013-12/17/content_5004795.htm? open_source=weibo_search.

③ 浙江政务服务网. 杭州市人民政府关于实行小客车总量调控管理的通告(杭政函〔2014〕55 号)[EB/OL]. [2014-03-28]. http://www.hangzhou.gov.cn/art/2014/3/28/art_807332_1590.html.

在疫情压力下,为了提振消费、复苏经济,浙江省政府和杭州、宁波、嘉兴等市级政府在 2020 年 3 月底纷纷出台促汽车消费政策,采用的方式有增加指标和购车补贴。杭州的优化配置方案是利用已失效的更新资格,或将逾期未使用的更新指标中的一定数量用于"阶梯摇号"和"竞价指标数量动态调节机制",在不增加年度累积指标总量的情况下,实现缓解中签率低、稳定竞拍价格的目标。

二、配置办法

(一)配置额度

增量指标以 12 个月为一个配置周期,每个周期的配置额度为 8 万个,额度按月分配。指标按照比例配置,每个配置周期内,以摇号方式配置的指标占 80%,以竞价方式配置的指标占 20%,个人指标占 88%,单位指标占 12%。

增量指标的配置额度、比例和方式需要调整的,由杭州市交通运输行政主管部门会同市发改、建设、公安、环保等相关部门,根据小客车需求量、环境承载能力、道路交通状况制定调整方案。

(二)配置方式

增量指标以摇号和竞价方式配置。杭州市调控办于每月 26 日组织摇号,如当日为非工作日则相应顺延,单位指标和个人指标分别摇号。市调控办委托具有相应资质条件的竞价机构承担竞价的具体实施工作。竞价机构应当于每月 25 日组织指标竞价,如当日为非工作日则相应顺延,单位和个人分别竞价。采取网上报价方式进行,当次竞价指标投放数量内,按照竞买人的最终有效报价金额由高到低依次成交,最终有效报价金额相同的,按照报价时间先后顺序依次成交。

增量指标竞价所得收入和不予退还的竞价保证金本息全额缴入市本级财政专户,专项用于大气污染治理、城市拥堵治理、公共交通事业等支出,实行收支两条线管理,接受审计和社会监督。

(三)指标申请条件

1. 单位指标申请

登记地址在本市行政区域内的单位,符合以下条件之一的,可以申请增量指标:

(1)企业具有有效的加载统一社会信用代码的营业执照或组织机构代码证,纳税状态正常,上一年度(注册时间未满一年的,自注册之日起至申请前一个月)向本市税务部门实际缴纳税款总额 1 万元以上。

（2）企业上一年度在本市累计完成投资额 5 000 万元以上；或者当年新开工投资项目已签订投资合同、项目手续完备，总投资额 2 亿元以上。

（3）社会组织、其他组织具有有效的加载统一社会信用代码的登记证书或组织机构代码证。

企业缴纳税款总额、投资额需要调整的，由市交通运输行政主管部门会同有关部门制定调整方案。个体工商户申请增量指标，按照个人申请增量指标的规定执行。

2. 个人指标申请

符合以下条件的个人可以申请增量指标：

（1）居住地在杭州市，包括：本市户籍人员；持有效的本市《浙江省引进人才居住证》的非本市户籍人员；持有效的本市《浙江省居住证》或《浙江省临时居住证》，且近两年（含）连续在本市缴纳（不含补缴）社会保险的非本市户籍人员；驻杭部队（含武装警察部队）现役军人；持有效身份证明并在本市连续居住两年以上，且每年累计居住 9 个月以上的港澳台地区居民、华侨和外国人。

（2）持有效的机动车驾驶证。

（3）名下没有在本市登记的小客车，或者名下所有小客车在本市公安机关车辆管理系统登记为"达到报废标准""被盗抢"状态。登记为"被盗抢"状态的，被盗抢行为须在公安机关立案满 1 年。

（4）名下未持有有效的指标且不具有更新指标申请资格。

（四）新能源小汽车增量指标配置

单位和个人需要办理新能源车登记的，可以直接申领其他指标。通过该类指标上牌的新能源车，不产生更新指标。

杭州市交通运输行政主管部门将根据新能源车推广应用情况，会同有关部门，适时调整新能源车直接申领其他指标的适用范围。

三、政策运行情况及评价

杭州市经济发达、人口基数大，近年来个人中签率持续走低，中签率基本维持在 0.5%～0.6%，竞拍价格平均 3.5 万元左右。

（一）摇号指标配置情况

近年来，杭州参与小汽车增量指标的摇号人数持续增加（见图 6－8），2020 年每期摇号有效编码已达到常态化 80 万人。

中签率方面,除去 2020 年 1 月、2 月受疫情影响,杭州小汽车增量指标摇号中签率逐年下降,目前基本维持在 0.6% 左右。

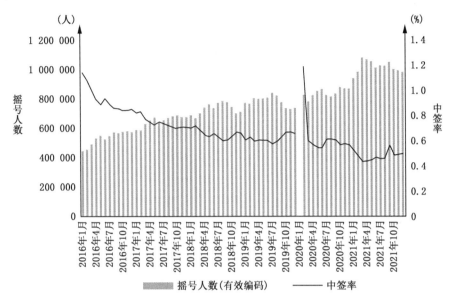

图 6—8　杭州市小汽车历年摇号人数(有效编码)与中签率

(二)竞价指标配置情况

近年来,杭州参与个人小汽车的竞价人数维持在 5 000～7 000 人范围内波动,平均成交价在 2 万～6 万元之间震荡变化(见图 6—9)。

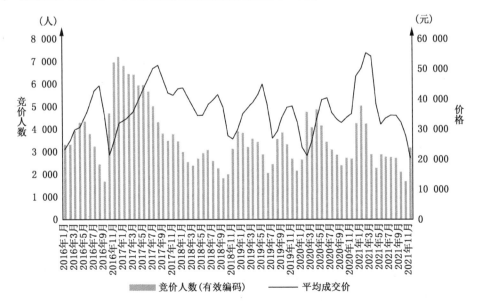

图 6—9　杭州市小汽车历年竞价人数(有效编码)和平均成交价

(三)政策评价

2012年的秋冬季节,全国出现了影响面积大、持续时间长的雾霾天气。针对空气污染的严峻形势,一方面,各地针对污染产业和机动车出行造成的污染,积极出台多种治霾策略,限购政策实施的时间窗口逐渐开启;另一方面,雾霾的严重程度和持续污染也催生了多个城市先后加入限购行列,形成了政策事件链,在全国范围内产生了影响。

空气污染呈现高度的空间相关性、区域化特点,治霾工作不但需要连续性,而且需要区域协同,各地联动。上海是我国最早对车牌额度采用市场化手段调节的城市,杭州在地缘上与上海邻接,两地在经济、社会、文化等多方面具有相似性。2008年上海举办世博会,2016年杭州举办G20峰会,两地在城市管理、协作治理方面有着丰富的经验。因此,杭州与上海的空间邻近性方便了管制政策的学习、交流和扩散。

杭州采用"双限"措施治理交通拥堵和污染问题。自2014年3月26日零时起,杭州全市实行小客车总量调控管理,采取控制总量和"错峰限行"调整的双重措施。此后一年,杭州新增小客车数量8万辆,对比2013年新增的27.6万辆,数量仅为前一年的29%。[1] 杭州市对限购措施的实践探索,对保持交通畅通、确保经济活力有着积极的作用。在政策实施前后,杭州市采取了多种措施问政于民,征询民众的意见,使制定出来的公共政策符合公共利益,保障民众的切身权益。

公众对限制性政策的可接受度相对较低,政策实施有可能引发汽车抢购、囤积车牌等市场行为,为此,广州、天津、杭州等多地在颁布限购政策的数小时之后,政策即开始生效执行。政策从公布到生效之间存在一定的时间差,其长短的设置反映了决策者的理性思考和判断。在确定政策公布与实施的时间差时,决策者可以全面考虑和平衡政策特征、实施主体、客体和政策环境等因素,创造有利于政策实施的条件。[2]

对于限制性政策,其目标是为了约束某种行为,因此特别需要防范政策投机和套利行为。决策者为保证正常的市场和社会秩序,避免政策效果失灵,不给政策套利留下空间,会考虑在政策公布后快速生效。若要设定一个较长的政策发布与生效时间差,则需进行广泛的宣传、听证和征集民意,尽管可能降低民众对抗情绪,提高限制性政策的可接受性,但也可能在短期内激发政策将要禁止的行为,形成与政策初衷的直接冲突,使政策效果发生衰减。

---

[1] 金蕾.浅析杭州汽车企业应对限牌政策的销售策略调整[J].中国市场,2015,829(14):22-23.
[2] 曹佳.从政策公布到生效:政策实施的时间差分析[J].公共行政评论,2020(5):144-209.

汽车限购政策属于管制性地方政策,目标在于控制机动车总量额增速,缓解城市日益增长的交通压力,减少交通拥堵和尾气排放等。若提前公布政策意图和实施计划,或在公布一段时间后才正式实施,则不可避免地会引发购车潮,从而在短期内不仅达不到限购目标,还会造成汽车拥有量的大幅增长,产生各种不良投机行为,形成对政策的负面反馈。从广州、天津和杭州等城市的实际情况来看,在政策发布到实施仅有的三到五小时内,许多汽车生产厂商高层连夜召开紧急会议商量调整销售策略,而众多汽车经销商则迅速通知意向顾客,通宵营业让顾客有机会连夜排队抢购。不难推测,若政策生效时间再延迟一些,则会引发整个汽车市场更多的混乱,导致一个本来没有的购买高潮。因此,并不是杭州市政府忽视了广州和天津在政策发布时所引发的舆论和质疑,而是这样的决策会受到政策特征、执行主体、政策目标群体和环境等因素的复杂影响。

第六节　深圳市的实践

随着经济社会转型发展,深圳市交通需求持续增长。一方面,机动化出行率和出行距离不断增加,机动化出行总量快速上升。2009—2014 年,深圳市小汽车出行量持续增长,年均增长率约 16%,每公里道路机动车约 500 辆,年均增速为 11.2%,车辆密度达全国第一。[①] 另一方面,经过 30 年持续大规模的道路交通基建,深圳市道路建设增速放缓,2007 年至 2014 年道路年均增速仅为 1.5%,设施扩容潜力有限。2014 年前后,深圳市道路交通供需矛盾日益突出,道路交通拥堵和尾气排放日益严重,2011 年至 2014 年中心城区拥堵时长由 24 分钟增至 50 分钟,城市主要客流走廊和中心城区呈现出拥堵常态化。在此背景下,优先发展公共交通,合理管控机动车出行需求,成为阶段性重要任务。

2005 年深圳市政府发布《深圳市整体交通规划》,2012 年发布首版《深圳市城市交通白皮书》和《缓解交通拥堵工作意见》[②],提出以枢纽城市、公交都市、需求调控和品质交通为核心战略,实施强化枢纽地位等十大发展策略,引领城市交通转型

① 中华网.深圳机动车保有量达 314 万辆　车辆密度全国第一[EB/OL]. [2014-12-29]. https://news. china. com/domestic/945/20141229/19157644. html.

② 中国新闻网.深圳交通白皮书提 10 大行动规划引领城市交通转型发展[EB/OL]. [2011-10-09]. https://www. chinanews. com. cn/df/2011/10-09/3375637. shtml.

发展。在《深圳市城市交通白皮书》总体战略的指导下,深圳市综合运用行政、经济、社会等多种手段,逐步建立了机动车交通需求管理政策体系,按照"用者自付"原则,以停车为核心抓手,制定分区差异化的停车配建指标和停车收费体系,通过提升停车收费标准调节机动车使用需求。停车收费政策的实施延缓了中心片区交通流量增长,也对部分未购置机动车市民的购买需求产生了影响。

2014年8月,深圳出台治堵方案,拟通过征收"停车调节费"提高用车成本的方式来限制汽车使用需求。① 2014年8月21日和10月23日,深圳为征收路外停车场停车调节费召开两次听证会,绝大多数代表对征收"停车调节费"持反对意见。而国家有关部门曾下发文件,对未列入国家、省两级目录管理的行政事业性收费,公民、法人和其他组织有权拒绝缴纳。因此,路外停车场"停车调节费"还不具备落地实施的条件。

2014年12月29日15时,深圳市政府召开新闻发布会,根据国务院《大气污染防治行动计划》、《中华人民共和国大气污染防治法》第五十条规定、《深圳经济特区道路交通安全管理条例》第七十六条规定和《深圳市人民代表大会常务委员会关于市政府治理交通拥堵和交通污染情况专项工作报告的决议》,发布《深圳市人民政府关于实行小汽车增量调控管理的通告》,决定从12月29日18时起,在全市实行小汽车增量调控管理政策,并将非深号牌载客汽车区域限行作为主要配套措施同步实施。继上海、北京、贵阳、广州、天津和杭州之后,深圳成为当时我国实施限购政策的第七个城市。

一、政策演化

"治堵"一直都是深圳交通管理的关键词。2011年初,《深圳市打造国际水准公交都市五年实施方案》发布。② 2012年,深圳市交通规划设计研究中心提供了一份"提高城市停车费治堵方案"。③ 2012年5月,《深圳市城市交通白皮书》正式发布,明确提出24条缓解交通拥堵的措施。④《深圳市城市交通白皮书》提到,深圳将以

---

① 中国新闻网(法治日报).深圳拟征收停车"调节费"引争论[EB/OL].[2014-08-22]. http://www.chinanews. com. cn/auto/2014/08-22/6519367. shtml.

② 深圳市人民政府办公厅.深圳市人民政府办公厅关于印发深圳市打造国际水准公交都市五年实施方案的通知[EB/OL].[2011-11-21]. http://www. sz. gov. cn/zfgb/2011/gb765/content/post_4945570. html.

③ 中国经济网(中国青年报).深圳"提高停车费"治堵方案 缓解拥堵请公车带个头[EB/OL].[2012-10-24]. http://views. ce. cn/view/ent/201210/24/t20121024_23781917. shtml? utm_source=UfqiNews.

④ 大众网.深圳首部城市交通白皮书发布 非居住区停车费将提高[EB/OL].[2012-05-09]. http://finance. dzwww. com/rollnews/201205/t20120509_7569681. htm.

行人公交优先、低碳绿色发展、交通需求调控以及差别化发展、一体化整合为核心理念,具体从挖掘设施潜力、增加设施供应、调控交通需求、优先发展公交等方面入手,引导市民转变出行方式。

2012 年 6 月 30 日晚,广州宣布从 7 月 1 日零时开始对全市小客车试行总量控制管理。对于深圳是否限牌,媒体有两种声音:一种认为深圳近期不限牌,将提高用车成本[①];另一种则认为,深圳汽车超警戒值,限购是迟早的事[②]。面对《南方日报(深圳版)》关于"深圳是否将成广州之后第五个限购城市"的提问,市交委回应说没有小汽车限购计划。[③]

随后,《南方都市报(深圳版)》报道,"深圳限牌又喊狼来了,车商借机促销"[④]、"今年内明年初不会限牌限购"[⑤]。作为回应,深圳市交警局市交委微博辟谣,市交警局副局长称,深圳主要通过提高用车成本来治理拥堵,正在严查谣言制造者。

2013 年两会期间,十余位代表建议深圳买车限购,目的为控制汽车数量,缓解交通、环境等压力。[⑥]

2013 年 1 月 30 日,市交委发布当年深圳交通工作规划,表示小汽车不限购,停车收费将出新标准[⑦]。2013 年 7 月,市交委回应中汽协称,车辆密度最高,但不代表最堵,深圳没有汽车限购计划。[⑧]

2013 年 6 月,深圳市交警局透露,目前在深圳路上跑的车约 260 余万辆,本地车牌 238 余万辆,外地牌照 30 余万辆。而深圳每天车辆上牌约 1 500 辆,保有数量持续上升。深圳每平方公里汽车拥有量达到 1 100 多辆,道路车辆密度国内居首。深圳市城市交通规划设计研究中心给出了几组数据:深圳 2014 年车辆是 300 万辆,千人用车率 2013 年是 225 辆,2014 年是 251 辆,超过北京 255 辆指日可待。

2014 年 1 月 24 日,深圳市政府办公厅印发了《深圳市大气污染应急预案》。该

---

① 张玮.深圳近期不限牌 将提高用车成本[N].南方日报(深圳版),2011-12-22.

② 肖怀礼.深圳汽车超警戒值,限购是迟早的事[N].深圳商报,2012-03-11.

③ 张西陆.深圳将成广州之后第五个限购城市?市交委:没小汽车限购计划[N].南方日报(深圳版),2012-07-02.

④ 刘凡、刘春林.深圳限牌又喊狼来了,车商借机促销,市交警局市交委微博辟谣[N].南方都市报(深圳版),2012-09-01.

⑤ 刘春林.今年内明年初不会限牌限购[N].南方都市报(深圳版),2012-09-03.

⑥ 王成波.十余代表建议:深户买车限购 目的为控制深圳汽车数量,缓解交通、环境等压力[N].南方都市报(深圳版),2013-01-19.

⑦ 张西陆.市交委发布今年深圳交通工作规划 小汽车不限购 停车收费将出新标准[N].南方日报(深圳版),2013-01-30.

⑧ 曲广宁.车辆密度最高,但不代表最堵,市交委回应中汽协:深圳没有汽车限购计划[N].南方日报(深圳版),2013-07-12.

预案将大气污染预警与应急响应分为三级,并根据大气污染预警与应急响应级别分三个级别采取相应的污染应急措施,包括健康防护措施、建议性污染减排措施和强制性污染减排措施。其中,当空气质量达到重度污染及严重污染时,将采取限行机动车等强制性污染减排措施;轻度及中度污染启动Ⅲ级预警。

2014 年 3 月 25 日 19 时,杭州市政府宣布从次日零时起,对小客车采取控制总量措施。次日,深圳市交委在交通情况通报会上透露,未来 3—5 年深圳路网将严重超载,但不会限购,而是采用公交战略治堵。① 6 月,深圳推进治堵工作,再次强调不靠限购限号。②

2014 年 12 月 22 日,北上广深第一届城市交通年会在深圳召开。

2014 年 12 月 29 日 15 时,深圳宣布自当日 18 时起开始"限牌",并明确在早晚高峰期间,非本市核发机动车号牌载客汽车须按规定路线和区域行驶。深圳人大表示,"限购限行政策出台程序合法",已在 29 日上午进行审议,通过了市政府治堵专项工作报告,符合程序,拥有法律效力。有效期暂定 5 年。具体措施包括:新车牌每年暂定指标 10 万个,其中 2 万个指标只针对电动小汽车,采取摇号分配;8 万个普通小汽车指标,50%摇号分配,50%竞价分配;每月 26 日摇号,竞拍底价一万元。深圳市交委表示,限牌未提前公布是防哄抢汽车,引发市场波动。

2015 年 1 月 2 日,深圳市交委发布关于《深圳市小汽车增量调控管理暂行规定(征求意见稿)》的通告。1 月 15 日,深圳限牌细则公开征求意见。1 月 31 日,广东省法制办回应东南大学顾大松教授对限购合法性的质疑,认为深圳汽车"限牌令"符合规定。③

在为期 1 个月的政策缓冲期结束后,自 2015 年 2 月 1 日起,深圳交警正式对违反"限外"规定的车辆进行处罚。"限外"暂定施行至 5 月 31 日。

2015 年 2 月,"突击限牌限外,打响治堵之战"荣获《南方都市报(深圳版)》2014 深圳年度事件。④

2015 年 3 月 9 日,深圳首轮车牌摇号举行,10 多万市民争夺 6 667 个车牌。⑤

---

① 戴晓晓.交通情况通报会上市交委透露,未来 3—5 年深圳路网将严重超载　不限购　公交战略治堵[N].南方日报(深圳版),2014-04-01.
② 卢舒倩,深圳治堵再次强调不靠限购限号[N].深圳晚报,2014-06-13.
③ 李明.广东省法制办确认深圳限牌令合法[N].深圳特区报,2015-01-31.
④ 郭启明,刘凡.2014 深圳年度事件　突击限牌限外　打响治堵之战[N].南方都市报(深圳版),2015-02-04.
⑤ 陈铭,陈文才.深圳首次车牌摇号 3 月 9 日举行　10 多万市民争夺 6 667 个车牌[N].深圳晚报,2015-02-17.

与此同时,深圳车牌二拍遇冷,仅 617 个竞买人出价。[①]

2015 年一季度,深圳二手车市因"限牌"价格暴跌,交易量恢复近半,国五标准即将实施,二手车商头疼"限迁"。[②]

2015 年 7 月,深圳车牌竞价再创新高,突破 2 万元大关。[③]

2019 年 6 月,为贯彻落实国家《推动重点消费品更新升级　畅通资源循环利用实施方案(2019—2020 年)》中"加快由限制购买转向引导使用"的要求,深圳市通过调整小汽车调控增量指标配置额度,面向部分企业追加配置小汽车增量指标等不同方式,逐步放宽小汽车摇号和竞拍指标,扩大准购规模。在原定每年普通小汽车增量指标配置额度 8 万个的调控目标基础上,2019—2020 年每年增加投放普通小汽车增量指标 4 万个(个人指标占 88%,企业指标占 12%),其中,1 万个采取摇号方式配置,3 万个采取竞价方式配置。面向符合条件的企业,每个企业额外追加配置 1 个混合动力小汽车增量指标,共计不超过 12 395 个混合动力小汽车增量指标。

二、配置办法

(一)配置额度

增量指标以 12 个月为一个配置周期,每个周期的配置额度为 10 万个,其中以摇号方式配置的电动小汽车增量指标为 2 万个,以摇号方式配置的普通小汽车增量指标为 4 万个,以竞价方式配置的普通小汽车增量指标为 4 万个。每个周期额度按月分配,并不得跨周期配置。

增量指标的配置额度、比例和方式需要调整的,由深圳市交通运输部门会同市发展改革、人居环境、公安交警等部门,根据道路承载能力、大气环境保护需要等情况制定方案,报市政府批准后公布实施。

(二)配置方式

深圳市行政区域内小汽车实行增量调控和指标管理。单位或者个人新增、更新小汽车的,应当按照有关规定申请取得小汽车指标。小汽车指标包括增量指标、更新指标和其他指标。增量指标通过摇号和竞价方式取得;更新指标和其他指标按规定申领取得。

深圳市交通运输管理部门负责小汽车增量调控的统筹协调工作。深圳联合产

① 谢丽雯.深圳车牌二拍遇冷,仅 617 个竞买人出价[N].晶报,2015-03-26.
② 张洁瑶.一季度深圳二手车交易量暴跌七成　受限牌影响[N].南方都市报(深圳版),2015-05-14.
③ 佚名.深圳车牌竞价再创新高　或破 2 万元大关[N].深圳晚报,2015-07-02.

权交易所受深圳市小汽车增量调控管理部门的委托,以公开市场方式组织深圳市小汽车增量指标竞价活动。① 市小汽车指标调控管理机构具体负责受理指标申请、归集资格审核结果、组织指标配置、出具指标证明文件等工作。深圳市有关部门按照职责分工,做好小汽车增量调控管理相关工作。

(三)指标申请条件

1. 个人指标申请

符合以下条件的个人可以申请增量指标:

(1)两年内没有发生逾期未使用以摇号方式取得的增量指标的行为,且同时符合以下条件的个人,并且符合以下条件之一的,可以申请普通小汽车增量指标、混合动力小汽车增量指标或者纯电动小汽车增量指标:深圳市户籍人员;持有深圳市核发的有效居住证,且最近连续 24 个月以上在本市缴纳(不含补缴)基本医疗保险的非本市户籍人员;驻深部队(含武装警察部队)现役军人;持有效身份证明,按本市公安机关规定办理境外人员临时住宿登记,且近 2 年内每年在本市累计居住 9 个月以上的华侨、港澳台地区居民,以及在本市办理签证或者居留许可连续满 2 年且每年在本市累计居住 9 个月以上的外国人。

(2)持有有效的准驾车型为 C 类或者以上的机动车驾驶证。

(3)名下没有在深圳市登记的小汽车。下列情形不视为名下有在深圳市登记的小汽车:名下在本市正常登记的小汽车被盗抢,按本细则规定,机动车所有人已失去就此车申请其他指标资格的;名下有本市登记的机动车,于申请年 12 月 31 日之前被公安交警部门车辆登记管理系统标注状态为"达到报废标准",或者"达到报废标准公告牌证作废"的;名下未持有有效的指标或者不具有更新指标申请资格;两年内没有发生逾期未使用以摇号方式取得的普通小汽车增量指标的行为。

2. 单位指标申请

登记地址在本市行政区域内的单位,两年内没有发生逾期未使用以摇号方式取得的普通小汽车增量指标的行为,并且符合以下条件之一的,可以申请普通小汽车增量指标、混合动力小汽车增量指标或者纯电动小汽车增量指标:

(1)企业具有有效的营业执照,合法经营、无欠税且纳税状态正常、经营状态为正常,上一年度(注册时间未满一年的自注册之日起至申请前一个月)向本市税务部门实际缴纳税款总额 5 万元以上的。

(2)企业具有有效的营业执照,合法经营、无欠税且纳税状态正常、经营状态正

---

① 深圳联合产权交易所.深圳小汽车增量调控管理信息系统,深圳市小汽车增量指标竞价指引[EB/OL].[2023-01-31]. https://xqctk.jtys.sz.cn/bszn/2015212/1423701990644_1.html.

常,向本市税务部门实际缴纳税款总额不符合本款第(1)项规定,但上一年度在本市累计完成固定资产投资额 5 000 万元以上的。

(3)企业具有有效的营业执照,合法经营、无欠税且纳税状态正常、经营状态正常,向本市税务部门实际缴纳税款总额不符合上述第(1)项规定,但当年新开工投资项目已签订投资合同、项目手续完备,总投资额 2 亿元以上的。

(4)社会团体、其他组织具有有效的载有统一社会信用代码的登记证书或者同时具有组织机构代码证和有效的登记证书,且活动状态正常。

前款规定的企业缴纳税款总额、固定资产投资额、总投资额需要调整的,由市交通运输管理部门会同市发展改革、税务等部门制定调整方案,报市人民政府批准后公布实施。单位在一个配置周期内申请增量指标可以获得的申请编码数量,按照实施细则的相关规则确定。单位获得指标后,指标管理机构应当相应核减其申请编码数量。

(四)新能源小汽车增量指标配置

2015 年 9 月 29 日,国务院常务会议要求各地不得对新能源汽车限行、限购,已经实施的要取消。2016 年 6 月,深圳市实施新的新能源小汽车调控政策:取消新能源小汽车指标总额控制,符合条件的申请人,按照"审核通过时间优先、申请报名时间优先"的原则直接获取新能源车增量指标;实施个人"1+1(纯电动)"和"1(纯电动)+1"政策,即对于名下只有一辆车的个人申请人,还可以再申请一个纯电动车指标("1+1"模式);实施单位"N+1(纯电动)"政策,对于企业,每年根据纳税额大小获得 N 个指标(最低纳税额仅 3 万元),在此基础上可以额外增加一个纯电动车指标("N+1"模式)。

三、政策运行情况及评价

政策实施前,2010—2014 年深圳市小微型载客汽车年均净增约 30 万辆;政策实施后,2015—2020 年小微型载客汽车年均净增降至约 12 万辆。至 2020 年末,深圳市机动车保有量 358.9 万辆,其中小微型载客汽车保有量 300.4 万辆,占全市机动车总量的 83.7%。在增量调控政策等多措并举之下,深圳市道路交通运行维持稳定,2010—2020 年高峰时段道路平均车速始终维持在 25 公里/小时以上。

(一)摇号指标配置情况

深圳市总体购车需求持续旺盛,参与小汽车摇号的人数快速增加,个人中签率持续下降(见图 6-10)。当期个人摇号申请数从 2015 年低于 2 万人,稳步递增至

2021 年 140 万人左右,当期个人摇号中签率从高于 3% 降至 0.2%。

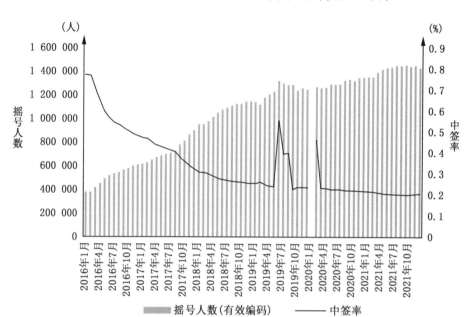

图 6—10　深圳市小汽车历年摇号人数(有效编码)及中签率

(二)竞价指标配置情况

2015 年至 2021 年,普通小汽车增量指标个人竞拍成交价格总体呈现"波动上升,逐渐回调"趋势(见图 6—11)。涨幅持续上升的阶段发生在 2017 年 8 月至 12 月,个人竞价的平均成交价分别为 5.1 万元、5.8 万元、6.7 万元、8.3 万元和 9.5 万元,引起舆论高度关注。但同时参与竞拍人数在 2017 年第九期快速上涨后逐步回落,到 2018 年第一期参与竞拍的人数仅为 2 828 人,要小于当期的投放指标数 2 934 个。在 2018 年第一期和第二期,个人平均竞拍价格分别下跌至 7.1 万元和 5.9 万元。2021 年,个人竞价平均成交价由第五期近 7 万元回落到第十二期 4.7 万元。

(三)政策评价

深圳市小汽车增量调控政策采用摇号加拍卖的双轨模式,市民可根据自身经济实力和迫切程度选择获取指标方式,有利于提升市民对于限制性政策的可接受度。深圳竞价指标的占比(50%)是国内所有采取双轨模式的城市中最高的,发挥了市场价格对拥车需求的调节作用。此外,政策还规定增量指标不得交易、不得相互转让,使得指标和牌照保留自然属性,而不具备商品性,有效防止指标"资产化"带来的价格上涨。限购政策实施后,深圳中心城区高峰时段运行车速维持平稳,

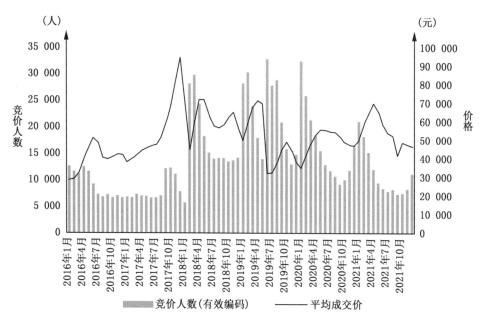

（人）（元）

竞价人数 价格

竞价人数（有效编码）——平均成交价

图6—11 深圳市小汽车历年竞价人数（有效编码）及平均成交价

2014年比2013年底拥堵道路里程减少近20%,轻度拥堵道路里程减少4.1%,中心城区的拥堵片区数量由8个减至4个。[①]

电子政务方面,深圳增量调控管理系统已实现业务办理的电子信息化,系统业务信息量大,处理速度快,变"市民跑腿"为"信息跑路",方便市民业务办理,提升了政府行政效率。深圳调控管理系统采用以计算机和网络为基础的在线办公系统,实现了政府各部门信息共享、并联审批;指标发放和申请流程严格地按照计算机程序来控制,并且指标申请、摇号、竞价时间、过程、结果和依据等均实现信息公开,增加市民对政务工作的知晓度、透明度和可信度。

舆论宣传方面,小汽车增量调控作为一项敏感的政策,深圳市管理部门通过建设指标服务窗口、应急事件维稳、人员培训、媒体宣传引导等工作,争取市民理解,保障政策顺利落地。通过媒体宣传进行舆论引导,加深市民对政策的理解认识,为政策的稳定运行营造良好的社会舆论环境。

公共服务方面,深圳市开通了交通运输服务热线12318,统一承担深圳市交通运输行业的服务监督、投诉举报、咨询等服务。市民所有涉及增量调控政策的需

---

① 新浪新闻.综合治堵一年,深圳拥堵道路里程减少两成［EB/OL］.［2015-03-20］. http://news. sina. com. cn/c/2015-03-20/051931625741. shtml? source＝1.

求,包括投诉、建议、咨询等,该热线均可受理。通过值班人员的耐心解答,为市民百姓提供了高品质的咨询、投诉等服务。

第七节　海南省的实践

近年来,随着海南省经济社会的快速发展,全省小客车保有量迅猛增长,仅2015年至2017年小型载客汽车增加了49万辆,占到全省小客车保有量的47.6%。[①] 汽车增长主要集中在海口、三亚等中心城市,2018—2020年海口小客车年均增长比例达到25%,三亚小客车年均增长比例达到42.5%。随着汽车保有量的迅速攀升,已给海南省带来严重的环境污染和交通拥堵问题。[②]

为科学合理控制机动车保有量,加快新能源汽车和节能环保汽车推广应用,逐步停止销售燃油汽车,顺应群众安全、顺畅出行的客观需要,海南省自2018年5月16日起在全省实行小客车总量调控管理。

一、政策演化

国家统计局数据显示,海南省私人小汽车保有量相对较低,2010年底,海南省百户家庭私车保有量为18辆,而全国百户家庭私车保有量平均为28辆。2016年,海南汽车保有量不足100万台;2017年,传统燃油车年销量仅10万台。以省会城市海口为例,海口统计局数据显示,2017年末全市民用汽车拥有量77.25万辆,比上年增长13.9%,其中私人汽车68.69万辆,增长13.1%。[③]

2016年以来,海南已为燃油车到新能源车的转型做好准备,出台了18项新能源汽车推广应用相关政策,努力缓解购车成本高、充电费高、建桩难、进小区难等问题。[④] 其中,2017年海南省出台《海南省新能源汽车推广应用省级财政补贴实施办

---

① 海南省公安厅.《海南省小客车保有量调控管理办法(试行)》解读[EB/OL]. [2018-10-30]. http://ga. hainan. gov. cn/sgat/zxjd/201810/833abcbd15464a1790419ea56c3c1350. shtml.

② 三亚搜狐焦点. 海南小客车"限购"办法 8月起施行　每月摇号一次[EB/OL]. [2018-07-31]. https://sanya. focus. cn/zixun/57d20a1d3d9fce5d. html.

③ 中商情报网. 海南汽车保有量调控:有指标才能上牌　2017年民用汽车保有量增长14%[EB/OL]. [2018-07-31]. https://baijiahao. baidu. com/s? id=1607503408014081436&wfr=spider&for=pc.

④ 搜狐网. 海南自贸区将加快新能源汽车推广,逐步禁售燃油车[EB/OL]. [2018-04-17]. https://www. sohu. com/a/228533603_427081.

法》等 8 项配套政策,加大了推广力度。

在 2018 年 4 月 9 日举行的博鳌论坛上,海南省省长沈晓明在海南绿色发展计划中指出,海南将在 2030 年前全面禁止燃油车销售,实现全岛新能源车全覆盖,为全球岛屿经济在推行绿色能源上做出海南贡献。

4 月 15 日,新华社发布中共中央国务院《关于支持海南全面深化改革开放的指导意见》全文,提出探索共享经济发展新模式,在出行、教育、职业培训等领域开展试点示范,科学合理控制机动车保有量,加快推广新能源汽车和节能环保汽车,在海南岛逐步禁止销售燃油汽车。

2018 年 5 月 15 日晚,海南省政府发布《关于实行小客车保有量调控管理通告》,自 5 月 16 日零时起,海南在全省实行小客车总量调控管理。① 这意味着海南是继 2014 年 12 月深圳宣布限购以来,第九个开始汽车限购的省市。值得注意的是,此次海南限购并非针对省内某个单一城市,而是全省范围,即除了整个海南岛上的海口市、三亚市、儋州市,还包括设立没几年的三沙市。换言之,西沙群岛、中沙群岛及南沙群岛,也限制购买小汽车。继房地产全域限购之后,海南发布燃油车全域"限购令",成为海南省发展绿色生态战略的重要一步。随着海南自由贸易试验区建设深入推进,新能源汽车将逐渐成为趋势,绿色出行将成市民生活常态。

二、配置办法

(一)增量指标配置额度

指标配额实行动态管理。每年配额由调控管理机构与有关部门根据小客车需求量、环境承载能力、道路交通状况制定方案,报省人民政府批准,并于每年 12 月 31 日前向社会公布下一年度配置方案。其中新能源车指标优先配置,在总量控制的前提下,先满足新能源小客车指标申请。2021 年配置小客车增量指标 18 万个。

(二)增量指标配置方式

采取"摇号＋竞价"的方式配置小汽车增量指标。增量指标摇号由调控管理机构统一组织,每月摇号一次,单位和个人分别摇号。调控管理机构于摇号当月 9 日之前公布当月增量指标的计划配置数量,并于该月的 26 日组织普通小客车增量指标摇号。

调控管理机构委托具有相应资质条件的竞价机构承担普通小客车增量指标竞

---

① 中国日报网.海南正式实行小客车保有量调控管理　加入摇号买车行列[EB/OL].[2018-05-16]. https://baijiahao.baidu.com/s? id=1600584243766007881&wfr=spider&for=pc.

价的具体实施工作。竞价机构应当于竞价当月15日之前发布增量指标竞价公告。公告应当包括投放指标数量、竞价时间、竞价规则、缴款方式以及其他有关注意事项等内容,并于当月25日组织指标竞价,单位和个人分别竞价。

竞价采用网上报价方式进行,遵循"价格优先、时间优先"的成交原则。当次竞价指标投放数量内,按照竞买人的最终有效报价金额由高到低依次成交;最终有效报价金额相同的,按照报价时间先后顺序依次成交。报价金额和报价时间以竞价系统记录为准。

增量指标竞价所得收入和不予退还的竞价保证金本息全额缴入省本级财政,专项用于道路交通管理。

（三）指标申请条件

1. 单位指标申请条件

登记在海南省的单位,名下没有应当报废未办理注销登记的其他机动车,符合下列条件之一的,可以申请增量指标:

(1)企业具有统一社会信用代码的有效营业执照,上一年度或者新注册企业当年度在本省缴纳税款入库总额1万元(含)以上。

(2)企业具有统一社会信用代码的有效营业执照,企业上一年度缴纳社会保险的员工人数5人(含)以上。

(3)社会团体及其他组织具有统一社会信用代码的有效登记证书。

符合下列条件之一的申请单位,可申领小客车指标。每家申请单位只能以其中一种类型条件申领小客车指标,在指标总额度内可多次申领。

(1)以申请单位的实收资本作为取得小客车指标的核定标准:实收资本达到1 000万元以上的,享有1个小客车指标的申领资格;每增加1 000万元,享有增加1个小客车指标的申领资格,申领的指标总额度不超过5个。

(2)经海南省自贸区(港)招商工作与促进总部经济发展联席会议(以下简称"联席会议")办公室备案为跨国公司地区总部的申请单位,享有5个小客车指标的申领资格。

(3)经"联席会议"办公室备案为综合型(区域型)总部、高成长型总部或国际组织(机构)地区总部的申请单位,享有3个小客车指标的申领资格。

(4)经"联席会议"审核通过的重大招商项目的申请单位,享有3个小客车指标的申领资格。

(5)属于院校、医院的申请单位,享有3个小客车指标的申领资格。

(6)全球行业综合排名或营业收入排名100名以内的会计师事务所、律师事务所以及设计、广告、会展、咨询、检测认证等国际知名第三方服务机构,享有 2 个小客车指标的申领资格。

(7)经海南省小客车保有量调控领导小组办公室认定的其他新设立企业和机构。

申请单位使用的非海南省号牌的小客车,如需更换为本省车辆号牌的,在迁入车辆符合海南省机动车排放标准相关规定的情况下,直接给予车辆更新指标,使用的更新指标在总指标额度内相应核减。

个体工商户申请增量指标按照个人申请增量指标规定执行。

2. 个人指标申请条件

符合以下条件的个人,可以申请增量指标:

(1)居住地在海南省,包括:本省户籍人员;驻琼部队现役军官、文职人员及士官;持有有效身份证件并在我省连续居住两年以上的港澳台居民及外籍人员;持有本省有效居住证,且近 8 年内累计 48 个月(含)或近 24 个月(含)连续在本省缴纳社会保险的非本省户籍人员(含非本人原因漏缴,经社会保险机构核定补缴的期限达到 8 年内累计 48 个月或连续 24 个月);持有本省有效居住证,且近 24 个月(含)连续在本省实际缴纳个人所得税的非本省户籍人员。

(2)已取得有效机动车驾驶证件。

(3)名下没有本省登记的小客车且没有应当报废未办理注销登记的其他机动车。

(4)单位或个人名下在本省正常登记的小客车被盗抢,公安机关立案满 3 个月仍未追回,并已在公安机关车辆管理系统登记被盗抢状态,可在此后 6 个月内直接申领其他指标。

(5)三年内没有发生逾期未使用以排号或摇号方式取得的增量指标的行为。

根据《海南省 2021 年度稳定汽车消费措施》要求,凡符合海南省已购房的夫妻一方可申请参加普通小客车增量指标配置。申请人员需符合以下条件:

(1)名下没有海南省登记的小客车,且没有应当报废未办理注销登记的其他机动车。

(2)持有本省有效居住证。

(3)已取得有效机动车驾驶证件。

(4)夫妻任一方持有海南省商品房交易合同网签备案或不动产权登记证(含房产证)。

(四)新能源小汽车增量指标配置

新能源小客车增量指标通过排号方式取得,在总量控制的前提下,优先满足新能源小客车指标申请。申请步骤如下：

(1)提出申请并选择新能源排号配置方式,获取申请编码。

(2)经审核通过后,确认申请编码为有效编码。

(3)依据有效编码的申请时间顺序,取得新能源小客车指标证明文件。

为积极推动新能源汽车发展,增强市场消费活力,合理满足群众和企业购车需求,自 2019 年 7 月起,海南省全面放开新能源小客车增量指标申请资格条件及数量,单位和个人申请新能源小客车增量指标资格条件及数量不受《海南省小客车保有量调控管理办法(试行)》限制,可按需申请新能源小客车增量指标。

三、政策运行情况及评价

海南省自 2018 年 5 月 16 日开始实施小客车限购政策,新能源汽车指标自 2019 年逐步全面放开,普通小客车以摇号方式配置增量指标,竞拍方式暂缓实施。海南省机动车指标市场需求较小且稳定,近年来普通车中签率稳定在 9% 左右,普通小客车中签率高于限购城市平均水平。海南省 2020 年全年小汽车指标数达 18 万个,比 2019 年增加 5 万个。整体而言,海南省小汽车指标市场需求较小且稳定,指标数量较其他城市宽裕。

(一)小汽车指标总体配置情况

海南省自实施小汽车增量调控政策以来,参与普通小汽车摇号人数逐月上升,并在 2019 年 10 月达到峰值 14.2 万人,随后受新能源小汽车指标放开的影响,参与摇号人数逐步下降(见图 6—12)。

随着小汽车消费政策逐步宽松,2020 年 5 月后平均每期指标配置数量接近 3 万个。2021 年 5—12 月回落到 1 万个以内。随着摇号人数逐期下降,中签率呈加速上升态势。2021 年第三期的个人小汽车摇号中签率达到 100%。

(二)政策评价

海南省在 2018 年 5 月宣布实施机动车限购政策,是我国唯一在省级范围内对机动车拥有权进行管制的行政单位。上海从 20 世纪 80 年代中期开始拍卖车牌额度,这种对机动车消费行为的干预政策持续了三十余年,因此 1986—2010 年可以作为限购政策先行先试的第一阶段。在这个阶段,随着各个城市机动车保有量和使用量的持续增长,很多限制性交通需求管理措施开始试点,如重大活动期间的尾号限行、错时上下班等。这个阶段的政策目标主要是控制城市的机动车增速,为长远的交通发展战略,尤其是为打造绿色低碳环保的交通系统奠定基础。

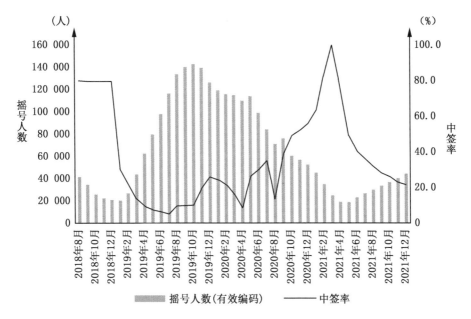

图 6-12 海南省小汽车历年摇号人数(有效编码)及中签率

2011—2014 年可以作为限购政策推广实施的第二阶段,治理空气污染成为这个阶段主要的政策目标。北京、贵阳、广州、天津、杭州、深圳相继限购,平均每年有 1~2 个城市加入限购行列。干预方式也呈现多元化特征,有拍卖、摇号和混合方式,也有限购与限行、停车市场化改革、公交优惠等交通需求管理措施相结合的实践。新的限购城市出现,甚至有时仅仅是传闻,都会引发其他城市汽车消费市场的波动,诱发潜在的购车需求。

2015—2017 年,没有出现新的限购城市,限购进程放缓,开始进入政策调整的第三阶段。2018 年,海南省、广西涠洲岛出台汽车限购政策,限购政策出台地区和目的有所变化。2015 年以前,实施汽车限购政策的地区多为经济发达、机动车保有量趋于饱和的一线城市。2018 年最新限购的地区是经济发展水平较低的海南全省和涠洲岛两个海岛类型的地区。[①]

海南省和涠洲岛限购的目的不同于以往。第一阶段和第二阶段限购政策的出台都是以治理拥堵和尾气排放为目的。然而,海南的千人保有量很低,交通压力不大,空气质量也保持良好,因此,海南限购并非因为拥堵或污染。2018 年 4 月,海南省建设自贸区,绿色共享是新发展战略的主题。国务院发布《关于支持海南全面深

---

① 张飒.汽车限购规律研究[J].汽车工业研究,2019(1):17—20.

化改革开放的指导意见》，提出"科学合理控制机动车保有量，加快推广新能源汽车和节能环保汽车，在海南岛逐步禁止销售燃油汽车"，因此海南限购政策可以看成是落实新发展战略的具体行动。对于涠洲岛限购的目的，《北海市涠洲岛生态环境保护条例》明确规定，自 2018 年 7 月 1 日起，除岛上单位和个人现有依法登记使用的燃油机动车以外，禁止其他燃油机动车在岛上行驶，在涠洲岛生态环境保护范围内全面推广使用新能源汽车。因此，从 2018 年出台汽车限购政策的两个地区来看，目的更偏重于环保，而对治堵的要求并不高。

从第二阶段广州、天津、杭州、深圳等城市限购的实施细则来看，各城市燃油车指标的配置方式均采用拍卖加摇号的混合方式。2018 年海南限购，规划采用混合方式，但从实施情况来看，仅采用指标摇号的方式配置，暂时不组织竞价，有待今后条件成熟后落实"摇号＋竞拍"的指标配置方式。

第八节 其他省市的实践

除前述的一些省市正在实施限购政策外，还有两个中国城市曾经有过机动车拥有权管制的实践。一个是贵州省贵阳市，政策实施时间从 2011 年至 2019 年；另一个是浙江省温州市，政策实施时间从 1989 年至 2007 年。温州市的限购实践由于发生时间较早，相关资料较为缺乏，本节仅做简单介绍。

一、贵阳市（2011—2019 年）

由于受到自然环境、汽车保有量增加、建设施工等因素影响，贵阳长期面临着突出的交通矛盾。2011 年，贵阳全市机动车数量已经达到 61.6 万辆，较 2000 年的 7.98 万辆增长了 7.7 倍，年均增长速度为 23%，其中私人小汽车 33 万辆，约占机动车总量的 53.6%。[①] 2011 年 7 月，贵阳市对机动车实行"限号限行"，致力于缓解当时的交通压力。贵阳市成为当时除上海和北京之外，第三座加入限购的中国城市。

政策实施八年后，贵阳市在 2019 年 9 月取消了该政策。贵阳市在机动车拥有和使用环节实施限制政策的实践过程以及对相关政策废止的做法，可以为国内非

① 贵阳都市报.限号限牌，贵阳"车事"这 8 年[EB/OL].[2019-09-29].https://baijiahao.baidu.com/s?id=1645086524853584933&wfr=spider&for=pc.

一、二线城市提供参考。

（一）政策演化

贵阳市很早就开始尝试采用限制性措施管理机动车的使用。自 2009 年 4 月 1 日起,贵阳市交警部门开始在中心城区实施新的交通"禁限"系列措施。在这些措施中,中山路实行单双号限行成为市民议论最多的新规。2010 年 8 月 2 日,贵阳市公安局交警支队召开新闻发布会宣布,将采取包括货车禁行、环保禁限、守法车辆优先通行、尾号限行、以"静"制"动"等在内的一系列举措,以缓解老城区交通拥堵。这些限制机动车使用的系列措施为贵阳市后续采取限购政策提供了背景和铺垫,释放出严加管制的信号。

2011 年 7 月 11 日,贵阳市政府发布第 5 号政府令,宣布市人民政府常务会议通过《贵阳市小客车号牌管理暂行规定》,自公布之日起施行。[①] 该规定明确从 2011年 7 月 12 日零时开始,贵阳市 9 座以下的小型客车有两种上牌方式可供选择,即专段号牌和普通号牌。专段号牌的年度增长数量实行总量控制,受入户限制,申请人须到市公安交通管理部门办理摇号登记,上牌后可以在市区所有道路通行;普通号牌则不受年度增长和入户条件的限制,但不能在本市一环路(含一环路)以内的道路通行。由于按照号牌种类限制了机动车出行范围,因此政策也包含限行的内容,当地称之为"限号限牌"的"两限"政策。

限购政策实施之后,贵阳市针对进入一环的车牌设为专段号牌(车牌倒数第三位为字母),设定每月 1 800 个新车牌照的上限,通过摇号方式获得。此后,针对孟关汽车城发布专段号牌,摇号中签者只能为孟关汽车城车辆方能上牌,而其他普通号牌没有摇号限制。

贵阳实行限牌只针对老城区,也就是云岩区和南明区一环,这也是贵阳发展最悠久的核心区域,面积仅为 9 平方千米,但拥有 50 多万人口,人口密度高达 5 万多每平方千米。而根据贵阳市人民政府的调查,贵阳市中心一环线路的路网机动车容量约为 10 万辆,但当时机动车保有量却增至 60 余万辆,在小小的老城区,其间出行的车辆就有 30 万辆。当时,贵阳准备建设轻轨 1 号线和 2 号线,而该工程是在城市主干道之上进行的,会大范围导致干道交通中断,再加上老城核心区的人防工程一并展开,如此一来,现在已经拥堵不堪的交通势必雪上加霜,城市的交通形势非

---

① 中国日报.继北京之后　贵阳市政府发布汽车限购令[EB/OL].[2011-09-13]. http://www.chinadaily.com.cn/auto/2011-09/13/content_13677860.htm.

常严峻。①

这种做法在当时引发了媒体热议,舆论关注的焦点是继北京之后,实施汽车摇号限牌的竟然是贵阳。虽是省会城市,但当时贵阳所在的贵州省人均GDP位居中国各省份末位。2011年7月22日,中国新闻社发表评论称,汽车摇号限购的"传染病"发作了。8月1日,《新华每日电讯》发文认为,治堵应逐步淡化行政强制手段。8月3日,《中国经济时报》调查称,贵阳限购或成为车市的转折点。

贵阳是上海和北京之后第三个实施限购的城市,也是实行汽车限购的非一、二线城市。贵阳对机动车实行的"两限"政策,大幅控制了进入一环以内的机动车总量,有效保障了城区道路交通总体稳定,为全市道路交通基础设施建设赢得了时间和空间。限购实施之后,政策效果相当明显,贵阳市机动车年净增量仅为5万辆,同比减少一半。同时加上限行措施,贵阳市城市中心区平均道路车流量下降21.53%,路段堵塞率下降50%,路口堵塞率降低70%,平均车速提升28%,晚高峰时间提前30~40分钟结束,有效缓解了城市拥堵的问题。

但是与此同时,政策也遭遇很多质疑和压力。早在2012年就有专家表示,摇号政策与尾号限行措施只是没有更好的办法解决老城区交通拥堵问题情况下的权宜之计,但今后随着贵阳城市的扩展,公交系统的逐步完善,摇号和限行制度完全有可能取消。之后各年增加牌照的呼声不断加大,贵阳的专段号牌开始不断增加,从2014年的每年2.4万个左右增加到2018年的3.4万个左右。

进入2019年,贵阳进一步放松限购,分别于2019年1月(增加700个)、5月(增加1500个)和6月(增加1500个)三次增加摇号牌照数量,每月牌照数量从2011年限购时的1800个增加到了2019年7月的6500个。

2019年6月6日,发改委等三部委共同发布《推动重点消费品更新升级 畅通资源循环利用实施方案(2019—2020年)》,着力破除限制汽车消费的市场壁垒,严禁各地出台新的汽车限购规定。

2019年7月11日和8月2日,贵阳市交管局、司法局分别发布《贵阳市人民政府关于废止〈贵阳市小客车号牌管理暂行规定〉的决定(征求意见稿)》,向社会各界公开征求废止贵阳汽车限购的意见。相关部门认为,汽车限购在2011年当时及之后的一段时期在缓解交通拥堵、减轻大气污染程度,确保城市道路畅通、安全、环保发挥了重要作用。但是,随着贵阳市基础设施建设逐步完善,地铁轻轨开通营运,贵阳的交通拥堵逐步缓解、空气环境质量逐步改善、"放管服"改革不断深入,汽车

---

① 贵阳都市报.限号限牌,贵阳"车事"这8年[EB/OL].[2019-09-19].https://baijiahao.baidu.com/s?id=1645086524853584933&wfr=spider&for=pc.

限购政策所规范的小客车号牌摇号制度使群众日常工作生活和市场主体购车需求在一定程度上受到限制,并从程序上制约了汽车销售市场的发展,不利于营造宽松、优化、良好的营商环境。汽车限购已完成了其历史使命,没有继续存在的必要,因此建议废止。

2019年8月27日,国务院办公厅《关于加快发展流通促进商业消费的意见》(国办发〔2019〕42号)。国务院和三部委相隔两个月发布的文件内容基本相似,均要求各地不得对新能源汽车实行限行、限购,已实行的应当取消。严禁各地出台新的汽车限购规定,已实施汽车限购的地方政府应根据城市交通拥堵、污染治理、交通需求管控效果,加快由限制购买转向引导使用。这些上位政策的出台为贵阳放松管制提供了大的政策背景。

贵阳市废止号牌管理的征求意见于2019年8月31日结束,这意味着从2011年7月11日开始实施的小汽车限购政策已画上了句号。贵阳也和温州一样成为退出限购政策的中国城市(石家庄只公布了限购时间并未正式实施)。

2019年8月31日,贵州省发改委、工信厅、财政厅等九单位联合制定印发《促进汽车消费市场持续健康发展若干政策措施的通知》,要求贵州各地"多措并举稳定和规范汽车消费,更好满足居民出行需求"。具体要求包括2019年贵阳市号牌发放量在2018年基础上增加30 000个以上,并根据道路和交通流量的具体情况,取消小客车专段号牌摇号;推广使用甲醇汽车10 000辆;从2020年7月1日起,贵州汽车排放标准升级为国六A,从2023年7月1日起,排放标准升级为国六B;全面取消二手车限迁政策和减免增值税,在公共领域优先推广新能源车等。9月12日,贵阳市人民政府正式发布《关于废止〈贵阳市小客车号牌管理暂行规定〉公告》。这也意味着贵阳市成为当年继广州市、深圳市、海南省发布放宽汽车摇号和竞拍指标之后,又一个对汽车摇号进行松绑的城市。

(二)政策评价

近年来,交通拥堵是大多数中国城市面临的共性管理问题,而且随着经济社会发展有愈演愈烈的趋势。各个城市应根据自身的经济和交通发展状况,对照城市发展和规划目标,选择相应的交通需求管理对策。贵阳是中国城市中为数不多的对限行限购大胆尝试的城市之一,它先试先行的实践为其他中等城市的改革积累了宝贵的经验。

在政策实施之初,贵阳将限行和限购进行组合搭配,并且在限购政策出台前多次在中心城区实施交通"禁限"系列措施,使多个限制性政策的目标保持一致,有利于形成管理的合力。然而,在贵阳这样的非一、二线城市实施单双号限行曾一度引

253

发争议,由于缺乏大众媒介积极正面的宣传,导致舆论较多的质疑和批评。后期在政策的更新中,贵阳市政府开始倾听民意,对管理措施的变化征求公众意见,方案优化融合更多的公众参与过程,有利于降低限制性政策的社会障碍和政治压力。

二、温州市(1989—2007 年)

温州地处我国东南沿海,作为全国首批 14 个沿海开放城市之一,改革开放以来经济发展特色鲜明,许多中小城市纷纷参考和借鉴"温州模式",因此,温州城市和经济形态在我国中小城市经济发达地区具有一定的代表性,而温州城市面临的道路拥堵问题也成为许多中小城市的通病。从 1989 年开始,温州对小型客车采取号牌有偿使用的方式予以控制。随后,为了遏制上涨的牌照价格以及异地上牌对政策效果的侵蚀,2005 年开始实行"上路额度单竞投和选取牌照号码分离"的有底价拍卖办法。政事实施八年之后,考虑到该管制措施的合法性、外地牌照车辆管理问题以及汽车需求增长等多种因素,温州市在 2007 年 10 月 31 日取消了市区机动车"上路额度单"的竞争投标。历时九年的温州汽车限购政策落下帷幕。

(一)政策演化

改革开放以来,温州民营经济活跃,民间购买力一直比较强,机动车保有量持续增长。早在 20 世纪 80 年代,少数经济发达城市就开始尝试对小型客车上牌采取竞争投标的做法,一方面是控制机动车总量,另一方面是获得财政收入。尤其是竞拍一些带有吉利数字的号牌,这种做法也符合当地的文化习俗。温州市之所以对市区小型客车普通号牌上路额度进行限制,一方面是由于市区建成区面积狭小,道路资源极其有限;另一方面是由于机动车辆呈爆发式增长,造成"人车争路"的局面。为此,温州市区从 1989 年开始对小型客车和二轮摩托车的发展采取号牌有偿使用的方式予以控制。从最早的收取城市道路交通设施费,到"上路额度单"竞投,这一政策对控制机动车数量增长过快,缓解道路交通拥堵状况起到了积极的作用。

2003 年开始,一些上海购车者逐渐流向浙江杭嘉湖绍等地,通过"异地上牌"来规避本地数万元的牌照费。虽然嘉兴、湖州、绍兴等地通过严查暂住证的方法来抑制异地上牌的上海车辆,但是这种异地上牌的做法一度分食了浙江某些地区自身的车牌资源。温州实施限购政策后,也遇遭遇了类似的问题,限购之后牌照的稀缺和竞拍的激烈程度使价格持续上扬。2004 年,一个车牌被转手后,价格最高达到40 万元。很多消费者受不了高价车牌的压力,把目光瞄向了温州下属市县和临近的丽水市。在温州市挂着浙 K(丽水地区)、浙 CN(温州瑞安)甚至浙 A(杭州地区)

等牌照的汽车屡见不鲜。据当时统计,上了外地车牌长驻在温州市区行驶的车辆达到 1.5 万辆左右。

　　为了遏制上涨的车牌价格,温州市从 2005 年 9 月开始调整无底价竞投车牌的做法,实行"上路额度单竞投和选取牌照号码分离"的办法,即市民先通过竞购获得上路额度单,再凭额度单到市公安局车管部门电脑选号。① 根据规定,竞购"上路额度单"的报价最低不得少于 5 000 元,上不封顶。在 2005 年 9 月此轮改革之后的第一次竞拍,"上路额度单竞投"的实际成交价最低为 5 800 元,最高只有近 7 000 元,而此前车牌竞投选号最低价也在 2 万元,改革已取得控制拍卖价格上涨的预期效果。

　　进入 21 世纪,随着经济社会快速发展和城市化进程不断推进,温州市区的建成区面积已经扩大到 153 平方千米,加上生活水平和消费需求不断提高,汽车已经成为许多市民出行代步的工具。市区每百户居民小汽车拥有率居全省第一位,温州市已经进入汽车增长的高峰期。由于受小型客车普通号牌上路额度单政策限制,一些市民为减少购车整体费用,有的到各县(区)上牌,有的到外省市上牌,不仅使原属于温州市的车辆管理有关税费流失,并且由于当时公安交警部门还没有实行全国统一联网,还出现了一部分外地车在市区交通有违法行为无法处理的情况,群众反映十分强烈。随后,一些城市陆续取消了小型客车上牌竞投等做法。温州市民也有取消竞投的呼声,市人大代表、政协委员也多次在"两会"期间提出议案、提案和建议,要求市政府取消竞投。在听取各方的意见与建议并经过多方论证的前提下,考虑到该管制措施的合法性、管制后外地牌照车辆增多给管理增加的难度以及群众对私家车的需求增长等多种因素,温州市人民政府宣布从 2007 年 10 月 31 日开始取消市区机动车"上路额度单"的竞争投标。②

　　截至 2007 年,温州市区私车牌照拍卖收入为 20.62 亿元,其中小型客车牌照拍卖收入为 12.73 亿元,小货车牌照拍卖收入为 1.02 亿元,摩托车牌照拍卖收入为 6.87 亿元。这些资金全额上缴财政,严格实行收支两条线管理,纳入政府统筹财力,全部用于市政道路、交通设施建设和道路交通管理科技投入,并每年接受审计部门的审计。这些投入大大改善了市区交通面貌和交通管理科技水平,2000—2007 年市区道路面积新增 550 万平方米。

　　限购政策结束后,对于市区小型客车特殊号牌仍继续拍卖。《浙江省实施〈中

　　① 中国宁波网.温州调整无底价竞投车牌　设 5 000 元门槛不封顶[EB/OL].[2005-09-23].http://news.cnnb.com.cn/system/2005/09/23/005022919.shtml.
　　② 应忠彭.温州取消车牌拍卖新闻发布会答记者问[EB/OL].[2007-10-26].http://news.66wz.com/system/2007/10/26/100427137_02.shtml.

华人民共和国道路交通安全法〉办法》第十七条规定:"机动车号牌号码实行随机选号的方式。小型客车号牌号码可以采用公开竞价的方式实行有偿使用,公开竞价的号牌号码不得超过小型客车号牌号码总数的百分之二十。公开竞价的号牌号码应当公示,公开竞价所得价款全部用于建立道路交通事故社会救助基金。"根据上述规定,温州继续定期举行特殊号牌拍卖。特殊号牌范围为以下四类号牌:号牌的最后几位数字是连号的,比如浙 C/1A888、浙 C/1A866;号牌的最后 1 个数字是"8"的,比如浙 C/1A158、浙 C/1A768;号牌的最后 3 位数是递增的,比如浙 C/1A123、浙 C/1A567;带字母的小号牌,比如浙 C/1A001 至浙 C/1A009。特殊号牌数量占小型客车号牌总数的 20%,所得价款全部上缴财政,用于建立道路交通事故社会救助基金和道路交通安全设施建设、管理工作。

取消上路额度单竞投后,温州市一段时间内出现购车高峰和大量外地车转回的情况,使道路供需矛盾进一步加大,停车难和行车难问题加剧。温州市采取有效措施积极应对,通过进一步优化交通工具,加快道路交通和停车场所建设,最大限度挖掘道路管理潜能,不断提高交通管理水平,实现市区交通有序通行的目标。

(二)政策评价

很长一个时期以来,相比国内其他几个实施限购政策的城市,温州机动车限购政策的知晓度并不太高。然而,温州从 1989 年到 2007 年竞拍"上路额度单"的实践,代表了经济发达的三线城市对快速机动化主动干预的大胆尝试,显示出这些地区在协调居民购车需求和交通外部性之间的巨大矛盾时所做出的理性抉择。温州车牌拍卖是我国城市在改革开放过程中一次值得铭记的政策试验过程,为采用市场化手段配置稀缺资源积累了宝贵的经验。

07
第七章

国际借鉴：新加坡

国际上实施机动车拥有权管制的城市并不多见，若想与国内城市做比较的话，则新加坡的动机化管理经验最值得借鉴。新加坡从 20 世纪 90 年代开始推行"车辆拥有证"（Certificates of Entitlements，简称 COE 或拥车证）制度，不同类型车辆的拥有证价格由市场拍卖决定。新加坡机动车拥有权管制的一些做法和经验值得国内外高密度城市参考与借鉴。

一、新加坡交通需求管理背景

新加坡位于马来半岛南端，作为东南亚的岛国，2019 年人口为 570 万人，2020 年国土面积约 724.4 平方千米，人口密度 8 357.6 人/平方千米。自 1965 年成立以来，土地一直处于稀缺紧张的状态。通过围海造田，国土面积较成立初时增长了 23.2%，与此同时人口增长了 43.5%。在自然条件和交通供给的约束下，新加坡政府将合理引导交通需求、充分发挥土地与交通资源的潜力，作为制定交通战略和规划的首要问题，也确立了严格管理私人机动化的政策基调。

除土地约束之外，新加坡经济持续增长，使得交通问题变得格外严峻。自 20 世纪 70 年代起，迅速腾飞的新加坡经济主要得益于发展高附加值、高科技、技术密集型的产业以及不断吸引外商投资，其交通便捷可达为营造良好的投资环境发挥出重要作用。如果交通拥堵严重、物流效率低下，那么对地区经济的可持续发展将十分不利。而伴随经济增长，人均收入水平不断提高，导致私人小汽车的拥有率和使用量迅猛增长。据发达国家测算，家庭收入每上升一个百分点，会带来私车拥有量 1.5%～2% 的增长。因此，从保持地区经济增长活力以及降低私人机动化负面影响两方面来考虑，政府需要未雨绸缪，从机动车拥有和使用入手，有预见性地进行干预和调控。

二、新加坡交通需求管理措施

新加坡主要从交通需求"严管"和交通服务"增供"两个方面来实现"世界一流"（World Class）交通管理目标。

（一）控制机动化需求

新加坡的交通需求管理可以分为"源头控制"和"使用管理"两个方面。源头控制方面，多样化的税费提高了私人机动车的拥有和使用成本，抑制了个体机动化需求。新加坡的交通税费多达数十种，包括汽车进口关税、购车许可证（费）、汽车注册费、附加注册费、养路费、燃油税等。使用管理方面，新加坡大胆采用拥挤收费等创新举措。1975年，新加坡开始实施区域通行证制度（Area Licensing Scheme，简称 ALS），规定进入市中心商业区的车辆要对交通拥挤付费。1998年，新加坡将其升级为电子道路收费系统（Electronic Road Pricing System，简称 ERP），收费依据拥挤程度和车流速度而动态变化。此时，经济学家庇古提出拥挤收费概念已经近百年，但是作为敏感政策，拥挤收费存在很大的政治和社会障碍，成功在区域内实施收费的案例并不多见，因此新加坡拥挤收费的实践为全世界提供了良好的示范案例。

1990年5月，新加坡开始启动车辆配额系统，规定购买新车必须持有"车辆拥有证"，并对"拥车证"实施市场拍卖，从源头上强化对车辆拥有权的市场配置。1999年，政府议会委员会评价车辆限额计划是一项必要而有效的需求管理策略，它能确保车辆以合理的速度增长，并与道路系统的增长相匹配，避免交通拥堵快速恶化，是一种与使用管理相得益彰的补充手段。

（二）增加交通供给

从20世纪80年代开始，新加坡政府加大了对交通基础设施网络的投入力度，打造了3 800公里道路网和150公里快速路网。值得一提的是，政府还花费50亿新元，建设了109公里长、67个站点的快速客运系统（MRT）以及29公里长、43个站点的轻轨系统（LRT），承担约150万日均客流，极大提高了公共交通的运载能力，使公共交通的分担率达到58%，无愧于"公交都市"称号。

新加坡计划在2030年将地铁线路延伸至360公里，并提前启动地铁系统的更新计划以增加发车频率，同时投资10亿新元改进公交服务。此外，公交的配套政策进一步鼓励"削峰填谷"，使交通需求由高峰期转向非高峰期。

三、车辆配额系统政策演变历程

车辆配额系统于1990年5月正式颁布，三十多年来政策不断修改、调整和完善。例如，拥车证种类由最初的7类合并为5类，各类别中的汽车分类经过了一次调整，拍卖形式由最初的封闭式到现在的开放式拍卖，拥车证转让规则也进行了几次调整等。表7-1给出了车辆配额系统政策自颁布以来的历次调整信息。

表 7—1　　　　　　　　　　　　　车辆配额系统政策变更历程①

时　　间	政策变更事项
1990 年 5 月	车辆配额系统正式颁布 最初设置允许汽车数量每年增速为 3% 从其他类别回收用于通用型 COE 的比例设定为 20% 一个季度举行一次拍卖 所有类别的 COE 可转让一次 拥车证分为 7 类： Category 1：小排量汽车(发动机容量低于 1 000cc) Category 2：中排量汽车(发动机容量在 1 001cc～1 600cc 之间) Category 3：大排量汽车(发动机容量在 1 601cc～2 000cc 以上) Category 4：豪华车型(发动机容量在 2 001cc 以上) Category 5：商用汽车(货车和巴士) Category 6：摩托车 Category 7：通用型
1990 年 8 月	一个月举行一次拍卖
1991 年 9 月	开始为期一年的实验：Category 1、2、3、4、6 和 8② 的拥车证不可转让，Category 5、7 仍可以转让 实验结束后，结果证明"不可转让"并不能明显抑制 COE 价格上涨趋势；但由于公众的强烈建议，该政策被一直延续下去
1992 年 11 月	引入 5 年 COE 重新验证，提供更大的灵活性；选择 5 年重新验证的用户在 5 年到期后必须注销车辆 切换到电子投标系统进行投标(部分使用封闭式，部分使用电子开放式)
1992 年 12 月	从其他类别回收用于通用型 COE 的比例增加到 25%
1995 年 4 月	开始为期一年的实验，禁止双重转让拥车证，以避免投机： ①Catergory 1、2、3、4 前三个月禁止转让；②对于 3 个月内转让的车辆，征收额外费用(AL)；③如果车主死亡，3 个月的转让禁令将不适用，但 AL 适用。 实验一年到期后，结果证明对于双重转让的限制并不影响 COE 溢价，但由于公众的支持，该政策会一直保留下去
1995 年 11 月	全面使用电子投标系统
1998 年 11 月	将现行配额溢价(PQP)的计算变更为前 3 个月，而不是前 12 个月配额溢价(QP)的移动平均值，目的在于提高 PQP 的应变能力

---

① 新加坡陆路交通管理局(Land Transport Authourity，简称 LTA)：https://www.lta.gov.sg/content/ltaweb/en.htm；Low J H，Lim Y L.Do Dealers Profit from Fluctuations in the COE System — An Analysis of the Relationship between Car Prices，Dealer's Profits and COE Costs[J].*Journeys*，2014(5)：37—46；车辆配额系统审查委员会报告(Report of the Vehicle Quota System Review Committee，1999)等。

② Category 8 指的是"Weekend Cars"，该类型于 1994 年取消。

续表

时　间	政策变更事项
1999 年	拥车证配额公式变化:更改后的公式考虑预计的注销量,而不是前一年的实际注销量,以决定当年的车辆配额,目的是使年度配额更能满足需求 拥车证类别重新分为 5 类: Category A:汽车发动机容量在 1 600cc 以内 Category B:汽车发动机容量在 1 600cc 以上 Category C:商用车型(货车和巴士) Category D:摩托车 Category E:通用型
2001 年 7 月	一个月举行两次拍卖 开放式拍卖和封闭式拍卖交替使用
2002 年 4 月	拍卖形式统一为开放式
2009 年	允许汽车数量每年增速变更为 1.5%
2010 年 4 月	拥车证配额公式的变化:新配额公式根据过去 6 个月的实际注销情况,每两年确定一次,而不是根据年度预计的注销计划
2012 年	用于扩大出租车数量的 COE 从通用型而不是 Category A 中提取,通用型中出租车数量实施 0.5% 的增长 从其他类别回收用于通用型 COE 的比例更改为 20% 允许汽车数量每年增速变更为 1.0%
2013 年	从其他类别回收用于通用型 COE 的比例更改为 15% 允许汽车数量每年增速变更为 0.5%
2014 年	增加 130bhp(97kW)额外发动机功率标准,更好地完善 Category A 和 B 更新后的 5 类拥车证如下: Category A:汽车发动机容量和发动机功率分别在 1 600cc 和 130bhp(97kW)以内 Category B:汽车发动机容量在 1 600cc 以上或者发动机功率超过 130bhp(97kW) Category C:商用车型(货车和巴士) Category D:摩托车 Category E:通用型
2015 年 2 月	从其他类别回收用于通用型 COE 的比例更改为 10% 允许汽车数量每年增速变更为 0.25%

（一）车辆配额系统政策的确立

车辆配额系统政策实施之前的三年,新加坡汽车数量年平均增速为 6.8%;车辆配额系统政策颁布后,增速被控制在 3% 以内,当年基本实现了政策目标,显示出机动车数量直接管控的有效性。1998 年,新加坡推行全自动电子收费系统(ERP),它本质上是区域通行证(ALS)的升级版,应用技术升级将 ALS 大范围推广,使得更加便利和高效。此时,很多人质疑车辆配额系统政策是否仍有存在的必要。

1999 年,新加坡政府议会委员会向国会提交一份车辆配额系统审查报告,认为如果取消车辆配额系统,将会过度依赖 ERP,如果 ERP 收费过高,则会对摩托车使用者形成巨大的负担,并且 ERP 覆盖的范围仍需扩大,因此车辆配额系统作为 ERP 的补充手段是十分有必要的。由此确立了车辆配额系统作为主要政策手段长期控制车辆增速的地位。

实际情况表明,在新加坡经济高速发展的背景下,仅通过提高用户使用汽车的成本,并不能有效控制居民对汽车的需求。Phang 等人对影响居民汽车需求的因素进行研究,结果表明,汽车自身的价格因素以及汽车使用成本因素对需求的影响并不显著,相比之下居民的收入以及道路便捷对需求的影响更大(Phang et al.,1990,2004)。从这个角度来看,在 ERP 实施阶段,车辆配额系统政策的地位无可取代。

(二)拍卖规则的设计与变更

1. 分类拍卖的调整

车辆配额系统政策按汽车引擎容量进行分类拍卖,并且额度在不同类别中按一定比例分配。新加坡政府最初按照汽车引擎容量的大小将 COE 分为 7 个类别。然而,这种严格的细分难以适应不断变化的市场,尤其后来市场对小排量汽车的需求不断增加,导致小排量汽车对应的 COE 愈发稀缺,拍卖价格也显著提高。1999 年,新加坡政府将 Category1 和 2、Category3 和 4 进行合并,合并后每个 COE 种类对应汽车的容量范围大幅扩大,政策也有较大的弹性去适应市场需求的变化。

2. 拍卖系统支付方式的选择

最初的拍卖方法是在封闭的系统环境下,计划购车者根据准备支付的金额提交竞拍价格。所有成功的投标人为相应的额度类别支付最低成功投标价格(Lowerst Successful Bid,简称 LSB)。在这样的封闭拍卖系统下,投标人之间信息不透明,投标时也不了解其他人对于 COE 类别需求,导致最终的投标结果率低,COE 价格大幅波动。相比之下,开放的拍卖系统信息透明,投标人可以更高效地投标。上海车牌拍卖也采用开放式,但是投标人支付的是自己所提交的价格(Pay-As-You-Bid,简称 PAYB)。从理论上来说,在 LSB 方式下竞标者有动机投出高于自身对车牌的评估价值,最终导致 COE 溢价过高。1990 年,新加坡车辆配额系统审核报告指出,之所以采用 LSB 而不是 PAYB,主要原因在于 PAYB 方式会产生"赢者诅咒"现象,即投标人为了中标,投出的价格远远高出标的本身的价值。另外,PAYB 方式也会使经销商更有动机哄抬车牌价格,使市场波动更加难以控制。有关研究表明,大多数投标价格都集中在 LSB 附近,并未出现明显的竞标者可以投高价的现象,所以将 LSB 变更为 PAYB 方式并不十分必要,新加坡政府最终决定仍保持

LSB 方式。

3. 拍卖形式由封闭式转向开放式

新加坡和上海的拍卖形式都是由开始的封闭式转变为开放式。相比封闭式拍卖,开放式拍卖更加透明,可以为竞标者提供更多的信息,使市场更有效率。个人投标者可以根据之前 COE 的成交价、目前 COE 的最低价格来提交自己的竞价。经销商相对于个人的优势大大削弱,这样就能鼓励个人投标者参与投标,而不是都交给经销商代理。在整个市场更加透明、信息充分流通的情况下,COE 的价格也更加接近其真实价格,市场波动也相应变小。Chu(2011)对额度拍卖方式的研究结果表明,在所有条件相同的情况下,与封闭式拍卖相比,开放式拍卖 COE 溢价的平均变化要低 16%左右。但经销商在整个拍卖市场中仍处于主导地位,有两个方面的原因:第一,虽然在开放式拍卖下所需信息都可获得,但是个人投标者很少有足够的时间和精力去处理这些信息;第二,经销商除了提供价格优惠外,还有贷款等金融优惠,由于大多数购买者都没有足够的现金一次性支付所有的费用,所以这样的打包优惠十分具有吸引力。

4. 严格限制 COE 转让

在经销商主导拍卖市场的情况下,他们有可能囤积 COE 向消费者高价转卖。为防止经销商的投机行为,新加坡政府对 COE 转让进行严格的限制。在这样的情况下,经销商为消费者代拍车牌额度发挥了出人意料的积极作用。Low 等人研究发现,经销商的价格变动幅度约占 COE 溢价的 85%,而在之前的竞标中则约为 COE 溢价的 18%(Low et al.,2014)。当 COE 溢价有下降趋势时,经销商会及时降价,但他们的降价幅度往往小于 COE 溢价幅度;同样在 COE 溢价上升的情况下,经销商涨价的幅度也会小于 COE 溢价幅度,所以经销商对 COE 的价格波动能起到很好的缓冲作用。除此之外,消费者在购车时通过选择整车套餐(包含车牌及各种贷款手续),极大地节省了自身的时间成本。因此,之后新加坡政府并没有过多地限制经销商的拍牌行为,并在一定程度上认可其在车辆配额系统政策中的积极作用。

5. 简单透明的额度计算公式

在车辆配额系统政策中,COE 额度的发放除了要达到限制汽车数量增长的既定目标,还要尽量维持市场的稳定,避免出现 COE 溢价过高、波动幅度过大等问题。新加坡政府对每年 COE 额度的确定,一贯的原则是简单透明,因此额度数量根据固定的公式计算而来。最初的计算公式为:

$$COE_N = Dereg_{N-1} + xVehPop_{N-1} \qquad (7-1)$$

式中，$Dereg_{N-1}$ 为上年汽车注销数量，$VehPop_{N-1}$ 为上年汽车总量，x 为设定的汽车总量年增速。

1990 年，车辆配额系统审核报告指出，上述公式存在一年的滞后，对于市场需求的变化显得十分迟钝，一定程度上导致了 COE 溢价的波动。因此，新加坡政府对上述公式进行了修正，将上年汽车注销数量改为当年预计的汽车注销数量，计算公式为：

$$COE_N = ProjDereg_N + xVehPop_{N-1} + (ActDereg\text{-}ProjDereg) \times$$

$$(ActDereg\text{-}ProjDereg)_{N-1} \qquad\qquad (7-2)$$

式中，$ProjDereg_N$ 为预计当年汽车注销数量，$VehPop_{N-1}$ 为上年汽车总量，x 为设定的汽车总量年增速，$(ActDereg\text{-}ProjDereg) \times (ActDereg\text{-}ProjDereg)_{N-1}$ 用于纠正上一年度注销量低估（或高估）的调整因子。在随后的应用中，修正后的公式消除了一年的滞后时间，对市场变化的反应更为及时。

由于管理对象和环境的不断变化，公共政策若不及时更新就会存在某些方面的缺陷或弊端，所以政策在实施过程中，往往需要根据实际的反馈不断改进和调整，使政策在实现既定目标的同时，尽可能少地带来其他负面影响。因此，政策透明度以及公众反馈机制就显得非常必要。新加坡车辆配额系统政策从最初实施发展到现在，经历了一个反复修改和调整的过程，最终在分配效率和社会公平之间取得了一定的平衡，发挥出政策应有的调控功能。

四、新加坡的经验借鉴

新加坡自成立以来，在高度一体化的交通政策体系下，大力增加交通供给，并对私人机动化实施严格管控，"推""拉"政策相互协力，取得举世瞩目的管理成效。

与国内城市机动车限购政策相比，新加坡车辆限额计划在制度设计上有一些不同，比如额度每月拍卖两次，以成功竞拍的最低价作为支付价格，几乎所有的投标均由汽车销售商代理等。此外，在以下六个方面，新加坡车辆限额计划及其相关政策具有显著的特点，值得其他国家和城市在机动车拥有权管理过程中借鉴。

（一）采用分类的额度拍卖机制

拥车证按照排量和用途分为五类：A 类（排量小于 1 600cc）、B 类（排量大于 1 600cc）、C 类（摩托车）、D 类（商用车辆和巴士）以及 E 类（出租车和可转换至 A、B、C、D 类牌照），分类进行拍卖。依照汽车排量进行分类拍卖，充分体现了对汽车尾气排放实行"污染者付费"以及"精细化管理"的原则。E 类牌照可以任意转换为其他类别,增加了消费者选择的自由度,有助于人们进行合理的决策,从而提高拍卖市场的配置效率。

目前国内实施额度管制的城市除新能源车和汽油车之外,对于车牌的发放并没有具体分类。购买不同排量汽车的消费者,其消费能力相差较大。小排量汽车的消费者,汽车对于他们而言可能是一种"必需品",在车牌不分种类配置的情况下,让他们去和远高于自己购买力的群体竞争,可能有失公平。因此,如果车牌额度按汽车种类进行合理分配,在保证效率的前提下,一定程度上有利于稀缺资源的公平分配。

(二)科学确定投放配额

自车辆配额系统政策实施以来,对于车牌额度的发放一直是依据固定的公式确定,变更的只是具体公式的形式。额度投放量由前六个月的注销车辆数以及年度小额增长率共同决定。新加坡政府根据交通状况和道路容量公布本年度可承受的车辆增长率,比如 1990 年小额增长率为 3%,2013 年则下降至 0.5%。每年牌照投放量会在当年的 2 月至 7 月和当年的 8 月至下一年的 1 月两个阶段分别计算两次。对于竞标者而言,具体额度的发放在很大程度上决定了其对车牌的估价,所以在额度发放数量透明的情况下,竞标者可以更有效地做出决策。同时,决策者可以通过公开额度发放量信息来影响大众预期,更直接有效地调控市场行为。

(三)有限的牌照使用期限

新加坡车牌拍卖的最大亮点是额度使用的有效期为 10 年。10 年后,随着车辆报废和新车购置,车主可以选择重新投标来获得新的 10 年配额;或者支付一半的价格以延长 5 年的配额使用权,但在 5 年之后不再拥有延期权利。当车辆报废之后,原先缴纳的附加注册费(一个与车价相当的押金)将返还 50%～75%。

额度有效期的存在使得人们更为理性地拥有和使用车辆。但是,额度有效期也会使车辆注销数量与额度价格呈现反向的关系,当额度价格上涨时,车辆注销数量就会减少,而价格低迷时,注销数量就会大增。比如 2005 年额度平均价格约为 16 349 新元,此时约有 95 000 辆小汽车和出租车注销;而当 2012 年额度平均价格攀升至 74 569 新元时,注销车辆仅为 16 000 辆。显然,人们会理性地选择延长(或缩短)车辆的使用年限来规避过高的额度价格,这无疑增加了牌照市场管理的复杂度。

(四)透明的拍卖资金流向

在新加坡,所有交通税费都被纳入中央财政收入,由财政部通过每年的预算支出,对交通基础设施或公交系统进行投资和建设。从 2002 年至 2012 年,新加坡平均每年约有 17 亿新元的牌照拍卖收入,高于英国伦敦、瑞典斯德哥尔摩和意大利米兰实施拥挤收费的年度净收益。此外,在新加坡政府网站上还会定期发布每年的财政收入及支出状况,以及详细的交通基础设施及公交系统的建设预算,增加财政的透明度。

（五）及时应对阶段性问题

新加坡车牌额度拍卖政策经历了两次大的转型：一次是在 1991 年,为了限制投机性,取消了配额的可转让性；另一次是在 2001 年,将拍卖方式由密封转为公开,以降低"赢者诅咒"现象的发生。

1991 年之前,新加坡车牌额度是允许转让交易的,即拍到车牌额度的人,可以将额度转卖一次。汽车供应商在每次拍卖中可以竞拍 30 个额度,然后转让给顾客。这就刺激了汽车供应商以投机者身份进入拍卖市场,在一级市场获得大部分额度,然后在二级市场高价倒卖。逐渐地,额度价格远远高出其真实价格,二级市场取代了一级市场的配置功能。在 1991 年 4 月的 32 000 个额度中,只有 16% 是竞拍者自己拍得的,而其余的 84% 都是在二级市场中交易获得。为了限制投机性,新加坡政府取消了大部分额度类别的可转让性,即竞拍者只能为自己投拍额度,且一经拍得不能转让。

2001 年之前,新加坡采用的是密封拍卖,不为竞拍者提供有关上一次拍卖的任何信息,而且每个竞拍者只能出价一次。那些急于获得额度的人只能通过出高价来获胜,这会使得拍卖价格偏离其真实价值。而汽车供应商因长期从事额度拍卖,投拍经验丰富,无疑成了拍卖最大的赢家。被汽车供应商控制的拍卖市场,额度拍卖价格呈现逐年下滑的趋势,严重影响到参与拍卖的活跃程度以及政府收入。从 2001 年开始,新加坡政府实行开放式的额度拍卖模式,为所有竞拍者提供等同的信息,主要是提供上一次拍卖的最低成交价格。这一措施使得成交价更加真实地反映了额度需求状况,也扭转了额度价格逐年下滑的趋势。

（六）灵活的政策价格杠杆

由于采用了多种多样的市场手段和价格工具,新加坡政府对交通需求的调控显得游刃有余,尤其"组合牌"打得张弛有序。它的交通税费,不管是行政规定缴纳的部分,还是市场调节的部分,都有固定和可变之分。尤其是可变费用,往往起到价格杠杆的作用,使得整个政策体系发挥出最佳效果。比如汽车注册费和附加注册费就是两项随时间变动的收费,会配合不同阶段的政策目标进行相应的调整。20 世纪 70—80 年代,在严格管制车辆拥有权的背景下,附加注册费由最初占车价的 10%,提高到车价的 175%。1998 年,新加坡政府为了推出新的电子道路收费系统,汽车注册费由 1990 年的 1 000 新元下降到 140 新元,旨在降低车主的负担,提高新政的可接受度。

五、从新加坡经验看国内城市面临的挑战

进入 21 世纪,新加坡私车牌照管理仍面临着许多问题和挑战。第一,最大的问题来自不断增长的私车牌照需求,公众对增加额度投放量的呼声日渐高涨,新加坡陆路交通管理局不得不在 2012 年 5 月重新审核投放量公式,并预测未来若干年间拥车证的供给将达到峰值。

第二,挑战来自高昂的额度价格。2012 年 12 月,在首次拍卖中,车牌价格高达 97 000 新元,按照 10 年使用期计算,折合每天的固定费用约为 27 新元,而这个额度价格是新加坡进口车平均价格的两倍。如此之高的准入门槛,无疑加剧了车牌额度市场配置的不公平性。

新加坡交通管理部门认识到,偶尔的超高拍卖价格不是问题,但持续居高不下的拍卖价格,有可能放大政策的负面影响,诱发潜在的政治和社会风险,也与原来的政策设计目标背道而驰。因此,新加坡管理部门积极对牌照需求和拍卖价格进行引导和干预,并取得了良好的政策效果。比如 1994 年拍卖价就曾达到过 10 万新元,在有效的政策干预下,过高的价格也仅仅维持了两个月而已。2013 年,面对拍卖价超过 8 万新元并已维持近一年的状况,政府连续推出两项财政措施:一是实施阶梯性的附加注册费,目的是分离富人和一般家庭的买车市场,继续发挥可变税费的弹性调控功能;二是限制买车贷款额,让普通家庭量力而为,从购车需求上游缓解牌照压力。实际上,新加坡早就开辟了专门给普通家庭设计的轿车组"周末及非繁忙时段"车牌,并且运用多重手段干预使价格变化在可控范围之内。

中国一些城市同样采用市场手段配置车牌,相对于新加坡,其管理难度和复杂性成倍增加。首先,中国许多城市拥有庞大的人口基数和高密度的城市结构,显然不适合小汽车发展模式。2012 年,新加坡人口密度为每平方千米 7 422 人,而 2010 年我国第六次人口普查数据显示,上海人口密度最大的虹口区,每平方千米达 36 307 人。很难想象在这样高密度的城市内部,让所有居民都拥有自己的"汽车梦",这几乎是不可能的事。因此,人口密度大、空间有限和城市可持续发展目标决定了中国城市机动化管理需要持续"严管",而不应稍作"放纵"。

其次,近年来快速的城市化和机动化、持续的经济增长,居民对小汽车的购买力明显增加。诸多因素在短时间内汇集,使得人、车、路之间的矛盾易于激化。而

中国城市的道路空间资源十分有限,交通管理的难度可想而知。中国城市和新加坡一样,在今后较长时间内都会面临牌照需求的刚性增长,因此需要未雨绸缪,积极应对。建议突破目前政策工具较为单一的局面,增加配套政策和替代措施的储备,尤其要注重发挥市场手段的调控优势,在宏观层面上可以对购车需求与牌照需求实施联动管理,在微观层面上可以对牌照拍卖机制进行精细化设计。只有这些政策组合措施所发挥的综合效果的速度大于私车增长的速度,未来交通管理中潜在的矛盾和风险才可能得到有效的缓解。

长期以来,中国城市管理体制有倚重行政手段的传统,往往认为行政手段的效率会高于市场手段的效率。从长远来看,行政干预会在一定程度上诱发人们对牌照的需求。比如北京的车牌额度摇号,一些成功摇号的市民,其实并未真正做好购车的打算,只是潜在的购车需求被幸运的"抽奖"激发出来而已。因此,在限购政策引导上,应避免对行政手段的过度依赖,防止行政对市场的替代。

第三,相比之下,新加坡没有本土的汽车产业,而我国很多城市拥有地方汽车产业,需要考虑本地汽车品牌的推广销售,政府也会考虑汽车产业带来的税收红利。因此,在制定一体化政策时,不得不在产业发展、税收增加和交通恶化之间进行艰难的权衡。考虑为地方汽车产业留有足够的发展空间,组合政策的重心会倾向于机动车的"使用管理",在政策体系中,对汽车牌照的"源头控制"只是一种有益补充。

第四,新加坡几乎没有外地牌照。而我国城市一旦对本地和外地牌照进行差别化管理,尤其当两者的使用成本与路权无法充分对等时,外地牌照就会变得相当具有吸引力和竞争力。当人们纷纷选择外地牌照时,交通系统的效率流失在所难免。而对外地牌照实施严管,极有可能连带性地推高本地额度拍卖价格。这个现象值得引起注意,需要在一体化的政策框架中予以全盘考虑。

第八章

结语：后疫情时代的机动车拥有权管制

2019 年末至 2020 年初,席卷全球的新冠疫情给各国人民的生命健康乃至政府应对公共危机的能力带来了严峻的挑战。为应对疫情,各个国家和城市采取了一系列管控措施,包括对交通出行和活动的限制。疫情及管控措施在很大程度上改变了人们的生活和工作方式,人们日渐习惯佩戴口罩、保持社交距离、核酸检测、在家上班等这些"新常态"。疫情衍生了很多新问题,如公交客流下降、小汽车依赖、经济下行乃至地方财政赤字等,成为媒体、公众以及政策部门关注的热点,不可避免地影响到汽车工业和公交行业的发展。由此新的政策不断被制定出来,以重振经济、增强企业活力以及规范行业发展。

中央政府出台了多项振兴经济计划,以推动消费升级,尤其是 2020—2022 年有关汽车消费政策密集出台,各地也纷纷发布刺激汽车消费计划。一些实施汽车限购的城市也增加了额度投放量,辅以多项激励性政策,给汽车消费"松绑"。规制蕴含的价值理念发生动摇,机动车拥有权管制面临着新的转变。

一、新冠疫情对交通需求管理的挑战

在新冠疫情初期,很多地区采用了静默、阻断交通等方式降低人群的流动和接触,防止疫情的快速扩散,但也造成商贸活动停滞、企业生产中断、老百姓生活水平下降等一系列问题。人力资源社会保障部于 2020 年 2 月 7 日发布《关于做好新型冠状病毒感染肺炎疫情防控期间稳定劳动关系支持企业复工复产的意见》,之后中国城市开始进入复工复产期。如何在恢复生产的同时做好交通防疫,成为各地政府高度重视的工作目标。

为了稳定经济增长,国家发改委于 2020 年 4 月 20 日网络新闻发布会上表示,在应对全球疫情对中国经济带来的挑战上,促进消费、扩大内需为保基本、稳大局发挥了积极作用。其中,促进消费的工作重点是积极稳定汽车、家电等居民传统大宗消费。疫情之下,汽车消费与出行市场发生了一些新的变化,私人小汽车与公共交通的使用出现"冷热不均"的状况。一方面,出于安全和健康考虑,有车家庭更多地采用小汽车出行,市民对私车和牌照有了更紧迫的购置需求。在上海,增加私人小汽车牌照供给成为地方政府促进汽车消费的重要举措之一,市交通管理部门在 2020 年上半年增加了私车额度投放量,6 月额度数量达到了历史新高 18 267 张。另一方面,一些地方政府为提高公交乘坐率而主动作为,比如杭州在疫情初期降低高峰时段公交和地铁票价。种种迹象表明,2020 年以来,面对新冠疫情的冲击,原来中国城市的交通治理体系,尤其是实施长达数十年的交通需求管理政策正在遭遇严峻的挑战和考验。倘若要继续实施贯彻"公交优先"的战略,则一些以往成功的经验和做法亟待做出新的调整。

公共交通作为居民出行的主要方式,在疫情防控期间以及后疫情时期的防治过程中都面临着巨大的压力。为减轻道路拥堵以及其他交通外部性问题,我国于2005年提出"公交优先"战略,鼓励居民在出行时多使用公共交通工具,实施多年以来已在地方上积累了很多创新举措和成功做法。然而,由于新冠疫情的传播渠道主要是飞沫和相互接触,并具有人传人的特点,公共交通运载工具内人员密集,无疑增加了防疫工作的难度。[①] 居民无论是乘坐公交还是地铁,在相对密闭的环境中与人共处都是难以避免的。这也是为何在疫情暴发期间公共交通需求急剧减少的重要原因之一。因此,如何有效地引导居民在后疫情时期合理使用城市公共交通工具,并同时保障防疫工作顺利有效地进行,是疫情防控期间各地交通管理者们亟待解决的问题。

在疫情影响之下,各大城市在公交和地铁上的交通需求管理举措有许多相似之处,包括:改变公交的运营时间、停止部分运营路线、推迟城市内的限行日期;控制落座率,减短发车间隔;促进定制公交使用,并给予出租司机一部分补贴以维持出租出勤率等。许多城市都推出了具有鲜明特色的举措。例如杭州推出高峰期免费的公交地铁票,哈尔滨和福州采取了相同免费的公交政策。哈尔滨为了助推其"夜经济"的繁荣,减少疫情带来的影响,在2020年8月1日至8月31日期间实行每日19点后免费乘车优惠活动。福州在2020年8月1日至10月31日的法定节假日和休息日,地铁和公交车全天免费,免费时间共计31天,其中公交车免票活动不包括票价3元及以上线路,共涉及21条线路。福州市交通运输局表示,公交地铁免费活动将有助于促进消费,带动福州经济发展,提升公共交通社会效益。

此外,还有很多城市放宽了对小汽车的限制措施。为积极响应商务部、国家发改委、国家卫健委联合发布的《关于支持商贸流通企业复工营业的通知》,各地在抗疫的常态化过程中积极推动优化汽车限购措施,除北京和上海以外,广州、深圳均明确表示从2020年6月1日起至12月31日止,分别增加10万个和8万个中小客车增量指标。

由于疫情防控期间停车资源紧缺,多地增加了停车位供给。上海要求全市老旧小区、车位紧张的办公楼宇周边的道路停车场必须做到"应设尽设",其中第一批临时道路停车场有37处,停车泊位1 142个,凡是设有"临时停车P牌"的点位,市

---

① 刘海平,肖尧. 突发疫情防控中公共汽车交通运营管理应对策略[J]. 城市交通,2020,18(3):42—45+92.

民皆可按照指示进行停车。深圳在部分非繁忙路段、部分小区及写字楼周边道路设置疫情防控期间临时停车区,在不影响交通的情况下不予违法抓拍。天津在不影响道路通行的情况下,实行部分老旧小区和大超市、菜市场免费停车措施。①

综上,中国城市在疫情之下对交通需求管理政策的调整表明,出于对个人健康和防疫的考虑,个体机动化需求趋势持续攀升并分流了一部分公交需求,另一部分公交需求转移到私人和公共自行车以及共享单车上。各地的交通需求管理政策顺应了上述市场变化,并强调服务于促进消费的国家政策,因此对小汽车和自行车采取更加宽松的政策,对公交则加大了政府补贴和投入。这些交通需求管理政策所产生的长期影响,包括经济、社会、环境等方面的政策效应,还有待进一步分析与评估。

二、国家和地方提振汽车消费政策综述

在新冠疫情发生之前,中国汽车市场就已进入一个转型期。从 1999 年开始,在历经十多年持续增长之后,中国汽车市场在 2018 年首次出现负增长,行业主要经济效益指标增速趋缓,增幅回落。② 国家在 2009 年和 2015 年曾两次出台车辆购置税优惠政策"救市",取得了一定的效果。新冠疫情发生后,国家和地方开始启动提振汽车消费计划。这里对 2019—2022 年相关政策做一简要回顾和评述。

第一,国家在宏观政策层面对汽车限购进行指导,政策重心由限制购买转向引导使用,对汽车使用实施差别化交通需求管理措施,大力推行绿色出行发展。

2019 年 5 月,交通运输部等十二部委印发《绿色出行行动计划(2019—2022年)》,提出切实推进绿色出行发展。③ 涉及推进实施差别化交通需求管理措施包括:实施小汽车分区域、分时段、分路段通行管控措施,降低小汽车出行总量;推广实施分区域、分时段、分标准的差别化停车收费政策。

2019 年 6 月,国家发改委发布《推动重点消费品更新升级　畅通资源循环利用实施方案(2019—2020)》,提出严禁各地出台新的汽车限购规定,对小汽车控制由限制购买转向引导使用,结合路段拥堵情况合理设置拥堵区域,研究探索拥堵区域内外车辆分类使用政策,原则上对拥堵区域外不予限购。

---

① 闫星培. 新冠肺炎疫情防控期间城市交通管理典型政策评析及思考建议[J]. 汽车与安全,2020,4: 36—42.

② 环球网. 中国汽车连续 10 年产销量世界第一,2018 年增速低于预期[EB/OL]. [2019-01-15]. ht-tps://baijiahao. baidu. com/s? id=1622707774023296411&wfr=spider&for=pc.

③ 中国政府网. 交通运输部等十二部门和单位关于印发绿色出行行动计划(2019—2022 年)的通知[EB/OL]. [2019-05-20]. http://www. gov. cn/zhengce/zhengceku/2019-10/28/content_5445647. htm.

第二,2020 年初新冠疫情在武汉暴发后,为应对新冠疫情带来的经济下行压力,国家和地方大力促进汽车等传统大宗消费,鼓励汽车限购地区增加额度投放量,城区和郊区实施额度差异化管理,采取阶段性减税政策。

2020 年 2 月 3 日,习近平总书记在中央政治局常委会会议研究应对新冠疫情工作时的讲话中明确提出,要积极稳定汽车等传统大宗消费,鼓励汽车限购地区适当增加汽车号牌配额,带动汽车及相关产品消费。

2022 年 4 月 25 日,国务院办公厅发布《关于进一步释放消费潜力促进消费持续恢复的意见》,明确指出稳定增加汽车等大宗消费,各地区不得新增汽车限购措施,已实施限购的地区逐步增加汽车增量指标数量、放宽购车人员资格限制,鼓励除个别超大城市外的限购地区实施城区、郊区指标差异化政策,更多通过法律、经济和科技手段调节汽车使用,因地制宜逐步取消汽车限购,推动汽车等消费品由购买管理向使用管理转变;建立健全汽车改装行业管理机制,加快发展汽车后市场;全面取消二手车限迁政策,落实小型非营运二手车交易登记跨省通办措施;对皮卡车进城实施精细化管理,研究进一步放宽皮卡车进城限制。

2022 年 5 月 23 日,国务院常务会议指出,当前经济下行压力持续加大,许多市场主体十分困难,发展是解决我国一切问题的基础和关键。会议决定,实施 6 方面 33 项措施,其中包括阶段性减征部分乘用车购置税 600 亿元等。在此之前,车辆购置税优惠政策曾于 2009 年和 2015 年两次"救市",都获得了良好效果。正是得益于 2009 年的购置税优惠政策出台,我国车市当年首次超越美国,成为全球第一大新车市场。自此之后,我国汽车市场连续 13 年保持全球第一。业内普遍认为,购置税优惠政策是提振国内车市的高效助推器。

第三,在国家的大力推动下,各省市纷纷出台提振汽车消费政策(见表 8—1),包括限购地区增加汽车额度投放量、对购置新能源汽车给予补贴、发放汽车消费券、对汽车消费进行多样化奖励、推动二手车交易市场等。这些地方性措施极大推动了汽车消费量的增加,改善了产业结构,对汽车工业尤其是新能源汽车发展起到了显著的促进作用。

表 8-1 　　　　　　　　**2022 年各省市提振汽车消费政策一览**①

省市	关键词	政策发布时间	具体细则
上海	新增 4 万个非营运性客车牌照	《上海市加快经济恢复和重振行动方案》（2022 年 5 月 29 日）	大力促进汽车消费,年内新增非营业性客车牌照额度 4 万个,按照国家政策要求阶段性减征部分乘用车购置税;2022 年 12 月 31 日前,个人消费者报废或转出名下在上海市注册登记且符合相关标准的小客车,并购买纯电动汽车的,给予每辆车 10 000 元的财政补贴;支持汽车租赁业态发展;完善二手车市场主体登记注册、备案和车辆交易登记管理规定
广东深圳	新增投放 2 万个普通小汽车增量指标	《深圳市关于促进消费持续恢复的若干措施》（2022 年 5 月 23 日）	对新购置符合条件新能源汽车并在深圳市内上牌的个人消费者,给予最高不超过 1 万元/台补贴;新增投放 2 万个普通小汽车增量指标,放宽混合动力小汽车指标申请条件;推动二手车交易,开展汽车下乡活动,并扩大新能源汽车出口（政策实施时间为 2022 年 5 月 23 日至 12 月 31 日）
辽宁沈阳	发放 1 亿元汽车消费补贴	“沈阳市新型冠状病毒肺炎疫情防控工作”第八十一场新闻发布会（2022 年 4 月 30 日）	自 2022 年 5 月 1 日起,一次性发放总额 1 亿元的汽车消费补贴,个人消费者（户籍不限）在沈阳市汽车销售企业购买 5 万元（含）以上非营运新车,可申领沈阳市汽车消费补贴:①购买新车发票金额 5 万元（含）～10 万元（含）的,每辆补贴 2 000 元;②购买新车发票金额 10 万元（不含）～20 万元（含）的,每辆补贴 3 000 元;③购买新车发票金额 20 万元（不含）以上的,每辆补贴 5 000 元
海南海口	发放 2 000 万元汽车补贴消费券	—	在 2022 年 5 月 3 日上午 10 点至 6 月 30 日下午 6 点,发放 2 000 万元汽车补贴消费券,欲新购汽车、以旧换新、团购汽车并上牌的市民可通过“海口市商务局”微信公众号上传购车凭证领取购车消费券,最高可领取面值 5 000 元的汽车消费券包

---

① 中国经济网.提振车市,国家及地方最新汽车促消费政策一览[EB/OL].[2022-05-31].http://m.ce.cn/qc/gd/202205/31/t20220531_37694443.shtml.

省 市	关键词	政策发布时间	具体细则
山西太原	投入汽车消费补贴1亿元	—	2022年5月21日至6月15日,太原投入汽车消费补贴1亿元,惠及汽车消费领域;补贴对象为从太原境内汽车销售商购置"国六"标准(含)以上乘用车、微型车的个人消费者,包括新能源车购置,不包括二手车交易,购买车辆在太原市辖区办理车辆上户登记 个人消费者购买燃油车辆分为三档补贴:第一档,购车发票金额在6万元(含)以上、10万元(含)及以下,补贴2 000元/辆;第二档,购车发票金额在10万元(不含)以上、20万元(含)及以下,补贴3 000元/辆;第三档,购车发票金额在20万元(不含)以上,补贴5 000元/辆 购买新能源车的个人消费者同档次多补贴1 000元
吉林长春	发放5 000万元汽车消费补贴	—	2022年5月21日至9月21日,利用"支付宝"平台,面向在长春市购买5万元及以上乘用车、微型或轻型货车的个人消费者发放5 000万汽车消费补贴 补贴标准如下:①购车车辆发票金额5万元(含)至10万元,购买燃油车消费券补贴标准3 000元,立减补贴标准2 000元;新能源车消费券补贴标准4 000元,立减补贴标准3 000元。②购车车辆发票金额10万元(含)至20万元,购买燃油车消费券补贴标准4 000元,立减补贴标准3 000元;新能源车消费券补贴标准5 000元,立减补贴标准4 000元。③购车车辆发票金额20万元以上,购买燃油车消费券补贴标准6 000元,立减补贴标准5 000元;新能源车消费券补贴标准7 000元,立减补贴标准6 000元

续表

省　市	关键词	政策发布时间	具体细则
山东省	发放消费券拉动车市	《促进汽车消费的若干措施》（2022 年 5 月 22 日）	政策有效期截至 2022 年 6 月 30 日，主要举措有以下四项：①对在省内购置新能源乘用车（二手车除外）并上牌的个人消费者给予补贴。购置 20 万元（含）以上的，每辆车发放 6 000 元消费券；购置 10 万元（含）至 20 万元（不含）的，每辆车发放 4 000 元消费券；购置 10 万元以下的，每辆车发放 3 000 元消费券。②对在省内购置燃油乘用车（二手车除外）并上牌的个人消费者：购置 20 万元（含）以上的，每辆车发放 5 000 元消费券；购置 10 万元（含）至 20 万元（不含）的，每辆车发放 3 000 元消费券；购置 10 万元以下的，每辆车发放 2 000 元消费券。③以报废旧车购置新车（二手车除外）的，对第一条至第二条购车的个人消费者，每辆车发放的消费券金额增加 1 000 元。④省财政安排不少于 5 000 万元，对 6 月份限额以上汽车类零售额实现正增长、对全省贡献率前三位的市，每市给予 1 000 万元奖励；对其他实现正增长的市，每市给予 500 万元奖励；各市奖励资金用于发放消费券
湖北省	汽车换新、汽车下乡以及推广新能源车	《关于加快消费恢复提振的若干措施》（2022 年 5 月 22 日）	将"鼓励汽车消费"放在措施第一位，具体内容包括三方面：①开展"湖北消费·汽车焕新"活动。2022 年 6 月至 12 月，实施汽车以旧换新专项行动，对报废或转出个人名下湖北号牌旧车，同时在省内购买新车并在省内上牌的个人消费者给予补贴。其中，报废旧车并购买新能源汽车的补贴为 8 000 元/辆，购买燃油汽车的补贴为 3 000 元/辆，转出旧车并购买新能源汽车的补贴为 5 000 元/辆，购买燃油汽车的补贴为 2 000 元/辆。全面落实二手车交易增值税由 2% 下调至 0.5% 减税政策，降低二手车经营成本，提高流通效率。鼓励汽车生产、销售企业采取多种方式对消费者让利。②开展"湖北消费·汽车下乡"活动。2022 年 6 月至 12 月，组织实施新一轮新能源汽车下乡活动，支持省新能源汽车车型入选国家新能源汽车下乡活动目录，鼓励有条件的市州举办新能源汽车下乡专场活动。③开展新能源汽车推广活动。2022 年 6 月至 12 月，省内城市运营公交车购置新能源车的按车价补贴 3%，所需资金由省级与各市州财政分别负担 50%。各级党政机关、事业单位带头配备使用新能源车，除实物保障、特种专业技术用车外，新购置新能源汽车占比原则上不低于 30%

续表

省 市	关键词	政策发布时间	具体细则
江西省	买车"摇号抽奖"	—	采取"摇号抽奖"鼓励汽车消费,共设 4 600 万元现金,其中燃油汽车新车奖池 3 600 万元,中奖名额 5 700 个;新能源新车奖池 1 000 万元,中奖名额 2 000 个。凡在江西省内汽车经销企业购买"国六"以上排放标准燃油汽车新车或新能源新车的个人消费者,在 2022 年 5 月 1 日至 7 月 31 日内取得购车发票,8 月 15 日 23:59 前办完江西车牌上牌手续并按要求上传相关报名资料的,即可参与摇号抽奖活动
河南郑州	发放 1 亿元汽车消费券	—	2022 年 6 月 1 日至 8 月 31 日,在郑州市范围内汽车销售企业购买小型非营运车辆并完成新车注册卡牌手续的消费者,均可通过郑好办平台申领汽车消费券,消费券发放数量近 2 万份,最高额度 8 000 元

三、汽车限购政策的放松管制

在国家和地方提振汽车消费政策刺激下,后疫情时代中国城市限购政策正在发生变化,呈现增加额度投放量、向特殊群体倾斜、鼓励新能源汽车消费并纳入统一管理等特征。

第一,限购城市大幅增加了额度投放量。2020 年,8 个已经实施限购政策的省市共发放额度 102.63 万个,其中新增加额度 27 万个,增幅 36%。[①] 这些新增额度的投放方向具有向特殊群体倾斜的特点,尤其是郊区居民、久摇不中者以及非本地户籍人员,如天津市增设区域指标满足郊区居民需求,杭州市为县市居民额外增加摇号机会,杭州市与广州市采用阶梯摇号政策照顾久摇不中者,北京市家庭指标着重满足无车家庭的用车需求,深圳市增加的 4 万个新能源指标利好非深户籍人员和已经拥有一辆车、增购第二台车的居民。

第二,新增额度用以刺激汽车消费的目的明显,尤其向新能源汽车倾斜。由于汽油车需求基数大,以往额度处于供不应求状态,因此大多数城市将新增额度分配给汽油车,有的城市向新能源车倾斜,有的城市则鼓励购买第二辆车的消费者采用新能源车。

第三,在机动车总量控制中,利用废弃指标来扩大新增额度。部分城市释放的

[①] 衣丽君,吕旺,李蝶. 促消费背景下的中国汽车限购政策分析[J]. 汽车实用技术,2021,23:173—177.

额度来自往年废弃指标的再利用,杭州市新增的阶梯摇号指标以及海南省新增的指标均来自往年废弃的更新指标或逾期未使用的指标。

第四,受严重交通拥堵的困扰,一些城市准备将新能源车额度纳入综合管理。在汽车消费政策激励下,2020年以来一些城市新能源汽车增速迅猛,这些城市本来汽油车存量就大,道路资源的占用接近饱和,新能源车的加入对高峰时段交通拥堵产生了直接贡献。作为治堵的战略储备,有的城市准备将未作限购的新能源车与已作限购的汽油车一并纳入额度管理中,有的城市则等待政策的机会之窗开启,采取机动车拥有权和使用权"双限"管制办法。

可见,在放松管制的趋势下,一些实施限购政策的城市在短时间内机动车保有量会随额度投放量增加而上升,额度投放也会向特殊群体和郊区倾斜,之前政策执行中遇到的不均衡问题将得以缓解。然而,由于空间紧凑局促和环境容量有限,很多城市在道路和停车场等基础设施方面的建设速度已经放缓多年,加之原来的机动车保有量和使用量居高不下,现有的基础设施水平想要继续支撑一个持续增加的机动车保有量以及高水平的机动车使用量,明显能力不足,严重的交通拥堵、服务设施短缺、小汽车依赖等问题也会随即发生,地方政府将再次处于治理交通拥堵和尾气排放的压力之中。很多城市不得不在维持交通畅通与发展汽车工业之间进行抉择和权衡,虽然两个选项的最终目标都是促进经济可持续发展。

四、后疫情时代机动车拥有权管制的发展趋势

根据世界卫生组织的数据,截至2022年9月11日,全球累计已有超过6.05亿人感染新冠病毒,死亡人数超过640万人。2022年9月14日,世卫组织总干事谭德塞在线上新闻发布会上表示,本月初报告的因新冠死亡人数是自2020年3月以来的最低水平,新冠疫情结束"近在眼前",世界正处于战胜疫情的最佳时机,世卫组织呼吁各国继续坚持抗击疫情。[①]

新冠疫情的暴发与持续蔓延给传统的交通治理体系带来深刻的冲击与挑战,城市居民的出行方式与交通结构正在发生巨大的变化:人们更多地使用小汽车和自行车,公交乘坐率降低,政府不得不增加公交补贴,公交企业面临收支不平衡,甚至有发生倒闭的风险。经济下行使得财政收入减少,支持公交的资金来源不足。在此背景下,重新审视中国城市机动车拥有权管制政策,观察这些政策在疫情防控

---

① 网易. 新冠疫情结束在望! 世卫组织官宣了[EB/OL]. [2022-09-17]. https://www.163.com/dy/article/HHFV5DCS0532MH0D.html.

期间和后疫情时代的调整和变更,进行及时总结并反思经验和教训,有助于把握监管的方向和力度,顺应出行市场的变化,重构交通治理体系,实现防疫与抗疫、出行安全便利、交通系统改善以及市民福祉提高等多元目标的共赢。

新冠疫情类似于 2003 年发生的非典,是一种典型的自然冲击,世界卫生组织于 2020 年 3 月 11 日宣布新冠疫情为大流行。这种带有传染性的疫情会大大增加面对面交流和人际交往的成本与风险,也使商贸活动的各个环节发生了改变,比如商务、学习、办公虚拟化程度会增强,人们居住社区分散化的趋势可能会加快,基于互联网和办公自动化的智慧办公模式会兴起,人们居家办公,减少往返于家庭与办公地点之间的通勤,公共服务的无人化、自助化、自动化水平会提升,传统的区域经济发展模式将会由于疫情而向着分散化、均衡化的方向发展。[①] 这些后疫情时代人们生产、生活方式的转变将直接影响交通活动的数量和种类,交通系统的运行模式较疫情之前可能发生新的变化,比如出行活动的总量下降、出行方式偏向个体化方式(小汽车、出租车和自行车等)、与电子商务相关的物流占比增加等。

公共管制是对市场失灵和社会失灵的回应,管制方向也会根据当下主要社会经济问题的出现以及宏观政策的调整而发生变化。各种交通方式在技术和经济特征以及外部性影响方面存在差异,对经济和社会施加的负面影响各不相同。遏制机动车的外部效应,激励出行方式向绿色环保低碳方式转变是交通管制政策一直保持的价值取向。后疫情时代电子商务和技术创新会促使出行市场发生变化,但中国城市高密度特征以及外部性的严重程度会促使机动车拥有和使用的干预思路延续下去。

自 1986 年上海采用有底价拍卖配置私人机动车牌照开始,中国城市的机动车拥有权管制已经历三十多年的改革探索。虽然截至 2022 年,实施限购政策的城市数量始终未突破十个,但是这些城市已演绎出拍卖、摇号和混合方式配置额度资源,尝试将限购与限行、停车费、公交票价优惠等多种交通需求管理策略进行组合,取得了先行先试的示范作用。曾经对限购政策合法性的质疑已经不复存在,限购政策在控制机动车增长、引导消费行为、调节出行结构、改善环境质量等方面发挥出预期的效果。然而,限制性政策背后复杂的政治和行政机制,尤其是结合中国当下的情景,仍需要进一步运用公共行政、公共政策、政治学和社会学等多学科理论加以探索。此外,交通需求管理多种组合策略之间的耦合互动机制,交通管制政策与其他领域(如规划、土地、住房、就业等)政策的联动效应,管制政策对经济社会的多重影响以及在社会治理体系中所发挥的作用等,这些仍然是需要加强理论探索

---

① 赵红军.新冠肺炎疫情对中国区域经济发展的影响与启示[J].区域经济评论,2020(2):17—19.

的领域。

　　2022 年 8 月 30 日,英国《卫报》刊登"'汽车为王'的时代已经结束,让我们趁早接受"①一文,认为曾经象征着便捷、自由、地位的汽车,如今成了交通拥堵、空气污染、安全威胁的"代言人"。在很多大城市,汽车可谓是社会和环境的诅咒:侵占公共空间,破坏环境,使城市无限制扩张。这让人们不得不重新审视汽车的存在价值。人们应该醒悟,围绕着汽车而展开的社会经济体系正在发生颠覆性变革。随着公共交通系统的日趋完善以及共享交通的逐步普及,加上不断攀升的交通事故发生率和日益严重的环境污染,以汽车为主导的交通时代或将加速结束。可能在后疫情时代,预言汽车时代的终结还为时尚早,毕竟市场演化的方向是由人们分散独立决策的结果,而不是政策调控所能主导的。因此,清晰认识管制政策作用的有限性,也许是发挥管制效能最为客观和理性的预期。

---

　　①　环球时报.英媒:"汽车为王"的时代已经结束,让我们趁早接受[EB/OL].[2022-09-03].https://m.gmw.cn/2022-09/03/content_1303123215.htm.

参考文献

[1]安庆衡.北京汽车限购的思考[J].时代汽车,2014(4).

[2]包焱.上海私车牌照额度拍卖机制的实施效果分析[J].辽宁经济职业技术学院学报,2014(1).

[3]北京交通发展研究中心.2011北京交通发展年度报告[R/OL].2011,https://www.bjtrc.org.cn/List/index/cid/7/ivk_sa/1024320u/p/3.html.

[4]蔡芸芸.新制度主义视角下分析地方性政策评估困境——以上海市私车牌照拍卖为为例[J].改革与开放,2015,16.

[5]曹佳.从政策公布到生效:政策实施的时间差分析[J].公共行政评论,2020(5).

[6]陈蕾,石倩.政府调控、市场配置与车牌管制政策:沪市例证[J].改革,2014(2).

[7]陈强.高级计量经济学及 Stata 应用[M].北京:高等教育出版社,2014.

[8]陈晓枫,余超.论中国式汽车限购的合法化治理[J].江苏行政学院学报,2015,83(5).

[9]陈振明.公共政策学——政策分析的理论、方法和技术[M].北京:中国人民大学出版社,2003.

[10]丁芝华,李燕霞.社会性规制视角下城市机动车限行的合理性研究[J].交通运输研究,2020,6(4).

[11]范良聪.限牌政策及其替代方案的法经济学分析[J].广东财经大学学报,2015,140(3).

[12]冯苏苇.私车牌照拍卖与拥挤收费的政策联动效果研究[J].交通运输系统工程与信息,2012,12(3).

[13]冯苏苇.从事件历史研究上海私车额度拍卖政策绩效[J].力学与实践,2015,37(3).

[14]冯苏苇.私人小汽车拥有权管制政策效应分析[J].城市交通,2017,15(5).

[15]冯苏苇.共享移动性创新、规制变革及其社会障碍[J].上海城市规划,2018,139(2).

[16]冯苏苇,朱文杰.沪深小汽车增量调控政策比较研究[J].交通与港航,2018,5(3).

[17]高兴武.公共政策评估:体系与过程[J].中国行政管理,2008,272(2).

[18]葛丰.疯狂的车牌考验市长水平[J].中国经济周刊,2013(12).

[19]龚鹏飞,杨世伟.车辆与驾驶人管理[M].北京:中国人民公安大学出版社,2022.

[20]郭继孚,毛保华,刘迁,等.交通需求管理——一体化的交通政策及实践研究[M].北京:科学出版社,2008.

[21]郝亮,巫景飞,白小煌.限制车牌二手市场对拍卖市场的影响——基于上海车牌拍卖市场的理论分析和实证检验[J].中央财经大学学报,2020(5).

[22]何玉宏.挑战、冲突与代价:中国走向汽车社会的忧思[J].中国软科学,2005(12).

[23]黄海军.拥挤道路使用收费的研究进展和实践难题[J].中国科学基金,2003(4).

[24]黄泽,江捷,邵源.以"供需平衡"为核心的交通综治转型与创新——以深圳为例[J].交通与港航,2016(4).

[25]侯幸,胡又欣,张彤.车牌拍卖的实验研究[J].财经科学,2013,309(12).

[26]侯幸,彭时平,马烨.北京上牌摇号与上海车牌拍卖政策下消费者成本比较[J].中国软科学,2013(11).

[27]沪光.上海告别私车牌照无偿使用历史 实施一年竞购有序市场反响良好[J].汽车与配件,1996(1).

[28]胡吕银.上海市政府车辆牌照拍卖依据的法理评析[J].法学,2011(5).

[29]胡喜盈.上海车牌拍卖遭遇"滑铁卢"[N].市场信息报,2004-05-26.

[30]胡伟.政府过程[M].杭州:浙江人民出版社,1998.

[31]江红.上海市私家车牌照拍卖的博弈分析[J].金融经济,2013(12).

[32]金登.议程、备选方案与公共政策(第二版)[M].丁煌,方兴,译.北京:中国人民大学出版社,2017.

[33]金蕾.浅析杭州汽车企业应对限牌政策的销售策略调整[J].中国市场,2015,829(14).

[34]孔繁斌,向玉琼.新中国成立70年来政策议程设置的嬗变:政治逻辑及其阐释[J].行政论坛,2019,155(5).

[35]李光德.内部性社会性管制机制的替代关系研究[J].江淮论坛,2009(4).

[36]李松有,唐平秋,兰秋蓬.基于垄断的车牌市场价格均衡分析与设计[J].成都行政学院学报,2013(4).

[37]李曦.基于反事实分析法的客车额度拍卖政策效果评估——以上海私人汽车牌照拍卖为例[J].上海城市管理,2014,23(4).

[38]凌维慈.行政法视野中机动车限行常态化规定的合法性[J].法学,2015(2).

[39]刘德吉.上海车牌拍卖的政策效应分析[J].产业与科技论坛,2008,7(1).

[40]刘海平,肖尧.突发疫情防控中公共汽车交通运营管理应对策略[J].城市交通,2020,18(3).

[41]刘权.作为规制工具的成本收益分析——以美国的理论与实践为例[J].行政法学研究,2015(1).

[42]刘小兵.政府管制的经济分析[M].上海:上海财经大学出版社,2004.

[43]刘小兵.公共管制学[M].上海:上海财经大学出版社,2009.

[44]吕迪.上海机动车牌照额度拍卖政策经济学分析[J].城市公共事业,2009,23(6).

[45]吕梁,方茜.上海市私车牌照拍卖制度的影响分析[J].科技资讯,2010,27.

[46]吕伟俊.我国中小城市实施汽车牌照额度限制的可行性研究——以温州市为例[D].上海:上海财经大学硕士学位论文,2011.

[47]马凌.车牌拍卖药不对症[N].南方周末,2004-04-29.

[48]马凌.商务部叫停上海私车拍牌制度[N].南方周末,2004-05-27.

[49]马英娟.美国监管影响分析制度述评[J].法商研究,2008,123(1).

[50]马英娟.监管的概念:国际视野与中国话语[J].浙江学刊,2018(4).

[51]米加宁,王启新.面向对象的公共政策分析方法[J].公共管理学报,2009,6(1).

[52]潘海啸.上海城市交通政策的顶层设计思考[J].城市规划学刊,2012,199(1).

[53]郄雪婷.城市交通限行政策文献综述[J].合作经济与科技,2019(8).

[54]仇保兴.推动城市公共交通跨越式发展[J].城市交通,2007,5(1).

[55]屈绍建,张星.上海市车牌拍卖最低成交价格建模研究[J].中国管理科学,2016,24.

[56]荣健欣,孙宁.汽车牌照配置的混合机制设计——对我国车牌配置机制改进的探讨[J].财经研究,2015,41(12).

[57]上海市人民政府.上海市城市交通白皮书(2002年)[M].上海:上海人民出版社,2002.

[58]上海市人民政府.上海市城市交通白皮书(2013年)[M].上海:上海人民出版社,2014.

[59]邵源,林培群,郑健,等.交通拥挤负外部成本量化模型及应用研究[J].交通运输系统工程与信息,2021,21(2).

[60]深圳市城市交通规划设计研究中心.深圳市小汽车增量调控政策评估与优化研究项目(总技术报告)[R].2021.

[61]沈满洪,何灵巧.外部性的分类及外部性理论的演化[J].浙江大学学报(人文社会科学版),2002,32(1).

[62]宋锦洲.公共政策:概念、模型与应用[M].东华大学出版社,2005.

[63]宋原.上海车牌拍卖系统遭遇黑客[J].检察风云,2010(4).

[64]孙丽丽,刘佳佳,吴楠.上海私车牌照拍卖的机制设计分析[J].商业经济,2010,341(1).

[65]孙荣.困境与出路:"摇号"政策应对城市公共资源分配难题[J].行政论坛,2014,125(5).

[66]苏晓红.社会性管制改革的国际经验与我国的路径选择[J].经济纵横,2008(12).

[67]苏跃江,周芦芦,孟娟.国内外机动车增量控制方法的经验与启示[J].现代城市研究,2015(3).

[68]唐忆文,沈露莹,詹水芳.上海公交优先发展战略及分阶段实施问题研究[J].科学发展,2009(9).

［69］王金桃,罗维.汽车牌照额度拍卖规则调整的理论分析与实证研究［J］.系统管理学报,2010,19(6).

［70］王俊豪.管制经济学原理［M］.2版.北京:高等教育出版社,2014.

［71］王克稳.上海市拍卖机动车号牌合法性质疑［J］.上海政法学院学报(法治论丛),2011,26(6).

［72］王林生,张汉林.发达国家规制改革与绩效［M］.上海:上海财经大学出版社,2006.

［73］王隆文.对地方政府重大行政决策合法性的解读——基于成都市机动车"尾号限行"政策的个案分析［J］.成都理工大学学报(社会科学版),2013,21(5).

［74］王平平,孙绍荣.车辆牌照拍卖模型［J］.运筹与管理,2005(2).

［75］王浦劬,赖先进.中国公共政策扩散的模式与机制分析［J］.北京大学学报(哲学社会科学版),2013,50(6).

［76］王梅.上海机动车拍牌制度的过去、现在与未来［J］.城市公用事业,2013,27(5).

［77］王顺杰.我国私车额度管制政策有效性研究——以北京、上海、广州为例［D］.上海:上海财经大学硕士学位论文,2022.

［78］闻中,陈剑.网络效应与网络外部性:概念的探讨与分析［J］.当代经济科学,2000,22(6).

［79］吴琼.谁在操纵上海车牌?上海车异地上牌利益链调查［N］.21世纪经济报道,2004-05-17.

［80］夏云.上海:燃油税替代车牌拍卖?［N］.工人日报,2004-05-09.

［81］肖经栋.上海车牌拍卖再起疑云［N］.中国经营报,2004-04-26.

［82］谢明.公共政策分析概论［M］.修订版.北京:中国人民大学出版社,2011.

［83］谢明.公共政策导论［M］.4版.北京:中国人民大学出版社,2015.

［84］谢远东.上海车牌拍卖:既不合理也不合法［N］.法制日报,2004-06-02.

［85］徐飞跃,等.非沪牌私车对上海私车拍卖政策及交通影响［J］.现代商贸工业,2015,36(13).

［86］徐桂华,杨定华.外部性理论的演变与发展［J］.社会科学,2004(3).

［87］薛刚凌.车牌拍卖是否违法［N］.法制日报,2004-05-19.

［88］薛美根,朱洪,邵丹.上海交通发展政策演变［M］.上海:同济大学出版社,2017.

［89］晏克非.交通需求管理理论与方法［M］.上海:同济大学出版社,2012.

［90］闫星培.新冠肺炎疫情防控期间城市交通管理典型政策评析及思考建议［J］.汽车与安全,2020(4).

［91］杨解君.公共决策的效应与法律遵从度——以"汽车限购"为例的实证分析［J］.行政法学研究,2013(3).

［92］杨美芬.国外关于社会性管制研究状况述评［J］.法制与社会,2017(1).

［93］杨瑞龙,周业安.企业的利益相关者理论及其应用［M］.北京:经济科学出版社,

2000.

[94]杨小君,黄全.机动车牌照拍卖行为的合法性认识——解读《行政许可法》第12、53条的相关规定[J].行政法学研究,2005(4).

[95]杨阳,章志远.上海私车牌照拍卖的行政法学解读[J].中共长春市委党校学报,2008,113(6).

[96]姚彬.基于利益相关者模式的上海车牌拍卖政策分析[J].吉首大学学报(社会科学版),2014,35(6).

[97]叶刘刚.中国车牌限额政策的经济分析[J].交通与运输,2013(12).

[98]衣丽君,吕旺,李蝶.促消费背景下的中国汽车限购政策分析[J].汽车实用技术,2021,23.

[99]佚名.是否真的用之于交通,上海车牌拍卖费亟待公开[J].领导决策信息,2008(8).

[100]余凯.上海市私车牌照拍卖的机制设计与政策效果研究[D].上海:上海财经大学硕士学位论文,2011.

[101]袁开福,余淑涵.完善我国汽车牌号配置方式的思考——基于贵阳车牌摇号与上海车牌拍卖比较分析的视角[J].价格理论与实践,2014,358(4).

[102]岳海鹰,樊俊芬.上海市私车牌照拍卖的行政法学思考[J].宁夏党校学报,2005,7(6).

[103]曾国安,李明.发达国家社会性管制的发展新趋势[J].经济纵横,2007(9).

[104]张秉福.论社会性管制政策工具的选用与创新[J].华南农业大学学报(社会科学版),2010,9(2).

[105]张伯顺.从桑车私牌竞购看本市私车市场[J].汽车与配件,1998,23.

[106]张国栋,左停,赵羽.公平与效率:机动车"限购限行"政策分析[J].前沿,2015,376(2).

[107]张宏斌.关于上海私车牌照拍卖制度的思考[J].价格理论与实践,2014,357(3).

[108]张宏伟.区域经济政策有效性实证研究——评上海市私家车牌照拍卖政策[J].社会科学家,2005(5).

[109]张菁.构建国际化一体化的综合交通运输体系——深圳市交通运输委员会主任黄敏先生访谈录[J].综合运输,2010(12).

[110]张飒.汽车限购规律研究[J].汽车工业研究,2019(1).

[111]张玮.政策创新与扩散的动力机制与路径模式——20世纪60年代以来的国内外研究探索[J].福建江夏学院学报,2016(1).

[112]张翔.机动车限行、财产权限制与比例原则[J].法学,2015(2).

[113]章志远.私车牌照的拍卖、管制与行政法的革新[J].法学,2008(6).

[114]赵红军.新冠肺炎疫情对中国区域经济发展的影响与启示[J].区域经济评论,2020(2).

[115]赵晓雷.修正上海私车牌照拍卖方式的建议[J].科学发展,2013(9).

[116]郑红.冷静看待车牌拍卖[N].解放日报,2004-04-24.

[117]周江评.交通拥挤收费——最新国际研究进展和案例[J].国外规划研究,2010,34(11).

[118]周黎安,陈烨.中国农村税费改革的政策效果:基于双重差分模型的估计[J].经济研究,2005(8).

[119]朱洪.关于私车牌照拍卖的若干意见[J].上海城市规划,2002(5).

[120]朱建安,戴帅.城市交通限行需求管理措施实践评述[J].交通标准化,2014,42(21).

[121]朱敏,肖凯,黄忆琦,等.各地机动车污染治理及限行政策对武汉市的借鉴[J].环境科学,2019,26.

[122]朱文杰.上海和新加坡私车额度拍卖政策比较研究[D].上海:上海财经大学硕士学位论文,2019.

[123]左可阳,李正明.上海市车牌拍卖的VAR模型分析[J].中国商贸,2014,15.

[124][荷]伊瑞克·维尔赫夫.市场和政府:运输经济理论与应用[M].王雅璨,胡雅梅,译.北京:社会科学文献出版社,2019.

[125][美]阿兰·兰德尔.资源经济学[M].施以正,译.北京:商务印书馆,1989.

[126][美]埃莉诺·奥斯特罗姆.公共事物的治理之道:集体行动制度的演进[M].余逊达,陈旭东,译.上海:上海译文出版社,2012.

[127][美]保罗·萨缪尔森,[美]威廉·诺德豪斯.经济学[M].萧琛,等.北京:华夏出版社,1999.

[128][美]D.格林沃尔德.现代经济词典[M].北京:商务印书馆,1981.

[129][美]丹尼尔·F.史普博.管制与市场[M].余晖,等,译.上海:格致出版社,上海三联书店,上海人民出版社,1999.

[130][美]E.博登海默.法理学:法律哲学与法律方法[M].邓正来,译.北京:中国政法大学出版社,1999.

[131][美]弗兰克·费希尔.公共政策评估[M].吴爱明,等,译.北京:中国人民大学出版社,2003.

[132][美]加尔布雷思.富裕社会[M].赵勇,周定瑛,舒小昀,译.南京:江苏人民出版社,2009.

[133][美]罗伯特·瑟夫洛.公交都市[M].宇恒可持续交通研究中心,译.北京:中国建筑工业出版社,2007.

[134][美]玛格丽特·M.布莱尔.所有权与控制:面向21世纪的公司治理探索[M].张荣刚,译.北京:中国社会科学出版社,1999.

[135][美]威廉·N.邓恩.公共政策分析导论[M].2版.谢明,等,译.北京:中国人民大学出版社,2002.

[136][美]约瑟夫·E.斯蒂格利茨,[美]卡尔·E.沃尔什.经济学[M].3版.张帆,黄险峰,译.北京:中国人民大学出版社,2005.

[137][日]植草益.微观规制经济学[M].朱绍文,胡欣欣,等,译.北京:中国发展出版社,1992.

[138][英]A.C.庇古.*The Economics of Welfare*[M].英文影印版.北京:中国社会科学出版社,1999.

[139][英]马歇尔.经济学原理:上卷[M].朱志泰,译.北京:商务印书馆,1964.

[140][英]约翰·伊特韦尔,[美]默里·米尔盖特,[美]彼德·纽曼.新帕尔格雷夫经济学大辞典:第四卷[M].陈岱孙,译.北京:经济科学出版社,1992.

[141]Abadie A,Gardeazabal J. The Economic Costs of Conflict:A Case Study of the Basque Country[J]. *American Economic Review*,2003,93(1).

[142]Abadie A,Diamond A,Hainmueller J. Synthetic Control Methods for Comparative Case Studies:Estimating the Effect of California's Tobacco Control program[J]. *Journal of the American Statistical Association*,2010,105(490).

[143]Ahern A,Hine J. Rural Transport—Valuing the Mobility of Older People[J]. *Research in Transportation Economics*,2012,34(1).

[144]Ahlers A L,Shen Y. Breathe easy? Local Nuances of Authoritarian Environmentalism in China's Battle against Air Pollution[J]. *The China Quarterly*,2018,234.

[145]Allardt E. Dimensions of Welfare in a Comparative Scandinavian Study[J]. *Acta sociologica*,1976,19(3).

[146]Annina T,Alfred P,Anna D,et al. How to Design Policy Packages for Sustainable Transport:Balancing Disruptiveness and Implementability[J]. *Transportation Research Part D*,2021,91.

[147]Arnott R,De Palma A,Lindsey R. Economics of a Bottleneck[J]. *Journal of Urban Economics*,1990,27.

[148]Ashenfelter O C. Estimating the Effect of Training Program on Earnings[J]. *The Review of Economics and Statistics*,1978,60(1).

[149]Baumol W J,Panzar J C,Willig R D. *Contestable Markets and the Theory of Industry Structure*[M]. New York:Harcourt Brace Jovanovich,1982.

[150]Brinkerhoff D W,Crosby B L. *Managing Policy Reform:Concepts and Tools for Decision-makers in Developing and Transitioning Countries*[M]. Boulder:Lynne Rienner Publishers,2002.

[151]Che Y K,Gale I,Kim J W. Assigning Resources to Budget-constrained Agents[J]. *Review of Economic Studies*,2013,80.

［152］Chu S. Sealed v/s Open Bids for Certificates of Entitlement under the Vehicle Quota System in Singapore［J］. *Transportation*,2011,38(2).

［153］Chu S. Mitigating Supply and Price Volatilities in Singapore's Vehicle Quota System［J］. *Transportation*,2014,41.

［154］Clarkson K W,Miller R L. *Industrial Organization:Theory,Evidence and Public Policy*［M］. New York:McGraw Hill Book Company,1982.

［155］Costa E,Seixas J,Baptista P,et al. CO2 emissions and mitigation policies for urban road transportation:Sao Paulo versus Shanghai［EB/OL］. 2018,https://www. scielo. br/j/urbe/a/bPJ3BdYBhLDD3g5QTZwx5JD/abstract/? lang=en.

［156］Dargay J,Gately D,Sommer M. Vehicle Ownership and Income Growth,Worldwide:1960－2030［J］. *Energy Journal*,2007,28 (4).

［157］Davey J A. Older People and Transport:Coping without a Car［J］. *Ageing & Society*,2007,27(1).

［158］Di Y. The valuation of project BYD electric vehicles plant in Wuhan city［EB/OL］. China,2017,https://run. unl. pt/handle/10362/23212.

［159］Dunn W N. *Public Policy Analysis:An Introduction* ［M］. 4th Edition. New Jersey:Pearson Prentice Hall,2008.

［160］Dye T R. *Understanding Public Policy*［M］. 12th Edition. New Jersey:Prentice Hall,2008.

［161］Feng S W,Li Q. Evaluating the Car Ownership Control Policy in Shanghai:A Structural Vector Auto-Regression Approach［J］. *Transportation*,2018,45(1).

［162］Freeman R E. *Strategic Management:A Stakeholder Approach*［M］. Cambridge:Cambridge University Press,1984.

［163］Gaunt M,Rye T,Allen S. Public Acceptability of Road User Charging:The Case of Edinburgh and the 2005 Referendum［J］. *Transport Reviews*,2007,27(1).

［164］Guesnerie R,Roberts K. Effective Policy Tools and Quantity Controls［J］. *Econometrica*,1984,52(1).

［165］Gärling T,Schuitema G. Travel Demand Management Targeting Reduced Private Car Use:Effectiveness,Public Acceptability and Political Feasibility［J］. *Journal of Social Issues*,2010,63(1).

［166］Gibbs W W. Transportation's Perennial Problems［J］. *Scientific American*,1997(4).

［167］Givoni M. Addressing Transport Policy Challenges Through Policy-Packaging［J］. *Transportation Research Part A:Policy and Practice*,2014,60.

［168］Grange L de,Troncoso R. Impacts of Vehicle Restrictions on Urban Transport

Flows:The Case of Santiago,Chile[J]. *Transport Policy*,2011,18(6).

[169]Guerra E,Sandweiss A,David Park S D. Does Rationing Really Backfire? A Critical Review of the Literature on License-Plate-Based Driving Restrictions[J]. *Transport Reviews*,2022,42(5).

[170]Guesnerie R,Roberts K. Effective Policy Tools and Quantity Controls[J]. *Econometrica*,1984,52(1).

[171]Habibian M,Kermanshah M. Exploring the Role of Transportation Demand Management Policies' Interactions[J]. *Scientia Iranica*,2011,18(5).

[172]Hao H,Wang H,Ouyang M. Comparison of Policies on Vehicle Ownership and Use between Beijing and Shanghai and Their Impacts on Fuel Consumption by Passenger Vehicles[J]. *Energy Policy*,2011,39(2).

[173]He X P,Jiang S. Effects of Vehicle Purchase Restrictions on Urban Air Quality: Empirical Study on Cities in China[J]. *Energy Policy*,2021,148.

[174]Hepburn C. Regulation by Prices,Quantities,or Both:A Review of Instrument Choice[J]. *Oxford Review of Economic Policy*,2006,22(2).

[175]Hjorthol R. Transport Resources,Mobility and Unmet Transport Needs in Old Age[J]. *Ageing & Society*,2013,33(7).

[176]Jain N,Kaushik K,Choudhary P. Sustainable Perspectives on Transportation:Public Perception towards Odd-Even Restrictive Driving Policy in Delhi,India[J]. *Transport Policy*,2021,106.

[177]Justen A,Schippl J,Lenz B. Assessment of Policies and Detection of Unintended Effects:Guiding Principles for the Consideration of Methods and Tools in Policy-Packaging [J]. *Transportation Research Part A:Policy and Practice*,2014,60(2).

[178]Kallbekken S,Garcia J H,Korneliussen K. Determinants of Public Support for Transport Taxes[J]. *Transportation Research Part A:Policy and Practice*,2013,58(12).

[179]Knight T,Dixon J,Warrener M,et al. Understanding the Travel Needs,Behaviour and Aspirations of People in Later Life[R/OL]. Department for Transport. 2007,http://webarchive. nationalarchives. gov. uk/20091003125851/http://www. dft. gov. uk/pgr/scienceresearch/social/olderaspirations.

[180]Koh W T H. Control of Vehicle Ownership and Market Competition:Theory and Singapore's Experience with the Vehicle Quota System[J]. *Transportation Research Part A:Policy and Practice*,2003,37(9).

[181]Koh W T H. Congestion Control and Vehicle Ownership Restriction:The Choice of an Optimal Quota Policy[J]. *Journal of Transport Economics and Policy*,2004,38(3).

[182]Koh W T H,Lee D K C. Auctions for Transferable Objects:Theory and Evidence from the Vehicle Quota System in Singapore[J]. *Asia Pacific Journal of Management*,1993 (10).

[183]Lai X,Li Z,Li J. Modeling Risks and Uncertainties in Residents' License Choice Behaviors under a Vehicle Restriction Policy[J]. *Transportation Planning and Technology*, 2018,41(5).

[184]Levinson D. Micro-Foundations of Congestion and Pricing:A Game Theory Perspective[J]. *Transportation Research Part A:Policy and Practice*,2005,39(7).

[185]Lew Y D,Leong W Y. Managing Congestion in Singapore — A Behavioural Economics Perspective[J]. *Journeys*,2009(5).

[186]Li S J. Better Lucky Than Rich? Welfare Analysis of Automobile License Allocations in Beijing and Shanghai[J]. *The Review of Economic Studies*,2018,85(4).

[187]Li Y,Bonhomme C,Deroubaix J F. Can a Sustainable Urban Development Model be Exported? Construction of the "Exemplary" Tianjin Eco-city[J]. *China Perspectives*, 2018,1/2.

[188]Li Z C,Wu Q Y,Yang H. A Theory of Auto Ownership Rationing[J]. *Transportation Research Part B:Methodological*,2019,127.

[189]Lin C,Yu C X. Modified Self-Organizing Mixture Network for Probability Density Estimation and Classification [C]. Proceedings of the 2013 International Joint Conference on Neural Networks. Dallas,2013.

[190]Ling S. Traffic-Related Air Pollution,PM2. 5:The Case of Shanghai[EB/OL]. 2014,http://hdl. handle. net/1773/26115.

[191]Litman T. The Online TDM Encyclopedia:Mobility Management Information Gateway[J]. *Transport Policy*,2008,10(3).

[192]Liu F,Zhao F,Liu Z,et al. The Impact of Purchase Restriction Policy on Car Ownership in China's Four Major Cities[J]. *Journal of Advanced Transportation*,2020.

[193]Loukopoulos P. Future Urban Sustainable Mobility—Implementing and Understanding the Impacts of Policies Designed to Reduce Private Automobile Usage[D]. Department of Psychology Göteborg University,2005.

[194]Low J H,Lim Y L. Do Dealers Profit from Fluctuations in the COE System — An analysis of the Relationship between Car Prices,Dealer's Profits and COE Costs [J]. *Journeys*,2014(5).

[195]Luiu C,Tight M,Michael Burrow M. The Unmet Travel Needs of the Older Population:A Review of the Literature[J]. *Transport Reviews*,2017,37(4).

[196]Maslow A H,Frager R,Fadiman J,et al. *Motivation and Personality*:Vol. 2[M]. New York,NY:Harper & Row,1970.

[197]McAfee R P. Multidimensional Incentive Compatibility and Mechanism Design[J]. *Journal of Economic Theory*,1988,46(5).

[198]McAfee R P,McMillan J. Actions with Entry[J]. *Economics Letcers*,1987,8.

[199]Meyer M. Demand Management as an Element of Transportation Policy:Using Carrots and Sticks to Influence Travel Behavior[J]. *Transportation Research Part A:Policy and Practice*,1999,33(7—8).

[200]Metz D H. Mobility of Older People and Their Quality of Life[J]. *Transport Policy*,2000,7(2).

[201]Milgrom P R,Weber R J. A Theory of Auctions and Competitive Bidding[J]. *Econometrica*,1982,6.

[202]Mollenkopf H,Hieber A,Wahl H W. Continuity and Change in Older Adults' Perceptions of Out-of-Home Mobility over Ten Years:A Qualitative-Quantitative Approach[J]. *Ageing & Society*,2011,31(5).

[203]Morris E. From Horse Power to Horsepower[J]. *Access*,2007,30.

[204]Musselwhite C,Haddad H. Mobility,Accessibility and Quality of Later Life[J]. *Quality in Ageing and Older Adults*,2010,11(1).

[205]Muthukrishnan S. Vehicle Ownership and Usage Charges[J]. *Transport Policy*,2010,17.

[206]Nordbakke S,Schwanen T. Transport,Unmet Activity Needs and Wellbeing in Later Life:Exploring the Links[J]. *Transportation*,2015,42(5).

[207]Nunes P,Pinheiro F,Brito M C. The Effects of Environmental Transport Policies on the Environment,Economy and Employment in Portugal[J]. *Journal of Cleaner Production*,2019,213.

[208]Office of Management and Budget. 2011 Report to Congress on the Benefits and Costs of Federal Regulations and Unfunded Mandates on State,Local,and Tribal Entities [R]. Office of Information and Regulatory Affairs,2011.

[209]Olszewski P S. Singapore Motorisation Restraint and Its Implications on Travel Behaviour and Urban Sustainability[J]. *Transportation*,2007,34(3).

[210]Organization for Economic Cooperation and Development. Instrument Mixes for Environmental Policy[R]. Paris:OECD Publishing,2007.

[211]Ostrom E,Burger J,Field C B,et al. Revisiting the Commons:Local Lessons, Global Challenges[J]. *Science*,1999,284.

[212]Peters E E. *Fractal Market Analysis—Applying Chaos Theory to Investment and Economics*[M]. New York:Wiley,1994.

[213]Phang S Y. Singapore's Motor Vehicle Policy:Review of Recent Changes and a Suggested Alternative[J]. *Transportation Research Part A:Policy and Practice*,1993,27(4).

[214]Phang S Y,Chin A. An Evaluation of Car-Ownership and Car-Usage Policies in Singapore[Z]. Land Transportation Policy:Select Committee,1990.

[215]Phang S Y,Wong W K,Chia N C. Singapore's Experience with Car Quotas:Issues and Policy Processes[J]. *Transport Policy*,1996,3(4).

[216]Phang S Y,Asher M G. Recent Developments in Singapore's Motor Vehicle Policies[J]. *Journal of Transport Economics and Policy*,1997,31(2).

[217]Phang S Y,Toh R S. Road Congestion Pricing in Singapore 1975 to 2003[J]. *Transportation Journal*,2004,43(2).

[218]Qi Y,Fan Y,Sun T,et al. Decade-Long Changes in Spatial Mismatch in Beijing, China:Are Disadvantaged Populations Better or Worse Off? [J]. *Environment and Planning A:Economy and Space*,2018,50(4).

[219]Riley J,Samuelson W. Optimal Auctions[J]. *American Economic Review*,1981(7).

[220]Rizwanul I. Foodgrain procurement,input subsidy and the public food distribution system in bangladesh:An analysis of the policy package. The Bangladesh Development Studies1980,8,1/2:89—120,http://www. jstor. org/stable/40794292.

[221]Sah R K. Queues,Rations,and Market:Comparisons of Outcomes for the Poor and the Rich[J]. *The American Economic Review*,1987,77(1).

[222]Salodini R. Innovative mobility:To develop a sharing transportation service in Shanghai[EB/OL]. 2014,https://www. politesi. polimi. it/handle/10589/93999.

[223]Schlag B,Schade J. Public Acceptability of Transportation Demand Management in Europe[J]. *Traffic Engineering & Control*,2000,41(8).

[224]Schade J,Schlag B. Acceptability of Urban Transport Pricing Strategies[J]. *Transportation Research Part F:Traffic Psychology and Behaviour*,2002,6(1).

[225]Shoup D. *The High Cost of Free Parking*[M]. Washington DC:American Planning Association Planners Press,2005.

[226]Shoup D,Yuan Q,Jiang X. Charging for Parking to Finance Public Services[J]. *Journal of Planning Education and Research*,2017,37(2).

[227]Sims C. An Autoregressive Index Model for the U. S. 1948—1975[M]// *Large-Scale Macro-Econometric Models*. Kmenta J,Ramsey J B. Amsterdam:North-Holland,1981.

[228]Sims C. Are Forecasting Models Usable for Policy Analysis? [J]. *Federal Reserve*

Bank of Minneapolis, 1986(10).

[229]Siren A, Hakamies-Blomqvist L. Sense and Sensibility. A Narrative Study of Older Women's Car Driving[J]. *Transportation Research Part F: Traffic Psychology and Behaviour*, 2005, 8(3).

[230]Song S, Diao M, Feng C C. Effects of Pricing and Infrastructure on Car Ownership: A Pseudo-Panel-Based Dynamic Model[J]. *Transportation Research Part A: Policy and Practice*, 2021, 152.

[231]Sorensen C, Isaksson K, Macmillen J. Strategies to Manage Barriers in Policy Formation and Implementation of Road Pricing Packages[J]. *Transportation Research Part A: Policy and Practice*, 2014, 60(2).

[232]Spulber D F. *Regulation and Market*[M]. Cambridge: The MIT Press, 1989.

[233]Steg L. Factors Influencing the Acceptability and Effectiveness of Transport Pricing[C]. Acceptability of Transport Pricing Strategies, Schacle S and Schlag B (ed.) MC-ICAM Conference, Dresden, Germany, 2003.

[234]Steg L, Dreijerink L, Abrahamse W. Factors Influencing the Acceptability of Energy Policies: A Test of VBN Theory[J]. *Journal of Environmental Psychology*, 2005, 25(4).

[235]Steg L, Vlek C. The Role of Problem Awareness in Willingness-to-Change Car Use and in Evaluating Relevant Policy Measures[J]. *Traffic & Transport Psychology Theory & Application*, 1997(1).

[236]Stigler G J. The Theory of Economic Regulation[J]. *Bell Journal of Economics*, 1971(2).

[237]Stigler G J. *The Citizen and the State: Essays on Regulation*[M]. Chicago: University of Chicago Press, 1975.

[238]Stock J H, Watson M W. Vector Autoregression[J]. *The Journal of Economic Perspectives*, 2001, 15(4).

[239]Sun C, Luo Y, Li J. Urban Traffic Infrastructure Investment and Air Pollution: Evidence from the 83 Cities in China[J]. *Journal of Cleaner Production*, 2018, 172.

[240]Taeihagh A, Givoni M, Banares-Alcantara R. Which Policy First? A Network-Centric Approach for the Analysis and Ranking of Policy Measures[J]. *Environment & Planning B: Planning & Design*, 2013, 40(4).

[241]Vickrey W. Counter Speculation Auctions and Competitive Sealed Tenders[J]. *Journal of Finance*, 1961, 16.

[242]Wang R. Shaping Urban Transport Policies in China: Will Copying Foreign Policies Work? [J]. *Transport Policy*, 2010, 17.

[243]Wang S. Automobile Regulations in China Examined from a Behavioral Perspective [D]. Massachusetts Institute of Technology,2017.

[244]Wang Y,Geng K,May A,et al. The Impact of Traffic Demand Management Policy Mix on Commuter Travel Choices[J] . *Transport Policy* ,2022,117.

[245]Wilson R B. Competitive Bidding with Disparate Information[J]. *Management Science* ,1969,15.

[246]Weitzman M L. Is the Price System or Rationing More Effective in Getting a Commodity to Those Who Need It Most? [J]. *The Bell Journal of Economics* ,1977,8(2).

[247]Wu T,Shang Z,Tian X,et al. How Hyperbolic Discounting Preference Affects Chinese Consumers' Consumption Choice between Conventional and Electric Vehicles[J]. *Energy Policy* ,2016,97.

[248]Xiao J J,Zhou X L,Hu W M. Vehicle quota system and its impact on the Chinese auto markets:A tale of two cities[EB/OL]. 2013,http://ssrn. com/abstract=2294217.

[249]Xie J. Transit-Oriented Development (TOD) for urban sustainability:A comparative case study of Beijing and Shenzhen,China[EB/OL]. 2017,uwspace. uwaterloo. ca.

[250]Yang J,Liu Y,Qin P,et al. A Review of Beijing's Vehicle Registration Lottery: Short-Term Effects On Vehicle Growth and Fuel Consumption[J]. *Energy Policy* ,2014,75.

[251]Yang J,Liu A,Qin P,et al. The effect of owning a car on travel behavior:Evidence from the Beijing license plate lottery. Resources for the Future Discussion Paper 16−18, 2016,SSRN:https://ssrn. com/abstract = 2789824 or http://dx. doi. org/10. 2139/ssrn. 2789824.

[252]Yang J,Liu A,Qin P,et al. The Effect of Vehicle Ownership Restrictions on Travel Behavior:Evidence from the Beijing License Plate Lottery[J]. *Journal of Environmental Economics and Management* ,2020,99.

[253]Yang J,Lu F,Liu Y,et al. How Does a Driving Restriction Affect Transportation Patterns? The Medium-Run Evidence from Beijing[J]. *Journal of Cleaner Production* ,2018,204.

[254]Zerbe Jr R O. The Legal Foundation of Cost-Benefit Analysis[J]. *Charleston Law Review* ,2007,2(1).

[255]Zhang W,Lin CYC L,Umanskaya V I. The Effects of License Platebased Driving Restrictions on Air Quality:Theory and Empirical Evidence[J]. *Journal of Environmental Economics and Management* ,2017,82.

[256]Zhao P,Zhang Y. Travel Behaviour and Life Course:Examining Changes in Car Use after Residential Relocation in Beijing[J]. *Journal of Transport Geography* ,2018,73.

[257]Zheng Y,Moody J,Wang S,et al. Measuring Policy Leakage of Beijing's Car Own-

ership Restriction[J]. *Transportation Research Part A:Policy and Practice*,2021,148.

[258]Zhu L,Wang J,Farnoosh A,et al. A Game-Theory Analysis of Electric Vehicle A-doption in Beijing under License Plate Control Policy[J]. *Energy*,2022,244.

[259]Zhu S,Du L,Zhang L. Rationing and Pricing Strategies for Congestion Mitigation: Behavioral Theory,Econometric Model,and Application in Beijing[J]. *Procedia-Social and Behavioral Sciences*,2013,80.

[260]Zhuge C,Wei B,Shao C,et al. The Role of the License Plate Lottery Policy in the Adoption of Electric Vehicles:A Case Study of Beijing[J]. *Energy Policy*,2020,139.